国家自然科学基金资助

国家自然科学基金项目（71063002）最终成果
国家自然科学基金项目（71663007）阶段性成果

模块化、产业价值网与发展战略

基于后发区域的产业创新升级视角

Modularity, Industry Value Network and Development Strategy

Based on the Perspective of Industrial Innovation and Upgrade in Redevelopment Areas

柯颖／著

中国财经出版传媒集团
经济科学出版社
Economic Science Press

图书在版编目（CIP）数据

模块化、产业价值网与发展战略：基于后发区域的产业创新升级视角/柯颖著．—北京：经济科学出版社，2018.5

ISBN 978－7－5141－9290－2

Ⅰ.①模…　Ⅱ.①柯…　Ⅲ.①自由贸易区－产业发展－研究－中国、东南亚　Ⅳ.①F752.733

中国版本图书馆 CIP 数据核字（2018）第 092714 号

责任编辑：周国强
责任校对：郑淑艳
责任印制：邱　天

模块化、产业价值网与发展战略
——基于后发区域的产业创新升级视角
柯　颖　著
经济科学出版社出版、发行　新华书店经销
社址：北京市海淀区阜成路甲 28 号　邮编：100142
总编部电话：010－88191217　发行部电话：010－88191522
网址：www.esp.com.cn
电子邮件：esp@esp.com.cn
天猫网店：经济科学出版社旗舰店
网址：http://jjkxcbs.tmall.com
固安华明印业有限公司印装
710×1000　16 开　25.25 印张　420000 字
2018 年 5 月第 1 版　2018 年 5 月第 1 次印刷
ISBN 978－7－5141－9290－2　定价：98.00 元

前　言

自赫伯特·西蒙提出模块的“可分解性”并阐明模块化对于管理复杂系统的重要性，以及IBM按模块化准则成功设计出“360系统”并对计算机产业的设计、制造模式带来颠覆性变革之后，模块化作为一种集高效率与创新于一体的新的生产和组织方法被越来越多地应用于大型、精密、高技术制造领域以及电信、金融等现代服务领域，以至于青木昌彦归结当今世界产业结构的本质就是模块化，迄今这种趋势仍在延续和不断强化中。在经济全球化、区域经济一体化日益增强以及电子、通信、计算机等信息技术不断创新和发展的背景下，模块化技术得以广泛引入到企业的产品设计、研发、生产等领域，并催生了大量面向外部契约供应商的外包子系统的出现，由此形成了全球模块化生产网络。而模块化在重构产业组织结构的同时，也在基于知识、信息、能力等“异质”资源，不断通过价值模块的研发、重用、分解和整合，使传统集合型价值链趋向解构和重建，形成了由不同价值链纵向、横向、对角交织的立体全球化产业价值创造网络体系。由于在全球产业价值网中，价值创造的路径主要来自于各产业价值链中的关键价值环节共同构筑的关键价值区域。因此，适应模块化发展趋势，利用资源的比较优势，强化关键价值区域在全球产业价值网中的地位，并分离产业价值网中的非关键环节（区域），是后发国家和区域突破全球价值链下先发国家主导企业的权力制衡，构建相对完整的自主价值体系，实现区域经济增长和产业升级的一种重要发展战略创新。

本书将在已有研究的基础上，综合运用产业组织经济学、区域经济学、系统经济学、演化经济学、新制度经济学、企业经济学、管理科学等相关学科的理论、思维与方法手段，以综合分析相关理论与实践依据为起点，组织梳理理论依据和现实依据，结合时代背景与发展趋势，拓展研究的空间尺度，以及模块化的内涵和外延，提出一个包含产品模块化、产业组织模块化、产业价值链模块化的关键价值区域生成与强化以及三者演化与联系的模块化三维研究框架，分析阐明其理论内涵、客观构成与基本特征，并构建其理论模型；综合运用产业组织经济学、区域经济学、系统经济学、演化经济学、新制度经济学、企业经济学、管理科学等相关理论和研究方法，全面系统地研究产业价值网的形成演化机理及发展战略，产业价值网与模块化的耦合机理与互动关系，产业价值网参与主体之间的交易与分工机制，作为产业价值网组织基础的模块化生产网络形成的动力机制及其对市场结构、市场行为和市场绩效产生的产业组织效应，产业价值网下以模块化生产网络生成价值权力的内在机理及其竞争力的决定机制，研究揭示产业价值网形成演化机理；设计推动产业价值网形成发展的发展战略、阐明其理论内涵与应用原则，并从操作应用层面系统分析推动产业价值网形成发展的基本条件、协调机制、基本原则与方法论思路；选择地处欠发达地区、国家发展战略核心地区、中国—东盟自由贸易区前沿的有关区域、产业进行实证研究与应用验证，阐释理论模型的实践内涵与应用的方法论思路，将这些区域、产业案例置于新一轮经济全球化、CAFTA 升级版和国家产业创新升级的层面，研究构建基于理论模型与实证研究结论的系列性推动产业价值网形成发展的途径与政策措施体系，从而更有效地推动产业价值网形成演化机理与运作模式研究，为实际应用提供理论、方法论指导和政策措施参考，以更好地指导模块化条件下产业价值网的形成和发展实践，使理论研究和实践效果都得到有效、显著的提升。

本书的研究框架共分为 11 章。

第 1 章，引言。介绍了本书的研究背景和研究意义，对国内外研究现状作了系统梳理，提出本书的研究目标、研究内容、拟解决的关键问题和研究方法，总结了可能的创新及需进一步研究的问题。

第 2 章，产业模块化三维框架理论架构。对模块化的研究演化作了剖析，科学界定模块化的内涵；结合产业组织经济学、区域经济学、系统经济学、演化经济学、新制度经济学、企业经济学、管理科学等多学科的思维和方法，论证提出一个包含产品模块化、产业组织模块化、产业价值链模块化的关键价值区域生成与强化，以及三者演化与联系的模块化三维研究框架，分析阐明其理论内涵及其基本架构；从技术、市场、企业能力等多尺度研究产品模块化形成发展的动因、机理与系统创新；从技术变革视角揭示产业组织模块化的根本外部动因，从分工经济演化视角揭示产业组织模块化的核心内部动因，分析“从技术模块化到市场模块化”、再“从市场模块化到产业组织模块化”的演化路径；以价值模块为切入点，研究产业价值链与模块化的耦合互动机理，认为产业价值链模块化是国际制造业分工深化的结果，揭示模块化产业价值链的特性。

第 3 章，产业价值网理论演化脉络。梳理传统价值链思想和全球价值链的理论演化，揭示“价值链（VC）—价值网（VN）—产业价值链（IVC）—产业价值网（IVN）”的动态形成过程；对产业价值网的国内外相关研究进行理论综述和评价，重点界定产业价值网的理论模型和运行特征。

第 4 章，基于模块化的产业价值网形成演化机理。从模块化理论、产业价值网理论及其二者的契合理论三个视角对国内外相关文献研究进行了梳理，归纳了上述理论融合对后续研究的结论和启示，在此基础上探索性地提出基于模块化的产业价值网重构机理及其本质，并符之新兴产业案例加以印证；对模块化条件下产业价值网的治理机制和价值创新路径进行分析与探讨，认为产业价值网的竞争力取决于由各相关产业价值链中关键价值模块共同构筑的关键价值区域价值权力的大小和协同效应的强弱，后发国家应充分利用资源的比较优势，促进关键价值区域价值权力的生成和强化，从而实现产业升级和经济跨越发展。

第 5 章，基于模块化的产业价值网形成发展战略。一是遵循产业价值网形成演化的内在机理，着眼于世界经济全球化、区域经济一体化不断强化以及产业模块化变革的背景，提出产业价值网形成与发展的模块化三维研究框架及明确其理论内涵；二是从产品模块化维度、产业组织模块化维度、产业价值链模块化的关键价值区域生成与强化维度，以及三个维度的嫁接与耦合，研究产业价值网的形成与发展战略，具体包括基于产品模块化的产业价值网发展战略、基于产业组织模块化的产业价值网发展战略和基于产业价值链模块化的产业价值网发展战略，并阐明其理论内涵及运用要求，力求提升产业价值网形成与发展的理论研究和实践效果。

第6章，产业价值网的区域实证研究一：CAFTA价值网结网机理及其价值创造战略。CAFTA价值网下价值创造路径的多元化，为中国和东盟各国突破全球价值链下先发国家主导企业的权力制衡，构建相对完整的自主价值体系，提供了新的战略启示。本章契合模块化网络组织理论和全球价值网理论，联系CAFTA的战略背景和产业发展实际，研究CAFTA价值网结网机理，构建CAFTA价值网系统模型；提出CAFTA各国产业按照地域分工的比较优势发展多中心模块化生产网络，是形成CAFTA自主价值体系的组织基础；并从培育区域垄断优势、构筑市场势力和优化组织能力三个方面，探讨CAFTA价值网的价值创造机制和路径，为中国和东盟各国突破全球价值链的低端“锁定”、依托CAFTA价值网实现价值权力跃升和跨越发展，提供了“战略创新路径”的实践参考价值。

第7章，产业价值网的区域实证研究二：中国与马来西亚产业内贸易发展战略。随着CAFTA正式建成后中国与马来西亚双边经贸关系的发展，两国的贸易结构发生了较为显著的变化，由传统的禀赋优势贸易扩大到技术优势贸易，即产业间贸易逐渐延伸到产业内贸易。本章利用Grubel－Lloyd指数、Brulhart指数和Thom & McDowell指数分别对中国与马来西亚产业内贸易的静态水平、动态变化以及水平型和垂直型贸易属性变化进行综合测度，并运用TC指数和C_k指数分别测量中国与马来西亚产业内贸易的竞争性与互补性，从中把握中马产业内贸易的强度、最新发展动态与存在问题，并提出相应对策，为进一步促进中马产业内贸易发展与贸易结构优化、增强贸易互补性、实现双边互利共赢提供科学的决策依据。

第8章，产业价值网的区域实证研究三：基于CAFTA的北部湾经济区产业价值网发展战略。一是北部湾产业发展现状分析，包括系统分析产业群空间布局范围与现状、产业关联现状、产业组织现状、产业价值链现状、优势产业竞争力现状、专业化与多样性评价，以及全球模块化生产网络尤其是CAFTA框架下北部湾产业群的价值网嵌入现状；二是立足于CAFTA价值网，分析北部湾经济区产业升级的优势和劣势，从关键价值权力获取、核心企业培育、新兴产业集聚、产业创新系统完善、高端人才引进培养等方面，提出CAFTA价值网下北部湾经济区产业升级的具体政策建议；三是基于包含产品模块化、产业组织模块化、产业价值链模块化的关键价值区域生成与强化以及三者演化与联系的模块化三维研究框架，对上述系列研究结论进行整合协调，构建北部湾产业价值网发展战略，研究有针对性和可操作性的政策措施体系。

第9章，产业价值网的产业实证研究一：边境后发区域汽车产业模块化创新发展战略。一是结合全球汽车产业模块化发展趋势，从整车设计、零部件供应链以及产业组织网络化三个方面解析汽车产业模块化创新模式；二是研究汽车产业模块化生产网络形成后对汽车产品的消费和生产、汽车产业的垄断和竞争以及资源配置、规模结构、创新等所产生的产业组织效应；三是以作为边境后发区域暨我国汽车产业制造重地之一的广西汽车产业为例，全面分析广西汽车产业的发展现状，探讨广西汽车产业组织存在的主要问题，重点提出广西汽车产业模块化创新发展战略，以期对“十三五”及今后一段时期广西汽车产业优化升级提供有益的启示和参考。

第10章，产业价值网的产业实证研究二：边境后发区域战略性新兴产业发展战略。本章以作为边境后发区域首府暨广西北部湾经济区核心城市的南宁市战略性新兴产业为例，全面把握南宁市战略性新兴产业发展现状，深刻分析其发展面临的优势、劣势以及机遇、挑战，据此作出相应的最大与最大战略、最大与最小战略、最小与最大战略以及最小与最小战略选择，并提出促进南宁市战略性新兴产业发展的战略实施对策，以此找准“十三五”期间南宁市战略性新兴产业重点发展的突破口和方向，为政府相关部门科学决策提供有益启示和依据。

第11章，产业价值网的产业实证研究三：边境后发区域跨境物流产业发展战略。物流作为一种关键性相关服务产业价值链，是整个产业价值网内部各种有形资源流动的动脉和枢纽，决定着整个产业价值网的客户化响应速度、运营效率以及产业价值网内部各关键价值环节参与者的共同利益所得。为此，本章将研究视角定位于全球化、区域经济一体化条件下的产业价值网跨境物流研究，并以处于中国—东盟边境合作前沿、CAFTA 升级版建设核心区域，同时又属于边境后发区域的广西北部湾经济区跨境物流产业展开实例研究，重点从经济制度环境、参与方行为偏好、技术管理方式、交易成本四个方面研究影响跨境物流模式选择的约束条件并构建最优跨境物流策略的理论模型，分析北部湾经济区跨境物流发展态势与困境，探讨与全球化、区域经济一体化跨境产业贸易相适应的跨境物流体系构建与产业发展对策。以期能够给予科学规划与政策指引的参考、借鉴，对于广西北部湾经济区面向全球及东盟产业价值网推动跨境物流活动便利化、低成本和高质化，促进边境后发区域物流产业不断发展壮大和提质增效具有重要启示。

本书作为契合模块化理论与价值网模型对产业价值网形成演化机理与发展战略进行理论与应用的尝试性、探索性研究，能丰富全球产业价值网下后发国家和区域发展战略的选择模式集合，为当前以北部湾经济区为代表的后发区域突破全球价值链的低端锁定、依托全球及 CAFTA 产业价值网实现价值权力跃升和跨越发展提供“战略创新路径”的实践参考价值，并能弥补当前模块化理论研究中关于全球产业价值网下后发国家和区域产业发展战略理论与应用研究的不足。当然，这一领域理论体系的系统构建与针对实践背景的应用研究，尚有非常大的研究空间和价值，值得更深入、更进一步的探讨。

目录
CONTENTS

第 1 章
引　　言

1.1　研究背景与研究意义

1.1.1　本书的研究背景

自赫伯特·西蒙提出模块的“可分解性”并阐明模块化对于管理复杂系统的重要性，以及 IBM 按模块化准则成功设计出“360 系统”并对计算机产业的设计、制造模式带来颠覆性变革之后，模块化作为一种集高效率与创新于一体的新的生产和组织方法被越来越多地应用于大型、精密、高技术制造领域以及电信、金融等现代服务领域，以至于青木昌彦归结当今世界产业结构的本质就是模块化，迄今这种趋势仍在延续和不断强化中。在经济全球化、区域经济一体化日益增强以及电子、通信、计算机等信息技术不断创新和发展的背景下，模块化技术得以广泛引入企业的产品设计、研发、生产等领域，并催生了大量面向外部契约供应商的外包子系统的出现，由此形成了全球模块化生产网络。而模块化在重构产业组织结构的同时，也在基于知识、信息、能力等“异质”资源，不断通过价值模块的研发、重用、分解和整合，使传统集合型价值链趋向解构和重建，形成了由不同价值链纵向、横向、对角交织的立体全球化产业价值创造网络体系。由于在全球产业价值网中，价值创造的路径主要来自各产业价值链中的关键价值环节共同构筑的关键价值区域。因此，适应模块化发展趋势，利用资源的比较优势，强化关键价值区域在全球产业价值网中的地位，并分离产业价值网中的非关键环节（区域），是后发国家和区域突破全球价值链下先发国家主导企业的权力制衡，构建相对完整的自主价值体系，实现区域经济增长和产业升级的一种重要发展战略创新。

基于上述理论与实践背景，本书旨在契合模块化理论与价值网模型，构建了一个产业模块化三维研究框架，从产品模块化维度、产业组织模块化维度、产业价值链模块化的关键价值区域生成与强化维度，以及三个维度的嫁接与耦合，研究产业价值网的形成演化机理，探寻产业价值网的交易分工机制以及价值权力生成的内在机理，揭示后发国家和区域在产业价值网分工中的角色定位与价值权力生成路径，提出模块化条件下旨在生成价值权力的产业价值网发展战略，具有重要的理论意义与应用前景。

本书在产业模块化三维研究框架之下，系统研究产业价值网的形成演化机理及发展战略、产业价值网中价值权力生成和关键价值区域强化的内在机理，以若干后发区域产业为例，将其置于全球产业竞争层面，对其在产业价值网分工中的角色定位与价值权力生成路径进行实证检验与应用研究。本书能丰富全球产业价值网下后发国家或地区发展战略的选择模式集合，为当前以北部湾经济区为代表的边境后发区域突破全球价值链的低端锁定、依托全球及 CAFTA 产业价值网实现价值权力跃升和跨越发展提供“战略创新路径”的实践参考价值，并能弥补当前模块化理论研究中关于全球产业价值网下后发国家和区域产业发展战略理论与应用研究的不足。

1.1.2 本文的研究意义

1.1.2.1 理论意义与科学价值

模块化条件下产业价值网形成演化机理及发展战略的研究，旨在通过生产、组织与价值的产业模块化变革，加强区域产业网络主体之间联系、合作与知识、资源的频繁流动，加快区域产业创新网络和自主价值体系的构建，突破传统价值链的低端锁定，实现全球产业价值网的充分嵌入，加速提升区域产业的创新能力、价值创造能力和竞争力，建立区域经济一体化、区域产业组织结构优化与区域产业价值网络系统运动发展及相互融合的有效机制及发展战略。具体实践需要科学的理论和方法来指导，因此产业价值网形成演化机理及发展战略问题，是当前需要积极展开科学研究和学术探索的重要领域。将这一问题置于模块化的三维框架中进行系统研究，具有重要的理论意义与科学价值：

第一，以价值链和价值网理论的总结和梳理为基础，揭示产业价值网的形成和演进脉络，厘清产业价值网的基本内涵、理论本质及其主要特征，建立产业价值网系统模型并分析其系统构件、体系结构以及价值创造机制。

第二，基于模块化的相关理论，研究模块化技术的应用对企业生产范式和产业组织范式的影响，揭示产业组织形态的演进与企业生产方式的变革及其由此引致的企业分工和合作关系的变化之间存在的内在必然联系，提出模块化生产网络是适宜于模块化生产条件下企业间基于产业价值网开展广泛合作的最佳网络治理模式；并以价值模块作为切入点，分析产业价值链解构、重建与产业价值网形成的动因及其理论依据，明确产业价值在不同价值模块之间进行转移和重新分配的主导决定因素及其基本路径。

第三，构建一个包含产品模块化、产业组织模块化、产业价值链模块化的关键价值区域生成与强化以及三者演化与联系的模块化三维框架，全面系统地研究产业价值网的形成演化机理，建立其理论模型，分析产业价值网与模块化的耦合机理与互动关系，产业价值网参与主体之间的交易与分工机制，作为产业价值网组织基础的模块化生产网络形成的动力机制及其对市场结构、市场行为和市场绩效产生的产业组织效应，产业价值网下以模块化生产网络生成价值权力的内在机理及其竞争力的决定机制。从理论层面探讨并提出推动模块化条件下产业价值网形成与发展战略，分析阐明其实质性内涵与实践操作方法；在理论与实践的创新性结合层面，联系产业组织经济学、区域经济学、系统经济学、演化经济学、新制度经济学、企业经济学、管理科学等多学科研究领域，将模块化、价值链与价值网、产业分工与交易、专业化与多样性、全球化与地方化等理论和方法，综合运用于模块化三维框架下产业价值网形成演化机理与发展战略的研究架构中，由此赋予它们新的学术内涵而拓展这些传统理论及方法的理论空间和学术空间。

1.1.2.2 现实意义与应用前景

本书研究具有重要的现实意义与广阔的应用前景。

第一，在经济全球化、区域经济一体化日益增强以及电子、通信、计算机等信息技术不断创新和发展的背景下，随着模块化技术在企业研发、生产、组织设计等领域的广泛应用，产业价值网作为各产业价值链中的关键价值环节共同构筑的关键价值区域，已成为区域经济竞争的基本单元和区域竞争力的核心。将产业价值网形成演化机理置于一个包含产品模块化、产业组织模块化、产业价值链模块化的关键价值区域生成与强化以及三者演化与联系的模块化三维框架中进行研究，其对于产业价值网形成演化机理及发展战略、产业价值网与模块化的耦合互动机理、模块化生产网络的形成机制及其产业组织效应、价值链与价值网模块化、产业价值网主体之间模块化分工与交易的专业化与多样性、产业价值网价值权力创造的内在机理、产业价值网竞争的全球化与地方化等研究成果，对于后发国家和区域突破全球价值链下先发国家主导企业的权力制衡，构建相对完整的自主价值体系，实现区域经济增长和产业创新升级，具有普遍性的指导意义和实践参考。

第二，在实证研究中，将模块化三维框架应用于产业价值网形成演化的实践架构中，从不同视角研究构建产业价值网形成发展的发展战略及系列政策措施，为推动后发国家和地区在经济全球化、信息化背景下以及模块化交易分工条件下产业价值网形成及其价值权力增长提供新的机制，有利于形成、提升区域持续竞争优势和发展动力，丰富发展战略的选择模式集合。

第三，选择作为新兴经济一体化区域的中国—东盟自由贸易区、地处西部后发边疆地区的北部湾经济区等产业价值网及相关产业作为实证研究对象，将其置于全球产业竞争层面进行研究，具有重大现实意义。上述区域的产业发展在现时背景下均面临良好的机遇和更广阔的成长空间，其对于要素的吸引力和集聚能力迅速增强，但同时也面临着总体经济实力还较弱、缺乏产业发展与区域自主价值增长之间的有效联动机制、经济要素分散、集聚经济效应不显著、产业组织效率低下等发展瓶颈和困境，使产业无法充分嵌入全球产业价值网络体系中分享高端价值。而适应模块化发展趋势，推动产业价值网形成和发展是解决上述问题的重要战略创新，本书的研究成果可提供科学决策的思路导向和实践战略参考。此外，通过项目研究与相关成果的应用，有利于中国—东盟深化分工合作，完善CAFTA运作机制，带动西南地区经济发展与区域合作等。

1.2 国内外研究现状

包含产品模块化、产业组织模块化、产业价值链模块化的关键价值区域生成与强化以及三者耦合与联系的模块化三维框架，是本文拟提出和构建的用以系统研究产业价值网形成演化机理及发展战略的理论框架，目前国内外还没有这方面的直接研究，但有不少相关研究。主要包括：

1.2.1 模块化的相关研究

模块化在工业经济时代最先是作为一种工艺设计方法被运用到钟表、汽车制造等行业，帮助设计者组织设计活动。最早对模块化进行研究的是西蒙（Simon，1962），他提出了模块的“可分解性”，阐明了模块化对于管理复杂系统的重要性[1]。乌利齐（Ulrich，1995）认为模块结构是解决一体化结构的复杂性的正确选择，它减少了模块间不易辨认的冲突，易于操作[2]。鲍德温和克拉克（Baldwin & Clark，1997）以IBM/360主机的设计、制造过程为例，提出了“模块化”的概念和构成模块化的三个基本要素：结构、界面和标准，并确定了一套正式的适用于任何物体发展的设计规则——“看得见的设计规则”和“隐形的设计规则”[3]。

20世纪60年代以后，模块化作为一种生产战略被广泛研究，可以从两个层面上进行分析：第一个层次，把模块生产作为满足多样化需求的新战略（Starr，1965）[4]。第二个层次，模块化的深入研究集中在企业内部（Wilhelm，1997[5]；Kinutani，1997[6]）和供应链的生产过程重组上（Sako & Warburton，1999[7]；Fujinonto & Takeishi，2001[8]）。通过生产过程的模块化设计，找到独立于产品结构的最佳的流水线组织和资源。但并非所有产业都适用模块化生产战略，为此席林（Schilling，2000）[9]分析了系统向模块化系统转变的动力机制，并利用制造产业的数据进行了实证分析。

随着信息和知识经济时代到来，国外大型企业逐渐采用了模块化组织的生产方式，并形成了基于契约互为分工合作的开放式网络生产体系，由此开始引起学界对模块化网络组织问题的关注，现有研究主要分为几个层面：一是从企业内部组织设计的角度把产品的模块化设计作为大型企业组织模块化设计的决定性因素（Sanchez & Mahoney，1996[10]；Ulrich & Tung，1991[11]；Langlois，2000[12]；Baldwin & Clark，1997[3]，2000[13]；Sturgeon，2002[14]；Sturgeon & Lester，2003[15]；青木昌彦和安藤晴彦，2003[16]；周鹏，2004[17]；李海舰和聂辉华，2004[18]；朱瑞博，2004[19]；刘东，2005[20]；孙晓峰，2005[21]）。二是从产业组织演进的角度把模块化网络组织视为产业组织演进的必然形态，强调模块化网络组织形成遵循“技术模块化→生产模块化→组织模块化”的路径（Baldwin & Clark，1997[3]；Chesbrough，2003[22]；胡晓鹏，2004[23]；杨小凯和黄有光，1999[24]；等等）。三是从产业组织理论角度研究模块化网络组织的出现对传统 SCP 范式带来的挑战。如胡晓鹏（2007）基于价值链和模块化理论对产业微观基础作了拓展，以此对传统 SCP 范式进行补充和修正[25]；黄泰岩和李鹏飞（2008）从外包、产业集群、企业规模、交易成本和创新等方面研究了模块化生产网络对产业组织理论的影响[26]。四是研究模块化组织的治理问题，指出模块化组织治理必须以核心企业权威为基础建立共同的产权结构（郝斌等，2010）[27]，合作剩余的分配是模块化组织内产权的核心问题（曹虹剑，2010）[28]。此外，索玛雅和蒂斯（Somaya & Teece，2000）从模块之间市场交易方式的角度[29]，青木昌彦和安藤晴彦（2003）根据系统信息传递的方式[16]，以及周鹏（2004）[17]、雷如桥等（2004）[30]等按企业间实力地位和影响力的不同，分别对模块化网络组织模式做了不同分类。

1.2.2 产业价值网的相关研究

从相关文献回顾来看，产业价值网理论经历了“价值链（VC）—价值网（VN）—产业价值链（IVC）—产业价值网（IVN）”的形成过程。

价值链理论最初是以企业为基点，据此分析企业的竞争优势。波特（Porter，1985）在研究企业行为和企业竞争优势时提出了价值链（value chain）理论，认为企业创造价值的过程是由五项基本活动（内部后勤、制造、外部后勤、市场销售、服务）与四项辅助活动（财务、人力资源、技术开发、基础设施）构成，这些活动把原材料转变成最终产品，通过不断地让渡价值、满足顾客需求实现价值增值，从而形成了一条价值链[31]。寇伽特（Kogut，1985）用价值增加链（value-added chain）把价值链的概念从企业层次扩展到了区域和国家，认为价值链是由技术与原料和劳动力的融合而形成的各种投入环节，然后通过组装把这些环节结合起来形成最终商品，最后通过市场交易、消费等最终完成价值循环过程[32]。德瓦特里庞等（Dewatripont et al，1995）探讨了企业将内部各个价值环节在不同地理空间进行配置的能力问题，认为生产者突破地域限制实现价值增值是国际贸易的一个重要方面[33]。格里芬和库兹涅威茨（Gereffi & Korzeniewicz，1994）提出了全球商品链（global commodity chain）理论，集中探讨了包括不同价值增值部分的全球商品链的内部结构关系，并研究了发达国家的主导企业如何形成和控制商品链的问题[34]。克鲁格曼（1995）探讨了企业将内部各价值环节在全球进行地理空间配置的能力问题，引申出了价值链治理与产业空间转移关系的研究问题[35]。格里芬（Gereffi，2001）在研究全球范围内产业联系与产业升级问题时用全球价值链（global value chain，GVC）术语替代了全球商品链概念，考察了价值最适合在哪里创造、由谁创造以及分配等全球化核心问题[36]。

价值网理论是在对传统价值链理论的修正和突破中发展起来的。斯莱沃茨基（Slywotzky，1996）首次提出了价值网（value net）的概念，指出由于顾客的需求增加、国际互联网的冲击以及市场高度竞争，企业应改变事业设计，将传统的供应链转变为价值网[37]。布兰登伯格等（Brandenburger & Nalebuff，1998）构建了包括企业、供应商、顾客、互补者、竞争对手等参与者的价值网络[38]。目前对价值网的研究主要集中于三个方面：一是从企业战略的角度对价值网进行界定，即告诉企业应该怎么做（Slywotzky，1996[37]；Brandenburger & Nalebuff，1996[38]；Callahan & Pasternack，1999[39]；Bovet，2000[40]；Aurik et al.，2003[41]；Frits & Matthias，2006[42]；罗珉，2006[43]）；

二是认为价值网是一种价值创造体系，其本质特征是为顾客创造价值（Baldwin & Clark，2000[13]；Kathandaraman & Wilson，2001[44]；胡大立，2006[45]）；三是在价值网理论基础上提出全球价值网（GVG）的概念，认为GVG理论是发展中国家后进企业以价值权力获取为价值假设来构建自主全球价值体系的理论，是价值网络理论在全球价值体系重构下的理论拓展（俞荣建和吕福新，2007[46]，2008[47]）。

价值链理论和价值网理论都忽略了产业因素，因为不同的产业内部其价值活动在特定的公司价值链或价值体系中的增值能力又有所不同。因此，卡普林斯基（Kaplinsky，2000）对企业价值链模型进行了扩展，把企业间的联系考虑进去，提出产业价值链（industry value chain）的概念[48]。潘承云（2001）认为，产业价值链是指以某一项核心技术或工艺为基础，提供能满足消费者某种需要的效用系统为目标的、具有相互衔接关系企业的集合[49]。汉弗莱和施密茨（Humphrey & Schumtiz，2002）认为IVC的治理是对经济活动的非市场调节，其治理重点在于生产什么、如何生产以及如何管理IVC上的物流，进而将IVC的治理细分为市场型、网络型、准层级型和层级型四种典型治理模式，并提出发展中国家的地方企业升级前景与其嵌入IVC的治理模式相关[50]。杜义飞和李仕明（2005）指出，产业价值链是产业链背后所蕴藏的价值组织及创造的结构形式，代表了产业链的价值属性，决定产业链的经营战略和竞争优势[51]。李平和狄辉（2006）认为产业价值链是基于产业系统价值活动的自组织行为，它把价值的视野放到更大的价值结构中，形成更为宏观的价值创造组织形式[52]。

与价值网理论突破单个企业基点而将研究对象扩展至所有共同为顾客创造价值的利益相关者类似，产业价值网（industry value network）理论也将研究视角由单个产业价值链延伸至所有相关产业的产业价值链集合。迪肯等（Dicken et al，2001）认为在区域经济中，由于信息技术与金融业的发展，各个产业彼此相联，共同形成了产业网，相应的产业价值链也形成了产业价值网[53]。吴华清和刘志迎（2009）研究了产业价值网的形成与发展过程中，关键价值环节（区域）升级方式的多样化带来产业价值网治理的复杂化，以及由此可能对产业或区域经济造成的影响等问题[54]。

1.2.3 基于模块化的产业价值网相关研究

对模块化与产业价值网的契合研究，目前的研究重点仍主要集中于企业价值链和企业价值网的模块化。如斯特金（Sturgeon，2002）认为价值链模块化已经开始成为某些产业的新型组织结构特征[14]；在价值模块的基础上价值链被重新组合，使其价值得以更加充分有效地释放（Aurik et al，2003）[41]；价值模块的研发、重用、整合推动了传统价值链的解构和重建（朱瑞博，2004）[19]；苟昂和廖飞（2005）以外贸企业为例，认为网络经济下组织模块化构成了价值网的组织基础[55]；徐红玲和李双海（2005）关注模块化组织协调与垂直一体化企业的价值链重构问题[56]；余东华和芮明杰（2005，2008）、余东华和刘明宇（2006）分析了基于价值模块整合的企业价值网络形成机制、模块化网络组织的价值流动与创新，以及模块化企业价值网络中的企业边界变动[57][58][59]；俞荣建和吕福新（2008）以浙商为例，提出价值网是模块化价值网由自发演进到理性设计的组织建构，并构建了价值网络的系统动态模型[46]；盛革（2009）关注基于模块化的价值网系统构造及其知识管理[60]；江积海和龙勇（2009）着重阐述了基于模块化和动态能力的价值网结网机理[61]。相比之下，目前国内外从模块化视角研究产业价值链和产业价值网前沿领域的专题研究并不多见，仅有的少数成果主要涉及价值链模块化与国际分工、制造业升级之间的机理和路径（朱有为和张向阳，2005）[62]；产业价值链模块化整合的动因、特征和价值决定因素（李平和狄辉，2006）[52]，模块化分工条件下网络状产业链的知识整合和知识分工与创新（芮明杰和刘明宇，2006）[59]，模块化产业内分工与经济增长方式转变（张其仔，2008）[63]，基于行业边界模糊的价值网分析范式（毛蕴诗，2008）[64]，嵌入全球价值链的模块化制造网络的价值创造方式和价值增值途径（尹建华，2010）[65]，基于模块化的企业集群创新战略（韩晶，2011）[66]，结合模块化研究产业价值网形成机理的文献较为鲜见。

1.2.4 相关研究成果的欠缺与本研究的作用

综观已有的相关研究，存在着多方面的欠缺或不足，而本项目的研究将能较好地弥补这些欠缺和不足。主要包括：

（1）在模块化研究方面，以系统经济学、演化经济学、新制度经济学为主，主要集中于模块化的基本理论原则、模块化思想在企业中的应用以及模块化能够为企业所带来的优势等企业模块化方面，很少结合产业组织理论对模块化生产网络形成的动力机制、交易与分工机制以及由此产生的产业组织效应进行中观、系统的经济学分析，也缺乏从宏观层面将模块化作为一种开放经济条件下国家或特定区域的产业发展战略加以研究。

（2）在产业价值网研究方面，以企业经济学、企业战略理论、管理科学为主，主要局限于以企业为基点的价值链、价值星系和价值网方面，重点分析企业内部各价值环节的设计以及在全球的地理空间分布、企业之间基于价值网的虚拟合作和战略制定等问题；对于产业价值链虽有一定研究，但仅涉及单一产业内多个企业价值链的整合问题，没有考虑区域内共生产业价值链之间的相互联系及影响问题；而真正从产业价值网形成本身及其协调和治理对国家或区域产业竞争力和经济升级的影响等方面进行研究的文献更是缺乏。

（3）在模块化与产业价值网的契合研究方面，目前文献非常缺乏，少数研究成果仍仅限于从企业组织模块化设计层面研究企业价值网的系统构造、运作模式和价值创新等问题，而没有从产业组织模块化维度和产业价值链模块化维度综合研究产业价值网的组织治理基础以及价值权力创造的机理和路径，对于如何构建模块化生产网络并纳入全球产业价值网体系作为后发国家或地区适应经济全球化的发展战略加以实践分析和应用等问题也极少涉及。

综上可见，已有的研究成果并没有直接涉及和系统研究模块化条件下产业价值网形成演化机理及发展战略的理论和实践问题，但为本书研究提供了有益的借鉴和参考。本书将在已有研究的基础上，结合时代背景与发展趋势，拓展研究的空间尺度，以及模块化的内涵和外延，构建一个包含产品模块化、产业组织模块化、产业价值链模块化的关键价值区域生成与强化，以及三者演化与联系的模块化三维研究框架，综合运用产业组织经济学、区域经济学、系统经济学、演化经济学、新制度经济学、企业经济学、管理科学等相关理论和研究方法，全面系统地研究产业价值网的形成演化机理及发展战略，产业价值网与模块化的耦合机理与互动关系，产业价值网参与主体之间的交易与分工机制，作为产业价值网组织基础的模块化生产网络形成的动力机制及其对市场结构、市场行为和市场绩效产生的产业组织效应，产业价值网下以模块化生产网络生成价值权力的内在机理及其竞争力的决定机制。选择地处欠发达地区、国家发展战略核心地区、中国—东盟自由贸易区边境前沿的区域及其产业作为实证研究对象，将这些区域、产业案例置于新一轮经济全球化、CAFTA 升级版和国家产业创新升级的层面，研究构建模块化条件下其产业价值网形成演化的理论模式与操作应用的政策和措施等，从而更有效地推动产业价值网形成演化机理与运作模式研究，更好地指导产业价值网的形成和发展实践，使理论研究和实践效果都得到有效的和显著的提升。

1.3 本书的研究目标和研究内容

1.3.1 研究目标

本书研究的总目标，是以相关理论与实践背景的研究为基础与依据，构建一个包含产品模块化、产业组织模块化、产业价值链模块化的关键价值区域生成与强化以及三者演化与联系的模块化三维研究框架，系统论证产业价值网与模块化的耦合机理与互动关系，全面综合地研究产业价值网形成演化机理，分析产业价值网参与主体之间的交易与分工机制、作为产业价值网组织基础的模块化生产网络形成的动力机制及其产业组织效应、产业价值网下以模块化生产网络生成价值权力的内在机理及其竞争力的决定机制，探讨产业间基于产业价值网的合作协调机制、方法论思路、政策措施等，以推进当前模块化条件下产业价值网发展战略理论与应用的研究，为加快后发区域产业模块化变革，推动产业价值网形成和发展，强化关键价值区域在全球产业价值网中的地位，实现区域价值权力跃升，避免国际分工的低端“锁定”，提升区域持续竞争优势和发展动力，提供创新发展战略的理论依据、方法论指导与决策参考。围绕这一总目标，本项目设立了四个分目标：

第一，在总结分析产业价值网及模块化相关理论与实践背景的基础上，以相关理论为依据，构建一个包含产品模块化、产业组织模块化、产业价值链模块化的关键价值区域生成与强化以及三者演化与联系的模块化三维研究框架，分析阐明其理论内涵及基本架构。

第二，在模块化三维研究框架下，论证产业价值网与模块化的耦合互动机制，研究揭示产业价值网形成与演化的机理，为产业价值网形成与发展提供理论依据。

第三，研究推动产业价值网形成与发展的发展战略与实践途径，分析产业价值网形成的基本条件、协调机制与方法论思路，构建推动产业价值网形成发展的政策措施体系，为促进产业价值网形成发展提供理论依据、实践指导与决策参考。

第四，对产业价值网形成及其演化机理、产业价值网发展战略等理论研究成果进行实证检验与实践应用研究。

1.3.2 研究内容

针对上述研究目标，本书的研究框架主要分为 11 章。

第 1 章，引言。介绍了本书的研究背景和研究意义，对国内外研究现状作了系统梳理，提出本书的研究目标、研究内容、拟解决的关键问题和研究方法，总结了可能的创新及需要进一步研究的问题。

第 2 章，产业模块化三维框架理论架构。一是对模块化的研究演化作了剖析，科学界定模块化的内涵；二是结合产业组织经济学、区域经济学、系统经济学、演化经济学、新制度经济学、企业经济学、管理科学等多学科的思维和方法，论证提出一个包含产品模块化、产业组织模块化、产业价值链模块化的关键价值区域生成与强化以及三者演化与联系的模块化三维研究框架，分析阐明其理论内涵及其基本架构；三是从技术、市场、企业能力等多尺度研究产品模块化形成发展的动因、机理与系统创新；四是从技术变革视角揭示产业组织模块化的根本外部动因，从分工经济演化视角揭示产业组织模块化的核心内部动因，分析“从技术模块化到市场模块化”、再“从市场模块化到产业组织模块化”的演化路径；五是以价值模块为切入点，研究产业价值链与模块化的耦合互动机理，认为产业价值链模块化是国际制造业分工深化的结果，揭示模块化产业价值链的特性。

第3章，产业价值网理论演化脉络。一是梳理传统价值链思想和全球价值链的理论演化，揭示“价值链（VC）—价值网（VN）—产业价值链（IVC）—产业价值网（IVN）”的动态形成过程；二是对产业价值网的国内外相关研究进行理论综述和评价，重点界定产业价值网的理论模型和运行特征。

第4章，基于模块化的产业价值网形成演化机理。一是从模块化理论、产业价值网理论及其二者的契合理论三个视角对国内外相关文献研究进行了梳理，归纳了上述理论融合对后续研究的结论和启示，在此基础上探索性地提出基于模块化的产业价值网重构机理及其本质，并符之新兴产业案例加以印证；二是对模块化条件下产业价值网的治理机制和价值创新路径进行分析与探讨，认为产业价值网的竞争力取决于由各相关产业价值链中关键价值模块共同构筑的关键价值区域价值权力的大小和协同效应的强弱，后发国家应充分利用资源的比较优势，促进关键价值区域价值权力的生成和强化，从而实现产业升级和经济跨越发展。

第5章，基于模块化的产业价值网形成发展战略。一是遵循产业价值网形成演化的内在机理，着眼于世界经济全球化、区域经济一体化不断强化以及产业模块化变革的背景，提出产业价值网形成与发展的模块化三维研究框架及明确其理论内涵；二从产品模块化维度、产业组织模块化维度、产业价值链模块化的关键价值区域生成与强化维度，以及三个维度的嫁接与耦合，研究产业价值网的形成与发展战略，具体包括基于产品模块化的产业价值网发展战略、基于产业组织模块化的产业价值网发展战略和基于产业价值链模块化的产业价值网发展战略，并阐明其理论内涵及运用要求，力求提升产业价值网形成与发展的理论研究和实践效果。

第6章，产业价值网的区域实证研究一：CAFTA 价值网结网机理及其价值创造战略。CAFTA 价值网下价值创造路径的多元化，为中国和东盟各国突破全球价值链下先发国家主导企业的权力制衡，构建相对完整的自主价值体系，提供了新的战略启示。本章契合模块化网络组织理论和全球价值网理论，联系 CAFTA 的战略背景和产业发展实际，研究 CAFTA 价值网结网机理，构建 CAFTA 价值网系统模型；提出 CAFTA 各国产业按照地域分工的比较优势发展多中心模块化生产网络，是形成 CAFTA 自主价值体系的组织基础；并从培育区域垄断优势、构筑市场势力和优化组织能力三个方面，探讨 CAFTA 价值网的价值创造机制和路径，为中国和东盟各国突破全球价值链的低端“锁定”、依托 CAFTA 价值网实现价值权力跃升和跨越发展，提供了“战略创新路径”的实践参考价值。

第 7 章，产业价值网的区域实证研究二：中国与马来西亚产业内贸易发展战略。随着 CAFTA 正式建成后中国与马来西亚双边经贸关系的发展，两国的贸易结构发生了较为显著的变化，由传统的禀赋优势贸易扩大到技术优势贸易，即产业间贸易逐渐延伸到产业内贸易。本章利用 Grubel - Lloyd 指数、Brulhart 指数和 Thom & McDowell 指数分别对中马产业内贸易的静态水平、动态变化以及水平型和垂直型贸易属性变化进行综合测度，并运用 TC 指数和 C_k 指数分别测量中马产业内贸易的竞争性与互补性，从中把握中马产业内贸易的强度、最新发展动态与存在问题，并提出相应对策，为进一步促进中马产业内贸易发展与贸易结构优化、增强贸易互补性、实现双边互利共赢提供科学的决策依据。

第 8 章，产业价值网的区域实证研究三：基于 CAFTA 的北部湾经济区产业价值网发展战略。一是北部湾产业发展现状分析，包括系统分析产业群空间布局范围与现状、产业关联现状、产业组织现状、产业价值链现状、优势产业竞争力现状、专业化与多样性评价，以及全球模块化生产网络尤其是 CAFTA 框架下北部湾产业群的价值网嵌入现状；二是立足于 CAFTA 价值网，分析北部湾经济区产业升级的优势和劣势，从关键价值权力获取、核心企业培育、新兴产业集聚、产业创新系统完善、高端人才引进培养等方面，提出 CAFTA 价值网下北部湾经济区产业升级的具体政策建议；三是基于包含产品模块化、产业组织模块化、产业价值链模块化的关键价值区域生成与强化以及三者演化与联系的模块化三维研究框架，对上述系列研究结论进行整合协调，构建北部湾经济区产业价值网发展战略，研究有针对性和可操作性的政策措施体系。

第 9 章，产业价值网的产业实证研究一：边境后发区域汽车产业模块化创新发展战略。一是结合全球汽车产业模块化发展趋势，从整车设计、零部件供应链以及产业组织网络化三个方面解析汽车产业模块化创新模式；二是研究汽车产业模块化生产网络形成后对汽车产品的消费和生产、汽车产业的垄断和竞争以及资源配置、规模结构、创新等所产生的产业组织效应；三是以作为边境后发区域暨我国汽车产业制造重地之一的广西汽车产业为例，全面分析广西汽车产业的发展现状，探讨广西汽车产业组织存在的主要问题，重点提出广西汽车产业模块化创新发展战略，以期对“十三五”及今后一段时期广西汽车产业优化升级提供有益的启示和参考。

第10章，产业价值网的产业实证研究二：边境后发区域战略性新兴产业发展战略。本章以作为边境后发区域首府暨广西北部湾经济区核心城市的南宁市战略性新兴产业为例，全面把握南宁市战略性新兴产业发展现状，深刻分析其发展面临的优势、劣势以及机遇、挑战，据此作出相应的最大与最大战略、最大与最小战略、最小与最大战略以及最小与最小战略选择，并提出促进南宁市战略性新兴产业发展的战略实施对策，以此找准“十三五”期间南宁市战略性新兴产业重点发展的突破口和方向，为政府相关部门科学决策提供有益的启示和依据。

第11章，产业价值网的产业实证研究三：边境后发区域跨境物流产业发展战略。物流作为一种关键性相关服务产业价值链，是整个产业价值网内部各种有形资源流动的动脉和枢纽，决定着整个产业价值网的客户化响应速度、运营效率以及产业价值网内部各关键价值环节参与者的共同利益所得。为此，本章将研究视角定位于全球化、区域经济一体化条件下的产业价值网跨境物流研究，并以处于中国—东盟边境合作前沿、CAFTA升级版建设核心区域，同时又属于边境后发区域的广西北部湾经济区跨境物流产业展开实例研究，重点从经济制度环境、参与方行为偏好、技术管理方式、交易成本四个方面研究影响跨境物流模式选择的约束条件并构建最优跨境物流策略的理论模型，分析北部湾经济区跨境物流发展态势与困境，探讨与全球化、区域经济一体化跨境产业贸易相适应的跨境物流体系构建与产业发展对策。以期能够给予科学规划与政策指引的参考、借鉴，对于广西北部湾经济区面向全球及东盟产业价值网推动跨境物流活动便利化、低成本和高质化，促进边境后发区域物流产业不断发展壮大和提质增效具有重要启示。

1.3.3 拟解决的关键问题

本书主要解决如下学术和实践应用难题：

（1）正确、严谨地组织梳理“模块化三维框架下产业价值网形成演化机理”的理论依据和实践背景依据，正确地论证界定和系统阐明“模块化三维框架”的理论内涵、基本构成与基本特征，这是本项目得以立足和顺利实施的首要关键问题。

（2）正确地分析产品模块化、产业组织模块化、产业价值链模块化的关键价值区域生成与强化的演化规律及其互动式关联，科学地揭示模块化三维框架下产业价值网形成演化机理，并构建相应的理论模型，为推动产业价值网形成发展提供普遍应用的、严谨清晰的理论依据。

（3）科学地构建产业价值网形成发展的发展战略，及其操作层面的协调机制、基本原则、方法论思路与应用操作步骤，为具体实践提供理论和方法论指导与参考。

（4）科学有效地运用模块化三维框架下产业价值网形成演化机理与发展战略等理论研究成果，结合若干后发区域产业群发展的实际情况，进行系统的实证研究与应用检验，在对产品模块化、产业组织模块化、产业价值链模块化及三者互动关联等理论与实证研究成果整合协调的基础上，科学有效地构建有针对性和可操作性的政策措施体系，为从模块化三维综合框架的视角，推动后发国家和区域产业价值网形成与发展提供有效途径与政策措施，为本书的理论研究成果提供有效的实践检验。

1.3.4 研究方法

根据本书的研究目标、研究内容与拟解决的关键问题，拟采取如下主要研究方法：

（1）理论分析与理论推理的研究方法。产品模块化、产业组织模块化、产业价值链模块化的关键价值区域生成与强化以及三者演化与联系等理论问题的研究，以及产业价值网形成演化机理与发展战略的研究，需要建立在已有研究基础、多学科相关理论与知识等进行理论分析与理论推理的基础上。

（2）多学科综合分析与研究的方法。研究对象涉及面广，需综合运用产业组织经济学、区域经济学、系统经济学、演化经济学、新制度经济学、企业经济学、管理科学等相关学科的理论、思维与方法手段，来实施本文的具体研究工作。

(3)“间接考察”与实地调研相结合的方法。对国内外公开发表和公布的资料与成果进行广泛收集与综合分析；到北部湾各地市、长三角地区、珠三角地区以及对北部湾产业群发展影响较大的东盟主要国家进行广泛的实地调研，了解具体的问题和实际情况，取得第一手资料。

(4)定性分析与定量研究相结合的方法。按照本项目的研究特点，在理论框架构建与模块化三维框架下产业价值网形成演化机理的研究部分，以定性分析、逻辑论证与理论推理为主；在实证研究部分，则需采用数理统计方法等必要的定量研究，以确保完成研究任务，并有利于提高研究成果的科学性、精确性、说服力和可操作性。

1.4 可能的创新及需进一步研究的问题

1.4.1 本书的特色与创新之处

本书是关于模块化条件下产业价值网形成演化机理与发展战略的系统性专门研究，在契合模块化理论深入研究产业价值网形成演化系统性理论的基础上，以地处欠发达地区、国家发展战略核心地区、中国—东盟自由贸易区前沿的若干区域及其产业为例进行产业价值网形成与发展的实证研究，项目以系统深入的理论研究为出发点、以理论指导代表性标的的实证研究和实际应用为落脚点，具有创新性特别是理论创新性强，学术价值突出，实证研究标的的代表性强、地域性突出和实际指导作用大，以及紧密结合地域资源与优势的开发利用，推动后发区域产品结构和生产模式创新、产业组织优化、产业价值权力跃升、区域持续竞争优势强化等特点。本书的主要创新之处包括以下四个方面：

(1)系统论证产业价值网形成演化的理论依据与实践背景依据的基础上，首次提出了一个包含产品模块化、产业组织模块化、产业价值链模块化的关键价值区域生成与强化的模块化三维研究框架，并系统阐释了其理论内涵、基本构成与基本特征。联系产业组织经济学、区域经济学、系统经济学、演化经济学、新制度经济学、企业经济学、管理科学等多学科研究领域，并同模块化、价值链与价值网、全球生产网络、产业分工与交易、网络治理、价值创新等理论，全面系统地分析产业价值网形成演化机理。

（2）本研究框架契合模块化理论与价值网、产业链理论，系统研究产业价值网与模块化的耦合互动机理、作为产业价值网组织基础的模块化生产网络形成的动力机制及其产业组织效应、产业价值网参与主体之间模块化分工与交易的专业化与多样性、产业价值网价值权力创造的内在机理及路径、产业价值在不同价值模块间转移和重新分配的机制、产业价值网竞争的全球化与地方化，并进而构建了产业价值网形成演化机理的理论模型。

（3）运用多学科的思维与方法，结合产业价值网形成演化的基本条件、影响因素及其动态变化规律，研究提出模块化条件下产业价值网形成发展战略，阐明其基本内涵、合理运用的基本原则与客观要求。同时，研究构建了推动产业价值网形成发展的协调机制、基本原则、方法论思路与实践应用的基本步骤。

（4）在产业价值网形成演化机理与发展战略等相关理论研究成果的指导下，选择地处欠发达地区、国家发展战略核心地区、中国—东盟自由贸易区边境前沿的区域及其产业作为实证研究对象，对产品模块化设计和生产创新模式、模块化生产网络自主构建及其网络治理优化、产业价值链模块化分解与重构、产业价值在不同价值模块之间的分配与转移、产业价值网参与主体之间模块化分工与交易的专业化与多样性、产业价值网竞争的全球化与地方化、后发区域价值权力生成与自主价值体系构建等理论模式的实践内涵与应用方法进行实证研究，构建有针对性和可操作性的政策措施体系。实现理论与实践的有效结合，为推动模块化条件下产业价值网形成发展与区域自主价值体系构建及竞争力强化提供新的理论指导和新的实践机制，同时也实现了理论研究成果对实践指导作用的充分发挥。

1.4.2 需进一步研究的问题

构建模块化三维研究框架对产业价值网进行理论及后发区域产业应用研

究，目前在国内外仍属于一种理论尝试和探索，具有很大的后续研究空间。另外，由于模块化研究在学术界尚无公认统一系统的理论体系和实证方法、手段，仅散见于少数文献的理论模型中，且对相关数据收集存在现实困难，采取一般性调查问卷方式进行测评的主观性较强、科学性不足。因此，将模块化理论契合于产业价值网进行理论研究的深度与广度，以及对产业价值网中关键价值区域的价值分配以及模块化产业价值网形成后的产业组织效应等进行系统准确把握的科学方法有待进一步深化探讨。特别是结合当今新一轮经济全球化、新兴技术和产业层出不穷、科技竞争日趋白热化、追求创新驱动与高质量发展等现实背景，针对后发区域作更深层次的扩展性研究，是今后非常值得进一步重点关注和研究的方向。

第 2 章 产业模块化三维框架理论架构

2.1 模块化的研究演化和内涵

2.1.1 模块化的研究演化

在工业经济时代，模块并不是一个新的概念，早在 20 世纪初期的建筑行业中，将建筑按照功能分成可以自由组合的建筑单元的概念就已经存在，这时的建筑模块强调在几何尺寸上可以实现连接和互换。之后，模块化作为一种工艺设计方法被运用到机床、钟表、汽车制造等工程学领域，帮助设计者组织设计活动，这时模块被进一步与物理产品的功能联系到了一起，模块具有了明确的功能定义特征、几何连接接口，以及功能输入、输出接口特征。早期成功的模块化产业实践是 1930 年德国基于自身的机床制造业优势，提出的“模块化构造”（modular construction）设计方法。由于用这种方法设计制造的机床具有很好的经济效益，因而采用模块化构造在世界得到迅速推广。日本通产省在 1977 年开始研究柔性加工单元（flexible manufacturing cells, FMC），明确地引进了模块化构造的概念：按不同功能制造模块，其独立性很强，模块化的功能单元可独立运转，整个控制系统是有上述模块组成的多级系统。

源于模块化的生产实践，对模块化进行初始研究的是著名管理学家、社会学家暨诺贝尔经济学奖得主——赫伯特·西蒙（Herbert Simon），他于1962 年发表了《复杂性的架构》（*The Architecture of Complexity*）一文，指出科层（hierarchy）结构是有关复杂系统的组织原则，它由相互联系的子系统构成，而子系统又有自己的内部结构及子系统；由于科层组织内这一系统方面的特征，使科层内进行模块化动作成为可能；据此，西蒙以钟表业为例，提出了模块的“可分解性”（decomposability），阐明了模块化对于管理复杂系统的重要性[1]。据西蒙所述，手表是由几百个零件构成，如果从最基本的零件开始装配一个手表，假如中途被打断，就不得不从头再来；但是，如果将手表的零件按照不同的功能分成各子系统来装配，即使在子系统的装配途中发生混乱，修复子系统的时间要比从头开始装配短得多。西蒙由此得出结论：处理复杂系统问题的一般方法，就是把一个复杂系统分解成一系列准独立的子系统，它们之间以非常简单的关系结合在整个系统中，即使存在可能的干扰，整个过程也会更加容易控制。

由于模块化构造对于处理复杂系统问题的独有优势逐渐成为世界共识，模块化制造作为一种现代制造环境下的制造哲理和方法论开始引起人们的关注。罗杰斯等（Rogers & Bottaci，1997）就实现模块化生产系统的有关问题作了深入的研究，提出建立模块标准和有限的部件级的基本生产加工单元（标准模块）[67]。把基本模块分为四类：加工单元、运动单元、模块化刀具装卡单元以及可配置的控制系统。通过从模块目录中选取适当的模块就能建立适应范围宽的自动化、集成化的生产系统。以生产实例说明：在设计工具的支持下根据特定产品的制造需求对模块化制造系统进行再设计是可行的。

尽管模块化在工业技术设计和制造方面的优势日益突出，其产业应用领域也不断拓展，但在 20 世纪 80 年代以前，由于大工业市场的主导权仍然牢牢掌握在具有刚性生产特征的福特制（fordism）大企业手中，垂直型大型企业组织形式是产业组织的基本形态，模块化技术对于产业组织形态和企业组织结构的影响并未引起经济学和管理学界的关注。90 年代开始，在全球市场竞争加剧、渠道权力转移、个性化消费需求、信息和通信技术飞速发展等因素的共同作用下，“福特制危机”导致刚性生产体制趋于瓦解，以顾客定义企业价值的弹性专业化（flexible specialization）和精益生产（lean production）

成为后福特制（post-fordism）的基石。戴维斯（Davis，1987）在其出版的《未来前景》一书里首次将这种生产方式称为大规模定制（mass customization，MC），兼容满足个性化需求和低成本制造的双重目标[68]。其后，派恩（Pine，1993）对大规模定制作了准确定义，指出："大规模定制的核心是产品品种的多样化和定制化急剧增加，而不相应增加成本；范畴足、个性化定制产品的大规模生产：其最大优点是提供战略优势和经济价值"[69]。由上可以看出，大规模定制在经济学和管理学界被认为已经取代大规模生产（mass production），成为企业适应新市场环境的新战略。而产品设计模块化成为实现大规模定制和敏捷制造的关键，即通过将大规模生产的模块化构件组合并装配成可定制的产品或服务模块化。为此，安德森和派恩（Anderson & Pine，1999）的研究显示，组织构件的模块化在重型设备、手表、自行车、快餐以及法律、信息等行业得到广泛应用[70]。日本学者池田信夫（2007）对网络产业和汽车产业的研究也表明，模块化在这两个领域受到了普遍重视[71]。随着信息和知识经济时代到来，国外大型企业逐渐采用了模块化的生产方式，促进了产业由纵向分工向横向分工转变，并形成了基于契约互为分工合作的开放式网络生产体系，由此学界开始转向对模块化生产组织的研究。

达夫特和勒温（Daft & Lewin，1993）认为模块化组织是一种通过内部互相联系的协调和自组织过程，来实现组织柔性和学习曲线效应的新型组织范式[72]。桑切斯和马奥尼（Sanchez & Mahoney，1996）指出，模块化组织是实现模块化产品生产过程的松散耦合的组织形式，模块化的产品设计要求企业组织设计的模块化[10]。鲍德温和克拉克（Baldwin & Clark，1997，2000）以IBM公司360系统模块化设计为例，证明了整个系统的改进可以通过各个独立模块的改进或用更好的设计模块替代以及类似的方法来实现，一个由IBM公司主导的高度集中的纵向一体化产业结构，开始转变为由一群独立公司所组成的联系松散且纵向分散的"模块簇群"（modular cluster），它们是由控制着整个系统的设计规则联系起来的，这即是硅谷高科技风险企业模块化集群形成的原因[3][13]。席林和圣仕玛（Schilling & Steensma，2001）认为，在某些产业，一体化的层级组织正在被具有可渗透、内部化和模块化特性的非层级制实体（即模块化组织）所取代[73]。斯特金（Sturgeon，2002）以电子产业为例，探讨了电子产业的策略性外包和共享供应商网络之间的共同演进关系，指出模块化借助市场协调，特别是稳定的界面标准和设计规则，使得企业可以通过价值链外包的集聚战略获取竞争优势，并认为模块化是一种新型的美国产业组织模式[14]。朗格洛伊斯（Langlois，2003）认为模块化唤醒了市场力量，模块化的不同环节主要依靠市场予以协调，垂直一体化的大企业不断剥离业务，不再充当上下游环节的协调者，大企业可见的“手”不再可见[74]。青木昌彦（2006）指出，向模块化发展的产业结构，基本上可以看成是从事前对设计和生产的集中控制转向分散化的创新，同时伴随着更灵活、更大众化的设计规则（产业标准），以及事后的竞争性再集中[75]。

进入 21 世纪，在流程再造、核心能力、供应链管理、“新木桶”原理等新理论或管理理念的共同影响下，模块化在重构产业组织结构的同时，也在基于知识、信息、能力等“异质”资源，不断通过价值模块的研发、重用、分解和整合（朱瑞博，2003）[76]，使传统集合型价值链趋向解构和重建，形成了由不同价值链纵向、横向、对角交织的立体全球化产业价值创造网络体系。为应对经济全球化和新经济时代的挑战，提升企业竞争力，具有不同价值链的企业纷纷采取合作战略，把各自价值链连接起来，转化为企业之间的价值星系（value constellation）（Callahan & Pasternack，1999）[39]。产品（业务）的模块化直接导致了企业能力要素的模块化，业务、能力要素的模块化和模块化簇群实质上是一种基因重组（genome restructure），其最终的结果是实现企业核心竞争力（如品牌、研发能力和市场能力）的资本化（罗珉，2005）[77]。不同企业的价值模块或价值链按照一定的界面标准相互交叉、融合，进而演变成包含供应商、渠道伙伴、服务提供商以及竞争者的模块化企业价值网络（余东华和芮明杰，2005）[57]。其中，企业的竞争力来自网络体系，而网络体系的竞争力来自各个成员企业的核心能力，网络体系是核心能力的最高态和集大成（李海舰和聂辉华，2004）[18]。

2.1.2 模块化的内涵

2.1.2.1 模块的定义及分类

模块（module）是一个相对概念，有关学者从不同维度给出了形式不同但实质相通的定义。从产品实体维度，模块是可以单独进行设计和制造的部件，而这些部件又可以多种方式进行组合（Starr，1965）[4]；是组成产品的物理实体，表现出一定的设计功能（Henderson & Clark，1990）[78]；是生产系统中是为完成产品设计功能的组件或组件群，具有其他功能模块不同的特有功能。从标准化维度，模块是经典型化、优化并具有通用意义的标准构成单元；是可组合成系统的、具有某种确定功能和接口结构的典型的通用独立单元（童时中，1995）[79]。从系统性维度，模块是指半自律性的子系统，通过和其他同样的子系统按照一定规则相互联系而构成的更加复杂的系统或过程（青木昌彦和安藤晴彦，2003）[16]。从标准化维度，模块可以通过标准的界面结构与其他功能的半自律性的通用独立单元，按照一定的规则相互联系而构成更加复杂的系统（胡晓鹏，2004）[23]。

按照不同的分类标准，模块被划分为多种形式：

（1）按模块的外在表现形式分类。按模块的外在表现形式可分为硬件模块和软件模块。硬件模块是指实体模块，它是由一些物质构成的有形的实体部件。软件模块一般是指用于计算机的程序模块，以及更广义层面上的组织管理方面的模块。

（2）按部件单位来源分类。从部件单位来源划分，卡里姆（Karim，2006）将模块分为内部发展的模块（internally developed unit）和外部获得的模块（acquired unit）[80]。内部发展的模块是指企业通过自我学习积累和创新而形成的自有模块。外部获得的模块是指进入企业前，已经拥有自己产品和商业系统的单位。

（3）按模块互换性划分。这里，模块互换性是指："某一产品、方法或服务在满足相同要求事项的条件下，能够置换另一产品、方法或服务的能力"（ISO－1986）。对于产品则指功能上的互换性和尺寸上的互换性。从物理结构划分，模块可分为功能模块、结构模块、单元模块三种类型。功能模块指具有相对独立功能、并具有功能互换性的功能部件，其性能参数和质量指标（常指线性尺寸以外的特性参数）能满足通用互换或兼容的要求。结构模块特指具有尺寸互换性的（机械）结构部件，其安装连接部分的几何参数满足某种规定的要求，而能保证通用互换或兼容。在很多情况下，结构模块是不直接具备使用功能的纯粹的结构部件，而只是某种功能模块的载体。单元模块，即兼具功能互换性和尺寸互换性的部件，它是由功能模块和结构模块相结合形成的单元标准化部件，是二者的综合体（童时中，1995）[79]。

（4）按与工序之间的关系划分。张治栋和韩康（2006）按照与工序之间的关系将模块系统分为物理模块、处理模块和价值模块，各种模块在联系的媒介、标准和性质上具有不同的特点，但发展的基本趋势是：模块联系趋于抽象，模块性质独立自由[81]。物理模块体现工序专业化与企业内部联系，以效率为导向，其意义在于协调生产内部关系。处理模块体现工序集中化与生产柔性，将工序本身分解为可快速切换的工序束，并进行企业内集中管理，其联系以技术为媒介，以技术标准化为基础，具有削弱物理性而增强抽象性、缩小互补性而增大独立性以及降低依赖性而提高独立性等特点。价值模块体现工序自由重组与抽象独立联系，为适应价值链分析要求，形成超越工序本身及相关工序的独立价值模块。

（5）按模块分解的难易程度划分。陈向东（2004）根据模块在制造业企业知识管理过程中分解的难易程度，划分出“非降解”类型和“可充分降解”类型的模块结构[82]。不具备或具有较弱的模块功能和加工技术过程的独立性模块，称为非降解类型的模块，其生产要受到产品集成商的高度控制。可充分降解的模块生产类型突出模块功能和加工过程的独立性，表现模块内部的加工技术集成形式和集成过程并不影响或很少影响其他模块内部的作用效果，以及系统组合的效果。而模块的降解特性实际上与产品的两个因素有关，一是产品物理功能上的可降解（即模块特性），二是模块加工技术和知识的可降解性。

此外，根据模块在产品系统中的地位，即按其重要性、规模大小、层次高低，还可分为主体模块和非主体（辅助、附加）模块。

2.1.2.2 模块化的内涵及过程

鲍德温和克拉克（Baldwin & Clark，1997）在《哈佛商业评论》发表了《模块时代的管理》一文，认为许多服务业，尤其是金融服务业可以模块化，无形和难以捉摸（intangibility）促进了模块化的发展[3]。斯特金（Sturgeon，2002）指出模块化生产网络是产业组织的一种新型美国范式[14]。青木昌彦和安藤晴彦（2003）更坦言，模块化是新产业结构的本质[16]。由此，学术界对产业模块化现象的理解、应用的深度和广度，均达到了前所未有的高度。

从原始内涵来看，童时中（1998）将模块化分为狭义模块化和广义模块化[83]。狭义模块化指由模块组合成的模块化产品，如模块化的电子设备、模块化的机床等；广义的模块化是一切由典型的通用单元组合成的事物，如企业的组织结构、流水线的构成等。

随着模块化应用的发展，对模块化的理解呈现出相应的时代特征，从最初的产品设计方法向系统研究方法论，再逐步成为一种可应用于许多领域研究的思想。从产品设计角度，模块化是促进复杂系统向新的均衡动态演进的特定结构，对管理复杂系统具有重要性（Simon，1962）[1]；模块化是结构设计的规则，可以促使组成模块之间的协调，能够克服设计者认知的不足（Alexander，1964）[84]；模块化是一套体系结构、界面和标准的组合，是管理复杂性的一套一般规则，通过把复杂系统分解成离散的各个部分，彼此之间在标准的结构中，通过标准接口进行相互联系（Langlois，2002）[85]。从需求满足角度，模块化是解决市场所寻求的更高层次多样化的最好方法，模块化是为顾客提供多样化产品的正确选择（Starr，1965）[4]。从功能角度，乌利齐（Ulrich，1995）将模块化结构定义为“将功能结构中的功能要素与实际产品中的实体要素一一对应，并对要素间的非成对界面（decoupled interface）予以详细说明”[2]，从而有利于发挥各模块自身的功能，减少对难以认知的界面的设置，方便产品生命周期内的使用和操作。从产品生命周期角度，模块化是模块以及组件在生命周期（开发、测试、生产、组装、包装、运输、服务、衰退）内的相互作用（Gershenson et al，2003）[86]；模块化在产品生命周期中具有维护、回收、重用和处置的重要作用（Sosale & Hashemian，1999）[87]；因此，即使在产品衰退期，模块化也增加了重用和重新生产的可能性，因为“可能发生变化的部分被设计成模块化的形式，以便在需要的时候单独被替代和回收”，这就是模块化带来的替代经济（economies of substitution）（Garud & Kumaraswamy，1995）[88]；模块化是产品组件中包含最多的关系，更为普遍的模块化定义，除了考虑模块的功能方面，还从模块的生命周期方面进行考虑（Gershenson et al，2003）[86]。从分工角度，模块化是与分工经济相联系的经济现象，是经济系统演进的结构性表现，是依据功能原则对专业化分工做出的整合（胡晓鹏，2004）[23]；模块化就是在劳动分工和知识分工的基础上，通过模块分解和模块集中的过程，把复杂系统分解为相互独立的组成部分，再通过即插即用的接口把各独立的部分联结为一个完整的系统（孙晓峰，2005）[21]。从系统角度，模块化理论的集大成者鲍德温和克拉克（Baldwin & Clark，1997，2000）认为模块化是指利用每个可以独立设计的、并且能够发挥整体作用的更小的子系统来构筑复杂产品或业务的过程，每个模块内部独立开展工作，不必与其他模块进行协调，使得模块化能够对平行开展的工作进行协调，还会产生更多的选择余地，从而应对子系统的不确定性[3][13]；模块化是个一般系统概念，它是描述系统组成部分可以分离和重新组合程度的连续统一体，它涉及组成部分间耦合的紧密程度，以及规范系统组成部分之间能否混合与匹配的系统架构规则的程度（Schilling，2000）[9]；模块化是具有某种独立功能的、具有接口结构的、专用或通用的单元的体系化过程（陈向东等，2002）[89]；应当把模块化放在系统经济的背景下来研究，强调在系统整体性统帅下的模块分解和模块集中（昝廷全，2003）[90]。

尽管学界从不同角度给出了模块化的定义，但也存在一定共性上的认识，即模块化是将系统分解成模块和将模块组合成系统的过程。模块分解化是将一个复杂的系统或过程按照一定的联系规则分解为可进行独立设计的半自律性子系统的行为；模块集中化则是按照某种联系规则将可进行独立设计的子系统（模块）统一起来，构成更加复杂的系统或过程的行为（青木昌彦和安藤晴彦，2003）[16]。在上述过程中，系统规则和标准的设计起到关键作用。鲍德温和克拉克（Baldwin & Clark，1997）将其分为两类：显形的设计规则（visible information）和隐形的设计规则（hidden information）[3]。前者是界定模块之间关系的规则，是在系统设计过程中就决定的，对于外界是公开的，包括结构、界面、标准三个核心要素；后者是一种仅限于一个模块之内，对其他模块的设计没有影响的规则，允许和鼓励模块设计团队在遵循显形设计规则的前提下独立进行“黑箱”设计。按照上述逻辑，模块作为半自律的子系统，本身也可以根据实际需要进行分解与再分解、组合与再组合。因此，系统和模块以及显形规则和隐形规则都是相对概念。

2.2 产品模块化

2.2.1 模块和产品系统

产品模块化是最初体现模块化特征的，也是模块化思想的来源。将狭义模块的内涵应用于产品领域，模块是构成产品的一部分，具有独立功能，具有一致的几何连接接口和一致的输入、输出接口的单元，相同种类的模块在产品族中可以重用和互换，相关模块的排列组合就可以形成最终的产品。产品模块化的精髓，是通过模块的组合配置，创建出不同需求的产品，满足客户的定制需求。模块化设计很重要的一个方面就是创造一个基本的通用单位，这一单位可使不同的子模块能组合成不同的产品（Kamarani et al，2002）。其中，相似性的重用是产品模块化设计兼容成本与多样性的关键点，即既可以重用已有零部件和已有设计经验，也可以重用整个产品生命周期中的采购、物流、制造和服务资源。又因为模块是产品部分功能的封装，减少产品工程复杂程度，产品设计人员使用具体模块时根本不用关心内部实现，可以使研发人员更加关注顶层逻辑，提高产品工程管理质量和产品的可靠性，这也是现代先进制造业实现 JIT 供应的必备条件。

模块依存于产品系统存在，所谓产品系统，即描述产品系列的模块化结构及模块的功能、模块间的几何连接接口和输入/输出接口的产品平台。产品系统是不同目标市场需求的抽象表达，是企业划分模块的基础，产品系统和模块是相辅相成、相互依存的。由于企业产品平台方案的制订是依赖于企业客户目标市场需求的不同而变化的，同时产品模块的划分必须考虑不同企业的产品功能、研发特点、生产特点、采购及物流方式和售后服务特点等方面的不同需求，所以产品系统和模块化的方案必须结合市场的需求变化和企业的实际订单，没有一成不变的解决方案。因此，从以上论述和观点来看，产品系统的模块化是连接产品研发和大规模定制生产的桥梁，模块化产品是达到大规模定制和不断的持续改进企业商业能力的首要前提（钱平凡和黄川川，2003）[91]。

2.2.2 模块化产品的特征

2.2.2.1 设计规则、模块和元是产品模块化的三个主要要素

设计规则是模块化产品的架构，其作用是定义严格的尺寸接口和输入/输出接口，以实现同类模块之间的互换。设计规则是产品模块化的灵魂，任何优秀产品市场成功的关键。产品明示的设计规则由三个核心要素构成：一是结构，确定哪些模块是系统的构成要素，它们是怎样发挥作用的；二是界面，详细规定模块如何相互作用，模块相互之间的位置如何安排、联系，如何交换信息等；三是标准，检验模块是否符合设计规则，测定模块的性能（钱平凡和黄川川，2003）[91]。模块化产品一个最突出的特点是紧密相关的元件按产品功能划分集成在同一个模块中（顾良丰和许庆瑞，2006）[92]，相关模块又按照同一规则组合成产品，这为产品设计、制造、创新和服务提供了新的管理环境。因此，模块化产品本身以及每个模块都拥有设计规则、模块和元这三个要素，使模块化产品具备嵌套结构。

2.2.2.2 模块之间的几何连接接口必须严格标准化

几何连接接口是设计规则的表现和模块功能的抽象，为了实现同类模块之间的互换，严格的尺寸接口和输入/输出接口的定义是必需的。从具体形式看，可以是机械领域的销、面、键和螺栓等，也可以是电器领域的信号、能量等。针对制造业不同产品构造复杂性的差异，模块的几何连接接口简繁皆宜。例如，著名的玩具供应商乐高（Lego）的积木模块接口就非常简单，这种塑料积木一头有凸粒而另一头有可嵌入凸粒的孔，形状有 1300 多种，每一种形状都有 12 种不同的颜色，以红、黄、蓝、白、黑为主，可以通过积木模块的不同组合拼插出变化无穷的造型，被称为“魔术塑料积木”，在市场上取得了巨大的成功。而由 IBM（International Business Machine，即国际商用机器）开创的 360 系统的现代计算机模块化架构则要复杂得多，各种不同的模块比如中央处理器（central processing unit，CPU）、主板、芯片组、总线、显

示卡、硬盘以及操作系统等接口标准代表整机不同的性能技术指标。从全球最新的技术发展动态来看，对于即将到来以“智能制造”为主导的工业4.0时代，乐高积木的创意随着人类思维的延展被有机地移植到更为尖端的科技产品领域。在2014年度国际消费电子展（Consumer Electronics Show，CES）上，由亚当·埃里森（Adam Ellison）和丹尼尔·皮扎塔（Daniel Pizzata）领衔的Modbot团队欲用模块化组件使工业、商业、个人机器人的搭建变简单，该模块化的组件包括一个用于执行操作动作指令的伺服器（servo）、一个连接接头，以及一条内置有可联网的部件和电线金属连接杠，这三个组件是一个最小单元，两两之间可以互相拼接，拼成用户所需的机器人。① 目前，Modbot正在众筹平台（Indiegogo）上进行众筹，若该项目能够推进，机器人DIY指日可待，将极大扭转机器人零部件非常复杂且价格高昂的局面，有效推动机器人在工业环境、商业环境中的使用。

2.2.2.3 模块具有独立功能

在模块化的产品结构中，零部件的功能与产品功能是一对一的关系，这样对于零部件的更改和产品功能的改善不会造成其他零部件和功能的调整，也就是将产品的功能抽象与产品零部件的具体实现分离，模块自身的单独研发和升级不会影响其他模块。例如，2014年，Mighty Cast公司的一款模块化智能腕表问世，名为Nex Band，它配备许多传感器，可以给用户传达从社交网络到游戏应用等各类通知，其功能包括触觉反馈和震动马达、蓝牙4.0低耗能连接功能以及配置可充电式锂聚合电池可实现反复充电。② Nex Band设计最重要的一点亮点是其模块化功能，每个模块都装载了自己的功能，每个用户可以将多达5个模块插入腕带，然后配合一个专门的Nex手机APP使用。如果用户需要升级某一个部件，只需要置换这一块而已，而不用更换整个设备。

相比之下，在集成化的产品结构中，零部件的功能与产品功能是多对多的关系，这样导致如下不利局面：某个零部件的设计更改会影响到产品的多个功能，也就会导致不确定范围的零部件的修改；同样，为了实现产品的某

---

① Modbot欲使机器人制作简单大众化［EB/OL］. http：//www. 86jcpp. com。

② 模块化智能腕带问世：每个模块都有独立功能［EB/OL］. http：//digi. tech. qq. com/a/20140318/004859. htm。

项功能改善，也会导致很多零部件的修改。随着产品复杂程度和产品零部件重用度的提高，管理这样的集成化产品结构和相关信息就会变得十分困难，尤其是在产品为系列化、批量生产模式的企业中，随着不可互换的相似零部件种类的增加，销售、采购、物流、生产和服务等业务领域中的管理困难会成倍增加。这也是当技术条件成熟时，模块化生产方式在高技术、复杂化的产业应用日趋盛行的重要原因。

2.2.2.4 模块可根据市场变化进行分类重用管理

模块化是应对产品大规模定制迅速实现的有效途径，其技术要核是根据研发设计结果、市场反馈、生产技术变化和国家政策法规等方面的变化，对产品系统和模块进行适时调整，以适应企业新的内外部环境。为了确保这一过程的低成本，除了增加少数专用核心模块之外，多数通用性、标准化零部件的重用是其关键。为此，现时流行的产品数据管理（product data management，PDM）系统提供对相似零部件的分类重用检索功能，可以提供很好的零部件标准化功能，系统用户可以迅速在整个系统中检索到符合设计参数需要的零部件或者设计参数相似的零部件进行重用（许正刚，2005）[93]。这无疑有效提升了物料清单（bill of materials，BOM）管理的有效性，即在模块化产品架构的产品知识库下，通过定义变型驱动和变型驱动与零部件的对应关系，能够有效管理零部件之间的约束、派生、关联等关系（阴向阳，2010）[94]，并根据主生产计划有效过滤符合设计需求的零部件，快速得到产品 BOM 进行物料采购或生产。因此，模块的分类重用在解决产品更改、产品变型、产品标准化等方面都能够带来很大的便利性。

2.3 产业组织模块化

2.3.1 产业组织模块化的动因

2.3.1.1 技术变革是产业组织模块化的根本外部动因

产业技术的变革及随后导致的产品设计、生产的变化要求企业组织结构进行相应调整，最终导致整个产业组织形态的变化。随着信息技术革命催生的知识经济时代的到来以及模块化技术的成熟普及，产业组织结构发生了根本性变化，模块化不仅主导着产品设计层面，而且直接诱发企业组织结构发生自适应性调整，纵向一体化的企业组织结构在大量业务存在外包的可能性和可行性的新技术条件下面临着解体或规模边界急剧收缩，企业内部的组织分工让位于企业间的模块化分工，形成产业模块化分工网络。对此问题，很多学者都展开了相关研究。桑切斯和马奥尼（Sanchez & Mahoney，1996）指出，模块化的产品设计需要企业组织设计的模块化，模块化的产品设计思想和方法直接促进了模块化组织的产生[10]。席林和圣仕玛（Schilling & Steensma，2001）用美国330个制造产业的数据来研究产业输入和需求的异质性对模块化组织形式的影响关系，认为产品设计的模块化会导致组织设计的模块化；另外，标准的有效程度、技术的变化速度、竞争的激烈程度也推动了组织模块化的进程[73]。

由技术变革和技术进步所带来的企业能力差异化和技术选择多样性，也是产业组织模块化的推动力。企业资源基础论者认为，每家企业都拥有区别于其他企业的核心能力（Leonard – Barton，1992）[95]，因为产品是由以不同技术生产的零部件组成的，有的企业在一些生产活动中有竞争优势，而另一些企业则在另一些生产活动中有竞争优势（Barney，1991）[96]。在知识经济时代，知识和信息替代物质资源成为最主要的生产要素，企业能力的差异化实质体现于运用各种知识的能力的独特性。由于知识创造的专业性和知识表达的隐含性，导致不同企业的核心知识必然具有异质性、不能完全模仿性和不可交易性等特点，这样使得不同企业基于各自核心知识形成了不同类别和不同优势的核心能力，其基本功能就是促使企业通过自身最擅长的生产活动专业化获得最高收益。因此，企业之间的能力差异越大，就越有动力进行模块化（Jacobides，1997）。在产品模块化的过程中，“看得见的信息”和“看不见的信息”的不断优化、组合造就了企业的核心能力差异，使得纵向一体化企业的功能分解为由产品集成商、专用/通用模块供应商以及与之相关的各类服务型企业分立承担，产业组织形态也自然随之向模块化生产网络渐变演化。企业能力差异化和技术选择多样性之间能够相互促进：企业的能力差异越大，可能产生的技术选择就越多；同样，企业可以选择的技术越多，就越有可能专门生产某种零部件。当企业能力差异化和技术选择多样性相互促进的属性与产品设计模块化相结合时，就会促进产业组织的模块化。

除了上述直接推动因素外，产业组织模块化的形成还须具备来自供应端和需求端的拉动力，即投入的多样性和需求的多样性。产品系统的模块化使得给定的投入品（模块化构件）能够通过分割、替代、扩展、排除、归纳、移植等模块化操作组合成不同结构的产品，投入品越多，能够组合出的模块化产品种类就越多。而随着经济发展所带来的收入水平提高，顾客追求差异化、优越性和自我满足的消费心理愈益明显，其消费行为也由被动地接受生产企业预先组装完成的产品更多地向以“自主选择，自己组装”为特征的 DIY（Do it yourself）方式转化，在汽车、电脑、电器、手表、家具等产业甚至每个顾客都可以要求厂商定制提供单件与众不同的产品。可以说，投入的多样性和需求的多样性是一种相辅相成的关系，顾客的 DIY 消费动机催生了产品系统的模块化设计，而企业的模块化生产又为 DIY 消费的实现提供了必不可少的物质前提。需求越多样化，模块重组创造的价值就越大；产品系统中不同结构的产品越多，越能满足多样化的需求，二者共同创造了模块化的价值（Schilling，2000）[9]。特别是随着工业 4.0 时代的来临，通过企业的开放互联网研发平台，顾客在订购前就能与研发人员就产品的前端设计即时进行创意方面的良性互动，从而保证产品与市场的无缝对接，顾客可以享受极具个性化的产品，企业也获得了第一竞争力的市场订单。例如，作为自 2002 以来连续 16 年蝉联中国品牌价值 100 强榜首的海尔集团，在创客生态圈的构建和工业互联网计划上已经走在前列，企业研发已从单独开发产品、单独开发零件升级为开发接口标准、开发整个产品的架构，然后剩余的功能模块再由创客平台接入的社会化资源来完成，消费者在订购产品时可按照自己的喜好订制产品外观、产品功能模块等，并可实时监控自己订单的生产状态、物流状态，直到产品被门到门、桌到桌送至自己手中，现已投产的海尔空调互联工厂已有 48 种模块可供消费者订制选择。①

2.3.1.2 分工经济演化是产业组织模块化的核心内部动因

早在 18 世纪 70 年代，英国古典经济学家亚当·斯密（Adam Smith，

① 专访海尔：从打造产品，到打造创客［EB/OL］. http：//www. haier. net/cn。

1776）在其巨著《国富论》一书中，以大头针的生产工序分工革新为例，得出专业化和分工是手工作坊劳动生产率极大提升的核心推手，认为这是推动生产力进步的基础[97]。阿林·杨格（Young，1928）用“分工决定分工”的思想进一步深化了分工理论，并超越了斯密关于分工受市场范围限制的观点，论证了市场规模与迂回生产、产业间分工相互作用和自我演进的机制，由此提出杨格定理，其核心内容是“循环累积因果原理”，即市场规模引致分工的深化，分工的深化又引致市场规模的扩大，二者循环累积、互为因果[98]。从以上可知，虽然早期的分工理论没有明确涉及模块化组织的概念，但是其中已蕴含了相关思想，即生产分工使得产品以更有效率、更经济的方式产出，引发了市场需求的激增，这反过来又对生产的组织模式产生影响，从而为后续的产业组织模块化研究提供了强有力的理论铺垫。

模块化是与分工经济相联系的经济现象，是经济系统演进的结构性表现（胡晓鹏，2004）[23]。根据杨格定理，动态分工具有自我强化、循环累积的特征，相较于静态分工，更能揭示分工的效率内涵。从这一定理出发，分工效率的演进相对于新古典资源配置思路的“比较优势”更能揭示产业组织演进的本质。以杨小凯和黄有光（1999）为代表的新兴古典经济学运用超边际分析的方法论证了分工、专业化与企业组织内部协作网络的效率性，认为专业化生产的模块组织出现的最主要推动力量来源于分工[24]。技术的发展使分工出现可模块化的特征，企业中相对独立的业务结构单元更容易被分解出来，形成一个个独立的模块化组织（Langlois，2005）[85]。

以微电子、计算机与电信为主要技术领域的信息技术革命推动产业组织的模块化变革。青木昌彦和安藤晴彦（2003）归结到，在知识经济时代，知识和信息成为主要生产要素，具有所有权可以与其生产者相分离的特点，使之成为“可分离的资产”，可以用于交易[16]。由于模块化技术是一种“化繁为简、聚零为整”的技术，是信息技术向智能化、集成化、系统化方向发展的结果，因而成为新的信息技术范式，使模块化组织内部产生众多弹性信息交流渠道，各自组织模块可对称地掌握信息，降低了信息成本。而产品价值链中包含的信息量越大，信息强度越高，越需要形成模块化，因此在知识密集型行业的企业中最容易形成模块化组织（Brusoni & Prencipe，1999）[99]。例如，自 1964 年 IBM 以 360 系统开发作为模块化实践的先行者，由此开拓了全球计算机行业的模块化之路，个人电脑（personal computer，PC）行业现早已被公认为是模块化程度较高的行业之一，其产业组织的模块化衍生出了三类厂商：第一类是品牌集成商，如 Lenovo（联想）、HP（惠普）、Dell（戴尔）、Acer（宏碁）、Apple（苹果）等；第二类是专用模块制造商，如 Intel（英特尔）、AMD（超微半导体）、Microsoft（微软）等；第三类是通用模块制造商，如迈拓、台电、技嘉等。三类厂商之间利用行业设计主导规则而相互关联，但在技术、功能和业务运作上却体现出了较高的独立性，而基于客户订单又保持着高效的分工默契和协同。

职能科层制自身存在的问题是模块化组织出现的内在动因（罗珉和冯俭，2005）[100]。按照新制度经济学的观点，在传统技术条件下，企业产生的根源在于搜寻、谈判、签约、监督等市场交易费用的节约；但同时认为，企业一体化内部规模的扩张并非无限，原因是企业自身存在内部交易成本，随着一体化程度的不断加深，职能科层制的运转和管理成本也与日俱增，当一体化程度达到内部交易成本与外部交易成本相当时，企业规模扩张须停止，否则即会出现莱宾斯坦（Leibenstein，1978）所言的企业内部资源配置效率降低而导致“X－非效率”（X-inefficiency）现象[101]。当企业开始采用松散的联系形式来代替严密的一体化的层级结构时，组织系统逐渐会变得模块化（Sanchez，1999）[102]。而自 20 世纪 90 年代以来，互联网、信息通信、物联网、大数据等技术的飞速发展无疑助推了职能科层制的模块化分解，却同时促成了存在地理间隔的模块化组织内部以及组织外部交易成本的大幅下降，使得不管是企业内部组织结构还是企业之间的供应链合作模式都自然产生了组织模块化变革的内生动力。

2.3.2 产业组织模块化的演化路径

许多国家半导体产业组织的演进过程表明，产业组织模块化演进的路径是，从技术模块化到市场模块化再到组织模块化（Chesbrough，2003）[22]。这一过程以实现产品设计灵活性和快速创新的模块化设计为起点，通过推行产品界面规则的标准化，对一些基本要素实施满足顾客 DIY 消费的模块化组合操作，实现产品多样化和差异化的模块化生产，最终使产业组织形态在上述过程的不断演绎下向模块化产业组织演变。

2.3.2.1 从技术模块化到市场模块化

技术是决定产业生产组织方式的主要因素，但技术演进又具有周期性，技术的演进方式是，从相互依存状态转变为模块结构，再返回到相互依存状态。技术周期性演进的性质限定了组织的战略选择条件以及生产方式变化。根据这一点，可将模块化技术的演进分为三个阶段，即相互依存结构（第一阶段）、模块结构（第二阶段）和相互依存结构（第三阶段）（Chesbrough，2003）[22]。技术之间的相互依存特征导致了许多新技术的产生，如可分裂技术。在协调技术应用的相关知识还不是很完善而较难被理解和接受时，如果企业不给予足够的重视，这些可分裂技术便很可能发展成主流技术，从而对企业的成长构成威胁，如手机短信技术的应用。因此，在第一个相互依存阶段，由于客观上需对有关不同零部件功能的信息进行区分，组织内部的紧密协调显得十分必要。随着技术的不断成熟，有关技术管理的知识和信息越来越完善，模块化技术的应用也越来越便利和独立。尤其是随着标准化的推行，各个界面之间的耦合变得越来越容易，从而使得模块化产品的研发、设计和制造完全成为可能。此时，对模块化产品而言，传统意义上的纵向一体化管理便不再必要。由于模块化技术应用的惯性和适应性，市场调节成了协调模块化产品制造及系统整合的主要力量，即依靠超市场契约来实现价值的增值和转移，从而导致了“组织间内部市场”（徐红玲和李双海，2005）[56]的形成，如 MSN、QQ、微信、Skype、阿里旺旺、飞信、飞鸽、米聊等基于互联网的各种即时通信技术的出现。由此可见，在技术演进从第一阶段进入第二阶段时，对技术的协调主要是在市场的作用下进行的，而这恰恰促进了市场的模块化。当然，一旦从模块化产品中获得的优势降低后，对产品进行新设计的需要将导致技术的演进进入新的依存阶段，就又开始了组织协调，但不同于第一阶段的企业内部协调，第三阶段更注重于对价值链整合的自组织管理协调，即需要对供应商以及技术进行慎重的选取。

2.3.2.2 从市场模块化到产业组织模块化

对于组织协调而言，协调的方式及协调程度的强弱，最终决定了产业组织形态。在技术从第二阶段向第三阶段演进的过程中，产业组织形态不断趋向模块化，以对分解的价值链进行新的组织协调，即市场模块化和组织模块化对生产方式的双重协调机制使得价值链不断分解和整合。模块化组织更多地具有自组织与柔性化特点，尤其是在独立面对客户需求方面。而且，这样的模块化组织越多，受诸如人口、实际收入、顾客、供应商、技术水平以及政策性贸易壁垒所综合驱动的市场厚度就越大。在其他条件都相同时，最终产品生产者总是偏好在“厚市场”中寻找合作者，原因是：一方面，企业数量越多，最终产品生产者就越容易找到拥有专用资产和合适技术的部件生产者；另一方面，由于拥有专用资产的生产技术与生产定制产品所需的技术差异较小，因此部件生产者也愿意进行投资，以将部件改造到能满足最终产品生产者需求的程度。随着市场厚度的不断增加，不仅纵向一体化的价值链形态演变为由模块化产品决定的模块化产业组织，即由制造向销售，再由销售向消费转移，中间环节不再是核心，而且传统意义上的市场也演变为由发达的信息技术所支撑的模块化市场；并且最有效率的模块化网络组织模式是在“市场机制作用”下发挥作用的（Chesbrough，2003）[22]。

在产业组织模块化的过程中，技术模块化和市场模块化在有些行业是同时进行的，而在另一些行业则不然。技术模块化是必需的，但不是市场模块化的充分条件（Ernst，2005）[103]。从技术模块化到组织模块化必须同时具备知识扩散、共享语言、检验标准和供应商库等基本条件（Chesbrough，2003）[104]。

2.4 产业价值链模块化

2.4.1 产业价值链模块化是国际制造业分工深化的结果

近 20 年来，全球制造业模块化产业组织结构的形成推进了国际制造业分工演变，其重心已由从产业间分工转向产业内分工和产品内分工，从垂直型分工转向水平型分工。同时，随着信息技术的发展、投资政策自由化以及全球化的深化，国际分工的主体由国家向跨国公司转变，制造业价值链加速在全球分散布局，使各国不同类型企业纷纷在某一产业或产品的全球价值链上游技术环节（如研发、设计）、中游生产环节以及下游营销环节中进行垂直型和水平型的专业化分工。在新的国际分工格局下，根据“微笑曲线”（smiling curve）理论，一个国家在国际分工中的地位将主要体现于其在产业价值链环节中所处的位置上，占据的价值链高增值环节越多（如技术、品牌、服务环节），就越在国际分工中占据有利位置。而制造业价值链模块化正是水平型产品内国际分工的一种典型形态（朱有为和张向阳，2005）[62]，分布于各国，且掌握一个或若干个价值模块的合同制造商与设计模块规则并掌握部分核心模块（如通用数控机床、电脑和通信设备的芯片、冰箱的压缩机、工业机器人的控制器、新能源汽车的锂电池等）的核心模块厂商成了参与分工的主体，它们与系统设计厂商之间的关系也由以往的附属型关系转化为互补型，甚至对等型关系，从而在一定程度上削弱了系统设计厂商的产业控制权。

在这一过程中，随着价值链地理边界扩散、垂直和水平边界的外移和外围边界的模糊，以及知识、交易等能力要素的不断优化和不断整合，产业价值分布出现了分散化的趋向。最典型的例证是计算机行业，20 世纪 70 年代以前，IBM 在计算机领域拥有超过 60% 的全球市场份额，但到了 80 年代已逐渐失去其垄断地位，甚至在 90 年代初期遭受了该公司史上最大的利润灾难——净损失达 160 亿美元；到 1996 年，全球计算机产业没有一家企业所占的市场份额超过 15%，没有一家企业囊括所有的生产过程，而是通过市场调节被分散到不同的企业。

而且，由于系统规则设计竞争的白热化，产业价值链链主的更迭速度也远超从前，从产业价值链链主企业到链点成员企业的价值分布随着产业价值链价值分工的不断深化而日益分散。智能手机对功能手机的替代就是一个最好的例证。二者的根本区别是：功能手机每个型号的机型其硬件和软件都不能（或不完全能）相互通用，其功能在手机的设计阶段就已经固化好了，可供用户自行配置和扩展的部分很少；而智能手机在内部的硬件和软件上，都是基于个人电脑的架构进行设计的，有 CPU、内存、存储介质及软件支持，智能手机具有相对通用的硬件体系，装有通用的操作系统。功能上可以灵活地进行配置和扩展，用户可以向其中安装各种转为智能手机（或 PDA）设计的软件，甚至可以自己为手机开发软件（application，APP）。基于智能手机具有强大的多媒体功能和开放式的操作系统等传统功能机无可比拟的功能优势，手机 DIY 将变得无所不能，在这方面拥有强大知识、技术、专利和诀窍储备的智能机厂商取代功能机厂商独占鳌头，导致自 2012 年以来全球手机行业市场结构出现了逆转性变化，产业价值迅速向基于智能手机操作系统（包括 Android、iOS、Symbian、Windows Phone、BlackBerry OS）的智能机厂商转移。早在 2012 年，三星就已取代诺基亚，成为全球最大手机厂商，结束后者对手机市场长达 14 年的统治，全球手机出货量中三星占 29%，诺基亚由 2011 年的 30% 跌至 24%；市场份额三星占 23.7%，诺基亚从此前的 24.3% 滑落到 19.6%。到 2014 年第四季度，情况又再次发生变化，苹果凭借 iPhone 的出色业绩，占据 20.4% 的市场份额，超过了三星 19.9% 的市场份额，坐上了全球智能手机的王座，收购了摩托罗拉的联想、华为和小米分列第三、第四和第五位。而中国自主品牌在作为强大原始设备制造商（original equipment manufacturer，OEM）基础上，利用后发优势，至 2016 年已连续五年占据全球智能手机市场份额第一，且市场占比逐年攀升；截至 2016 年底，中国智能手机全球出货量已达 61%，华为、OPPO、VIVO 三家公司名列全球智能手机出货五强，合计出货 21260 万台；[①] 而在 5 年前，国产手机品牌仅中兴通讯一家入列全球智能手机出货量排行榜，全年总出货量仅 6734 万台。[②] 参见表 2.1。

表 2.1　2011～2016 年全球智能手机市场份额

2011 年		2012 年		2013 年		2014 年		2015 年		2016 年	
三星	19.0%	三星	39.6%	三星	32.3%	三星	24.7%	三星	22.7%	三星	21.2%
苹果	18.8%	苹果	25.1%	苹果	15.5%	苹果	15.0%	苹果	16.2%	苹果	14.6%
诺基亚	15.6%	诺基亚	6.4%	华为	5.1%	联想	7.2%	华为	7.4%	华为	9.5%

① 2016 年中国智能手机出货量排行：华为登顶，苹果第五 [EB/OL]. http://mobile.163.com/17/0220/11/CDND0J1100118026.html。

② 国产智能手机崛起，连续五年全球市场份额第一 [EB/OL]. https://www.sohu.com/a/154692197_522913。

续表

2011 年		2012 年		2013 年		2014 年		2015 年		2016 年	
RIM	10.3%	RIM	6.0%	LG	4.8%	华为	5.8%	联想	5.2%	OPPO	6.8%
HTC	8.8%	HTC	6.0%	联想	4.6%	小米	5.0%	小米	4.9%	VIVO	5.3%
其他	27.5%	其他	16.9%	其他	37.7%	其他	42.3%	其他	43.6%	其他	42.7%

资料来源：根据国际数据公司（IDC）发布数据整理。

2.4.2 模块化产业价值链的特性

2.4.2.1 高技术优势的模块供应商对产业价值链尤为重要

尽管组织可以自己研发技术，但却需要进行长时间的开发和检验，对于要求技术变革速度非常快的行业或企业来说，往往是做不到的，所以许多组织并不是自己开发新技术，而是选择市场上已有的技术（Kamien & Schwartz，1975[105]；Henderson & Cockburn，1994[106]）。模块化产业价值链要求所有链点业务直接面向市场订单，快速实现研发、生产、整合和集成，从而作为链主的系统集成企业必须具备超强的产业价值链控制能力以及对核心模块供应商进行有效甄别、筛选以及与之无缝对接协同的能力。正如 Dell（戴尔）在 PC 行业的成功并非出于技术原因，而是在于其出色的接单生产和基于互联网的供应链管控能力，任何客户订单传至 Dell 的控制中心后随即被分解成子任务，并通过网络分派给各独立模块供应商进行排产，Dell 所需要做的只是成品车间完成组装和系统测试以及客户服务，这种多品种、小批量、高质量、低消耗、快速度的准时制生产模式（Just in time，JIT）使得 Dell 内部常规情况下不需要设任何零部件库存，而只需保持 3 ~4 天为应对除客户定制订单之外的市场热销成品，远低于整个 PC 行业平均 30 天的库存水平，其存货价值仅占销售收入的 1.55%，上述业绩的取得无疑得益于核心模块供应商的通力配合。

2.4.2.2 主导企业与模块供应商之间的长期契约关系趋于弱化

在模块化生产方式下，由于存在通用的系统规则作为标准技术约束，减少了技术问题争端的发生，产业价值链的链主与模块供应商之间并不需要维系长期的合作关系。一方面，链主可以向市场发布特定模块化产品的订单任务，通过模块“黑箱操作”和“背对背竞争”从而便利地优中选优确定适宜的短期供应商，并且可以通过模块技术快速变化催生更领先的新兴供应商不断自觉涌现而实现产品模块的灵活更换，因此无须像生产集成化产品那样为减少交易的次数或降低交易成本而与固定供应商签订长期契约，反而会尽量避免陷入长期合作关系彼此被锁定而带来机会成本的损失以及管理复杂性的增加。鲍德温和克拉克（Baldwin & Clark，2000）在对模块化产品的案例研究后发现，零部件的厂商不需要其他部件厂商的内部生产信息，这就暗含着在模块化产品的设计和生产中，系统设计或集成企业更有动力不断地选择新的供应商，并且只是进行短期的合作[13]。这些选择刺激了市场厚度的增加，反过来，市场厚度的增加也为产业价值链链主选择相应的模块供应商创造了条件，形成了互动的相互促进机制，产业价值链边界在此地过程中自然而然地出现了松散。另一方面，模块供应商为了降低与单一产业价值链链主合作的风险与成本，也在想方设法地拓展交易对象，与多个产业价值链链主发生供应关系。例如，Dell 为实现 JIT 制造，要求供货商直接根据生产制造过程中物品消耗的进度来管理库存，如采用准时制物流，精细物流组织模式，按销售订单排产等方式，这无疑将零部件库存的风险转嫁给了供应商，尤其在 PC 行业，原材料价格每星期下降 1%。而且，供应商至少要保持二级库存，即原材料采购库存和面向制造商所在地进行配送业务而必须保持的库存。在这种情况下，供应商实际上处于被动“挨宰”的地位，为了自保必然扩展新的供货合作伙伴，如对宏碁、联想供货。

2.4.2.3 关键模块供应商对主导企业的逆向控制力有所增强

在模块化产业价值链中，模块供应商通过专业化、规模化经营，其能力范围包含了低端的加工、制造以及中高端的设计、开发以及物流等综合服务，并进行全球经营、全球供应，企业运营能力得到了极大强化，甚至控制了某些价值模块很大的市场份额，直接对主导厂商产生了逆向控制，在产业价值链分工中处于更有利的位置。最为典型的是电子行业，全球产业价值链的关键控制力正在由品牌商向关键模块供应商转移，如半导体（Semiconductor）、英特尔（Intel）、高通（Qualcomm）、三星电子（Samsung Electronics）、美光（Micron）、SK 海力士（SK Hynix）等，各类软件供应商微软、甲骨文（Oracle）、SAP、Adobe 等，纯粹产品定义公司思科（Cisco）、3Com、华为等。因此，虽然品牌主导厂商仍然控制着模块化产品最终价值的形成，但在产业价值链分工中其不仅在模块制造环节需要模块供应商的稳定、充足和及时供应，在技术标准确立和升级上也需要取得更多关键模块供应商的前端支持和配合。这样，主导厂商与模块供应商之间在能力上就呈现出互补式、分享式关系结构，从而给模块供应商以及所在国家（或地区）提升国际分工地位创造了有利条件。20 世纪 90 年代至今，我国台湾地区的资讯电子产业出现了鸿海、台积电、日月光等众多具有全球供货能力的合同制造商，他们通过集群发展，掌握了制造产能与供货，具有全球接单的综合能力以及与美国硅谷创新活动互补的产品后段设计制造能力（江小涓，2004）[107]，形成了与硅谷双向、互补性的信息、技术交流的产业互动升级（朱瑞博，2004）[19]。目前，台湾新竹已成为全球晶圆代工的重要基地以及 PC 模块组件和外置设备的主要生产基地，在全球资讯电子产业分工中占有重要地位，涌现出联发科（MediaTek）这样的全球著名芯片（integrated circuit，IC）设计厂商，在 2014 年全球半导体厂商的销售额排名中，联发科排名由上年的第 15 位上升至第 10 位，是首家跻身前十的台湾半导体厂商，也是中国唯一一家全球 IC 市场占有率位居前十的企业，在竞争非常激烈的情况下，截至 2016 年仍保持这一位置。由此可见，产业模块化给后发国家和地区的模块供应商加入全球产业价值链提供了公平竞争的契机和途径，只要创新充分、技术超越、质量过硬，就有机会成长成为与全球巨头协作共进的新兴世界级专业模块供应商。

第 3 章
产业价值网理论演化脉络

3.1 价值链理论演化

3.1.1 传统价值链思想

价值链（value chain，VC）的概念是波特（Porter，1985）在其名著《竞争优势》一书中提出的[31]。在过去 30 多年中，价值链理论获得了很大的发展，并被当今先进管理思想者所采用，已经成为研究竞争优势的有效工具。波特的价值链通常被认为是传统意义上的价值链，较偏重于以单个企业的观点来分析企业的价值活动、企业与供应商和顾客可能的连接，以及企业从中获得的价值增值和竞争优势。按照波特的价值链分析法，企业内外价值增值活动分为基本活动和支持性活动，基本活动涉及企业生产、销售、进料后勤、发货后勤、售后服务，支持性活动涉及人事、财务、计划、研究与开发、采购等（如图 3.1 所示）。

在企业价值链价值活动中，只有某些特定的“战略环节”才实际真正创造价值，企业也只有在这些特定战略环节上具备核心能力，才能形成和巩固在行业内的持续竞争优势，获得高端价值增值。以苹果公司为例，在 iPhone 和 iPad 的价值链关键环节中，工业设计、软件开发和主要芯片模组的研发生

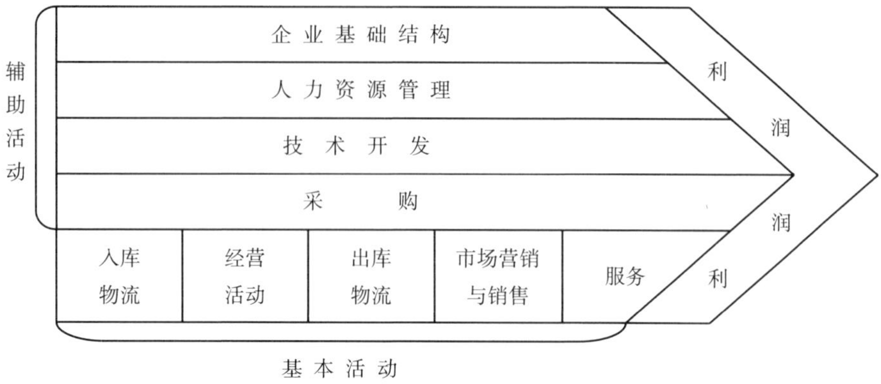

图 3.1 企业价值链的增值活动构成

资料来源：Porter M. E. Competitive Advantage [M]. Free Press，1985。

产都是在美国完成的，中国代工厂虽然是苹果产品的主要供应商，但只是完成了附加值最小的组装调试部分而已，在价值链上仅能获取微不足道的价值增值。有关数据显示，一部 32G 的 iPhone7 的实际总成本为 224.8 美元（约合人民币 1500 元），其中物料成本为 219.8 美元约合 1466 元人民币，人工装配、测试等成本仅为 5 美元（约合 33 元人民币），仅占 iPhone 物料成本的 2.2%；① 加上前期的开发、iOS 的系统软件以及后期的市场推广、运输等等成本，苹果利润率依然高达 50%；其余核心供应商如高通的 RF 芯片、载波聚合（CA）芯片与调制解调器、三星电子与 SK 海力士的存储器、博通（Broadcom）与德州仪器（Texas Instruments，TI）的触控芯片、思佳讯（Skyworks）的功率放大器（PA）、安高华（Avago）的砷化镓（GaAs）RF 元件、村田制作所（Murata）的 Wi-Fi 模块以及恩智浦（NXP Semiconductors）的 NFC 芯片和 M8 动向辅助处理器等则占到约 20% 的价值份额。

3.1.2 全球价值链理论演化

在过去 30 多年时间里，经济全球化的迅速推进经济使得以跨国公司主导

① 苹果 iPhone 7 利润率有多高？这里有一笔详细的账单 [EB/OL]. http://www.techweb.com.cn/tele/2016-09-21/2397417.shtml。

的经济活动不再局限于一个或数个国家，而是在全球范围内配置资源、组织生产、提供产品和服务，由此引起理论学界将经济全球化思维纳入波特价值链模型，形成了全球价值链理论体系。

3.1.2.1 价值增加链

寇伽特（Kogut，1985）用价值增加链（value-added chain）来分析国际战略优势，认为“价值链基本上就是技术与原料和劳动融合在一起形成各种投入环节的过程，然后通过组装把这些环节结合起来形成最终商品，最后通过市场交易、消费等最终完成价值循环过程”，“在这一价值不断增值的链条上，单个企业或许仅仅参与了某一环节，或者企业将整个价值增值过程都纳入了企业等级制的体系中”[32]。寇伽特（Kogut，1985）还认为，国际商业战略的设定形式实际上是国家的比较优势和企业的竞争能力相互作用的结果[32]。当国家的比较优势决定了整个价值链条各个环节在国家或地区之间如何配置的时候，企业的竞争能力就决定了企业应该在价值链条上的哪个环节和技术层面上倾其所有，以便确保竞争优势。他也把价值增加链表述为一个过程：厂商把技术同投入的原料和劳动结合起来生产产品、进入市场、销售产品的价值增值过程。与波特强调单个企业竞争优势的价值链观点相比，这一观点比波特更能反映价值链的垂直分离和全球空间再配置之间的关系，因而对全球价值链观点的形成至关重要。

3.1.2.2 全球商品链

格里芬和库兹涅威茨（Gereffi & Korzeniewicz，1994）在对美国零售业价值链研究的基础上，将价值链分析法与产业组织研究结合起来，提出全球商品链（global commodity chain，GCC）的概念，用以解释全球世界经济的生产、贸易、消费。在经济全球化的背景下，商品的生产过程被分解为不同阶段，围绕某种商品的生产形成一种跨国生产体系，把分布在世界各地不同规模的企业、机构组织在一个一体化的生产网络中，从而形成了全球商品链。格里芬和库兹涅威茨（Gereffi & Korzeniewicz，1994）认为全球商品链应该包括以下内容：“通过一系列国际网络将围绕某一商品或产品而发生关系的诸多家庭作坊、企业和政府等紧密地联系到世界经济体系中；这些网络关系一般具有社会结构性、特殊适配性和地方集聚性等特性；任意一商品链的具体加工流程或部件一般表现为通过网络关系连接在一起的节点或一些节点的集合；商品链中任何一个节点的集合都包括投入（原材料和半成品等）组织、劳动力供应、运输、市场营销和最终消费等内容”[34]。

格里芬和库兹涅威茨（Gereffi & Korzeniewicz，1994）还区分了两类全球商品链：生产者驱动型（producer-driven）和采购者驱动型（buyer-driven）[34]。

（1）生产者驱动型商品链是指大的跨国制造商在生产网络的建立和调节中起核心作用的垂直分工体系，这在诸如汽车、半导体、飞机、电机等资本及技术密集产业中尤其明显。生产者驱动型制造商不仅获得了更高的利润，还控制了上游的原料和零部件供应商、下游的分销商和零售商。通过比较生产者驱动型全球商品链中的非市场外部协调和传统的垂直一体化企业的内部协调，格里芬和库兹涅威茨（Gereffi & Korzeniewicz，1994）指出了生产者驱动在促进商品链中各国产业共同进步的重要作用[34]。例如，丰田商品链既统合了日本近两千家独立厂商为其生产汽车，并直接实施国内及全球流通及最终消费者授信服务的全面监控；同时，丰田出于维持或提升其全球市场占有率的目的，通过制定区域性生产计划，统合分布于北美、欧洲、非洲、东亚及东南亚28个国家和地区54个制造基地的汽车零组件供货商，由日本国内商品链扩展至全球商品链（见表3.1）。

表3.1　　截至2014年底丰田海外工厂

国家和地区	主要产品
加拿大	铝制车轮、Corolla、Matrix、RX350、RAV4
美国	催化转换器、锻压件、St6eering Column、铝铸造件、发动机、变速箱、Camry、Camry HEV、Avalon、Venza、Seqoia、Highlander、Sienna、Tundra、Tacoma
阿根廷	Hilux、Fortuner
巴西	Corolla、Etios
委内瑞拉	Corolla、Fortuner、Hilux
墨西哥	Tacoma、踏板
捷克	Aygo

续表

国家和地区	主要产品
法国	Yaris
波兰	发动机、变速箱
葡萄牙	Dyna
土耳其	Verso、Corolla
英国	Avensis、Auris、Auris HV、发动机
俄罗斯	Camry、Land Cruiser
哈萨克斯坦	Fortuner
肯尼亚	Land Cruiser
南非	Corolla、Hilux、Fortuner、Dyna
埃及	Fortuner
中国	CVJ、传动轴、发动机、锻造件、Vios、Corolla、Corolla EX、Crown、Reiz、RAV4、Coaster、Land Cruiser 200、Land Cruiser Prado、Prius、Camry、Yaris L、Highlander、E'z、Camry SE、Camry HEV、Levin、汽车驱动零部件的制造及开发
中国台湾	Corolla、Innova、Fortuner、Etios、加速器、传动轴、变速箱
印度	Corolla、Innova、Fortuner、Etios、加速器、传动轴、变速箱
印度尼西亚	Innova、Fortuner、Avanza、发动机、Avanza、Dyna、Noah
马来西亚	Hiace、Hilux、Vios、Innova、Fortuner、发动机
巴基斯坦	Corolla、Hilux
菲律宾	Innova、Vios、变速箱、等速万向节
泰国	Corolla、Camry、Camry HEV、Prius、Vios、Yaris、Hilux、Fortuner、Hiace、发动机、发动机零部件、Hiace
越南	Camry、Corolla、Vios、Innova、Hiace、Fortuner
澳大利亚	Camry、Camry HEV、发动机
孟加拉	Land Cruiser

资料来源：丰田官网，http：//www. toyota. com. cn/about/global. php。

（2）采购者驱动型商品链是指大型零售商、经销商和品牌制造商在散布于全球的生产网络（特别是奉行出口导向战略的发展中国家）的建立和协调中起核心作用的组织形式，是通过非市场的外在调节（explicit coordination）

而不是直接的所有权关系建立高能力的供应基地来构建全球生产和分销系统。这种由贸易主导的产业在相对劳动力密集的消费性产品产业中相当常见，诸如服饰、鞋业、家庭用品、消费电子，以及范围广泛的手工制品（例如家具、饰品）。例如，我国台湾地区早期纺织业的发展即受惠于采购驱动型分包模式而加入全球商品链中（潘美玲 & Gereffi，1999），产品的设计说明书由买方或大型品牌商提供，如耐克（Nike）、锐步（Reebok）、丽诗加邦（Liz Claiborne）、卡尔文（Calvin Klein）等，成品由台湾厂商实行 OEM 制造。

生产者驱动型和采购者驱动型商品链的比较见表 3.2。

表 3.2　　生产者驱动型商品链和采购者驱动型商品链的比较

项目	生产者驱动型商品链	采购驱动型商品链
产业属性	资本、技术密集型	相对劳动力密集型
主导厂商	大型跨国制造商	大型零售商，经销商和品牌制造商
产品控制	产品集成和流通流程由核心生产者的经济力量所支配	核心公司依靠复杂的外包网络，实行无工厂生产，其主要工作是管理关系网络，确保各环节的有效组合
外包商职能	同步提供集成产品的层级部件，参与产品前端研发	各外包厂商在诸如提供设计、工程技术、制造（OEM）、包装、发货、收款等环节完整执行专、精、尖服务

3.1.2.3　全球价值链

为突出强调在价值链上运营的企业在价值创造和价值获取方面的重要性，格里芬（Gereffi，2001）从价值链的角度分析了全球化过程，认为应把商品和服务贸易看成治理体系，而理解价值链的运作对于发展中国家的企业和政策制定者具有非常重要的意义，因为价值链的形成过程也是企业不断参与到价值链并获得必要技术能力和服务支持的过程[36]。

斯特金（Sturgeon，2001）从组织规模（organizational scale）、地理分布（geographic scale）和生产性主体（productive actor）三个维度来界定全球价值链（global value chain，GVC）[108]。从组织规模看，全球价值链包括参与了某种产品或服务的生产性活动的全部主体；从地理分布来看，全球价值链必须具有全球性；从参与的主体看，有一体化企业（如 Phillips、原 IBM 等）、零售商（如 Sears、Gap 等）、领导厂商（如戴尔、耐克等）、交钥匙供应商（如 Celestica、Solectronic 等）和零部件供应商（如英特尔、微软等）。他还对价值链和生产网络的概念进行了区分：价值链主要描述了某种商品或服务从生产到交货、消费和服务的一系列过程，而生产网络强调的是一群相关企业之间关系的本质和程度。

联合国工业发展组织（UNIDO，2002）对全球价值链的定义最有代表性，其在 2002～2003 年度工业发展报告《通过创新和学习来参与竞争》（*Competing Through Innovation and Learning*）中指出："全球价值链是指在全球范围内为实现商品或服务价值而连接生产、销售、回收处理等过程的全球性跨企业网络组织，涉及从原料采集和运输、半成品和成品的生产和分销直至最终消费和回收处理的过程。它包括所有参与者和生产销售等活动的组织及其价值利润分配，并且通过自动化的业务流程和供应商、合作伙伴以及客户的链接，以支持机构的能力和效率。"① 从上述定义可以看出，全球价值链主要从纵向维度来研究全球经济组织，强调了 GVC 不仅由大量互补的企业组成，而且是通过各种经济活动联结在一起的企业网络的组织集，关注的焦点不只是企业，也关注契约关系和不断变化的联结方式。参见图 3.2。

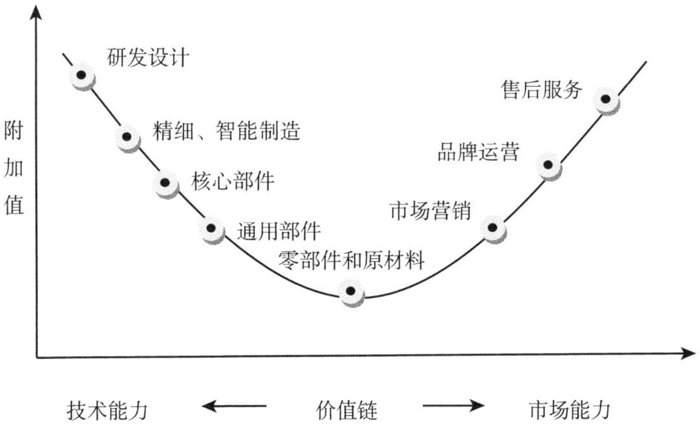

图 3.2　全球价值链价值分布

① 联合国工业发展组织. 通过创新和学习来参与竞争［M］. 北京：中国财政经济出版社，2003。

3.1.3　产业价值链的特征与战略定位

3.1.3.1　产业价值链的内涵与特征

产业链作为满足用户需求而实现价值所形成的链条，在企业竞争中所进行的一系列活动仅从价值的角度来分析研究，称为产业价值链（industrial value chain，IVC）。它以产业链为基础，从整体角度分析产业链中各环节的价值创造活动及其影响价值创造的核心因素。完整的产业价值链，从上游到下游历经研发、设计、生产、销售、服务等环节，实现从原材料到最后制成品的完成，保证该产业价值链中人、物、信息、资金的畅通以及价值的生成和积累。与价值链侧重于价值创造环节不同，产业价值链涉及组织的职能及关系，代表了产业层面上企业价值融合的更加庞大的价值系统，每个企业的价值链包含在更大的价值活动群中，实现整个产业链的价值创造和实现。

从本质上看，产业价值链具有以下几大特征：

（1）增值性。产业价值链的后向价值增值环节是在前向价值产品的基础上，进一步面向新的客户，生产出新的价值产品。由于价值增值在产业价值链各节点上的分布不同，居于价值高端环节的企业在产业中具备主导与控制能力，而居于低端环节的企业处于被动地位，被它两端的环节的资本、知识、品牌和渠道挤压了价值。产业价值链各环节利益分配不均衡会导致成员企业间的协同合作破裂，影响企业和产业价值链的竞争力，而技术进步将推动企业间价值链的创新联结来创造出新的价值，实现产业价值链的再整合和进化。

（2）循环性。产业价值链价值增值实现的过程是一个不断循环的过程，上下游环节之间相互衔接、环环相扣。产业价值链各环节创造价值的高低存在着明显的差异性，不同时代的产业价值链的价值分配形态也会不断变化。产业价值链的循环性要求节点企业克服短视化经营的思想，力争长期化价值的最大实现。如果一条产业价值链无法实现有效的循环，那么这条产业价值链便将濒临解体，而被基于代际性重大新技术、新产品而形成的新产业价值链所取代。

（3）层次性。产业价值链各个环节的技术关联性强且存在技术上的层次性。以电子信息产业为例，从系统角度看，存在着标准制定—设备开发—终端产品三个技术层次，各层次之间的技术衔接要求严格。设备和终端产品都是在一定的国际/国家标准之下进行开发的，每生产一台设备或产品都需要付给标准持有企业一定的标准使用费用。例如，戴尔在出售搭载 Android 和 Chrome 软件的设备时将需要向 Google 和开放手持设备联盟支付专利授权费。从环节角度看，存在着芯片—组件—整机组装三个技术层次。芯片技术是产业链技术的核心；组件是根据芯片的性能和参数进行开发，其技术与芯片技术具有上下游关系；整机组装环节技术含量则较低，主要是解决器件的筛选和零部件的匹配问题。

3.1.3.2 产业价值链的战略定位理论

围绕产业价值链，对其利润分布产生重大影响的关键环节——战略控制点进行分析尤为重要。企业应将其经营范围覆盖战略控制点，或与之结成战略同盟，向产业价值链中高利润区进行延伸，来巩固其在行业内的优势地位。针对上述领域，近年兴起的理论焦点主要体现在以下几个方面：

（1）产业战略控制点分析。不同行业有不同的价值链，同一环节在各行业的作用也不相同。在同一产业价值链上，特质资源禀赋的稀缺性决定了不同价值节点的利润分配存在很大差异。对此，企业要保持对某一产品的垄断优势，关键是利用异质资源培育内部核心竞争力，以保持该产业价值链上战略环节的垄断优势；同时，将很多非战略性的活动以虚拟外包的方式转移至产业价值链其他节点成员，尽量利用市场虚拟边界延伸替代企业有形规模扩张，以减低组织运营成本，增加反应度和灵活性。

（2）“微笑曲线理论”。该理论由台湾宏碁集团创始人施振荣在 1992 年为“再造宏碁”而提出，以作为宏碁的策略方向。他认为：在产业链中，附加值更多地体现在价值链的两端，即上游的研发、设计、采购和下游的仓储、物流、销售、品牌，处于中间环节的制造、加工、组装附加值最低（施振荣和林文玲，2005）[109]。2008 年国际金融危机之后，全球产业布局面临重新洗牌，奥巴马（Obama）政府提出“制造业回流”，以日本、德国和法国为代表的制造强国先后实施重振国内制造业战略，力图在智能装备、技术工艺、高附加值、高科技含量产品生产上进一步扩大与中国这样的发展中国家的差距。对于此，施振荣提出"'产业链'微笑曲线可以拯救中国制造"的观点，即中国企业只有从曲线底部的生产制造环节向两边的研发、专利以及品牌、营销环节攀升才能获得产业价值链更多的增加值（见图3.3）。以小米科技为例，面对产能过剩的手机产业、强手如林的竞争环境以及驱动系统、处理器、内存、屏幕、摄像头高度标准化的制造工艺，小米在发展初期即摒弃制造环节，而是效仿苹果模式并互联网思维，抓住了研发设计与销售服务两个环节，在短期内获得了较高的投入产出比。

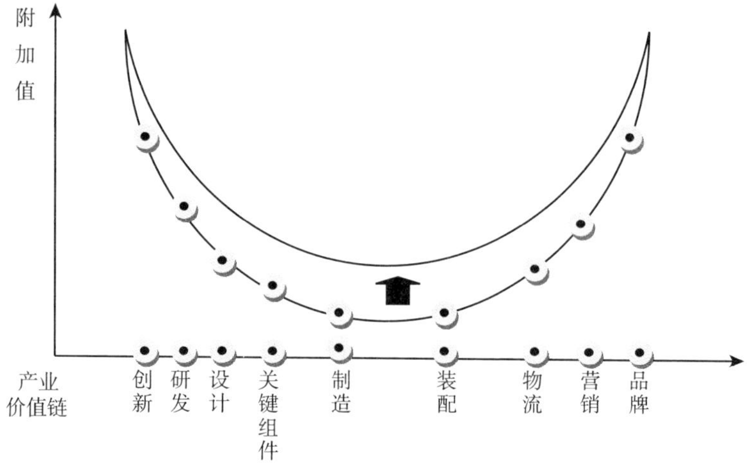

图3.3 产业价值链"微笑曲线"

（3）"软三元"理论。2006年，香港利丰集团主席冯国经在利丰研究中心编著的《供应链管理：香港利丰集团的实践》一书中，提出了把供应链管理看成是在成本机构中争取"软三元"的理论。他认为：一个商品如果在市场上售价为4美元，则其中只有1美元属于制造环节，其余3美元属于物流、仓储等供应链环节。若要从1美元的生产成本中节省5～10美分，十分不容易；然而，要从出厂价到零售价之间的3美元中减少成本以增加利润，却是可行的；企业更大的利润空间在供应链的"软三元"中，而不是制造环节的"硬一元"中[110]。基于此，冯国经进一步指出："生产型服务业是最高级、高端的服务业。"[110]

（4）战略控制手段的强度。位于产业价值链任一节点的企业，进入赢利区并保证长期稳定的利润增长是其生存之根本。但要真正做到此绝非易事，企业须在创建赢利模式的同时，寻求和建立自己的战略控制手段，以保护企业设计带来的利润流，使其免受竞争对手和用户势力的侵蚀。企业可选择的战略控制手段有很多：品牌、专利、版权、1～2 年的产品开发提前量、20%的成本优势、控制价值链（如原料供应商、分销渠道、产品体系等）、独特的企业文化等，其强度又各不相同（见表 3.3）。

表 3.3　战略控制强度指数

保护利润的强度	指数	战略控制手段
高	10	建立行业标准
	9	控制价值链
	8	领导地位
	7	独特的企业文化、良好的客户关系
中	6	品牌、版权、专利
	5	2 年的产品提前期
低	4	1 年的产品提前期
	3	10%～20%的成本优势
微弱	2	具有平均成本
	1	成本劣势

当然，由于各行业赢利来源不一，战略控制手段的选择应有不同的侧重。因此，企业在决定实施战略控制之前，须对所处产业价值链节点的竞争强度、自身的核心竞争力及其未来发展战略方向进行通盘考虑，对相关控制手段的作用强度作出划分和调整。

3.2　价值网理论演化

3.2.1　关于价值网内涵的主流观点

进入 21 世纪的第二个十年，新一代互联网技术开启了移动互联时代，以

Facebook（脸书）、Twitter（推特）、微信等为代表的智能网络互动，从经济、社会和文化的多维层面造就了点对点的互动网络结构，这种价值网（value network）形态被认为是21世纪人类经济社会发展的最新驱动力，围绕价值网领域的研究最近四十年来一直迅速演进着（Achrol & Kotler，1999）[111]。

究其研究渊源，在经济学领域，价值网研究突出跨行业“网络效应”（network effects）（Chaudhir，1998），即不同市场销售的两类不同产品，其中一类产品的价值取决于另一个市场对另一类产品的需求（Sun et al，2004[112]；Chen & Xie，2007[113]），这种跨行业网络效应在媒体、电信、互联网等行业广泛存在。在管理学领域，价值网研究突出基于社会资本（social capital）的企业联盟，认为由于市场的复杂性，企业仅靠自己的力量向顾客提供全面的解决方案是非常困难的，因此需要与强有力的可靠联盟共同构建价值网络（Pigneur，2000；Barnes，2002[114]）；嵌入这种战略价值网络的企业所具有的社会资本能为他们带来更显著的市场优势（Achrol & Kotler，1999[111]；Kahkanen & Virolainen，2011[115]），从而对战略联盟绩效产生重要影响。

关于价值网的概念，最早是由美国美世咨询公司（Mercer）的斯莱沃茨基等（Slywotzky et al，1998）在《发现利润区》（*The Profit Zone*）一书中首次提出，即由于顾客的需求增加、国际互联网的冲击以及市场高度竞争，企业应该改变事业设计，将传统的供应链转变为价值网[116]。但总体上看，对价值网的内涵认知及界定，目前国内外学界尚未达成共识，主要阐释集中于供应链管理、组织结构、模块化组织、流程再造、产业融合等角度。一般认为，价值网是一种以顾客为核心，企业间共同合作以促进价值增值，并迅速满足顾客需求的动态网络（卢泰宏等，2012）[117]。主要代表性观点如下：

（1）价值网是一种网络组织，是由一些任务专门化或技能专门化的经济组织（独立企业或是自治组织单元）相互依存构成的联合体（Achrol & Kotler，1999）[111]。这种网络组织的运作脱离了层级结构，嵌入在一个共享的价值系统中。这种嵌入是由密集的多边联系、相互依存、相互反哺形成的，而这个共享的价值系统会定义成员的角色和责任。特别是亚克罗和科特勒（Achrol & Kotler，1999）曾预测，价值网进化到较高阶段，就会变成一种以顾客为主体的信息中介组织，该组织作为信息交换场所或是扮演营销交易经纪人角色，对参与网络的供应商和顾客的行为进行规范[111]。这种网络代表了一系列产品、技术和服务的集合。该定义超越了当时对价值网的一般认识，实践也证明其具有较高的预测价值。

（2）价值网是由顾客、供应商、合作企业和它们之间的信息流构成的具有敏捷生产、分销和快捷市场响应特征的动态网络，通过定制化的解决方案满足顾客需求（Bovet & Martha，2000）[40]。该定义突出如何以顾客为中心以及如何满足顾客需求的问题。

（3）价值网是一种以顾客为核心的价值创造体系，它超越了传统的供应链管理模式，可以为顾客提供便利、迅速、可靠和定制的服务（Lambert，2004）。该定义强调价值网与供应链管理的目的一致，即以顾客为核心，但价值网更具服务优势和响应度。

3.2.2 价值网是超越价值链的战略思维

从价值链理论的发展脉络看，其关注点是单个企业或是卷入价值链的少量上下游企业，而较少考虑甚至无须考虑联盟、竞争对手、合作伙伴和其他商业网络成员。然而，在互联网时代，价值链思维不再适用于分析多个行业和找出价值来源（Normann & Ramirez，1994[118]；Parolini，1999[119]），任何单一的价值链都不可能脱离其他价值链而孤立存在，其效率和效益在很大程度上会受到相关价值链成员的行为和资源约束。因此，价值网是对价值链从思维到业务、从理论到实践的一种极大超越。参见表 3.4。

表 3.4 价值网与价值链的区别

项目	价值链	价值网
经济特征	资源经济	知识经济、互联网经济
理论基础	交易费用理论	范围经济理论
基本战略	成本领先或差异化	目标集聚，兼顾成本领先和差异化
价值创造	投入转化为产品	以顾客需求为导向
关键驱动因素	生产能力充分利用	价值节点能力并行利用
基本活动的相对独立性	连续性	相互补充

3.2.2.1 价值网是在价值创造上从链状思维到网状思维的超越

价值链是一种线性思维，不同节点的主体是按产品流程的联结点相联系，具有明显的线性次序。而价值网则是一个开放的价值流网络，价值不仅来自企业内部相关者，也极大程度上来自外部利益相关者，通过价值活动主体间的协调，将价值链上连续的价值活动分离，从价值创造最优的角度重新安排价值活动，实现网络化的价值创造方式，体现了价值创造各个环节的并行和集成。

3.2.2.2 价值网实现了资源和能力的网络状配置

价值链采用条块分割式的资源与能力组织方式，物流和信息流上以顾客需求预测作为起点，沿着采购、进货物流、生产、仓储、销售渠道、产品配送，最终到顾客呈线状运行，每个环节的资源与能力分配都是固定的，只有链上紧临的两个环节之间能够进行直接联系，表现为产品或者服务从一个部门转移向另一个部门，每个环节都听从企业决策层的指令，以资源约束为限追求利润最大化，环节之间不可避免地陷入价值流此消彼长的零和博弈状态。而价值网更强调基于顾客需求的定制化生产，采取的是网络式的资源与能力组织方式，通过高效的网络运营以及与供应商的信息共享和保障机制，低成本地开展定制化活动，每个环节都以顾客价值提高为宗旨，以整个网络价值增加为目的，各环节彼此间都能够发生直接联系，从而带来了价值的流动和增值，实现整体网络的价值最大化，所有节点的参与企业均能从中获益。

3.2.2.3 价值网有利于发挥并行协作效应和学习创新效应

价值链从时间上将产品或服务的开发规定为是前后相继的过程，忽视了生产过程的并发性。而实质上，满足客户的定制需求或者说是最终完成企业的价值创造不仅需要企业内部各部门之间的密切协调，而且需要供应商、销售商及其他合作企业的配合与协调。而且，这种协调与合作在时间上可能是同时发生或者是并行的过程。具体而言，在营销部门刚开始与客户接触的时候开始，研发部门、生产制造部门以及原料采购部门、供应商、销售商等就已经需要介入这一过程，组建成一个团队与客户进行谈判与协商，并且会伴随着产品和服务的生产过程持续进行下去，这意味着企业的各个职能部门和供应商网络、销售商网络实质上都在同时参与为客户创造价值。另外，由于网络平台的协作和信任机制增加了各成员间的相互交流和学习的深度，彼此可以探询和接触自己所需要的互补性知识，逐渐开发出成员间的隐性知识并将其显性化、社会化，促进了隐性知识的传播和共享，从而增强了价值网的知识竞争优势，并可直接转化为相较其他价值网的无形竞争力。更为重要的是，知识、信息、技术的共享机制会在价值网成员间碰撞出更多的产品创意、技术工艺新思维等创新火花，并通过利益导向和风险分担机制激励成员间通力配合付诸实践，从而使整个价值网获得了更多且持续的市场机会，有可能形成强者恒强的态势。

3.2.2.4 价值网打破了价值链的有形行业边界

如前述可知，价值链是按业务活动的纵向延伸对行业边界进行界定。而价值网打破了行业界限，随着技术和市场逐渐融合，原本在价值链中几乎没有交集的产业，也会应消费者需求而发生长期或短暂的网络联系，行业交叉处涌现出许多融合性新产品和服务（毛蕴诗和王华，2008）[64]，使行业间的边界不再清晰，从而使价值网的业务模式呈现无限的市场想象空间。以阿里巴巴为例，作为一家国内早期电商平台企业的领头羊，以B2B起步，再到淘宝C2C、天猫B2C扩展，其互联网生态圈已全面覆盖了“企业间交易+个人零售购物+个人生活服务+互联网金融+云计算+物流”六大平台业务板块，通过跨界碰撞、融合、创新以及垂直整合下跨产业链价值重构，打破了产业边界、组织边界、国家边界，不断创造独一无二的产品体验和更高的用户价值，并依赖平台的“马太效应”实现了流量的自我加强和效率的提升，获得了持续的内生增长空间，成为中国电子商务企业以“变道超车”之态开启全球化战略的成功典范。根据美国《互联网零售商》（*Internet Retailer*）的统计，2015年阿里巴巴占据全球电商规模的26.6%，超过排名分列第2、3、4、5名的亚马逊（Amazon）、易趣（eBay）、京东、乐天（Lotte）的市场份额之和。① 更重要的是，依靠广告、娱乐、云计算、支付等多重变现方式，

① Internet Retailer最新发布：全球10大电商公司［EB/OL］. http：//www. sohu. com/a/112402401_170726。

阿里巴巴盈利能力正在日益显现，2016 财年广告收入占公司中国区电商营业收入的 66% 和总收入的 52%，娱乐业务、云计算和创新业务，分别约占总收入的 10%、4%、2%。①

3.2.3 价值网理论模型

3.2.3.1 价值网的价值创造模型

根据价值网的理论模型（Kathandaraman & Wilson，2001），价值网的价值创造包含三个核心概念，即优越的顾客价值（superior customer value），核心能力（core capabilities）和相互关系（relationships）[44]（如图 3.4 所示）。

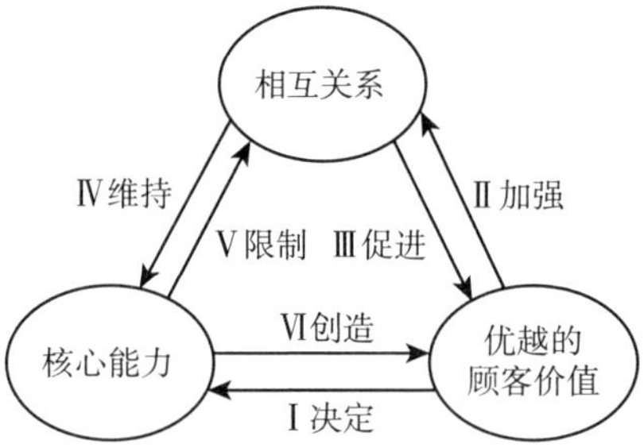

图 3.4 Kathandaraman & Wilson 的价值网理论模型

资料来源：Kathandaraman，P.，Wilson D. T. The Future of Competition：Value-creating Networks [J]. Industrial Marketing Management，2001（30）：24－27。

（1）优越的顾客价值。首先，价值网是一种需求拉动系统，其价值创造的战略目标是创造更优越的顾客价值，正是差异化的顾客需求驱动了价值网的形成起点。为实现上述目标，企业的核心能力至为关键。但由于当今产品制造涉及的技术范围过广及更新加快和市场环境的日益复杂多变，一个企业所能拥有的核心能力是极其有限的，其“能力木桶”不可避免存在短板，企业亟须找到能够协同创造价值的合作伙伴，以不同企业最长板核心能力的强

① 夏君，秦波．阿里巴巴：生态圈丰富，平台流量变现提速 [EB/OL]. http：//www. guuzhang. com/p/98879。

强联合构造“新木桶”，共同创造更优价值。从这一意义上说，优越的顾客价值决定价值网成员公司的核心能力（Ⅰ），即顾客的需要类型及其价值实现的方式、内容决定了价值网中核心能力的种类，也成为决定将哪些各自掌握核心能力优势的成员企业作为节点纳入价值网以最有效地实现顾客价值的必要条件。并且，顾客需要还决定着成员公司核心能力的最佳组合方式，优越的顾客价值可以强化价值网成员间的相互关系（Ⅱ），因为顾客价值的实现需要成员企业之间通过建立某种相互关系产生分工协作，顾客对价值网价值创造的满意评价将对成员企业行为产生正向激励，并进一步强化成员企业相互关系的紧密程度，提高其合作质量。

（2）相互关系。从构成上看，价值网是由包括核心企业、供应商、顾客、竞争者、互补者之间通过错综复杂、纵横相联的关系而形成的一种动态、有机的价值创造系统。一方面，价值网成员之间高质量的相互关系与顾客价值之间存在正强化反馈回路效应，Ⅲ和Ⅱ在回路中互为前馈和反馈，顾客的认可和赞扬激励成员企业，相互关系得以强化，这又会进一步实现顾客更深层次的价值（Ⅲ）。另一方面，成员企业间的相互关系可以维持价值网核心能力的动态均衡（Ⅳ），价值网创造价值的过程由各成员公司联合实现，为了巩固自己在关系网络中的相对优势地位，成员公司都需要不断加强对自身核心能力的投入，从而将价值网核心能力组合保持在动态均衡状态，以实现核心能力互补和共赢。而互联网技术的日趋先进和全面渗透为全球网络成员企业共同面对顾客实行并行工程和实时合作、管控提供了必备的硬件条件，有利于价值网创造价值功能的最佳实现。

（3）核心能力。成员企业核心能力的优化整合是价值网得以存在和运行的关键环节。核心能力限制着相互关系的质量（Ⅴ），核心能力的专有性约束着成员企业间的相互关系，掌握关键能力的公司将在关系网络中处于优势主导地位，而核心能力较弱的公司只能被其他公司控制，但实践证明，核心能力相当的企业之间建立的价值网合作关系相对而言较为稳固。同时，核心能力与相互关系之间也存在着正强化反馈回路，Ⅳ和Ⅴ在回路中互为前馈和反馈，为了维持成员间的相互关系，各企业均须持续提升自身的核心能力，而这又会作用于整个关系网络，使之合作更加紧密。再则，价值网创造价值的程度受成员企业核心能力的影响，核心能力组合创造优越的顾客价值，来自各专业领域的核心能力越关键，就越有可能创造更优越的顾客价值（Ⅵ）；并且核心能力与优越的顾客价值之间同样存在正强化反馈回路，Ⅰ和Ⅵ在回路中互为前馈和反馈，顾客的价值需求既决定了价值网核心能力的水平、类型及组合，又以新需求进一步激励价值网成员企业提升自身核心能力，以不断创造更优的顾客价值，实现价值网的共赢目标。

3.2.3.2 价值网的合作伙伴评估模型

在上述价值创造模型的基础上，关于价值网中合作伙伴选择的二维图，从较为宏观的层面说明了关于企业合作关系的要质（Kathandaraman & Wilson，2001）（如图 3.5 所示）[44]。为实现顾客创造价值这一目标，要求企业核心能力的总和比其中任何一家企业的能力都要强。因此，在建构价值网关系时，核心企业的一个重要战略便是将那些能够协同增加最终价值的企业纳入其关系网。

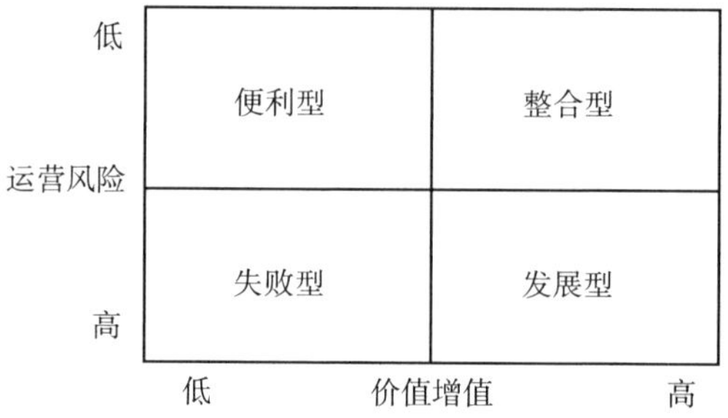

图 3.5 价值网的潜在合作伙伴评估模型

资料来源：Kathandaraman，P.，Wilson D. T. The Future of Competition：Value-creating Networks [J]. Industrial Marketing Management，2001（30）：24－27。

图 3.5 用运营风险和价值增值两个变量来分别衡量潜在合作伙伴的价值。这里，运营风险涉及合作企业对质量、JIT 生产、合作以及其他可能影响合作关系的活动的态度；价值增值是指该合作伙伴使最终产品增加的价值。图 3.5 中，上半部分企业的合作风险较小，而处于右方的企业则能够为产品增加更多的价值。理想的合作企业是那种能够为产品增加重要价值，同时合作风险较低的企业，对于这类企业，应与其建立整合型合作关系，即进行一体

化或是建立强有力的合作联盟。便利型则指不为产品提供核心价值，与其的合作过程较为轻松的企业，如提供办公用品、印刷业务的外包服务，以及管理信息系统（management information system，MIS）和电脑程序的外包服务的企业，这种企业也是重要的合作伙伴，不过他们的优势在于能够促成低成本的交易。图 3.5 左下方的合作企业属于失败型，这是因为这类企业非但不能提供有用的价值，同时也很难合作；而右下方的发展型合作企业可以为产品提供有用甚至重要的价值，但与其的合作过程可能会发生较多不确定性而导致的危机和运营风险，因而核心企业可以从中选择部分对象作为合作伙伴，让其不断发展和成长，以最终建立整合型合作关系。

3.3 产业价值网理论模型及特征

3.3.1 产业价值网的产生背景

波特（Porter，1985）在对价值链作出的本质界定中，认为企业创造价值的过程是由一些相互联系的公司活动所构成，由此归结了企业发展的动力来源，即由于不同企业各自的活动在价值链中创造价值的能力各异，每个企业需经常审视自身的价值链以找出其中的关键环节，分离非关键环节，从而塑造持久竞争优势。[31]随着经济全球化的迅速发展，对企业价值链的各个价值环节在全球不同地理空间的配置成为关注的焦点（Kogut，1985[32]；Dewatripont & Maskin，1995[33]；Krugman，1995[35]；Gereffi，1994[34]，2001[36]）。在 20 世纪 90 年代以前，产业间边界清晰，没有明显的产业融合现象，价值链的分析模式顺应了当时的运营环境。

但自 20 世纪 90 年代之后，产业边界模糊化现象日益普遍，同时由于企业全球外包的盛行和市场营销重心由“创造需求”向“需求满足”的转变，使价值链范式的分析效力受到了制约，基于行业边界模糊的价值网逐渐取代传统线性价值链而成为企业之间虚拟协作以促使价值整合最大化的新商业运营模式。对此，波特（Porter，1985）率先提出了价值体系（value system）

的观点，认为企业内部的价值链与其他经济单位的价值链也密切相联，构成价值体系，企业间的价值关系影响各自的竞争优势，这可视为价值网理论的早期萌芽[31]。此后，众多学者围绕价值网的概念（Slywotzky，1996[37]；Bovet，2000[40]；Sherer，2005[120]）、价值网构成元素及其价值创造模型（Weiner et al，1997[121]；Brandenburger & Nalebuff，1996[38]；Callahan & Pasternack，1999[39]；Allee，2000[122]；Frits & Matthias，2006[42]；罗珉，2006[43]），提出顾客是价值的协同创造者和价值网的核心（Normann & Ramirez，1994[118]；Kathandaraman & Wilson，2001[44]；Vargo & Lusch，2004[123]）。

在信息革命、互联网以及当下移动互联网兴起的巨大影响下，企业生产方式和产业组织形态正在发生深刻变革，特别是模块化设计和生产的广泛应用及其由此引致的模块化生产网络的出现，使得不仅同一产业基于产业内分工而衍生出更多细化的新产业部门，而且不同产业之间通过技术、业务、运作和市场联系而相互扩展和渗透的现象也日益普遍。因此，围绕某一主体产品生产和服务的各产业价值链基于相关企业价值网交叉而彼此相联，共同形成了产业价值网（Dicken et al，2001[53]；吴华清和刘志迎，2009[54]），由此生产出融合不同产业价值链上节点企业技术创新、产品（服务）创新和管理创新的跨产业混合型产品（毛蕴诗和王华，2008）[64]。

3.3.2 产业价值网的理论模型

产业价值网的基本构架如图3.6所示，各产业价值链中的价值环节相互联系，彼此促进，形成多重价值区域（如上游1、中游2及下游2；上游2、中游3及下游1；上游2、中游1及下游3；等等）。其中，关键价值区域（上游3、中游2及中游3）是整个产业价值网的核心价值中枢和价值权力的最大来源。

对一国或一区域而言，要想对整个产业价值网实现控制力，其要核在于对关键价值区域的深度掌控。为此，充分利用自身资源的比较优势，强化关键价值区域在产业价值网中的地位，分离产业价值网中非关键环节（区域），促进本土资源与境外资源的强强对接，将成为产业价值网创新升级的重要途径。此外，为维系整体产业价值网的安全运作与长远发展，需要以主体产业链为核心对相关产业价值链进行协调与治理。

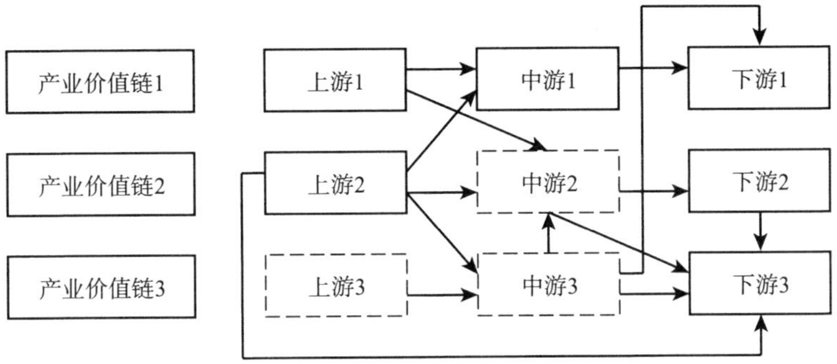

图 3.6 产业价值网的理论模型

3.3.3 产业价值网的运行特征

产业价值网实质上是企业价值网进一步向产业与地理空间两个方向延伸的结果，因需有效协调各产业主体间的关系，以及涉及产业与区域经济整体发展的问题，产业价值网竞争优势的识别与确立要比企业价值链复杂得多。其运行特征主要体现在以下三个方面：

（1）关键价值区域升级方式呈现多样化。在企业价值链中，企业只需要关注关键价值环节，如研发、制造或营销等，即可塑造自身的竞争优势。但在产业价值链中，除了转移企业内部非关键价值环节以外，还可以从低价值增值的上游产业转向高附加值的中游或下游价值链（池仁勇等，2006）[124]。而产业价值网的升级方式则更为多元，不仅可在同一产业链上进行纵向升级，还可能针对新技术层出不穷的产业环境，从现处产业链向邻近的、能创造更高关键价值的产业链渗透和扩展，实现产业和区域的持续升级。而“互联网 +”作为创新 2.0 下的互联网发展的新业态，无疑为产业价值网的变革、创新和发展提供了无限广阔的网络平台。

（2）产业价值网须强化产业价值链之间的协同。在产业价值链中，因各企业价值链均通过“归核化”打造自身竞争优势，关键价值环节可能出现两种情况：一方面，同一产业价值链上，各企业价值链关键价值环节不同，彼此分离非核心环节，将基于专业化分工形成协同；另一方面，由于产业价值链上、中、下游的价值分布存在显著差异，如果各企业价值链在实施业务归核后都转向产业价值链的高价值关键环节，其结果可能促使整体产业升级，但也可能出现本土产业的恶性竞争，最终导致资源错配和经济衰退。而产业价值网的情况则更为复杂，除了包含上述各产业价值链不同关键价值环节间的协同、趋同以及不同产业价值链之间的协同现象外，也有可能会出现产业间的趋同现象，如图 3. 6 所示中，产业价值链 1 均投向产业价值链 2 或产业价值链 3，从而导致产业价值链 1 的萎缩与衰退，并不可避免地对整体产业价值网的运行产生实质影响。为此，须引入科学合理的产业价值网治理机制，以确保产业价值网中各产业价值链之间、同一产业价值链各关键价值环节之间以及产业价值网与区域经济之间实现有效的对接与协调。

（3）产业边界模糊化。基于以顾客为中心的战略定位以及移动互联网、大数据、云计算、物联网等新技术的支持，组成产业价值网的产业链边界日益模糊化，具有以主体产业链为中心、跨行业渗透和动态扩展的特性。以新能源汽车产业为例，其主体产业链由上游产业链（锂矿、钴矿等小金属）、中游产业链（正负极材料、电解液、隔离膜、电池管理系统 BMS、封装 PACK、电机、电控）和下游产业链（整车制造、充电桩）构成，而随着自动驾驶技术成为下一步的主攻热点，人工智能、计算机视觉、雷达、监控装置、全球定位系统、智能交通以及消费电子的众多产业链将纳入其中，使新能源汽车产业链的不同价值环节与新兴产业不断发生技术碰撞与融合，实现产业间资源与能力的强强联合，迎合市场走向主动创造需求，开拓无限延伸的产业价值成长空间。

第4章 基于模块化的产业价值网形成演化机理

在经济全球化日益增强以及电子、通信、计算机等信息技术不断创新和发展的背景下，模块化技术在企业研发、生产、组织设计等领域得到广泛应用，推动了全球模块化外包的盛行和模块化生产网络的出现，使得价值网作为各价值链中关键价值环节共同构筑的关键价值区域，成为产业和企业经济竞争的基本单元和核心。而且，随着产业之间运营关联度的增强和价值渗透，产业价值网随之形成。因此，研究模块化条件下产业价值网的本质界定及其治理和价值创新的内在规律，对于一国产业有效参与全球价值网价值创造的战略实施，特别是后发国家依托模块化产业价值网摆脱全球价值链的低端锁定和获取价值权力，具有重大的理论和实践意义。

4.1 模块化与产业价值网的重构

4.1.1 基于模块化的产业价值网重构机理

在模块化背景下，传统的集合型价值链通过裂变、分解，形成具有兼容性、可重复利用、符合界面标准的价值模块，并按照新的规则和标准，在新的界面上重新整合为新的模块化价值链。在同一产业内，不同企业价值链模块化形成了众多功能各异的价值模块，企业之间基于供应链竞争合作的要求，将各自从原材料、生产、销售、售后服务到研发、物流、金融、信息等不同功能价值模块进行不同程度和方式的模块化整合，产生了若干产业价值链。其中，企业之间基于关键价值模块形成的核心产业价值链，成为该产业竞争优势的源泉。

由于模块化设计的广泛应用以及企业内部流程再造、归核化等战略的实施，模块化外包成为企业为满足顾客 DIY 消费而进行快速定制化生产的主要手段。而产业价值链的模块化使得围绕模块化产品服务的相关产业之间通过价值模块彼此联结和交汇，形成了立体状的模块化产业价值网，其竞争力取决于各产业价值链中关键价值模块共同构成的核心价值区域价值权力的大小和协同效应的强弱。

4.1.2 产业案例

汽车产业是受到模块化思想影响较早、最深的产业之一，人工智能和新能源动力是未来两大革新方向，将使传统汽车的核心价值模块产生转移和变异，并可能催生无限新价值模块，从而形成更加开放、动态、虚拟、共享、产业结构软化的新汽车产业价值网。

1. 人工智能 + 车联网

全球汽车产业发展符合“微笑曲线”定律，上游研究设计环节中的电子控制单元（electronic control unit，ECU）是由传动控制、车身控制、安全控制和多媒体等系统构成的集成功能模块，目前已平均占到汽车总成本的 1/3，未来 10 年内这个比率将达到 40%。特别是以人工智能为标志的“无人驾驶 + 车联网”技术现已成为美国、英国、德国、日本等传统汽车强国新的竞争焦点。据汤森路透（Thomson Reuters）知识产权与科技最新报告显示，2010 ~ 2015 年间与汽车无人驾驶技术相关的发明专利超过 22000 件，[①] 并且部分企业已崭露头角取得突破性进展，成为该领域的行业领导者。特斯拉（Tesla）2015 年推出商用的 Model S P85D 车型已搭配自动驾驶模式，可自动变换车道和自行驶入车库，截至 2016 年 7 月已有约 1.3 亿英里（约合 2.1 亿公里）的

① 解析中国无人驾驶未来的市场发展前景［EB/OL］. http://www.sohu.com/a/151350615_99912656。

行驶成绩，但安全性有待提升；奥迪（Adui）、奔驰（Mercedes - Benz）、宝马（BMW）、沃尔沃（Volvo）等汽车强企也在加紧相关试制研发并计划上市。另外，人工智能为互联网公司凭借大数据与深度学习技术切入无人驾驶汽车创造了机会，目前已有谷歌、苹果、百度、腾讯、阿里巴巴等巨头争相布局，通过互联、电动、智能三条发展主线实现“汽车 + 互联网”的融合。谷歌是其中的先行者，早于2014 年 5 月召开的 Code Conference 科技大会上，首次推出没有方向盘和刹车的无人驾驶概念车，目前已路测行驶超过 400 万英里（约合 650 万公里）（见表 4.1）；2015 年，苹果投入数十亿美元的研究经费、超过千人的研发队伍，开始在美国加利福尼亚州（California）森尼韦尔（Sunnyvale）工业园区中进行 iCar 的研发，其使命是对个人流动性技术进行一次彻底的变革，依靠苹果自身的新技术，强调创新型的人机交互界面，比如具有像改进版的 Siri 语音识别功能，强力触摸功能，以及多孔径数字摄像技术等，改变人们传统观念中使用和认知的汽车概念，未来可能颠覆传统汽车工业，引领新一轮产业革命。

表 4.1　无人驾驶技术的主要布局厂商

厂商	系列	取得业绩	计划上市时间
特斯拉	Model S P85D	系统自动识别路标和路人、高速公路自动驾驶、堵车自动跟随等功能，已行驶 1.6 亿英里	2015 年已上市
奥迪	A7 Jack	在完全没有人工干预的情况下从硅谷自动驾驶长达 560 英里来到 CES 展会	—
	R8 E-tron piloted driving	纯电动自动驾驶概念车	计划 2018 年上市
奔驰	F015 Luxury in Motion	自动驾驶豪华轿车，已在德国 Autobahn 无限速高速公路完成了 620 英里的测试	—
谷歌	Google Driverless Car “Waymo”	无方向盘和刹车，无事故行驶 160 万公里，2016 年 Waymo 无人驾驶汽车行驶 1000 英里需要人类干预的次数降至 0.2 次，将与菲亚特克莱斯勒合作共同开发无人驾驶汽车，Alphabet（谷歌母公司）拟推出旗下 Waymo 品牌的共享出行应用	计划 2020 年上市

续表

厂商	系列	取得业绩	计划上市时间
宝马	i3 实验车	无人驾驶赛道漂移，360°预防碰撞系统，多层停车场全自动泊车技术；2016 年 7 月与英特尔、Mobileye 在完全自动驾驶汽车领域开展深度合作	计划 2021 年推出完全自动驾驶汽车
沃尔沃	SC90	2015 年 3 月在北京西六环公路进行了自动驾驶测试，总行程 1200 公里	2017 年推出 100 辆进行测试，2020 年商业化生产
苹果	iCar “Project Titan”	成立秘密研发中心，突出创新型的人机交互界面，比如具有像改进版的 Siri 语音识别功能，强力触摸功能，以及多孔径数字摄像技术等	—
百度	百度汽车大脑	在硅谷成立无人驾驶汽车（ADU）部门，无人驾驶汽车在中国已在各种路况条件下成功通过了严格的、全自动化的测试，携手奇瑞共建“全无人驾驶汽车运营区域”	与金龙客车合作生产的无人驾驶小巴车计划于 2018 年 7 月实现量产
腾讯	腾讯车联“AI in Car”系统	与富士康、和谐汽车战略合作，开发智能电动汽车，2016 年下半年成立自动驾驶实验室，2017 年 3 月持有特斯拉 5% 的股份并成为其第五大股东，联合四维图新持有 HERE 地图 10% 股权，2017 年 10 月起与广汽集团在车联网服务、智能驾驶、云平台、大数据、汽车生态圈、智能网联汽车营销和宣传等领域开展业务合作	—
阿里巴巴	推出全新操作系统品牌 ALiOS	与上海汽车集团联手开发打造“全球首款量产互联网 SUV”荣威 RX5，搭载阿里巴巴“yun OS”操作系统，并集成大数据、阿里通信、高德导航、阿里云计算、虾米音乐等资源，实现三屏一云的车内外多屏互动，把电脑屏、手机屏和车机屏整合，实现信息云共享	2016 年 7 月 6 日荣威 RX5 已正式上市

资料来源：Bloomberg、国泰君安证券研究、赛迪网、网易汽车以及特斯拉、奥迪、奔驰、谷歌、宝马、沃尔沃、苹果、百度、腾讯、阿里巴巴官网及公告。

无人驾驶最重要的三大环节是感知、判断和执行，其主核心模块当属高级驾驶辅助系统（advanced driving assistant system，ADAS），由感知、判断、执行等核心组件构成。其中，激光扫描仪、多个视频摄像头、超声波传感器和雷达会共同搜集信息，可感知车辆、行人的实时状态，并将这些信息转化为信号发送给中央驾驶辅助系统（zFAS），是 ADAS 系统的数据入口；围绕摄像头展开的算法执行判断功能，是 ADAS 系统的灵魂；ADAS 系统通过传感器获取数据，主芯片完成判断后，初级应用通过声音、图像、振动对驾驶者进行警示，与油门、转向、刹车的电子控制功能结合后，逐渐进化到对车辆的自动控制；平视显示器（head up display，HUD）将 ADAS 警示信息显示投影在驾驶者视线正前方，HUD 未来发展将显著受益 ADAS 系统的普及，成为增强现实（augmented reality，AR）技术最早爆发应用。目前，国际 ADAS 领域的领导厂商是以色列智能辅助驾驶公司“无比视”（Mobileye），主要致力于汽车工业的计算机视觉算法和驾驶辅助系统的芯片技术的研究，其研究成果和产品已集成至沃尔沃、通用（GM）、宝马、现代（Hyundai）等轿车以及沃尔沃客车、雷诺卡车等世界汽车制造商生产的车辆中，如沃尔沃的“城市安全系统”和宝马的“车道偏离预警系统”均采用了 Mobileye 的核心芯片；此前，Mobileye 也是特斯拉的 ADAS 供应商，但 2016 年 7 月两家已决定终止合作，特斯拉将转向视觉识别芯片的自主研发。从配合 ADAS 功能的重要辅助模块看，德尔福（Delphi）、博世（Bosch）、伟世通（Visteon）等海外配套厂商仍然占居摄像头、雷达等领域的主导地位。

由于无人驾驶是汽车智能化的最终形态，而 ADAS 是通向这项目标的必经之路，预计到 2019 年搭载 ADAS 的新车出货量将占全球总出货量的 25% 以上，① 但目前美国、日本、欧洲等汽车发达国家的 ADAS 渗透率只有 8% ~ 12%，而中国更是低至 2% ~3%。在汽车智能化、“自主研发 + 学习效应”和巨大市场空间等综合因素的推动下，我国相关厂商也在紧抓机遇力图赶超。例如，成立于 2013 年 9 月的前向启创已成为国内为数不多研发 ADAS 整体解决方案的公司，在提供车道偏离预警、前车避碰预警、疲劳驾驶预警等方面有所成效，未来将提供包括硬件、软件、算法以及客户定制化等全套服务；而在摄像头、雷达、高精度地图、人工智能等 ADAS 重要辅助模块上，已涌现出包括欧菲科技、利达光电、高德红外、海康威视、大华股份、大立科技、巨星科技、四维图新、东软集团、新松机器人等一批质地优秀的公司（见表 4.2）。不论如何，“人工智能 + 车联网”作为发展趋向已获得全球汽车工业

---

① 周绍青．汽车行业 2017 年投资策略：产业升级进口替代全面推进，智能化网联化势在必行 [EB/OL]. http：//data. eastmoney. com/report/20161201/hy，APPH6YckdAGHIndustry. html。

共识，如果未来百度、腾讯、阿里巴巴等无人驾驶汽车能够成功商业化，一定对现有国内汽车产业格局产生革命性影响，在ADAS及各类配套硬件、软件、服务领域也会涌现出更多世界顶级供应商。我国互联网巨头、整车企业与核心模块配套厂商应立足国内市场、放眼世界，基于长期前沿技术协作关系，形成更为紧密、合理、共赢的无人驾驶汽车产业价值网，未来将使中国在全球汽车市场上成为比肩美、欧、日汽车强国的一股新力量。

表4.2　　国内ADAS核心模块厂商

产品	功能	厂商
车载摄像头及组件	感知	欧菲光、东软集团、海康威视、利达光电、高德红外、大立科技
车载毫米波雷达	感知	华域汽车、泸电股份
车载激光雷达	感知	巨星科技
高精度地图	感知	四维图新
人工智能	判断	东软集团、新松机器人
电动转向	执行	耐世特、浙江世宝
电子刹车	执行	亚太股份、万安科技、拓普集团
电控油门	执行	宁波高发

资料来源：国泰君安证券研究。

2. 新能源动力

新能源动力是世界汽车工业竞争的另一个新焦点，纯电动汽车已逐渐成为新能源汽车发展的主流，中国或成为全球发展最快的新能源汽车市场。根据中汽协的数据统计，新能源汽车在我国一般包括纯电动汽车、混合动力汽车和燃料电池汽车以及其他燃料汽车，2015年新能源汽车产量达340471辆，销量331092辆，同比分别增长3.3倍和3.4倍。其中，纯电动车型产销量分别完成254633辆和24782辆，同比增长分别为4.2倍和4.5倍；插电式混合动力车型产销量分别完成85838辆和83610辆，同比增长1.9倍和1.8倍。[①]

① 数据来源：中国汽车工业协会，http：//www.caam.org.cn/。

可见，无论从产量还是销量上看，纯电动汽车均处于领先位置，份额占到新能源汽车的七成以上（如图 4.1、图 4.2 所示）。

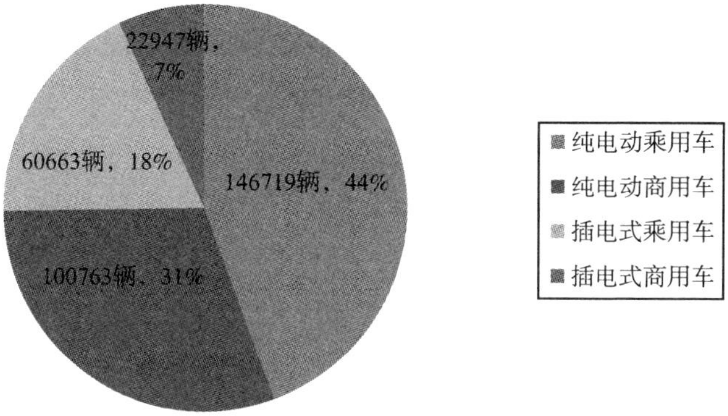

图 4.1　2015 年中国新能源汽车销量分布

资料来源：中国汽车工业协会。

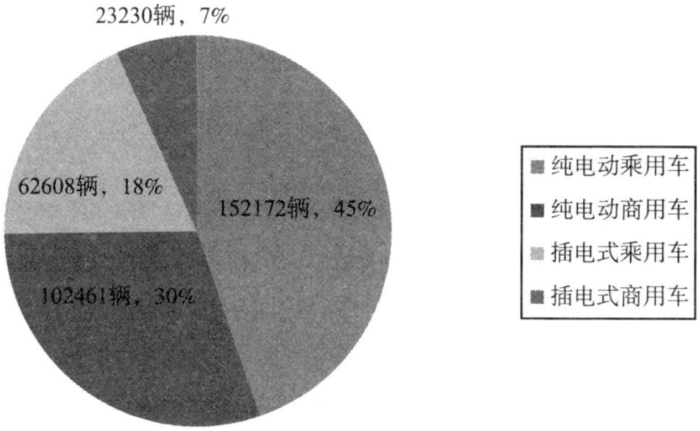

图 4.2　2015 年中国新能源汽车产量分布

资料来源：中国汽车工业协会。

特斯拉正在引领全球纯电动汽车风潮，随着 2016 年 4 月 1 日 Model 3 的正式发布并在短短时间内预订量就已经达到了 40 万辆，而特斯拉原先自己预计的 2020 年产能也只能达到 50 万辆，Model 3 预订的火爆对特斯拉产能无疑构成巨大挑战，因此建厂增加产能将成为其最可行之举，第一辆 Model 3 已于 2017 年 7 月 7 日正式下线。与市场预期一致，由于中国对 Model 3 的预订量仅次于美国，特斯拉宣布只要中国的销量达到了“临界数量”就将在中国建厂，其三元锂电池供应商松下此前已宣布在大连将投资500亿日元（约4.12亿美元）与中国合作伙伴一起建设生产电动汽车和插入式混合动力车使用的矩形电池的汽车锂电池工厂。从上述新能源汽车巨头的最新战略举措看，其在中国新建工厂的计划意味着巨大的投入，这对中国新能源配套产业链无疑是一个巨大的利好，将会带动锂和钴等资源、稀土永磁、电网系统、电池技术、电机和电控系统的全面发展，特别需提的是，目前特斯拉电池成本占其整车总成本的比重接近六成（含锂电池成本39%和电池管理系统BMS17%），2016年7月29日其与松下（Panasonic）合资的、造价50亿美元的特斯拉超级电池工厂在美国内华达州（Nevada）里诺市（Reno）举行开业揭幕，工厂完整结构的总占地面积将达580万平方英尺（53.9万平方米），相当于约100个足球场大小，2016年底将完成总建设进度的14%并开始投入运营，首要任务是生产40万件匹配2017年上市的Model 3的电池，预计建成全部投产后将使该公司生产锂电池的成本降低至少30%（见表4.3）。因特斯拉电池采用的是镍钴铝酸锂（Ni镍、Co钴、Al铝，简称NCA）三元材料为正极材料的锂电池，相较磷酸铁锂电池具有能量密度更高、标准电压更强、电芯占空间更少、成本相对较低的优势，是目前最新型、性能最好的动力锂电池，在特斯拉的示范效应下无疑未来3~5年将进一步占领动力电池的市场份额。而目前高端三元材料技术由日本、韩国企业掌控，日本化学产业株式会社（Japan Chemical Industries Co. LTD）、户田化学（Toda）和住友金属（Sumitomo）是NCA材料的主要供应商，韩国的Ecopro和GSEM也有部分产品销售，[①] 这对国内锂电池正极材料企业既是挑战也是机遇。由于NCA正极材料技术壁垒高、工艺难度大、量产困难，目前我国仅有宁波金和一家企业能量产NCA，产量十分有限，2015年我国NCA供应量不到2000吨，而同期三元材料为3万吨，NCA产量比例只有6%，远低于国际26%的水平。近年已有少数企业加码车用动力多元正极材料的研发生产，如当升科技是国内唯一能量产NCM622（镍钴锰）产品的公司，其主要客户包括三星SDI、LG化学、三洋能源（Sanyo Energy）、索尼（Sony）、比亚迪等国内外一流锂电制

① NCA材料产业化及生产技术发展现状［EB/OL］. http://www.escn.com.cn/news/show-451820.html。

造商，但其三元正极材料主要应用于智能手机、笔记本、平板电脑等小型锂电池领域，高镍体系的 NCM811、NCA 产品尚处于中试阶段，加大 NCA 动力锂电正极材料开发、进入松下等一流车用三元锂电池生产商供应链乃至特斯拉、比亚迪等新能源整车企业供应链应成为未来几年业务主攻方向。

表 4.3　　特斯拉电池成本变化

项目	2013 年以前	2013 ~ 2017 年	2017 年以后
应用车型	Roadster	Model S	Model 3
电芯	钴酸锂 18650	镍钴锂 18650	镍钴铝 20700
电芯单体价格（美元）	2	3. 5	3. 3
电芯单体能量（W）	9. 7	11. 2	22. 8
单价（W/美元）	0. 21	0. 31	0. 14
电池容量（kWh）	53	85	44
电芯个数（个）	5463	7263	2880
电池成本（美元）	15246	26680	6368
电池管理系统加封装成本（美元）	20000	10000	2698
电池模块总成本（美元）	35246	36680	9066
整车总成本（美元）	61923	61923	31500
电池成本占整体成本比例（%）	57	59	29

资料来源：Bloomberg，国泰君安证券研究。

而下游销售服务环节中的充电桩安装、汽车贷款、保险、零部件配送、维修保养、租赁、二手车置换等也存在较大的价值创造空间。新能源汽车产业与电子信息、新材料、新能源、高端机械装备、金融、保险、物流等产业通过产业价值链的模块化分解和整合，共同构筑起支撑新能源汽车产业未来发展的产业价值网。

综上，对于中国而言，产品模块化的深入推进使得互联网企业、传统整车企业获得机会切入“人工智能 + 新能源”整车开展同步系统研发，并在全球吸纳 ECU、ADAS 芯片、动力电池、电机等核心部件模块、各级次生模块以及各类服务模块的优质供应商，聚力形成立体交互的智能新能源汽车产业价值网，并以其中由强强联合的关键价值模块所协同构筑的核心价值区域与发达国家开展新一轮汽车产品平台竞争以获取更高的价值权力。

4.2 基于模块化的产业价值网治理

4.2.1 产业价值网治理的实质

产业价值网治理是指通过产业价值网协调各产业价值链之间以及承担各价值模块功能的企业之间的关系和制度安排，实现整个产业价值网的有效运营。格里芬等（Gereffi et al，2003）以市场交易的复杂程度、交易能力与供应能力为标准，认为市场型、模块型、关系型、领导型与层级型5种类型均属于介于市场与科层之间的全球价值链治理模式[125]（如图4.3所示）。由于控制型网络的领导厂商对供应商实行高度的权威治理，而关系型网络则更多地依靠网络参与者之间的信任、声誉等非正式契约来治理，市场型和科层型的选择主要是出于对交易费用节约的权衡，以上四种类型均不适用于模块化条件下的网络治理。

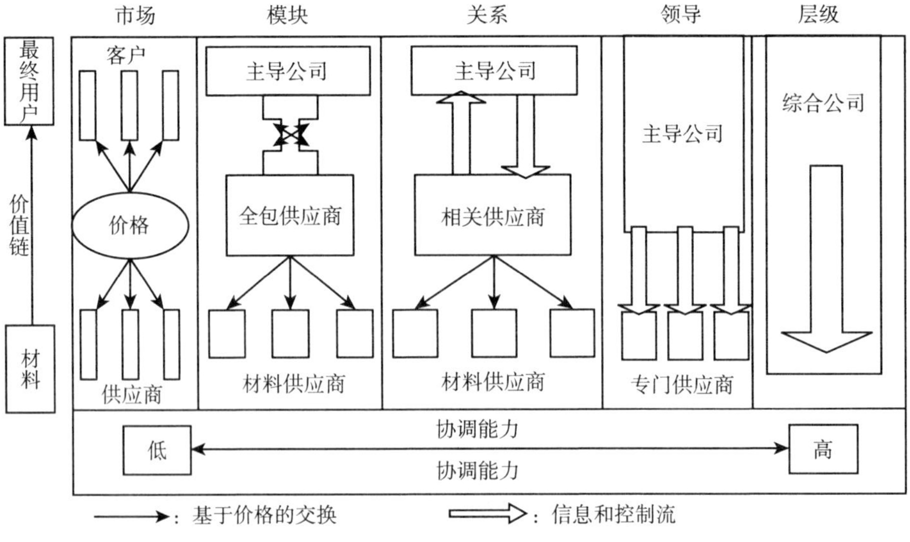

图4.3 全球价值链治理模式

资料来源：Gereffi，G.，Humphrey，J.，and Sturgeon，T. The Governance of Global Value Chains [J]. Forthcoming in Review of International Political Economy，2003，11（4）：5-11。

因此，基于模块化形成的产业价值网宜采取模块型的治理机制，即主导产业价值链的核心企业负责确定产品界面的模块化规则，主要从事产品战略、产品研发、功能和外形设计、原型制造、营销等活动，而将过程研发，为制造进行的设计，零部件的购买、制造、测试、包装，以及与产品供应链管理相关的各种服务交由关联产业价值链的供应商来协同完成。在此过程中，核心企业作为产品系统规则的设计者和关键信息的掌控者依然保有权威，通过控制各产业价值链的资源以维系整个产业价值网运作的有效性和有序性；但供应商不再受到核心企业直接的高度监督和控制，而是独立的功能模块设计者和生产者，只要能提供与产品系统兼容的、富含高技术和创新性的价值模块，就可以与主导产业的多个核心企业保持互惠合作的供应关系。因此，在产业价值网的模块化治理结构中，核心企业与价值模块供应商之间的协作关系更为平等，有利于产业价值网内部成员之间的知识共享和深化。

4.2.2 产业价值网治理的过程

在模块化产业价值网的治理过程中，明确或隐含的规则扮演着主导和协调网络成员经济行为的角色。一方面，系统规则作为模块化产品结构、界面和标准的明示知识，由核心企业设计并凭此确立和巩固自己的网络权威。而后这种高度正式化的系统信息在共同参与产品制造和服务的所有产业价值网成员之间扩散和传播，使所有产业价值网结点业务保持着一体化且基于标准化协议的连接和运营。另一方面，价值模块规则由各产业价值网结点成员自行设计，该规则对于核心企业和其他价值网成员而言是隐性知识，不必考虑其他模块的设计思路。这样每一价值模块都具有信息异化的特征，在遵循系统规则的前提下，其内在的个别信息是隐藏的、不为外界所了解的“黑箱”。

产业价值网并非固步自封的系统，在核心企业与价值模块供应商之间存在着多重信息自我进化的机制。首先，主导产业价值链存在着多个核心企业，从各自所处的系统环境角度发出“可见”信息，这些相互异化的系统信息经过复杂的博弈过程，而后向相关产业价值链的各价值模块主体扩散，由此完成知识的显性化。其次，各价值模块主体对从核心企业反馈过来的异化信息进行比较、解释和选择，确定模块内部的隐形规则，以决定在模块化产品系统中生产什么、如何生产等问题。在此过程中，核心企业会与价值模块主体就隐形知识接口设计进行磋商和交流，以实现系统与模块之间功能上的无缝对接和协同。最后，核心企业对各成员企业的隐性知识进行吸收，同时开展选择性整合，并依此会对原有规则产生反馈性修正，促进规则的演化与升级，并逐次逼近形成较为公认的产业标准[126]（如图 4.4 所示）。

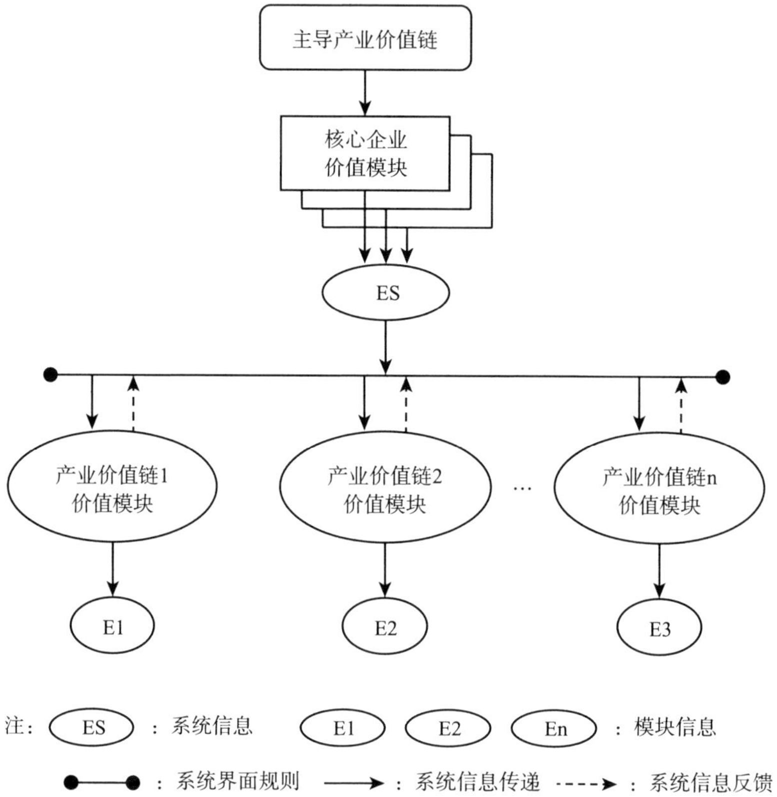

图 4.4　产业价值网信息治理模型

4.3　基于模块化的产业价值网价值创新

模块化条件下，产业价值网的价值创新表现为以满足需求方为目的、以知识作为创新来源的报酬递增，其价值创新主体包括负责产品设计和制造的系统集成商、关键模块供应商以及参与产品价值实现的各类服务提供商。对于模块化产品，系统集成商大多处于网络核心企业的领导地位，通过密切关注消费者的需求动向，对产品创意实施模块化设计，规定产品的模块构成、分布结构、技术要求、接口标准，通过知识整合形成系统规则，并将其价值创新战略依次传递给关键模块供应商。在接受“看得见的规则”下，关键模块供应商利用高度内在化和专业化的隐性知识进行模块研发、设计、创意，向顾客提供 DIY 所需的富含多重选择权价值的高质量模块部件，进一步实现模块功能升级的价值增值。系统集成商对模块供应商回路反馈的隐性知识进行吸收，协调各类专用模块的知识创新，使系统模块化整合不断更新的模块功能，实现产品整体价值的最大化；同时，通过与其他系统集成商进行各种设计规则博弈，有选择地吸收来自不同系统环境的各类系统知识和信息，促进设计规则的进化和产业标准的完善。

在模块化产业价值网中，产品价值创新能否迅速转化为各类成员的实际收益，还有赖于辅助产品价值实现的各类服务价值主体的价值创新活动，包括广告、销售、金融、物流等。在广告宣传上，随着移动互联网时代的到来，数字营销对传统广告的替代效应日益显现，吸引了越来越多的品牌厂商与各类网络服务商结成战略联盟。在销售渠道上，电子商务已成为实体分销渠道的有力竞争者，为模块化厂商价值实现提供了快捷的虚拟平台，消费者可以在数量众多的模块化产品目录中挑选产品或模块，并通过网上交易和在线电子支付便利地完成交易。而由于模块化产品如汽车、电子设备、家用电器、私人飞机等大都属于高价值产品，为促使顾客尽早做出购买决策和实现拥有效用，企业往往依托于自有金融公司或商业银行、信托公司、地下金融机构、小额信贷公司、个人财务公司和专营消费信贷的企业等提供消费信贷服务。此外，产业价值网价值活动在网络结点成员之间的分散性使得物流的作用不可或缺，在系统集成商、各类模块供应商以及渠道之间，以顾客订单作为依据，运用看板（Kanban）、准时制（JIT）、制造资源计划（manufacturing resource planning，MRP）、配送资源计划（distribution resource planning，DRP）等先进物料管理方法，对各种原材料、模块部件、集成模块以及产成品的分级供应、运输、生产、分销、多级库存、包装、配送等环节按照完成特定功能的原则归纳为若干价值模块，使产品能够最及时、准确地送抵客户，实现时间效用和地点效用而完成价值增值，目前越来越多的制造企业将上述物流活动的一体化战略设计和组织运作外包给第三方、第四方甚至第五方物流企业完成。

由上可知，模块化产业价值网的价值创新力度取决于主导产业价值链的系统集成商与相关产业价值链的模块供应商及各类服务提供商参与模块化产品采购、制造、促销、分销及客户服务的整个供应链流程的集成创新效应及其协力作用的大小（如图 4. 5 所示）。

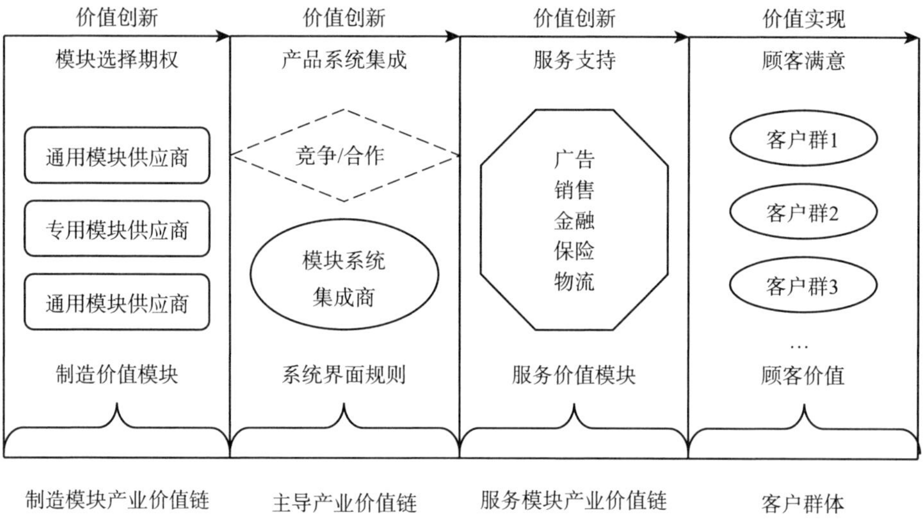

图 4. 5　模块化产业价值网的价值创新与价值实现

4. 4　结论与启示

模块化思想在产品设计、生产以及企业和产业组织层面的应用和拓展，使得围绕模块化产品运营的相关产业价值链通过模块化分解和整合，形成了由各类价值模块交错纵横、立体状的产业价值网，其中由关键价值模块构筑的核心价值区域成为模块化产品价值权力生成和竞争力的源泉。这一新的理论视角，为后发国家突破全球产业价值链的低端锁定、依托自身的产业价值网获取高端价值提供了有益启示。后发国家面对全球产业竞争的加剧，首先，应立足于自身具有比较优势的模块化产品的准确定位，使其作为主导产业价值链吸附代表该产业未来技术和竞争焦点的相关产业价值链参与产品的协力制造，促进产业价值链在地理空间上的适度整合和集聚，形成与完善区域性产业价值网。其次，对产业价值网的价值模块进行筛选和补充，保留和提升高价值模块，逐步转移技术不高、竞争激烈的中低价值模块，积极从外部吸收稀缺价值模块，对产业链进行横向与纵向一体化延伸，提高专业化程度，着力打造具有异质性竞争力的关键价值区域。最后，产业价值网升级离不开企业价值链关键环节的支撑，作为系统集成商应密切关注市场消费导向，通过创意、尖端的模块化系统规则设计巩固在产业价值网中的核心地位，谋求在全球产业标准制订中的话语权；作为链接主导产业价值链的上下游关键模块供应商和服务提供商，应实时掌握模块化产品的高端价值竞争动向，着力于技术创新和服务优化，通过有效参与全球化运营不断拓展自己的能力边界，力争成为稀缺价值模块的供应商，实现与核心企业的强强联合。

第5章 基于模块化的产业价值网形成发展战略

5.1 研究背景

在世界经济全球化、区域经济一体化日益增强以及信息技术迅猛发展的背景下，模块化不仅改变了产品的设计和生产流程，还促进了全球模块化生产网络的兴起以及传统集合型价值链的模块化分解和重构，形成了由不同产业价值链中的关键价值环节共同构筑的产业价值网。这一新的价值创造体系超越了企业价值网络的边界，使某一区域内彼此关联的若干产业的关键价值模块基于各自的比较优势进行资源的虚拟动态整合，形成具有超强控制力的关键价值区域，构建相对完整的自主价值体系。本章拟从模块化的视角，着眼于世界经济全球化、区域经济一体化不断强化以及产业模块化变革的背景，构建产业价值网形成与发展的综合的研究框架，从产品模块化维度、产业组织模块化维度、产业价值链模块化的关键价值区域生成与强化维度，以及三个维度的嫁接与耦合，研究产业价值网的形成与发展战略，力求提升产业价值网形成与发展的理论研究和实践效果。

5.2 相关理论脉络

5.2.1 产业价值网的理论脉络

产业价值网概念的提出源于对价值链和价值网理论的扩展和深化。价值链理论最初以企业竞争优势来源为基点，研究企业创造价值的基本活动和辅助活动过程[31]。随着经济全球化的深入，引发了全球价值链的研究热潮，其核心问题包括企业各价值环节的地理空间配置（Dewatripont & Maskin，1995）[33]、价值链治理与产业空间转移之间的关系（Krugman，1995）[35]、全球价值链的价值创造和分配（Gereffi，2001）[36]以及在此背景下发展中国家俘获型企业网络的形成与应对策略（刘志彪和张杰，2007）[127]等。而后由于全球竞争环境的急剧变化，企业创造价值的途径由内部价值链转向价值星系，为此，斯莱沃茨基（Slywotzky，1996）提出了价值网的概念[37]，布兰登伯格（Brandenburger，1996）界定了企业基于价值网络的竞合主体[38]，以及优越的顾客价值是价值网模型中价值创造的目标（Kathandaraman & Wilson，2001）[44]。

上述理论忽略了产业因素，卡普林斯基（Kaplinsky，2000）提出产业价值链来扩展企业价值链模型[48]，汉弗莱和施密茨（Humphrey & Schmitz，2002）研究了产业价值链治理以及发展中国家的嵌入模式[50]。信息革命导致的企业生产模式和产业组织形态的变化，使得围绕某一主体产品生产和服务的相关产业运营关联度和价值渗透不断增强，相应研究由单个产业价值链延伸至产业价值网领域。迪肯等（Dicken et al，2001）认为在区域经济中，由于信息技术与金融业的发展，各个产业彼此相联，共同形成了产业网，有关产业价值链也形成了产业价值网[53]；生产出融合不同产业价值链上节点企业知识、技术、产品、服务、管理创新的跨产业混合型产品（毛蕴诗和王华，2008）[64]；关键价值环节升级方式的多样化带来产业价值网治理的复杂化并由此可能对区域经济造成影响（吴华清和刘志迎，2009）[54]。

5.2.2 基于模块化的产业价值网理论脉络

模块化最初被作为一种化繁为简的设计方法（Simon，1962）[1]，可通过模块内部和模块之间的混合搭配来加速产品创新（Ulrich，1995）[2]，鲍德温和克拉克（Baldwin & Clark，2000）提出了构成模块化的三个基本要素：结构、界面和标准[13]。设计模块化促发了模块化生产方式的形成，斯塔尔（Starr，1965）把模块生产作为满足多样化需求的新战略[4]，乌尔里希等（Ulrich & Tung1991）探讨了适应多样化需求的生产模块化的具体途径[11]。在经济全球化和信息化时代，生产模块化推动了产业组织模块化变革，桑切斯和马奥尼（Sanchez & Mahoney，1996）指出模块化的产品设计需要企业组织设计的模块化[10]，青木昌彦和安藤晴彦（2003）强调组织模块化伴随着产品模块化同步进行[16]。

对模块化与产业价值网的契合研究，目前的研究重点仍主要集中于企业价值链和企业价值网的模块化，斯特金（Sturgeon，2003）认为价值链模块化已经开始成为某些产业的新型组织结构特征[14]，其他一些学者研究了基于价值模块整合的企业价值网络形成机制及其价值流动与创新（余东华和芮明杰，2008）[58]、模块化价值网系统构造及其知识管理（盛革，2009）[60]等问题。相比之下，目前国内外从模块化视角研究产业价值链和产业价值网前沿领域的专题研究并不多见，仅有的少数成果主要涉及价值链模块化与国际分工及制造业升级之间的机理和路径（朱有为和张向阳，2005）[62]、模块化产业内分工与经济增长方式转变（张其仔，2008）[63]、基于模块化的企业集群创新战略（韩晶，2011）[66]等，结合模块化研究产业价值网形成机理的文献较为鲜见。

5.2.3 已有理论研究的不足

综观已有的相关研究，存在着多方面的欠缺或待研究之处，主要包括：

（1）在产业价值网研究方面，对于产业价值链虽有一定研究，但仅涉及单一产业内多个企业价值链的整合问题，真正从产业价值网形成本身及其协调和治理对国家或区域产业竞争力和经济升级的影响等方面进行研究的文献较为缺乏。

（2）在模块化与产业价值网的契合研究方面，较少从产业组织模块化维度和产业价值链模块化维度综合研究产业价值网的组织治理基础以及价值权力创造的机理和路径，对于如何构建模块化生产网络并纳入全球产业价值网体系作为后发国家适应经济全球化的发展战略加以实践分析和应用等问题也极少涉及。

（3）关于模块化条件下产业价值网的分析范式，目前仍沿用传统的理论框架，主要包括 SCP 分析范式和波特的五力模型以及价值链分析模式，但由于模块化导致产业边界趋于模糊以及产业竞争的变异性，上述分析范式的有效性受到挑战。

（4）理论研究与实证研究均有待于拓展。对模块化价值网的理论研究仍主要停留于概念层面和对国外成果的援引和借鉴阶段，围绕模块化产业价值链之间的网络状关联的深层次研究成果十分匮乏；实证研究则多集中于发达国家或地区模块化发育较成熟的产业，对欠发达区域模块化产业群的研究很少。

综上可见，已有的研究还没有联系模块化、产业分工与交易以及区域经济一体化对产业价值网形成与发展进行综合系统的研究，但为本书研究提供了有益的借鉴和参考。

5.3 产业价值网形成与发展的模块化三维研究框架及其理论内涵

5.3.1 理论架构

本书在已有研究的基础上，结合实践背景与发展趋势，拓展研究的空间尺度，以模块化的内涵和外延，提出一个包含产品模块化、产业组织模块化、产业价值链模块化的关键价值区域生成与强化以及三者演化与联系的模块化三维研究框架，全面系统地研究产业价值网的形成与发展战略[128]。其基本理论架构如图 5.1 所示。

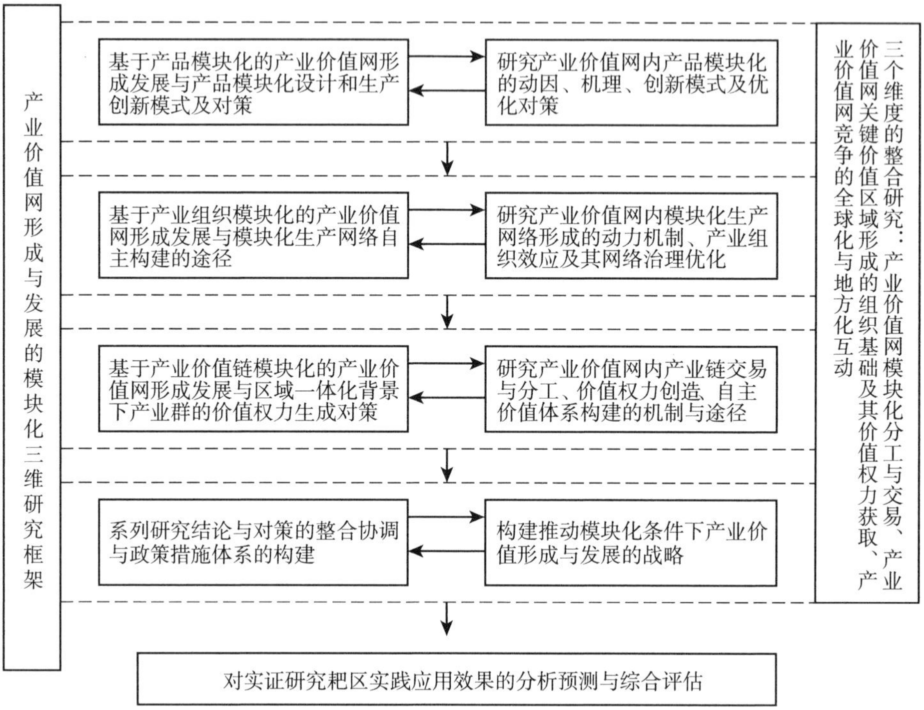

图 5.1　产业价值网形成与发展的模块化三维研究

5.3.2　理论内涵

上述模块化三维研究框架，系统研究产业价值网的产品开发与创新模式，区域模块化生产网络的空间组织与全球互动，区域各国间产业群价值链竞争与互补，区域产业价值网自主价值体系形成、扩散与联系等。该理论模型包括以下基本内涵：

（1）基于产品模块化视角研究产业价值网形成发展与产品模块化设计和生产创新模式及对策。以模块化理论、标准化原理、产业经济学、系统经济学、管理科学、创新理论等相关理论为依据，论证充分运用模块化技术，实施产品模块化设计和生产的创新模式与推动产业价值网形成发展及产品竞争力提升的方法与途径。

（2）基于产业组织模块化视角研究产业价值网形成发展与模块化生产网络自主构建对策。以组织模块化理论、产业组织理论、网络治理理论等为理论依据，论证区域产业群模块化生产网络形成的动力机制及其对市场结构、市场行为和市场绩效产生的产业组织效应；模块化生产网络价值创造的关键因素及其途径；模块化生产网络的网络治理优化；地方、区域与全球产业群模块化生产网络共存、交互与竞争等。

（3）基于产业价值链模块化的关键价值区域生成与强化视角研究产业价值网形成发展与价值权力生成对策。以价值模块化理论、价值链和价值网理论、产业链理论、产业集群理论、交易与分工理论等为理论依据，论证产业价值网内产业群之间的价值关联；产业价值网价值权力创造的内在机理及路径、产业价值在不同价值模块间转移和重新分配的机制；产业价值网自主价值体系构建等。

（4）全面综合分析产业组织模块化与产业价值链模块化的耦合互动，产业价值网模块化分工与交易的专业化与多样性，全球模块化生产网络与区域产业价值网的嫁接，产业价值网下以模块化生产网络生成价值权力的内在机理及其竞争力的决定机制，产业价值网竞争的全球化与地方化，探讨产业价值网内国家间合作协调机制以及产业价值网整体发展战略，研究有针对性和可操作性的政策措施体系。

（5）对模块化三维框架下产业价值网形成演化机理与发展战略的实践应用效果进行系统分析预测与综合评估。结合特定区域的区情与内外部环境条件的变化趋势，并联系该区域在全球模块化生产网络中所处的地位及变动趋势等，进行模块化三维框架下产业价值网形成发展实践效果的分析预测与综合评估。

5.4 基于模块化三维框架的产业价值网发展战略

5.4.1 基于产品模块化的产业价值网发展战略

当前，以新能源为代表的第三次工业革命正在全球如火如荼地展开，国际产业竞争的焦点转向消费电子、高端装备制造、新能源汽车、新材料、生物技术等领域，这实质上也是“十三五”我国战略性新兴产业重点扶植的方向，而上述产业大都具备开展产品模块化设计、生产的基础和条件。为此，基于产品模块化的产业价值网发展，应围绕以下两条主线进行：

第一，作为模块化产业链中已掌握系统设计规则和具备一定国际竞争力的核心企业，如华为、中兴通讯、海尔、格力、美的、联想、中国中车、新松机器人、三一重工、中联重科等，应密切关注全球市场的消费和技术发展动向，提高模块化产品的整体设计能力和资源集成能力，促进系统设计规则的进化和产业标准的完善，力争在全球产业价值网竞争中谋取一定的系统技术标准的话语权，通过品牌建设和营销拓展实现由国内品牌向国际品牌的品牌升级，以此在全球新兴产业竞争中掌控高端价值权力。

第二，产品模块化使得产业价值从集成产品更多地向关键模块进行转移和扩散，作为各类模块供应商，应从挖掘本模块相关的“隐形信息”入手，争取在若干关键模块的设计研发上取得重大技术创新突破，由外围或边缘专利模块向核心专利模块转化，并借此进入跨国公司的全球采购体系，逐步提升全球市场份额和锻造技术优势，成为行业关键模块技术的全球引领者、标准制定者和通用模块供应商；同时，将从中获得的最新模块知识、信息及时反馈给国内核心企业，使其对系统设计规则进行不断筛选、优化，以使模块化产品的设计、生产紧跟国际市场变化而保有较强的竞争力。实际上，我国目前已有一些掌握核心技术、成长性较强的专用模块供应商出现，如中科创达、欧菲科技、安洁科技、歌尔声学、德赛电池、环旭电子、水晶光电、比亚迪、深南电路等，这些企业已成功打入苹果、三星、谷歌、微软、高通、索尼、东芝（Toshiba）等国际巨头的全球供应链体系，未来要通过加大自主创新强度，提升关键价值模块在国际巨头全球供应链体系中的地位和市场份额；另外，今后我国还应通过财税、金融、科技、人才等多重政策手段的综合运用，鼓励更多类似新兴企业的涌现，实现行业以点带面的突破发展。

5.4.2　基于产业组织模块化的产业价值网发展战略

模块化产品更新换代速度极快且客户 DIY 定制特征非常明显，这就决定了产业价值网的产业组织形态必须由传统纵向集成为主，转向具有开放性、灵活分散、强调虚拟协作的模块化生产网络。在这种新型产业组织形态中，核心企业与模块供应商之间的利益目标更为趋同，即追求产业价值网整体利益的最大化再进行价值分享，双方的治理关系也更为合理且激励性更高。对核心企业而言，应加强对业务流程的“归核化”重组，根据客户需求专注于模块化系统规则的制定、产品定位和开发、原型制造、品牌营销等活动并依此保有网络治理权威；而后将作为模块化产品结构、界面和标准的明示知识在共同参与产品制造和服务的所有产业价值网成员之间扩散和传播，使所有产业价值网结点业务保持着一体化且基于标准化协议的连接和运营；以地理接近或柔性契约的方式，对在质量、价格、创新性及合作意愿等方面符合供应条件的供应商进行模块组件外包，迅速向市场推出即插即用、可灵活定制的模块化创意产品，有效利用产业价值网的整体资源实现“杠杆增长”。作为各类模块供应商，应充分利用模块化生产网络的高度市场激励，潜心挖掘本模块内部及相关领域的隐性知识和信息，进行模块的原创设计和突破性创新，争取与全球多个核心企业达成互惠供应协作，实现模块部件的量产而保持足够的成长性和利润增长；而且模块之间激烈的“背对背”竞争和研发竞赛为核心企业创造了更多的选择价值，可以保证整个模块化生产网络的持续创新和对市场多变需求的快速响应。

5.4.3 基于产业价值链模块化的产业价值网发展战略

模块化使传统的集合型价值链通过裂变、分解，基于价值模块在新的界面上重新整合为模块化产业价值链，进而使得围绕模块化产品服务的相关产业之间通过价值模块彼此联结和交汇，形成了立体状的模块化产业价值网，其竞争力和价值权力的大小取决于各产业价值链中关键价值模块共同构成的核心价值区域价值创新效能的强弱。因此，我国基于产业价值链模块化的产业价值网发展，须抓住以下两条主线：

一方面，应迎合全球第三次工业革命浪潮和国内“调结构，转方式，促转型，抓升级”的产业发展方向，合理选择自身具有比较优势且符合新兴产业热点的模块化产品形成主导产业价值链，吸附代表该产业未来技术和竞争焦点的相关产业价值链参与产品的协力制造，促进产业价值链在地理空间上的适度整合和集聚，形成与完善国家产业价值网。

另一方面，应注重网内关键价值模块的价值创新以及彼此之间的创新协同，促进产业价值网关键价值区域的形成，以此参与国际竞争获取全球产业价值网的高端价值权力而实现有效的产业价值增值。在这一过程中，核心企业应密切关注市场消费导向，通过创意、尖端的模块化系统规则设计，规定产品的模块构成、分布结构、技术要求、接口标准，通过知识整合形成系统规则，并将其价值创新战略依次传递给关键模块供应商。关键模块供应商利用高度内在化和专业化的隐性知识进行模块研发、设计、创意，向顾客提供DIY所需的富含多重选择权价值的高质量模块部件，进一步实现模块功能升级的价值增值。此外，还应充分发挥辅助产品价值实现的各类服务价值主体（包括广告、销售、金融、物流等）的价值创新活动，广告方面应重视数字营销的功能，吸引更多的模块化厂商与各类网络服务商结成战略联盟，促进模块化产品适应移动互联网时代的品牌推广；销售渠道上，广泛利用各类电子商务平台为客户挑选商品、网上交易和在线电子支付便利完成开辟快捷的虚拟通道；由于模块化产品很多属于高价值产品，模块化厂商应自建金融公司或联盟商业银行、信托公司、小额信贷公司等提供完善的消费信贷服务，促使顾客尽早做出购买决策；产业价值网网络结点成员之间价值活动的分散性尤为需要物流支持，应以顾客订单为起点，运用JIT、MRP、DRP等先进物料管理方法，拉动原材料、模块部件及产成品的分级供应、运输、生产、分销、多级库存、配送等物流运作，实现时间效用、地点效用而完成价值增值。

第6章 产业价值网的区域实证研究一：CAFTA价值网结网机理及其价值创造战略

6.1 CAFTA价值网模型的提出

作为中国主动创建的第一个区域性贸易组织和国际区域经济一体化项目，中国—东盟自由贸易区（China - ASEAN Free Trade Area，CAFTA）自2002年11月中国与东盟签署《中国—东盟全面经济合作框架协议》后正式启动建设进程，并已于2010年1月1日全面正式建成，这标志着中国与东盟的经济合作由领域合作正式步入到经济一体化的阶段，中国对东盟的平均关税从2009年的9.8%降至0.1%，东盟六国（文莱、菲律宾、印度尼西亚、马来西亚、泰国、新加坡）对中国的平均关税则从12.8%降至0.6%，越南、老挝、柬埔寨和缅甸四个东盟新成员也从2015年开始对90%的中国产品实现零关税，这使CAFTA成为一个惠及19亿人口、国民生产总值达6万亿美元、贸易额达4.5万亿美元的自由贸易区，也是目前世界人口最多、面积最大的自由贸易区以及仅次于欧盟和北美自贸区的世界第三大自贸区。在自贸区各项优惠政策的促进下，中国与东盟双边贸易从1991年两地开展对话后的79.6亿美元增长至2015年的4721.6亿美元，增加近60倍，年均增长18.5%，双边贸易额占中国对外贸易额的比重由1991年的5.9%上升到2015年的11.9%，中国已持续成为东盟最大的贸易伙伴，东盟也是中国第三大贸易伙伴、第四大出口市场和第二大进口来源地。

特别是在国际金融危机之后全球贸易普遍不景气之时，中国与东盟国家之间仍显现出贸易积极变化和亮点。例如，2015 年，中国与作为东盟第二大贸易伙伴的越南双边贸易总额达 958.19 亿美元，同比增长 14.6%，而同期中国对外贸易则骤降 7%；中国与东盟双向投资从 2003 年自贸区初建时的 33.7 亿美元累计增长至 2015 年的 1500 亿美元，增幅近 45 倍，主要涉及贸易、物流、建筑、能源、制造业和商业服务等诸多领域，目前中国和东盟 10 国作为创始成员国的亚洲基础设施投资银行已正式运营，未来在产能合作、产业园区建设、基础设施建设等方面的双边投资将不断推进。①

由于 CAFTA 成员国基本均为发展中国家，国家间以及国家内部不同区域间经济水平差别巨大，且多属传统的劳动密集型产业结构，主要通过原始设备制造（original equipment manufacturer，OEM）方式嵌入发达国家主导的全球价值链（global value chain，GVC）分工中，获取低端的价值增长份额。2002 ~ 2015 年间，CAFTA 成员国的出口额占全球出口总额的比重虽然由 11.44% 上升至 26.08%，但出口增加值占全球出口增加值的比重却从 2002 年的 27.28% 下降到 2008 年的 16.19%，2010 年之后又回弹至 21.32%，但较 2002 年仍减幅 5.96%，近两年受世界经济萎靡影响，CAFTA 出口额和全球呈同步下降趋势（见表 6.1）。这表明 CAFTA 成员国在出口量增加的同时，产品的技术知识含量和附加价值增值却在持续减少。尽管 CAFTA 各国也可通过由 OEM 向原始设计制造（original design manufacturer，ODM）和自创品牌（own brand manufacture，OBM）的角色转换来分享更高的价值份额，但这必然会遭到发达国家主导企业的反倾销、技术壁垒、知识产权、碳排放规制等方面的遏制。因此，中国和东盟国家唯有立足 CAFTA 平台，通过寻求一种有效的生产组织方式、产业组织形态和合作分工模式，才能摆脱全球价值链上跨国公司的俘获，实现价值权力增长和产业升级[129]。

① 数据来源：中国—东盟博览会官网［EB/OL］. http：//www. caexpo. org。

表 6.1　　CAFTA 各国出口情况

年份	全球		CAFTA 成员国			
	出口额（亿美元）	出口增加值（亿美元）	出口额（亿美元）	出口额全球占比（%）	出口增加值（亿美元）	出口增加值全球占比（%）
2002	64086.71	2911.41	7331.07	11.44	794.31	27.28
2003	74586.82	10500.11	8919.84	11.96	1588.77	15.13
2004	90751.88	16165.06	11629.23	12.81	2709.39	16.76
2005	103466.29	12714.41	14155.37	13.68	2526.14	19.87
2006	119595.33	16129.04	17400.00	14.55	3244.63	20.12
2007	137762.31	18166.98	20827.90	15.12	3427.90	18.87
2008	159319.19	21556.88	24317.43	15.26	3489.53	16.19
2009	123686.08	-35633.11	20266.19	16.38	-4051.24	—
2010	150820.00	27133.92	26052.00	17.27	5785.81	21.32
2014	151020.00	-37140.00	36020.00	23.85	-1430.00	—
2015	130800.00	-20220.00	34110.00	26.08	-1910.00	—

资料来源：根据 UN comtrade database（http://comtrade.un.org/）、WTO database（https://www.wto.org）计算所得。

20 世纪 90 年代以来，在经济全球化、区域经济一体化日益增强以及电子、通信、计算机等信息技术不断创新和发展的背景下，模块化技术得以广泛引入到企业的产品设计、研发、生产等领域，并催生了大量面向外部契约供应商的外包子系统的出现，由此形成了全球模块化生产网络，即以产品的可模块化为前提，通过编码化信息的交流与传递，并利用契约，将生产和组装模块的企业连接起来所形成的开放式网络生产体系。由于模块化在重构产业组织结构的同时，也在基于知识、信息、能力等“异质”资源，不断通过价值模块的研发、重用、分解和整合，使传统集合型价值链趋向解构和重建，形成了由不同价值链纵向、横向、对角交织的立体全球价值创造网络体系。这种全球价值网（global value net，GVN）下“价值创造”路径的多元化，为后发国家企业突破全球价值链下的低端锁定，实现价值权力增长，提供了创新性的战略路径启示。

为了进一步提高本地区贸易投资自由化和便利化水平，2013 年 10 月中国与东盟启动中国—东盟自贸区升级谈判，并于2015年11月22日正式签署了《中华人民共和国与东南亚国家联盟关于修订〈中国—东盟全面经济合作框架协议〉及项下部分协议的议定书》（以下简称《议定书》）。《议定书》是我国在现有自贸区基础上完成的第一个升级协议，涵盖货物贸易、服务贸易、投资、经济技术合作等领域，是在现有货物贸易自由化（双方90%～95%税目的产品零关税）的基础上，主要通过升级原产地规则和贸易便利化措施，进一步促进双边货物贸易发展。① 鉴于当前跨境电子商务在节约贸易交易成本方面的独特便利性并已获得市场充分认可及由此带来的繁荣发展势头，中国与东盟各国企业应以务实的视野更多地开展跨境电商合作项目，推动中国与东盟双边产品终端、零部件贸易持续快速增长，促进CAFTA跨行业、跨区域乃至跨国家组织之间的产业模块化网络竞争合作与核心能力互补，共同形成一整套相对完整的自主价值体系，实现与全球价值链主导企业进行价值权力的制衡与争夺，充分保障区域经济一体化的不易成果并推动CAFTA总体国际竞争力的不断攀升。

6.2 CAFTA价值网的系统模型

斯莱沃茨基（Slywotzky，1996）首次提出了“价值网（value net）”的概念，认为价值网是一种新业务模式，是商业生态系统的一种具体表现形式[37]。布兰登勃格（Brandenburger，1996）构建了包括企业、供应商、顾客、互补者、竞争对手等参与者的价值网络（value network），描述企业之间相互依赖的价值创造和共享的竞合关系[38]。俞荣建和吕福新（2007）进一步提出，价值网是由顾客需求驱动，以一些具备整合知识、能力和创意等优势的企业为主体，通过虚拟企业或动态联盟等组织形态，对网格中数量丰富、多样化的价值模块，进行创意与整合能力引导下的动态配置与整合，来快速、动态地创造顾客价值[46]。

将价值网理论应用于CAFTA价值网的系统建构，具有重要的范式意义。

① 孙韶华．中国—东盟自贸区升级版正式签署［N］．经济参考报，2015－11－23。

CAFTA 成员国组织间通过网络化竞合关系共同创造顾客价值，是模块化分解、网络化整合成为区域模块化生产网络的新型战略观，也是一种具有完整系统结构与协作机理的网络化价值创造装置。CAFTA 价值网中，参与价值创造的各类主客体角色，构成了多元价值模块构件（如图 6.1 所示）。这些构件主要包括：①价值触发主体：顾客。顾客对产品的选择触发 CAFTA 价值网的供应、生产与交付，不同的客户群订制特定服务解决方案。②价值创造主体：中国与东盟国家的三类企业——模块系统集成商、专用模块供应商和通用模块供应商；互补角色——如各类提供服务的企业、政府部门、研发机构等。③价值创造客体：包括知识、信息、资本、技术、原材料、中间产品、成品等。④价值创造环节：以研发、设计、营销为代表的价值高端环节和各种代工的价值低端环节。

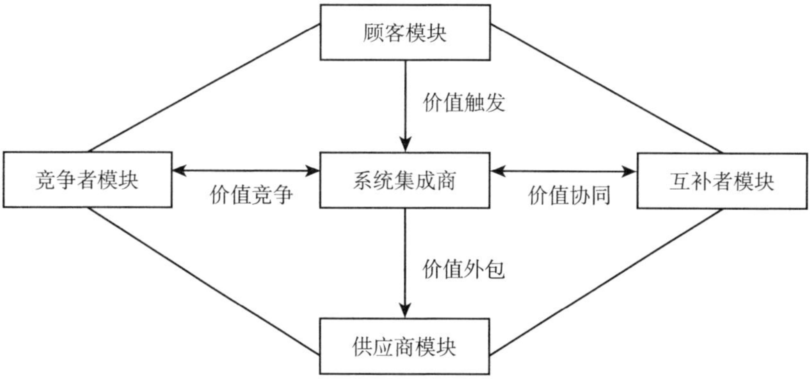

图 6.1　CAFTA 价值网的系统模型

CAFTA 价值网中，少数具有区域特定产业核心优势的成品企业成为模块系统集成商，首先，实施企业内部价值链的模块化，形成设计、采购、制造、配送、服务等关键价值模块，并将核心能力定位于核心技术研发、品牌或销售终端等高端环节，以实现对模块化生产网络的价值控制；其次，充当行业标准的设计师，建立统一的组织结构、产品结构、项目工作结构和会计科目结构等信息化的编码体系，以保留产品研发、产品设计的技术控制；最后，以客户需求为导向，从外部选择可靠的产品模块供应商并与它们建立战略伙伴关系，与之共享数据库、技术、信息和资源，形成了以“快捷供应和完善服务”为特点的市场定位。在这一过程中，中国和东盟各国政府、各类服务企业和研发机构为CAFTA价值网的顺畅运作提供包括基础设施、贸易便利、金融、保险、信息、物流、技术专利等各种互补性支持；而模块系统集成商之间基于网络高端价值的竞争将有助于系统整体规则的整合、演化，各模块供应商之间为成为模块系统集成商的长期战略合作伙伴也会不断进行激烈的“背对背”竞争，这些都将促进CAFTA价值网的不断升级和网络竞争优势的强化。

6.3 CAFTA价值网的组织基础

按照鲍德温和克拉克（Baldwin & Clark，1997）的观点，“模块”一词并不是具体指什么东西，而是指在信息技术革命背景下产业的发展过程中逐步呈现出来的用于解决复杂系统问题的方法[3]。将这一方法应用于CAFTA价值网的组织设计，表现为组织内部价值链模块化分解和以核心能力进行组织外部模块化动态重构，这实质上就是产业组织纵向分离形成网络组织结构的过程。格里芬等（Gereffi et al，2003）认为，交易复杂程度、信息识别能力和供应能力是决定网络治理模式的三个关键因素，模块型、关系型和控制型均属于介于市场与科层之间的网络治理[125]。控制型网络的领导厂商对供应商实行高度监督和控制，供应商面临很高的资产专用性；关系型网络更多的是依靠网络参与者之间的社会关系，例如信任、声誉等非正式契约来治理；而模块化网络中，品牌企业在企业内部保留产品战略、产品研发、功能和外形设计、原型制造、营销等活动，而将过程研发，为制造进行的设计，零部件的购买、制造、测试、包装交由独立的具有通用性生产制造能力的供应商来完成。

随着市场的变化和技术的发展，上述三种网络治理模式的重要性也在不断更迭，模块化网络正日益取代控制型网络和关系型网络而成为主导的网络治理模式[130]。原因在于，在模块化网络下，由于确定了模块的界面规则，供应商生产的模块只要符合设计规则，保证与系统兼容，就是有价值的模块，因而供应商不再被动接受生产商的生产指令和依赖于单一的客户，而是独立的模块设计者和生产者，与多个生产商保持着互惠合作的供应关系；而且模块之间的竞争异常激烈，这保证了整个系统的永续创新，也能够迅速适应市场的多变需求。

基于上述分析，CAFTA 价值网在组织架构的选择上应以构建区域模块化生产网络为主，该网络包含模块系统集成商（一般作为系统规则设计者）、通用模块企业、专用模块企业和其他配套企业，它们以战略联盟、学习型联盟或敏捷虚拟企业等竞争性网络组织形式，在 CAFTA 范围内寻找最优集聚地点，进行跨行业、跨区域的商务合作。CAFTA 模块化生产网络的具体运作模式，一般可根据模块系统集成商市场影响力和模块化战略的不同划分为两种类型：中心依附型模块化生产网络和多中心模块化生产网络。

中心依附型模块化生产网络的模块系统集成商是网络的缔造者，通过制定系统规则控制着模块化制造网络中从产品设计、商品化生产到营销等所有经营活动的安排，将非核心业务外包给模块供应商（如图 6.2 所示）。在合作中，“领导”企业并不规定模块供货商的生产细节，而是规定产品接口的兼容标准，并鼓励模块供货商自己因地制宜地设计配件。中心依附型模块化生产网络的优势在于，模块供应商紧密依附于处于核心地位的“领导”企业，两者之间建立起真诚合作的长期关系，从而达到降低成本的目的；其缺点是一旦核心企业的经营环境发生变化，就将直接威胁到网络的安全，甚至导致网络失败。对于 CAFTA 成员国而言，形成中心依附型模块化生产网络并非企业合作的最优选择，因为无论中国还是东盟 10 国目前均基本处于发达国家主导的全球价值链中劳动密集型的低附加值环节，在短期内难以成为具有世界级产业影响力的模块系统集成商与发达国家的相应企业抗衡。即便有少数企业可以充当区域内产业系统规则的设计师，与其他企业形成中心—外包关系，但在遇到 CAFTA 外部更低成本、更高技术和质量的竞争对手时将失去竞争优势，无论是该网络、该产业集聚地还是整个国家都极有可能迅速衰落。

多中心模块化生产网络也被鲍德温和克拉克（Baldwin & Clark，2000）叫做“模块集约地”[13]，青木昌彦和安藤晴彦（2003）则将之称为“硅谷模式”[16]，其特点是在某一特定区域内存在多个模块集成供应商，它们各自作为本系统的“舵手”制定系统规则。由于各“舵手”之间可以相互观察彼此

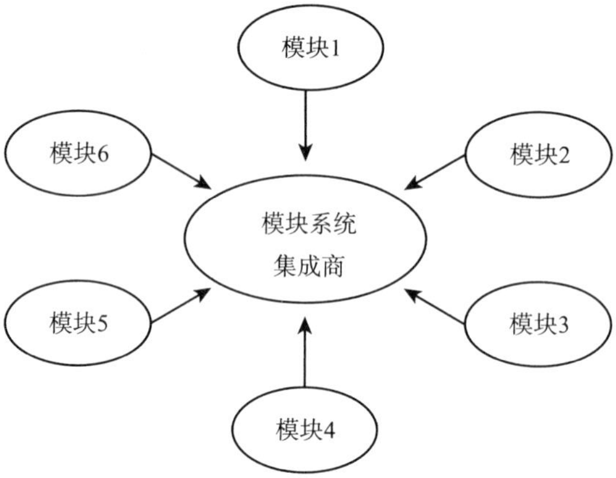

图 6.2　中心依附型模块化生产网络

异化的系统信息，并从它所处的系统环境角度加以解释后，以简约的形式再反馈到整个系统。于是，各子系统的活动主体对系统信息的处理就包括对这些反馈过来的异化信息的比较、解释、选择等活动。通过这种分散的信息处理、传达和交换，使模块之间的联系规则不断地被筛选，从而进化发展。CAFTA 正式建成后，贸易和投资政策的自由化意味着中国和东盟 10 国的资源、企业和产业可以“穿透”11 国的国界，在 CAFTA 范围内选取最适合某一产业发展的区域形成以产品间分工为主的多中心模块化生产网络。在该网络中，集聚了多个模块化集成供应商，它们掌握了系统规则而构筑相对稳定的主网，而每个模块系统集成商又可通过产品、信息、资金、人才等资源的外包吸附大量中小企业形成子网，各类中小企业之间也存在交易关系，由此所有参与外包的企业通过各级网络交织在一起形成错综复杂的资源综合体（如图 6.3 所示）。在这一过程中，CAFTA 模块化生产网络存在两种系统自发进化的途径：一方面，模块集成供应商通过密切追踪全球产业发展动态和把握最终用户需求，并与网络内其他模块系统供应商以及模块供应商进行不间断的信息反馈，以此持续提高产品系统的整体设计水平和质量；另一方面，模块供应商作为子系统的设计师，应重点从挖掘本模块相关的“隐形信息”入手，潜心成为该领域具有异质性核心竞争力的企业，争取同时进入跨国公司的全球采购体系，并将从中获得的行业最新知识、信息及时反馈给 CAFTA 的模块系统集成商，使其对系统设计规则进行优化，由此增强 CAFTA 价值网的整体竞争力。由此可见，多中心模块化生产网络较中心依附型模块化生产网络而言将更有助于 CAFTA 成员国形成并掌控高端优势[129]。

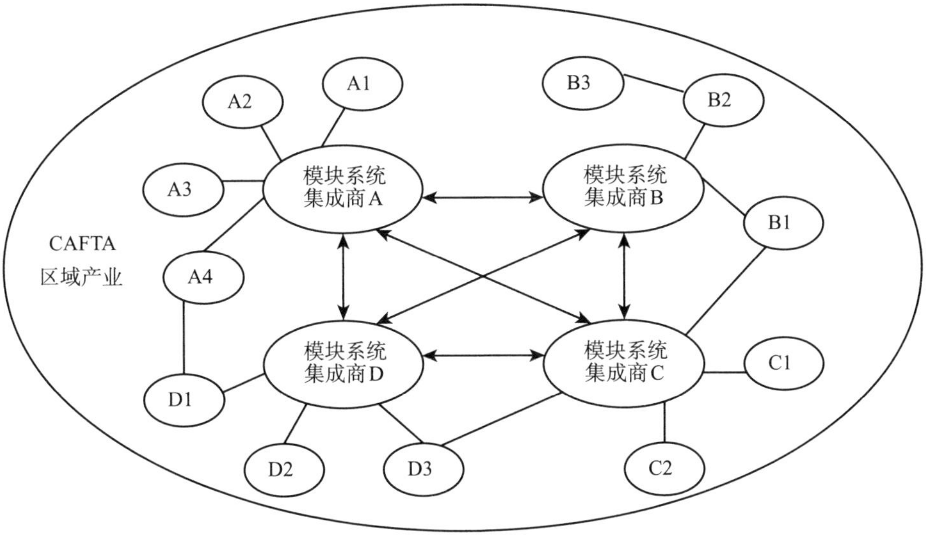

图 6.3　CAFTA 多中心模块化生产网络

6.4　CAFTA 价值网的价值创造

作为以发展中国家为主要成员的 CAFTA 建立的根本目的，是旨在通过零关税的实施，把区域内若干小市场合并为一个统一的大市场，推动成员国依据比较优势进行产业内专业化分工和大规模生产，实现 CAFTA 作为整体与发达国家在国际市场竞争中价值权力的增长。为此，中国和东盟各国应摆脱以俘获型方式被动嵌入发达国家主导的全球价值链的现状，以避免出口量增长的同时价值权力不断被侵蚀，并根据产业的需求导向和地域分工的比较优势，进行区域模块化生产网络的构建，形成以价值获取和价值创造为目的的自主价值网络。

6.4.1 培育区域垄断优势实现价值创造

垄断优势是价值权力最重要的内核，它生成于价值创造的各个环节。对CAFTA各国而言，在某些价值环节具备垄断优势意味着在与发达国家进行价值分配时，可以获得更强的谈判力。在目前的CAFTA价值创造格局中，由于中国和东盟国家的供应商加总的供给能力与数量远远大于发达国家的实际需求，从而产生了需求垄断；同时发达国家主导企业拥有强大的核心技术和创新能力并面临着“赢者通吃”、最为广阔的全球市场，又使之形成供给垄断。发达国家事实上的双边垄断地位和优势，造就了其在全球价值链上处于支配地位的价值权力。中国和东盟各国构建CAFTA价值网，为弱化发达国家的双边垄断和获取区域垄断优势创造了必要条件。

一方面，CAFTA成员国的企业之间可以通过部分价值环节的外包和整合，建立由强势企业组成的战略联盟，实现对原材料、半成品、人力等资源的垄断和控制以及规模经济基础上的强大制造能力，从而对发达国家形成产品供给的垄断优势，获取价值权力。当前，随着中国劳动力成本的上升，“人口红利”已挖掘殆尽，但对东盟国家的科技优势较为明显，而印度尼西亚、越南、泰国、缅甸、柬埔寨、老挝等国的劳动力丰富廉价，因此，中国将现有制造能力向东盟国家进行梯度转移，通过科技创新形成“技术红利”，并与东盟国家“人口红利”进行有效对接，对树立中国在CAFTA的区域经济核心地位以及CAFTA整体兼具“技术红利”和“人口红利”的新制造比较优势地位，无疑将是可行之策。

另一方面，中国和东盟各国可以利用CAFTA作为世界人口最多的区域市场的优势，大力发展互补性需求，通过模块化系统集成商和模块供应商在地理空间最优布局条件下的生产协作实现需求满足，以此减少甚至消除发达国家产成品的卖方垄断，实现区域价值创造。例如，在东盟国家中，印度尼西亚人口仅次于中国，正在推动当地需求从摩托车向轿车、多用途车（multi-purpose vehicle，MPV）和运动型多用途汽车（sport utility vehicle，SUV）的转变，预计到2019年将成为东盟最大的汽车市场。为抓住这一机遇，位于广西柳州的中国微车霸主——上汽通用五菱股份有限公司已于2015年8月在印度尼西亚设立了子公司，总投资 7 亿美元，并已于 2017 年 7 月正式建成投产，具备年产 12 万辆整车的生产能力，主要向印度尼西亚及其他东盟国家输出五菱旗下成熟的 MPV 车型，印度尼西亚工厂的首款产品本地化率达到 56%，2017 年第三季度起在印度尼西亚市场上销售。① 另外，环保科技也是近年东盟主要汽车产销大国的关注点，如马来西亚提出建立节能汽车中心计划、泰国致力于建设全球绿色汽车生产中心、印度尼西亚提出低成本绿色汽车计划，新能源汽车将是东盟汽车市场下一个引爆点，对此，中国北汽 2015 年 5 月已进行提前部署，将在马来西亚吉打州建设整车生产基地，投产多款纯电动车。② 在现今全球经济不振、贸易萎缩的大环境下，市场需求空间是决定一国产业持续生存和发展的必备条件，中国和东盟之间互为需求的巨大市场更显难能可贵，而“一带一路”倡议和“CAFTA”升级版的提出和推进恰好为中国和东盟国家之间更好地开发对方市场提供了现实路径，CAFTA 各国应更有效地利用上述“政策红利”以务实的眼光加大双边投资力度和开展产能合作，这对于中国产业“去产能、去库存”、在产业结构转型升级过程中保有一定的增长速度尤为重要。

6.4.2 构筑市场势力实现价值创造

市场势力是一种具有操纵市场和能独立进行定价以获取高于正常利润的能力（丹尼斯·卡尔顿和杰弗里·佩罗夫，1998）[131]。产业链中，由于“微笑曲线”的作用，产业价值愈发向设计和销售环节转移，使得研发实力和品牌优势成为一国或地区产业价值创造的关键因素。因此，CAFTA 国家可以通过以下途径构筑市场势力：

一是根据顾客对模块化产品的设计、组装要求，由模块化系统集成商在全球整合前沿技术和研发资源，密切与当地检测机构的联系，组建跨国或跨地区研发中心或虚拟工作团队，合作研发具有区域特色的个性化产品，提高旗舰企业的系统设计能力和资源集成能力。特别是在当前互联网生态创新日

① 中国上汽通用五菱印度尼西亚工厂正式投产　年产 12 万整车［EB/OL］. http：//intl. ce. cn/sjjj/qy/201707/12/。

② 市场需求变化促中国—东盟汽车产业合作空间扩大［EB/OL］. http：//www. chinanews. com。

趋盛行的条件下，对客户化定制的快速响应可以发挥到极致。二是通过模块化组件的外包延伸价值链条，从而控制产品的外围环节和上、下游环节，从而能够有效利用网络组织的外部资源实现“杠杆增长”。三是中国和东盟各国的模块化系统集成商和模块供应商应树立国际市场品牌意识，走“国内品牌—区域品牌—国际品牌”的品牌优化升级之路，契合制定相应的营销策略，借力发达国家主导企业的营销渠道，逐步将品牌的影响力由国内扩展到CAFTA乃至全球市场，形成与强势跨国企业制衡的市场势力，在此基础上最终实现自主品牌和自主营销，获取有效最大化的价值权力。

以海尔为例，从1984年起，经历了“名牌战略—多元化战略—国际化战略—全球化品牌战略”四个发展阶段①，对应每个阶段分别实行了全面质量管理、日清管理（overall every control and clear，OEC）、“市场链”流程再造、人单合一T模式的管理创新，取得了瞩目成就，通过在日本、新西兰、美国、德国和中国布局五大研发中心，各大研发中心纵横连线、协同交互、利益共享，共同组成了紧密的资源生态圈，通过与用户、供应商和研发机构的深度交互，共同致力于提供“Care your life”差异化产品解决方案，以其智能化设计、优秀的产品质量和节能指标在外来品牌中极具竞争力。例如，2010年，海尔集团在纽伦堡设立海尔欧洲研发中心时，海尔在欧洲还默默无闻，但到2014年已成为在德国STIWA测试认证中排名前十位的知名品牌，而STIWA是由德国政府资助的商品检测权威机构，迅速受到消费者的高度认可。同时，为更好地贯彻本地化设计和响应当地零售商的需求、提高产品质量以及降低生产、物流成本，海尔在2011年10月以1.28亿美元收购三洋电机（SANYO）在日本、印度尼西亚、马来西亚、菲律宾和越南的洗衣机和冰箱的研发及销售业务，2012年在东京正式推出高端新品牌亚科雅（AQUA）系列产品，并将著名三洋洗衣机品牌AQUA收归旗下；② 2012年，海尔集团完成了对新西兰斐雪派克（Fisher & Paykel）家电业务的并购，交易约合7.66亿美元，当时成为海尔尝试全球化22年来最大规模的海外并购，也是

---

① 海尔集团官网［EB/OL］. http：//www. haier. net/cn/about_haier/strategy/。

② 海尔并购三洋电机，在日推出AQUA高端新品牌［EB/OL］. http：//finance. chinanews. com/cj/2012/02－15。

唯一的全资收购；[①] 2016 年 6 月以 55.8 亿美元收购了美国通用电气（GE）家电业务相关资产，此次并购仍锁定于海尔的业务强项。[②] 上述举措无疑使海尔实现冰箱、冷柜和洗衣机的当地化生产获得用户青睐，更重要的是还可融合日本、美国先进的家电研发技术以及有潜力的人才资源，释放出强大的后续发展动力。另外，为最优化采购成本、物料质量以有效推行 JIT 制造，优秀的供应商管理也是海尔成功的秘诀，通过网络优选供应商，大幅压缩供应商数量，由原来 2000 多家供应商减至不足 1000 家，并扩大国际供应商的比重，目前国际供应商的比例已达 67.5%，世界 500 强企业中已有 44 家成为海尔的供应商，还请大型国际供应商以其高技术和新技术参与海尔产品的前端设计，目前参与海尔产品设计开发的供应商比例已高达 32.5%。[③] 此外，为推进本地化营销和保障正现金流，海尔在北美、欧盟、日韩、非洲、中东及东南亚等地区都已建立起本地销售机构，力推用户零距离，利用海尔的品牌优势建立当地化的品牌，最终目标是向全球化品牌挺进。

需特别强调的是，在移动互联网时代下，海尔正在身体力行向互联网公司转型，当下正致力于发展“互联网 + 工业”“互联网 + 商业”“互联网 + 金融”“互联网 + 创新”，企业亮点纷呈。第一，2016 年开始布局“店商 + 电商 + 微商”的三商融合，通过旗下海尔商城和顺逛微店，启动线上线下 O2O 模式，将全国近 3000 家海尔专卖店与网上购物平台全面打通，为用户提供全新的购物体验，并实现了产品、营销与服务三大领域的创新升级。第二，将海尔日日顺物流业务延伸至成日日顺乐家、日日顺健康等产业平台，使日日顺成为海尔集团旗下的综合服务品牌。2015 年，日日顺乐家以智能快递柜为切入点，通过海尔遍布市、县、镇、村的 3 万个营销网络点，采用“人 + 柜 + 社区”的差异化服务模式，切入社区 O2O 生活服务，打造“最后一千米”生活圈，目前日日顺乐家已在全国 91 个城市布局了 1 万多个社区智能柜和社区驿站，业务范围已经覆盖了食品售卖、物流配送、保险业务、家电维

① 斐雪派克是新西兰国宝级电器品牌、全球顶级厨房电器品牌、世界著名的奢侈品品牌，至今已有 80 余年历史，其理念是强调关注用户体验，追求卓越设计。

② 中国海尔控股 55.8 亿美元收购美国通用电气家电［EB/OL］. http：//it. sohu. com/20160608。

③ 海尔采购流程再造——现代物流创造的奇迹［EB/OL］. http：//www. sohu. com/a/164989879_184009。

修、家政服务五个类别。[①] 2015 年，海尔日日顺以 168 亿元的品牌价值，成为国内首个品牌价值过百亿的物联网诚信品牌。第三，向互联网制造平台企业转型，在原来大规模定制基础上进一步向用户个性化发展，推行全员创客，员工从雇用者、执行者变为创业者、合伙人。经过 4 年互联网转型，海尔内部小微企业现有 2000 多家，已形成大约 20 个平台、183 个小微公司，成功孵化了 1160 多个小微创业项目，涉及家电、智能可穿戴设备等产品类别以及物流、商务、文化等服务领域，其中有 100 个小微企业的年营业收入超过 1 亿元，24 个小微企业引入风投（雷神笔记本、海尔扫地机器人、日日顺物流等），有 14 个小微企业估值过亿元。[②] 在企业平台化、用户个性化、员工创客化的互联网运营模式下，海尔新业务的客户规模快速增长，其中，作为“工业 4.0”时代海尔全球旗舰平台的海尔“U +”智能开放平台，集聚了智能家居的诸多资源核心服务，像 O2O 服务，传感器、人工智能、大数据等，获得首个智能家居安全标准认证，掌握智能家居标准制定主动权。目前，海尔“U +”平台上的用户数已经达到了 1.3 亿，海尔生态圈的收入去年增长了 600 倍，并产生了明星主打产品，如海尔扫地机器人在短短不到半年的时间内即成为天猫商城扫地机器人第二大畅销型号，取得了 2015 年“双 11”销量过万台、单天销售额过千万元的业绩，创造了海尔电脑旗下新品牌成长最快的纪录。[③] 第四，由海尔开放式创新中心开发并运营的海尔全球开放创新平台 HOPE 于 2013 年 10 月上线，经过多年深沉，目前已吸引聚集了全球 40 多万各类有技术、创意、设计才能的各类优秀解决方案提供者，通过与全球各类创新平台合作，使平台可达资源量超过 380 万，实现从原型设计、技术方案、结构设计、快速模型、小批试制等全产业链的创新转化资源覆盖，通过专业的洞察、交互、设计等方式，促进创新方案的快速输出，并完成用户的验证，确保输出的创新方案能够满足用户的需求，具备用户需求交互和洞察、全球技术资源监控、全球资源网络、跨领域专家团队、大数据精准匹

① 资本 海尔 O2O 日日顺乐家获融资将深入社区［EB/OL］. http：//money. 163. com/16/0725。

② 海尔互联网转型十年探路［EB/OL］. http：//business. sohu. com/20160315。

③ 海尔互联网转型孵化小微品牌，扫地机器人成型［EB/OL］. http：//unito. pconline. com. cn/20160914。

配、专业领域知识、专业的需求拆解和定义七大核心能力。① 第五，形成了基于 HOPE 平台的全球模块化供应链分享共赢机制，包括：①共建专利池，即海尔已与 DOW、利兹大学等迄今已共建了 7 个专利池，共同纳入的专利数量达到 100 件以上，联合运营获取专利授权收入，其中 2 个专利池上升为国家标准。②模块商参与前端设计并超利分享，这种模式比传统的模式提高整体产品研发效率的 30%，新产品开发时间缩短 70%，目前已有超过 50% 的模块商参与到前端研发过程中，未来海尔所有供应商将全部参与到产品前端研发过程，实现全流程的交互研发。③投资孵化，如美国某大学孵化出的 C 公司，拥有固态制冷技术模块顶尖技术，并且处于孵化融资阶段。海尔参与该公司前期孵化、融资及技术的产业化，成功孵化出全球首款真正静音的固态制冷酒柜。④联合实验室并成果分享，即海尔与一些拥有关键模块技术的公司成立技术研发联合实验室，双方共同投入基本的运营费用，从各个领域实现技术的开放性，实现双方技术的交互与应用共享，技术研发的成果双方共同拥有，产品上市后价值分享。⑤成为供应商伙伴获取收益，即供应商一旦具备交互用户、模块化设计、模块化检测、模块化供货四个能力的资源，可享有海尔新产品量产后的优先供货权，通常优先保障享有 70% ~100% 的供货配额以及 6 ~12 个月的反超期。②

随着向互联网企业的迅速、深入转型，海尔基于互联网的业绩开始释放。2015 年，海尔集团全球营业额实现 1887 亿元，同比下降 6%，但线上交易额实现 1577 亿元，同比实现近 2 倍的增长；实现利润 180 亿元，同比增长 20%；海尔还以 1288.6 亿的品牌价值连续 14 年蝉联榜首，是品牌价值唯一达四位数的企业。由此可知，海尔通过全球化研发、全球化采购、全球化制造、全球化 + 互联网营销，并配合本土化的管理、本土化的文化融合，已成为一家围绕全球用户需求持续推出差异化创新产品、名副其实的跨国家电巨头。尽管在互联网及智能化时代，企业未来发展无不存在一定变数，但海尔无疑是中国高端制造业走向全球的成功典范。以海尔为鉴，在国际经济总体复苏乏力而使全球贸易进入深度调整期的大环境下，中国出口明显受到抑制，但随着中国倡导的“一带一路”建设及打造 CAFTA 升级版进程的推进，中

①② 海尔集团官网［EB/OL］. http：//www. haier. net/cn/open_innovation/shengTai/。

国对东盟的贸易、投资仍有很大潜力可挖，优势产业的强势企业走向东盟是创造新需求、化解过剩产能的必然选择。从 2015 年中国对东盟出口数据来看，中国对东盟的优势产品主要包括电子、机电、家具、钢铁及钢铁制品，实际前三者都属于模块化产品，电子和机电更可划归高端制造范畴，可见中国在技术、知识、资本密集型产品上对东盟整体具有明显优势。对中国上述产业的优质制造企业而言，应将东盟视为战略开发市场，积极探索应用互联网生态模式，通过前期深入、细致的市场调研，深刻领悟东盟各国当地的产品偏好、消费文化、需求层次，凭借自身的技术、研发优势，从创造东盟用户需求入手，成为当地模块化产品定制化设计的标准制定者，同时利用供应商管理系统（vendor management system，VMS）全球甄选世界级物料供应商契合本企业 JIT 制造系统提供质量优秀、价格合理的原料、零部件并尽可能更多地参与到模块化产品前端设计，还要结合当地劳动力成本、地理区位、基础设施、吸收外资优惠政策等综合因素精选制造成本“洼地”，再配以特色专业服务的本地化营销渠道建设，形成对接东盟市场的“四位一体”本地化运营的跨国生态产业价值网，逐步提升本地化品牌的用户知名度和美誉度，后向 CAFTA 区域性品牌乃至全球化品牌转化，以不断满足当地差异化、个性化、高品质需求来实现中国高端制造企业、产业未来可持续的高成长。

6.4.3 优化组织能力实现价值创造

弗里茨和马蒂亚斯（Frits & Matthias，2006）的案例研究表明，发达国家的领先企业通过以下三种路径来寻求价值创造的机会：一是垂直路径，即企业通过重新审视其所嵌入的全球价值链上下游延伸环节，搜寻新的商业机会，选择合适的方式介入，以构筑自身的价值权力；二是水平路径，即企业通过横向审视其所嵌入价值链之外的其他价值链条，在现有核心能力基础上，选择合适的方式介入，以构筑自身的价值权力；三是对角路径，即企业寻找国内、国际产业生态圈中的价值资源，并与相关机构进行广泛合作，形成自身核心能力以构筑价值权力[42]。对于中国快速成长的企业而言，面对 CAFTA 作为世界人口最多的新兴自由贸易区所铸就的巨大潜在市场空间以及中国自身为适应第二波全球化和向中等发达国家迈进而急需进行的产业自主创新驱动发展，亦可通过上述组织能力优化路径进行价值创造。

（1）垂直维度上，通过向品牌与营销环节的前向路径延伸或对投入资源、中间产品与成品进行外包与整合的后向路径以期从生产制造向价值权力更高、市场范围更广的需求捕捉与营销管理转换。如前所述，海尔先后对三洋电机（SANYO）、斐雪派克（Fisher & Paykel）和通用电气（GE）家电业务的并购使这些优秀品牌的影响力转接至海尔，既可短期大幅提升海尔对发达国家的市场掌控力，也将民族品牌自信心推涨到新高度，促成海尔自身高端新品牌卡萨帝（Casarte）的打造，使海尔在发达国家的品牌定位由大众品牌向以基于高技术的异质高端品牌转化，随之在作为家电王国的日本推出 AQUA 系列高端新品，包括 2012 年 5 月推出具有“臭氧漂洗”（在中国市场称为“空气洗”）功能和业界首次通过内置 3 片具有“洗衣板”作用的部件以提高清洗能力的新款洗衣机“AQW - DJ6000”（售价 20 万日元，约 1.2 万元人民币），2013 年 10 月推出容量为 495 升且具备开关门时防止冷气跑出的功能的超大型冰箱“AQR - FG50C”（售价 26 万日元，约 1.6 万元人民币），2015 年 10 月推出可用手机 APP 控制的 R2 - D2 可移动冰箱（售价 99.8 万日元，约 8300 美元），以此为基础在日本实施 Haier & AQUA、在东南亚实施 Haier & SANYO 的双品牌运作机制，不断拓展海尔在日本、韩国、泰国、越南、印度尼西亚、菲律宾、马来西亚的冰箱、洗衣机、电视、空调等家用电器产品的市场份额，这些都将极大助益海尔成为全球家电产业价值链的主动核心价值创造者。从海尔案例看垂直维度的组织拓展，其成功的关键在于高效运用企业前期全球化所积累的知识、技术、资金和营销经验，对在某一区域市场占有率最大的国外强势品牌进行反向并购，从而在短期内迅速获得被并购品牌原控制区域的自身品牌影响力，最终向“微笑曲线”上基于“自主研发 + 品牌营销”的高端价值创造华丽变身，成为像苹果一样的行业价值领导者。

（2）水平维度上，CAFTA 企业之间既可开展横向合作，跨越组织边界进行互补资源和能力的整合，形成新的组织肌体，实现产品创新与能力拓展；也可实行适度多元化，将既有的制造能力转移到跨价值链的具有更高价值份额的新产品中去，抵御因过度依赖发达国家主导企业而产生的“锁定效应”与结构化风险。

这方面比较典型的成功案例是吉利 2010 年以 18 亿美元收购沃尔沃乘用车 100% 股权，这也是中国汽车行业历史上规模最大的一次海外并购，包括 3 家工厂、1 万多项专利权完整的研发体系、员工体系、零部件供应链及遍布全球的销售与服务网络等。3 年后此次横向整合的融合效应开始显现：2013 年沃尔沃扭亏为盈，2015 年全球销量首次达到 50 万辆，营业利润扩大至上财年的 3 倍以上，并计划到 2018 年改进全部车型，显然沃尔沃已借助中国资金进入了良性循环。① 而吉利在“输血”盘活沃尔沃的同时，也依托沃尔沃的过硬产品、技术、高端研发团队、渠道和品牌，突破了长期以来合资封锁的国内 B 级车市场自主品牌难以立足的“价格高地”。在并购沃尔沃乘用车之后，吉利即成立了哥德堡欧洲研发中心（CEVT），随后新车型不断。2015 年 4 月 9 日上市的吉利博瑞（售价 11.98 万 ~22.98 万元）已取得相对不菲的业绩，来自全国乘用车市场信息联席会（CPCA）的数据显示，2016 年博瑞全年销量为 51957 辆，成为强手如林的中型车市场上的一匹黑马，力压韩系、法系 B 级车销量，在中国 B 级车市场销量排名第九，而且博瑞的主销车型基本都集中在 17 万元左右；② 2017 年 8 月 1 日又推出了改款新博瑞（售价 11.98 万 ~17.98 万元），对动力、底盘调教、NVH 与智能互联方面实现了全新的升级，至 2017 年底博瑞（含新博瑞）累计销量接近 13 万辆，在全国车市总体低迷的状态下表现出逆势上涨之势。博瑞在中国 B 级车市场的成功突围很大程度上来自于沃尔沃在技术支持、人员输入、品牌理念和运作思路等方面的“反哺”，其外观由原沃尔沃设计副总裁、现吉利集团设计副总裁彼得・霍布里设计，并打上“安全”和“智能”的营销标签，而安全历来是沃尔沃所最突出的卖点，汽车智能化领域沃尔沃也一直处于相对领先的地位，使并购后推出的博瑞系列车型凭借高品质、科技配置、安全性和驾乘体验，迅速取得了初步骄人市场业绩，无疑开启了自主汽车品牌品牌向上的历程，成为中国品牌 B 级车标杆。2016 年 10 月 20 日，吉利创立的旗下全新汽车品牌——领客（LYNK & CO）在德国柏林正式发布，是具有全球化基因的中高端品牌，定位高于吉利而低于沃尔沃，并同步推出首款概念紧凑型 SUV——领客 01，依托由沃尔沃汽车主导开发的全新中级车基础模块架构“CMA”打

---

① 联姻六年，吉利从沃尔沃那得到了什么 [EB/OL]. http://business.sohu.com/20160310。

② 全国乘用车市场信息联席会暨全国汽车市场研究会官网 [EB/OL]. http://www.cpca1.org/。

造，2017 年 11 月在中国、美国、欧洲等全球市场同步销售。[①] 显然，领客（LYNK & CO）品牌的创立和发布将最大限度地利用沃尔沃的优秀技术和国际一流研发团队以支撑起吉利独特的商业模式，为未来随着产品质量提升和中高端车型的推出，吉利品牌嫁接沃尔沃在发达成熟市场的固有地位，赢得在国外的号召力迈出了坚实一步。2016 年底，吉利又将并购的触角延伸至纯正英国汽车品牌路特斯（Lotus，即莲花），[②] 该品牌自 1980 年以来几经易手，1980 年先被丰田并购，1986 年又转售至通用，1993 年由布加迪接盘，1996 年至今由马来西亚宝腾（Proton）汽车把持，但仍未改变其市场表现一直平淡的局面，而且宝腾现今自身难保，吉利此次抛出的并购意图，一方面可借助“一带一路”建设和 CAFTA 升级版打造契机，利用宝腾在东南亚现成的销售渠道开拓东盟市场；另一方面可获得专注于轻量型跑车制造的路特斯汽车优异的工程技术来提升吉利在英国汽车市场的品牌形象。该并购已于 2017 年 5 月 24 日完成，吉利持有宝腾汽车 49.9% 的股份以及路特斯 51% 的股份，吉利将利用现有的 CMA 架构以及与沃尔沃共同开发的 SPA 平台，担任路特斯现品与新品的制造任务。据悉，在路特斯最新公布 2016 ~ 2017 年财报中已实现自成立以来的首次扭亏为盈，距离此收购协议签署仅过了不到 3 个月。

美的收购德国库卡（KUKA）则是中国企业超越国家、组织边界进行水平多元化的新举措。2016 年 8 月 8 日，美的集团以要约 115 欧元/股的价格，斥资超 37 亿欧元（约 273 亿元人民币）收购德国库卡集团 81.04% 的股权，加之此前 6 月已持有 13.51% 的股权，美的集团将共计持有库卡集团股份 37605732 股，占库卡集团已发行股本的 94.55%，收购总价约为 292 亿元人民币。[③] 从本次收购看，根据美的集团 2015 财年年报，美的总斥资占其经营现金流入的 21.75%，是当年净利润的 2.3 倍，而美的 2015 年的净现金流为 -8492.3 万元。美的之所以花费如此巨资收购库卡，其原因不言而喻是并购标的质地非凡。知名机械手臂制造商德国库卡是与阿西布朗勃法瑞（ABB）、

① LYNK & CO 品牌正式发布，吉利要造轮子上的智能手机［EB/OL］. http://mini.eastday.com/a/161020。

② 收购沃尔沃后，吉利又“盯上”莲花汽车［EB/OL］. http://auto.sina.com.cn/news/hy/2016-11-01。

③ 美的要约收购德国库卡结束，总斥资超 273 亿元［EB/OL］. http://www.techweb.com.cn/finance/2016-08-09。

发那科（FANUC）、安川（YASKAWA）齐名的全球四大机器人企业之一，也是世界几家顶级为自动化生产行业提供柔性生产系统、机器人、夹具、模具及备件的供应商之一，并提供机器人自动化解决方案、生产工程服务和物流服务，业务活动遍布亚、欧、北美30多个国家和地区，行业地位超然，库卡被视为德国制造的象征和“工业4.0”的代表企业。2015财年库卡实现营业收入约36.2亿欧元（合267亿元人民币），毛利率、净利率分别达25%和3%，过去四年营业收入与净利润的年复合增长率分别为15.6%和23.8%，盈利能力超过国外行业平均水平；其三大主营业务——核心机器人、自动化制造系统和瑞仕格（Swisslog，提供仓储配送、自动化解决方案等）分别占比30%、49%和21%，其中近50%机器人产品和控制系统供应在下游汽车产业，居行业第一。[①] 从战略角度来看，本次交易将是美的集团推进“智慧家居+智能制造”的“双智”战略、推进集团全球化发展、优化产业布局、深入进军机器人领域的关键一步。一是将凭借库卡集团在工业机器人和生产自动化领域的深厚积累、技术优势与丰富资源，有力推动美的智能制造能力迅速提升，以工业机器人为核心带动伺服电机、减速器等核心零部件、系统集成业务的快速发展，有效开发工业企业客户、拓展B2B（business to business，即企业对企业的电子商务模式）产业空间；在智能家居领域可从医疗康复等市场需求入手合力发掘服务机器人业务，提供丰富多样化与专业化的服务机器人产品，并向带动传感器、人工智能、智慧家居业务延伸，推进美的智慧家居生态系统的构建。二是美的子公司安得物流将受益于库卡瑞仕格领先的物流设备和系统解决方案，提升集团内部物流效率并拓展第三方物流业务，增加利润增长点，还可间接驱动正在快速发展的中国物流产业的自动化进程。三是将直接助力美的业绩增厚，美的可应用其制造经验和能力，协同库卡开发适应中国需求的智能制造产品，并利用其供应链和分销渠道为库卡的中国制造和市场拓展提供支持，充分享受中国机器人市场爆发红利，而且美的安得物流也将受助于库卡瑞仕格而获得收入协同增长。据有关预测，双方强强联手后，库卡在2020年前将很大可能完成既定的40亿~45亿欧元营收目标，其中的10亿欧元将来自中国市场。而且，鉴于美的在东盟已完成制造和

---

① 美的集团：“双智”战略加速推行，强发展机器人业务［EB/OL］. http：//finance. qq. com/a/20160705。

渠道布局，在印度尼西亚、菲律宾、马来西亚、泰国等东盟国家，美的电器自主品牌已经逐步获得了当地消费者的认同，“双智”战略的实施将使美的在东盟市场的主推产品由电风扇、电磁炉、电饭煲等小家电产品逐渐向更高附加价值的智能家居产品和机器人、集成系统等工业资本品转换，进一步挖掘东盟市场空间，向全球跨国企业 500 强挺进。

反观 10 年前，中国企业已开始将并购目光锁定跨国传统强势品牌，包括 TCL 对法国汤姆逊（Thomson）彩电业务的收购、联想对 IBM PC 业务和摩托罗拉的收购等，但并购对象基本上都属于处于业务衰退期的问题企业或问题业务部门。2004 年 7 月，TCL 集团收购汤姆逊彩电业务成立合资公司 TTE，随之 2005 年、2006 年连续两年亏损，戴上了*ST 的帽子，2007 年才艰难实现扭亏；而由于欧洲业务持续亏损，TTE 欧洲公司 2007 年 4 月申请破产清算，TCL 苦果难咽。同样，2004 年联想集团以 12.5 亿美元收购 IBM 全球 PC 业务，当时被喻称为“蛇吞象”的壮举，联想凭此一跃跻身世界 IT 舞台，迅速成为世界500 强，近几年一直占据全球 PC 制造商首位，但其中也是玄机重重，IBM 之所以着急出售 ThinkPad 这一当时全球笔记本第一金字招牌，实则这一业务已盈利极低，IBM 急需将核心资源从硬件中撤出而集中投入于围绕大型计算机的软件和服务，同时兼顾密切与中国市场、企业、消费者甚至是政府的关系，因此这一当时被联想自为成功的收购到今天来看实际并不成功，联想 Lenovo 和 ThinkPad 两大品牌在技术、运营、人员、管理、企业文化等方面并非实现真正意义上的整合甚至还出现了互搏局面，其结果是：联想的市场份额虽然成为全球第一，但并未能够借力 IBM 的技术力量跃升至全球 PC 技术的顶层，反而受到 ThinkPad 业务运营成本高的拖累，净利润率从并购前的近 5% 直线下降至 1.5% 左右，部分年份出现亏损；为快速抢占市场，联想不断对 ThinkPad 笔记本电脑进行低价“创新”，并且对产品的外观、颜色、键盘等进行变化，一改黑色稳重的经典外观，致使 ThinkPad 高端品牌的声誉不断下降，在高端用户心中的位置正在偏移；联想并购后举步不前仍停留在价值最低的 PC 制造环节，而美国 IT 企业却更加专注于对技术的实质研发和创新，对市场的掌控力和竞争优势越来越强，这从几大 IT 巨头的净利润率可以得到充分印证，2015 财年苹果、谷歌、微软、Intel 和 IBM 的净利润率分别高达 32.4%、26.2%、21.8%、20.6% 和 16.1%。2014 年 1 月 30 日，联想又再次以 29 亿美元（约合人民币 196.74 亿元）从谷歌收购摩托罗拉移动（Motorola Mobility），但并购两年以来的市场表现也远未达到联想并购之初的预期目标，2015 年摩托罗拉在中国的出货量下降了 85%，并且很难打入北美市场，导致当年联想全球智能手机的销量同比下跌 13%，只售出 6600 万部，联想的全球智能手机市场份额也同比下跌了 1.1 个百分点至 4.6%，联想集团 PC 业务和手机业务双双下滑，全财年净亏损 1.28 亿美元（约合 8.4 亿元人民币），是公司时隔 6 年来第一次出现亏损。① 实际上，联想并购之前摩托罗拉移动已连续亏损 15 个季度，为此谷歌才忍痛割肉，在 2016 年苹果仍独霸全球智能手机产业净利润九成以上份额以及华为已拔得国内市场销售份额头筹的情况下，联想的这一并购实非成功之举。

综上，对比 TCL 和联想，尽管沃尔沃和美的开展水平维度组织优化的途径和做法有所差异，但在战略本质上具有相通之处，即中国企业进行跨境、跨组织资源和能力整合的战略姿态已从“侥幸捡漏”变为“主动出击”，由原来只是被动选择发达国家老牌但问题企业或强势企业的问题业务转向主动围猎收购西方优质领先型企业。这种跨组织水平整合的新战略要真正落地成为中国企业持续利润的来源，须关注以下几点：一是对国外强势企业的并购要保证双方的技术、业务布局、运营、人员、管理、企业文化等多方位的全面融合，使发达国家优质企业的技术、专利、人才、品牌这些核心资源真正为我所用，实现中国企业在国际市场上的品牌价值提升；二是要坚定不移地以追求创新升级作为水平并购立场，将西方优质企业的核心知识、技术基因物尽其用，脚踏实地地走“技术升级—产品升级—能力拓展—品牌提升”之路；三是在全球经济复苏前景依然不明朗的情况下，找准市场、定位需求尤为重要，除了通过并购提升国际品牌形象获得通往发达国家市场的“钥匙”攫取高端产品价值外，利用并购后强强联合的优势以及“一带一路”建设契机，巩固和更深入、全面挖掘东盟、拉美、非洲等欠发达区域的市场空间，将会是中国高端制造企业未来利润的更大潜力所在。

（3）对角维度上，CAFTA 各国可以在政府、研究机构和信息咨询机构之间构建资本、技术、信息和权力网络，帮助企业进行超越产业、区域、国界

① 联想亏了 8.4 亿，谷歌持股价值缩水六成［EB/OL］. http：//www.cs.com.cn/ssgs/kj/201606。

的网络化价值搜索，来获取价值创造的机会。作为企业而言，应深刻理解和充分把握移动互联网技术突飞猛进发展所带来的层出不穷的产业衍生机会，利用全球产业生态系统重构契机，持续、动态地从国内外产业生态圈中搜寻与己战略眼光、未来业务布局相契合的有用价值资源，构建以本土企业为核心的产业价值生态圈，并争取在产业政策导向上获得官方、各类研发力量以及相关服务商的支持，从而获得广阔的成长空间。

在这方面，当前渐入发展佳境的虚拟现实（virtual reality，VR）产业可以给出相应启示。虚拟现实技术是一种可以创建和体验虚拟世界的计算机仿真系统，它利用计算机生成一种模拟环境，是一种多源信息融合的、交互式的三维动态视景和实体行为的系统仿真，使用户沉浸到该环境中。① VR 系统主要包括模拟环境、感知、自然技能和传感设备等硬件和软件，娱乐、医疗、教育、体育、零售、房地产等领域的内容服务可视为 VR 应用生态圈。VR 设备被视为继智能手机之后的最具商业前景的移动设备。2014 年，Facebook 斥资 20 亿美元收购 VR 设备制造商 Oculus，引发索尼、谷歌、三星、HTC 等巨头跟随式布局；2016 年，又收购了专门为影院和游戏体验而开发 3D 音响技术公司 Two Big Ears（TBE），配合 Oculus 开发，并将成立“Facebook 360 空间工作室”，免费为 VR 电影、360 拍摄提供开源的开发工具，其中包括软件制作工具、编码器及渲染引擎等。② 在 2016 年国际消费电子产品展上，包括 HTC Vive、Oculus Rift、PlayStation VR 以及三星 Gear VR 等众多 VR 产品悉数亮相并计划正式推出。目前，几乎所有的国际 IT 巨头都在 VR 领域发力，2016 年 8 月德勤（Deloitte）发布的一项调查显示，88% 的中等市值公司（年收入在 1 亿 ~10 亿美元）在部分业务中采用某种形式的 VR 或 AR 技术。③

国内企业也在同步跟进。歌尔声学自 2013 年起就开始布局 VR 领域，2014 年成立“歌崧光学”进行相机、手机及 VR 用镜片的设计和制造，2015 年收购丹麦 AM3D 专注于提升 VR 听觉沉浸感体验的 3D 音频技术，2016 年 9

---

① VR、AR、MR 的区别原来是这样！[EB/OL]. http://www.sohu.com/a/152269287_769195。

② 收购 VR 音效公司 Facebook 欲为 Oculus 揽入听觉筹码 [EB/OL]. http://www.diankeji.com/vr/26438.html。

③ 花旗：虚拟现实到 2035 年将是逾万亿美元产业 [EB/OL]. http://wallstreetcn.com/node/267732。

月与高通联合发布基于骁龙 820 芯片的 VR 一体机参考设计平台 VR820，至今已为多家业内品牌厂商提供了包括硬件、软件在内行业领先的 VR 整体解决方案，在全球 VR 领域稳居领先地位，2016 年占有全球 VR 中高端市场 70% 左右的份额。① 其他包括华为、腾讯、阿里巴巴、小米、360、暴风科技等均已涉足 VR 产业，其中部分公司也先后推出了各自的 VR 产品或服务。2015 年 5 月 7 日暴风科技发布了国内首款 VR 硬件产品——暴风魔镜，至 2016 年 6 月已推出第五代产品。2016 年 1 月 14 日，360 公司发布了首款智能头显“360 奇酷魔镜”，此款设备是 360 奇酷联合暴风科技打造的 VR 智能设备，虽然其水准与暴风魔镜第 4 代无异，但反映 360 公司从传统手机行业到 VR 领域的试水。② 2016 年 4 月 15 日华为发布首款 VR 产品——Huawei VR 手机盒子，VR 眼镜在插入 P9/P9 Plus 手机后即可化身为移动 VR 设备。③

随着越来越多的国内外科技巨头加码进军虚拟现实产业，德勤发布的《2016 年科技、传媒和电信行业预测》认为，虚拟现实将成为 2016 年最为重要的产业趋势，2016 年将成为 VR 产业化元年。④ 由于 VR 产业受市场终端消费驱动明显，大部分收入极有可能将由数千万普通消费者推动，将使 VR 产品成为新的大众消费品，给整个产业带来强大的增长后劲，未来围绕硬件产品、软件、内容、服务等领域的投资将会大幅增加，VR 行业增速有望提升至 30% 左右。这从几款国际级产品的热销已看出端倪：索尼于 2016 年 10 月 13 日正式发售的虚拟现实头盔 PlayStation VR，在索尼官网、百思买（Best Buy）、亚马逊等网站接受预定后不久已被预订一空，根据金融服务及投资公司 Wedbush Securities 的分析师迈克尔·帕切特（Michael Pachter）估计，到 2016 年底该款产品销量将达到 100 万～300 万部；⑤ 此前 Oculus Rift 和 HTC Vive 在各个渠道正式开订后，其爱消费者欢迎程度远超市场预期，几分钟内

---

① 助推虚拟现实产业联盟成立，歌尔打造 VR 硬件生态圈［EB/OL］. http：//it. sohu. com/20160930。

② 360 奇酷魔镜：399 元的 VR 头显设备新秀［EB/OL］. http：//tech. hexun. com/2016－01－16。

③ 华为发布首款虚拟现实眼镜产品　正式进军 VR 领域［EB/OL］. http：//www. donews. com/investment/201604。

④ 德勤全球发布《2016 年科技、传媒和电信行业预测》［EB/OL］. 2016－01－20。

⑤ 索尼正式发售 PlayStation VR 用什么与 Oculus 和 Vive 抗衡［EB/OL］. http：//www. techweb. com. cn/onlinegamenews/2016－10－13。

就被消费者“秒抢”。高盛（Goldman）2016 年研究报告显示，到 2025 年全球 VR 市场的年营收规模将达到 1100 亿美元（约 7100 亿元），相关的软件销售额达 720 亿美元，这意味着届时 VR 领域总的市场规模将达到 1820 亿美元（约 12000 亿元），在十年内成长为一个万亿级别的新市场。[①] 花旗（Citibank）则更乐观地预计，到 2035 年，VR 的市场规模可能突破 1 万亿美元，其中，硬件尤其是头戴耳机设备将是 VR/AR（argument reality，即增强现实）行业的主要增长源，到 2025 年，市场规模将达到 6920 亿美元。[②] 不仅如此，随着 VR 硬件产品的推出，为推动 VR 技术与娱乐、教育、医疗保健、旅游等传统领域的融合，打造 VR 开放平台成为做大 VR 产业生态圈的重要举措，如华为即将针对第三方开发者开放开发者联盟 VR SDK，围绕 VR 内容生产、第三方内容制作、多行业应用解决方案、产品分发、人才输出，包含硬件、软件、内容、资讯、分发、体验、人才培训、外包等全产业链将趋于成型。

CAFTA 作为人口最多、经济增长速度最快、以发展中国家为主的自由贸易区，将是全球最有潜力的 VR 市场。当下，中国 IT 企业已日渐站上国际 IT 产业舞台，直面与发达国家 IT 巨头的竞争，在 VR 产业的战略布局上几处同一起跑线，将当之无愧成为 CAFTA 区域 VR 产业发展的核心主导力量，VR 硬件设备、娱乐内容、跨界服务上的投资机会尽显。第一，VR 硬件设备是短期内最大的盈利来源，尽管如前所述国内主要厂商已相继发布了 VR 眼镜产品，但实际销量和市场受众度与索尼、Oculus 等国际巨头相比绝非一个量级，未来要着眼于全球范围的 VR 布局与合作，通过建设研发中心、投资并购公司、校企合作等多种方式，形成国内 VR 制造、基础技术研发、国外先进技术研究和 VR 硬件全产品创新链，在产品设计的细腻度、眩晕感去除、用户沉浸感等决定消费者购买意愿的关键因素上比肩国际巨头，实现在 CAFTA、全球市场的同步发售，才能获得 VR 产业的实际价值。第二，内容是决定 VR 未来成功的关键，因其决定吸引消费者购买、运用 VR 设备的理由，此方面需要影音、游戏、旅游、传媒、医疗、教育、零售等领域的众多服务商

---

① 2025 年全球 VR 市场规模将达 1100 亿美元：十年成万亿级新市场［EB/OL］. http：//www.askci. com/news/chanye/2016/03/30。

② 花旗：虚拟现实到 2035 年将是逾万亿美元产业［EB/OL］. http：//wallstreetcn. com/node/267732。

同时跟进VR内容布局，与VR硬件设备商协同合作形成“硬件+内容”共赢模式。第三，VR作为与新兴互联网紧密相关的模块型产业，技术标准先行才能“赢者通吃”。在这点上，国外巨头已经先行，2016年5月19日在I/O开放者大会上，谷歌推出虚拟现实（VR）平台Daydream，全面制定手机、VR头显和控制器三方面的硬件标准：手机标准是通过Daydream平台对手机进行重新定位，从手机硬件、控制器到操作系统等层面全面适用VR；VR头显标准是从头显的材料到光学设计都将统一，同时，谷歌带来了配合Daydream平台的头戴设备参考设计；控制器标准意味着未来VR手柄（至少简单功能的手柄）如PC的鼠标一样标准化，VR内容制作商就像PC软件开发商一样不需要考虑用户用什么样的鼠标。① 谷歌VR硬件标准的推出已获得市场的快速响应，三星、华为、小米等厂商都将推出符合Daydream标准的Daydream－Ready手机、头显，Google Play Movies等一系列VR APP也会相继发布。中国作为技术后发国且又不能输在起跑线上，由政、产、学、研、企采取联盟方式进行产业共性、关键技术的研发以及产品技术标准的制订刻不容缓。2016年9月29日，由中国电子信息产业发展研究院、北京航空航天大学虚拟现实（VR）技术与系统国家重点实验室、歌尔股份有限公司等虚拟现实领域主要企业、研究机构联合发起的中国首个虚拟现实产业（VR）联盟成立，致力于解决VR领域关键性、共用性问题，加速形成贯穿硬件、软件、内容、平台及行业应用等的VR产业生态链。② 但这只是中国VR产业标准化迈出的第一步，只有以“VR+”模式推动产业融合发展，在VR硬件产品、体验内容、交叉服务和解决方案上真正得到国内外消费者和行业客户的认同和购买，才能使中国VR产业在全球VR产业链上占据一席之地。

6.5 结　　语

本章契合模块化网络组织理论和全球价值网理论，联系CAFTA的战略背

① 谷歌制定VR标准　或大幅降低手机厂商进入门槛［EB/OL］. http：//tech.163.com/16/0603。

② 助推虚拟现实产业联盟成立，歌尔打造VR硬件生态圈［EB/OL］. http：//it.sohu.com/20160930。

景和产业发展实际，构建 CAFTA 价值网系统模型，提出中国和东盟各国应摆脱目前在农产品、矿产品等初级产品以及大量电子元件、零部件等工业中间产品上的恶性竞争格局，以 CAFTA 为合作平台，利用区域内部庞大市场的需求效应，使各国产业按照地域分工的比较优势形成以产品间分工为主的多中心模块化生产网络，并通过产业价值链垂直、水平和交叉的模块化分解和整合，构建 CAFTA 价值网，着力打造区域垄断优势、市场势力和自组织能力，以此构筑自主价值生成体系和实现价值创造，最后嵌入全球价值网与发达国家进行势均力敌的高端价值权力较量。这将为中国和东盟各国突破全球价值链的低端“锁定”、依托 CAFTA 价值网实现价值权力跃升和跨越发展，提供“战略创新路径”的实践参考价值。

第 7 章

产业价值网的区域实证研究二：中国与马来西亚产业内贸易发展战略

7.1 产业内贸易综述

产业内贸易（intra-industry trade）作为“二战”后兴起的国际贸易新现象，系指同一时期内发生在同类产品上的进出口贸易。对其的早期理论研究，始于沃顿（Verdoon，1960）在分析荷比卢关税同盟的影响时，发现同盟内各成员国之间的分工是发生在产业内部而不是传统的产业间[132]；巴拉萨（Balassa，1966）在对欧共体成员国贸易状况进行研究时发现同盟成立后同一类商品的贸易发生了增长，由此正式提出了“产业内贸易”一词[133]；格鲁贝尔和劳埃德（Grubel & Lloyd，1975）以 H－O 理论模型为基础，引入运输成本、季节差异、仓储、包装、贸易保护主义等与贸易相关的费用或其他条件，阐明了产业内贸易出现的多种原因[134]。此后，产业内贸易理论便进入丰富发展阶段，主要理论模型有：迪克西特和斯蒂格利茨（Dixit & Stiglitz，1977）提出的 D－S 模型为贸易理论创新提供了研究基础，认为由分工和市场容量（收入和劳动力）的扩展所形成的报酬递增具有循环累积效果[135]；基于 D－S 模型的垄断竞争框架，克鲁格曼（Krugman，1979）将差异产品和内部规模经济考虑在内的垄断竞争模型推广到开放条件下，创立了“新张伯伦模型”（Neo－Chamberlin models）[136]；兰卡斯特（Lancaster，1980）在其异质产品模型中认为规模经济和水平异质性的存在导致要素禀赋相似的国家之间发生产业内贸易[137]；布兰德和克鲁格曼（Brander & Krugman，1983）建立布兰德—克鲁格曼模型，将产业内贸易的产生与双寡头垄断市场结构结合进行解释，认为寡头垄断厂商为实现企业利润极大化，将增加的产量以低于本国销售价格的价格销往国外，导致产业内贸易发生，故该模型也被称为“相互倾销模型”[138]；萨克特和萨顿（Shaked & Sutton，1984）建立 S - S 模型，指出企业同时面向国内、国外两个市场进行产品供应，基于不同质量层次产品的需求会导致产业内贸易的产生[139]。

在上述理论研究基础上，近年来随着马来西亚经济的快速发展以及中国与其经贸往来的不断加深，围绕中国与马来西亚之间产业内贸易的实证研究有所增加。李彦勇和李继（2006）采用伯格斯特朗德公式（Bergstrand equation）对中国与马来西亚 2004 ~2005 年的产业内贸易指数进行计算，认为两国间的贸易发展倾向于产业内贸易，其中工业制成品的产业内贸易指数高于初级产品[140]。林梅和闫森（2011）对中马商品贸易的竞争性和互补性进行分析，指出中马双边贸易发展不平衡，中国的出口与马来西亚的进口之间互补性较小，中国进口与马来西亚出口之间的互补性较大[141]。周亚红（2012）采用 G - L 指标和 MIIT 指标分别分析中马之间产业内贸易水平，判断出中马之间产业内贸易类型属于垂直型产业内贸易，并指出：中马 GDP 对双方产业内贸易的影响是不显著的；人均 GDP 值越高，对外发生产业内贸易的可能性也就越大；区域经济一体化水平高低与产业内贸易呈正相关[142]。

综上所述，已有文献对产业内贸易界定、测度及影响因素作了深入研究，对中国与马来西亚产业内贸易的相关方面也有所涉及。但很少从全产业的视角对自 CAFTA 正式建成后的近几年，中国与马来西亚产业内贸易的最新进展及其竞争互补进行系统研究。随着打造 CAFTA 升级版的提出和“一带一路”倡议的正式推进，马来西亚作为中国在亚洲的第三大贸易伙伴以及中国连续 6 年成为马来西亚最大贸易伙伴，中国与其双边产业内贸易的未来走向值得引起更深入的关注。基于前述研究，本章利用 Grubel - Lloyd 指数[143]、Brulhart 指数[144]和 Thom & McDowell[145]指数分别对中马产业内贸易的静态水平、动态变化以及水平型和垂直型贸易属性变化进行综合测度，并运用 TC 指数和 C_k 指数分别测量中马产业内贸易的竞争性与互补性，从中把握中马产业内贸易的强度、最新发展动态与存在问题，为进一步促进中马产业内贸易发展与贸易结构优化、增强贸易互补性、实现双边互利共赢提供科学的决策依据。

7.2 中国与马来西亚产业内贸易强度的总体测度

对产业内贸易水平的度量，国际上通常采用的研究方法是指标分析法，最为广泛接受和使用的是 Grubel – Lloyd 指数、Brulhart 指数和 Thom & McDowell 指数。本文采用联合国国际贸易标准分类（STIC）或海关事务编码协调制度（HS）将中马产业内贸易商品划分为 13 个类别，其进出口贸易额来自中华人民共和国商务部、中华人民共和国统计局、马来西亚统计局的官方数据，利用相关指数对中马产业内贸易进行衡量。

7.2.1 G – L 指数分析

7.2.1.1 Grubel – Lloyd 指数——产业内贸易静态水平的衡量指标

从静态角度看，目前国际上比较通用的衡量产业内贸易程度的指标是 Grubel – Lloyd 指数，它反映了某个时期某类产品或某个产业整体的产业内贸易水平[143]。其计算公式为：

$$IIT_{ij} = 1 - \frac{|X_{ij} - M_{ij}|}{X_{ij} + M_{ij}} \tag{7-1}$$

式（7 – 1）中的 X_{ij}、M_{ij}分别表示 i 国的 j 产业的出口额、进口额，文中即为中国向马来西亚出口并从马来西亚进口的同类产业产品的出口额、进口额。其中 $0 \leqslant IIT_{ij} \leqslant 1$，$IIT_{ij} = 1$ 时说明 $X_{ij} = M_{ij}$，意味着完全的产业内贸易；如果 $IIT_{ij} = 0$ 则为完全的产业间贸易。IIT_{ij}越趋向于 1，表示产业内贸易程度越高。$IIT_{ij} \geqslant 0.5$，则可以说明该产业以产业内贸易为主。

7.2.1.2 中国与马来西亚产业内贸易 G – L 指数分析

表 7.1 计算结果显示，中马产业内贸易 G – L 指数 2006 以来一直大于

0.5的有第16类（机电产品）、第6类（化工产品）、第18类（光学、钟表、医疗设备）、第4类（食品、饮料、烟草）；文物制品近两年的G－L指数均是0.6，可知其产业内贸易较为明显；G－L指数一直小于0.5的有第5类（矿产品）、第7类（塑料、橡胶）、第15类（贱金属及制品）、第1类（活动物、动物产品）、第11类（纺织品及原料）、第17类（运输设备）、第20类（家具、玩具、杂项制品）以及第13类（陶瓷、玻璃）这几类有少许年份G－L指数大于0.5，其余年份都在0.5以下。陶瓷、玻璃由原来的产业内贸易转变为产业间贸易。

表7.1　　中国与马来西亚产业内贸易指数值

海关分类（类）	HS编码（章）	商品类别	G－L指数							
			2006年	2007年	2008年	2009年	2010年	2011年	2012年	2013年
第16类	84～85	机电产品	0.68	0.77	0.86	0.98	0.95	0.98	0.89	0.83
第5类	25～27	矿产品	0.46	0.30	0.40	0.26	0.22	0.16	0.19	0.33
第7类	39～40	塑料、橡胶	0.38	0.37	0.33	0.33	0.33	0.36	0.40	0.46
第15类	72～83	贱金属及制品	0.39	0.32	0.33	0.56	0.43	0.47	0.39	0.68
第6类	28～38	化工产品	0.99	0.96	0.86	0.96	0.97	1.00	0.96	0.96
第18类	90～92	光学、钟表、医疗设备	0.99	0.70	0.61	0.69	0.94	0.83	0.83	0.63
第4类	16～24	食品、饮料、烟草	0.64	0.57	0.68	0.73	0.85	0.86	0.87	0.99
第11类	50～63	纺织品及原料	0.56	0.35	0.31	0.42	0.41	0.56	0.42	0.40
第17类	86～89	运输设备	0.45	0.47	0.64	0.43	0.44	0.28	0.19	0.26
第20类	94～96	家具、玩具、杂项制品	0.41	0.50	0.29	0.18	0.18	0.24	0.23	0.30
第13类	68～70	陶瓷；玻璃	0.54	0.56	0.48	0.36	0.50	0.40	0.37	0.40
第22类	98	文物制品	—	—	—	—	—	—	0.60	0.60
第1类	01～05	活动物；动物产品	0.42	0.40	0.47	0.32	0.31	0.23	—	—

特别值得关注的是，中马化工产品以及食品、饮料、烟草的 G－L 指数近年来基本接近甚至达到过 1，说明两国在该产品上近乎是产业内贸易。占据中马贸易总额 25% 以上的机电产品 G－L 指数从 2006 年以来一直远大于 0.5 且不断增长，2009～2011 年间在 0.95 以上，近两年因经济放缓有弱微下降的趋势，但 2013 年也有 0.83，产业内贸易态势明显。原因在于，中国这几年机电产业在技术和经营方面得到了较为迅速的发展，国际竞争力加强；且随着马来西亚经济结构改造，机电产业已成为其最为重要、优先发展的产业之一，并采取了大幅降低贸易壁垒的措施，如中国五金制造企业只要获得中国国内的原产地证明，产品出口到马来西亚就可以享受零关税，从而促使机电产品在马进口额中位居第一。塑料、橡胶业是马来西亚的优势资源性产业，而中国对原材料需求强烈，两国间橡胶业主要表现为产业间贸易。

7.2.2 Brulhart 边际产业内贸易指数分析

7.2.2.1 Brulhart 边际产业内贸易指数

一般而言，G－L 指数是大多数学者用来衡量产业内贸易最常用的指标，但它体现了产业内贸易在某一时期的静态特征，而对于产业内贸易水平在不同时期的变化特征，则需要对产业内贸易进行动态分析。衡量边际产业内贸易水平的指标为布鲁哈特（Brulhart，1994）提出的边际产业内贸易指数[144]。其表达式为：

$$MIIT_{ij} = 1 - \frac{|\Delta X_{ij} - \Delta M_{ij}|}{|\Delta X_{ij}| + |\Delta M_{ij}|} \tag{7-2}$$

式（7－2）中，$MIIT_{ij} \geqslant 0.5$，说明一定时期某产业的贸易增量是以产业内贸易为主；接近 1，则贸易增量表现为产业内贸易为主，当 $MIIT_{ij} = 1$ 表示该产业贸易增量为完全产业内贸易；当 $MIIT_{ij} = 0$ 为产业间贸易。

7.2.2.2 中国与马来西亚边际产业内贸易指数分析

表 7.2 计算结果显示，中马主要贸易商品在不同年份呈现动态间断性产

业内贸易特征，说明中马相关产业的产业内贸易发展并不稳定。如在中马贸易中占据重要地位的机电产品 2008 ~ 2009 年间及 2012 ~ 2013 年间的贸易增量表现为明显的产业内贸易，其他年间贸易的增量主要来源于产业间贸易。与之类似的还有第 5、15、6、18、17、20、13 类及第 1 类。塑料、橡胶、纺织品及原料贸易增量来源为产业间贸易。

表 7.2　　中国与马来西亚边际产业内贸易指数

海关分类（类）	HS 编码（章）	商品类别	MIIT						
			2006 ~ 2007 年	2007 ~ 2008 年	2008 ~ 2009 年	2009 ~ 2010 年	2010 ~ 2011 年	2011 ~ 2012 年	2012 ~ 2013 年
第 16 类	84 ~ 85	机电产品	0.00	0.00	0.66	0.40	0.00	0.38	0.78
第 5 类	25 ~ 27	矿产品	0.61	0.33	0.00	0.17	0.00	0.51	0.00
第 7 类	39 ~ 40	塑料、橡胶	0.00	0.00	0.45	0.32	0.32	0.02	0.23
第 15 类	72 ~ 83	贱金属及制品	0.95	0.00	0.60	0.21	0.00	0.46	0.18
第 6 类	28 ~ 38	化工产品	0.35	0.72	0.90	0.99	0.11	0.44	0.88
第 18 类	90 ~ 92	光学、钟表、医疗设备	0.00	0.85	0.00	0.61	0.33	0.39	0.00
第 4 类	16 ~ 24	食品、饮料、烟草	0.02	0.88	0.90	0.86	0.42	0.78	0.35
第 11 类	50 ~ 63	纺织品及原料	0.22	0.26	0.79	0.40	0.00	0.00	0.00
第 17 类	86 ~ 89	运输设备	0.00	0.00	0.00	0.45	0.00	0.89	0.67
第 20 类	94 ~ 96	家具、玩具、杂项制品	0.70	0.13	0.51	0.18	0.00	0.00	0.81
第 13 类	68 ~ 70	陶瓷；玻璃	0.62	0.00	0.15	0.93	0.72	0.22	0.61
第 22 类	98	文物制品	0.00	—	—	—	—	—	—
第 1 类	01 ~ 05	活动物；动物产品	—	0.79	0.00	0.28	0.00	0.00	0.35

7.3 Thom & McDowell 垂直型和水平型边际产业内贸易指数分析

7.3.1 Thom & McDowell 垂直型和水平型边际产业内贸易指数

产业内贸易可以分为垂直型产业内贸易和水平型产业内贸易。垂直型产业内贸易是同类产品存在质量差异而引起的，主要发生在经济发展水平不同的国家之间。水平型的产业内贸易是同类产品存在不同的特性和消费偏好而引起的，主要发生在经济发展水平相同的国家之间。为此，$MIIT_{ij}$又分为水平$MIIT_{ij}$和垂直$MIIT_{ij}$，即$HIIT_{ij}$和$VIIT_{ij}$。

$$HIIT_{ij} = \sum_{g=1}^{j} \frac{|\Delta X_{gt}| + |\Delta M_{gt}|}{\sum_{g=1}^{j}(|\Delta X_{gt}| + |\Delta M_{gt}|)} |MIIT_g| \tag{7-3}$$

$$VIIT_{ij} = \left[1 - \frac{|\Delta X_{ij}| - |\Delta M_{ij}|}{\sum_{g=1}^{j}|\Delta X_{ig}| + \sum_{g=1}^{j}|\Delta M_{ig}|}\right] - HIIT \tag{7-4}$$

取值范围上，$HIIT_{ij} \leqslant 1$ 且 $VIIT_{ij} \leqslant 1$。$HIIT_{ij}$表示水平型产业内贸易，其值越大表明水平型产业内贸易水平越高，说明是同一产业相同质量的商品，主要差别在于诸如颜色、规格、品牌、售后服务等差异；反之，$VIIT_{ij}$越大说明产品的质量、类别、范围越分明，垂直型产业内贸易的程度越大。

7.3.2 中国与马来西亚垂直和水平型边际产业内贸易指数分析

从表 7.3 和图 7.1 可以看出，中国与马来西亚之间的边际总产业内贸易指数、边际水平型及垂直型产业内贸易指数这几年来的变化都有一定的波动，低谷主要集中在 2008 年及 2011 年两次全球金融危机导致的消费萎缩，出口下滑，内需不振。而依据历年的波动趋势，边际总产业内贸易指数值的变动与边际水平型产业内贸易指数变动走势趋于一致，说明近年来水平型产业内贸易在中马产业内贸易中所起的作用及其对双边贸易增量的贡献是在加大的，处于相对主体对位。因而验证了中国与马来西亚相似的经济发展水平，两国主要出口产业大都属于劳动及资源密集型，与发达国家差距明显。

表 7.3　　中国与马来西亚各类产品边际产业内贸易指数结构

年份	边际总产业内贸易指数（MIIT）	边际水平型产业内贸易指数（HIIT）	边际垂直型产业内贸易指数（VIIT）
2006 ~ 2007	0.84	0.47	0.37
2007 ~ 2008	0.26	0.14	0.12
2008 ~ 2009	0.92	0.56	0.36
2009 ~ 2010	0.70	0.41	0.29
2010 ~ 2011	0.65	0.50	0.15
2011 ~ 2012	0.73	0.40	0.33
2012 ~ 2013	0.97	0.60	0.37

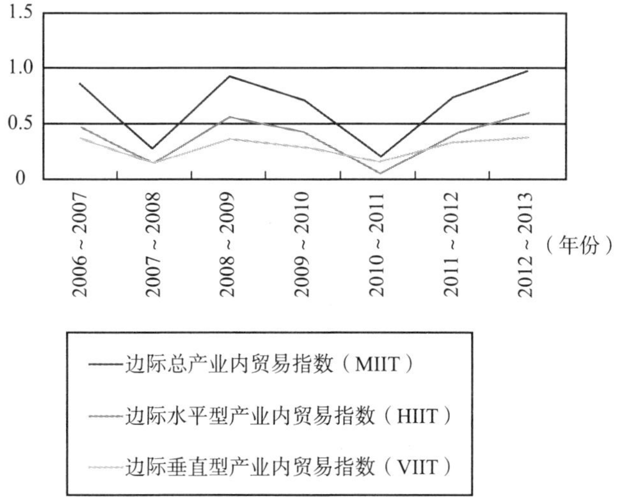

图 7.1　中国与马来西亚各类产品边际产业内贸易指数变化趋势

综上所述，通过 G – L 指数可知我国与马来西亚之间的贸易占份额较大的产业存在产业内贸易与产业间贸易并存的现象。其中占双方贸易总额 30%

以上的机电产品、高级医疗器械等资本密集型产业内贸易较为明显。Brulhart边际产业内贸易指数值显示，即使少许产业的产业内贸易较为明显，但历年的贸易增量还是主要来源于产业间贸易，即产业内贸易在我国与马来西亚的进出口增长中所起的作用不大。从产业内贸易结构来分析，Thom & McDowell指数显示，产业内贸易的增量主要是来自水平型产业内贸易，说明中国与马来西亚在产业内贸易的产品质量上的差距不大，同属于劳动力密集型的产业，继而说明中国与马来西亚产业结构的相似度比较高。

7.4 中国与马来西亚产业内贸易竞争性与互补性分析

7.4.1 中国与马来西亚产业内贸易竞争性分析

竞争优势指数，也叫贸易竞争力指数，是指一国进出口贸易的差额占其进出口贸易总额的比重。其表达式为：

$$TC = \frac{X_i - M_i}{X_i + M_i} \qquad (7-5)$$

式（7－5）中，X_i 表示出口额，M_i 表示进口额。G－L 指数是在 TC 表达式上的延伸，所以 TC 指数在一定程度上反映了产业内贸易竞争性的强弱。如果 TC 指数为 0，表示两国该类产品竞争力相当；大于零，表明该类商品具有较强的竞争力，越接近于 1，竞争力越强；TC 指数小于零，则表明该类商品不具国际竞争力，越接近于－1，竞争力越弱。选用中马贸易具有产业内贸易的产业进行测算，其结果如表 7.4 所示。

表 7.4　　中国对马来西亚的贸易竞争力指数

海关分类（类）	HS 编码（章）	商品类别	2013 年	2012 年	2011 年	2010 年	2009 年	2008 年	2007 年	2006 年
第 16 类	84～85	机电产品	0.169	0.106	－0.017	－0.055	0.016	0.143	0.225	0.316
第 6 类	28～38	化工产品	－0.037	0.038	0.003	0.033	0.039	0.140	0.043	0.012

续表

海关分类（类）	HS 编码（章）	商品类别	2013 年	2012 年	2011 年	2010 年	2009 年	2008 年	2007 年	2006 年
第 18 类	90 ~ 92	光学、钟表、医疗设备	0. 374	0. 170	0. 173	0. 056	0. 311	0. 387	0. 302	0. 011
第 4 类	16 ~ 24	食品、饮料、烟草	0. 012	0. 133	0. 136	0. 146	0. 266	0. 316	0. 427	0. 360
第 11 类	50 ~ 63	纺织品及原料	0. 597	0. 583	0. 436	0. 585	0. 580	0. 693	0. 650	0. 441
第 17 类	86 ~ 89	运输设备	0. 735	0. 812	0. 718	0. 557	0. 568	0. 356	0. 529	0. 553
第 20 类	94 ~ 96	家具、玩具、杂项制品	0. 703	0. 767	0. 755	0. 824	0. 824	0. 714	0. 497	0. 587
第 13 类	68 ~ 70	陶瓷、玻璃	0. 602	0. 627	0. 596	0. 503	0. 638	0. 524	0. 438	0. 456

表 7. 4 中，前四类是中马具有明显产业内贸易的产业：机电产品 TC 指数由 2006 年的 0. 316 逐渐降低为负数，2012 年逐渐回升并呈增长趋势，说明近几年来中国机电产品相对于马来西亚来说竞争力明显增长；光学、钟表、医疗设备及食品、饮料、烟草类别一直呈现出产业内竞争的优势；化工产品 2013 年 TC 指数降到负值，说明化工产品中国的产业竞争力由强变弱。而后四类即 11 类、17 类、20 类及 13 类，这几类一些年份表现为产业内贸易，一些年份表现为产业间贸易的产业，中国对马来西亚一直保持着较强的竞争力。

纺织品、运输设备、家具玩具、陶瓷玻璃等 TC 指数较高，这些产业多为劳动密集型工业制成品产业，证明中国在其中具有较强竞争力。机电产品、医疗设备等的竞争优势说明中国在资本密集产业上也具有一定的优势。而表 7. 4 中未作显示的矿产品，塑料、橡胶制品等初级产品上，马来西亚具有非常明显的竞争优势，说明其在自然禀赋上的优势；而中马产业内贸易最为明显的化工产品 TC 值由正转负，说明马来西亚资本密集型产业上的优势正在加强；且从 2012 年、2013 年两年的数据看，中国对马来西亚在食品、家具玩具、陶瓷玻璃产业上的 TC 指数都有所下降，这也反映了中国在劳动密集产业上的优势有削弱的趋势，原因来自国内产能过剩和劳动力成本上升。

7. 4. 2 中马产业内贸易互补性分析

贸易互补性指数是衡量两国之间贸易互补程度的指数，最早是由彼得

（Peter，1969）提出的，于津平（2003）在彼得的研究基础上重新构建了贸易互补度指数[146]，这是国内学术界最常使用以衡量伙伴国贸易互补性的指数。当一国主要出口产品类别与另一国的主要进口产品类别相吻合时，两国间的互补性指数就大，相反当某国的主要出口产品类别与另一国的主要进口产品类别不能对应时，两国间的互补性指数就小。

本节对上文指数分析得到的具有产业内贸易特点的产业的单产品进行贸易互补性指数分析。且此类单产品在中马总贸易中占据一定比例。单产品（产业）贸易互补性指数[147]的公式为：

$$C_k = RCA_{xk} \times RCA_{mk} \qquad (7-6)$$

其中，

$$RCA_{xt} = \frac{X_{ik}/X_i}{X_k/X} \qquad (7-7)$$

$$RCA_{mk} = \frac{M_{ik}/M_i}{M_k/M} \qquad (7-8)$$

上式中，X_{ik}为中国对 i 国（马来西亚）k 产品的出口额，X_i 为中国对 i 国的出口额，X_k 为中国 k 产品的出口总额，X 为中国的总出口额，M_{ik}为 i 国（马来西亚）对中国 k 产品的进口额，M_i 为 i 国对中国的进口额，M_k 为 i 国 k 产品的总进口额，M 为 i 国的总进口额。

当 $C_k > 1$ 时，表明中国与 i 国的 k 产品双边贸易呈现互补关系；当 $0 < C_k < 1$ 时，表明中国与 i 国的 k 产品贸易呈现竞争关系。依据上述，得出 2013 年中国与马来西亚机电产品，化工产品，光学、钟表、医疗设备等具有明显产业内贸易特征的产品存在的贸易互补性情况（见表 7.5）。

表 7.5　　中马产业内贸易单产品的贸易互补性指数

HS 编码	RCA_{ik}	RCA_{mk}	C_k
电机、电气设备及其零件；录音机及放声机、电视图像、声音的录制和重放设备及其零件、附件（HS85，机电产品）	1.06	1.09	1.15 互补
核反应堆、锅炉、机械器具及零件（HS84，机电产品）	0.81	1.25	1.01 互补
光学、照相、电影、计量、检验、医疗或外科用仪器及设备、精密仪器及设备；上述物品的零件、附件（HS90，光学、钟表、医疗设备）	0.64	0.86	0.55 竞争
有机化学品（HS29，化工产品）	0.67	0.67	0.45 竞争

续表

HS 编码	RCA_{ik}	RCA_{mk}	C_k
无机化学品；贵金属、稀土金属、放射性元素及其同位素的有机及无机化合物（HS28，化工产品）	1.39	0.96	1.33 互补
杂项化学产品（HS38，化工产品）	1.29	0.62	0.80 竞争
肥料（HS31，化工产品）	1.85	0.69	1.27 互补
鞣料浸膏及染料浸膏；鞣酸及其衍生物；染料，颜料及其他着色料；油漆及清漆；油灰及其他类似胶粘剂；墨水、油墨（HS32，化工产品）	1.15	—	—

从表7.5可以看出，中马两国机电产品HS84、HS85均表现为互补性；化工产品中，无机化学品、肥料等表现为互补，有机化学品与杂项化学产品表现为竞争性，历年中国与马来西亚相互进口该类产品贸易额相当；光学、钟表、医疗设备表现为竞争性，2010～2013年中国向马来西亚出口、进口该类产品分别为：2010年出口6.67亿美元、进口5.96亿美元，2011年出口7.49亿美元、进口5.28亿美元，2012年出口9.06亿美元、进口6.43亿美元，2013年出口10.94亿美元、进口4.98亿美元，由此说明中国在该产业表现为逐年增强的竞争优势。除上述产业内贸易产品类别外，中马其他产业贸易互补性较强、分工较好，但是互补性仍然如水平型产业内贸易更多地体现为同类产品不同特性的互补，而技术和消费水平相较于发达国家仍然较低，并且即使近年来中马在改善产业结构方面取得了显著进展，但是高端市场仍然是被发达国家占据，两国之间的互补性贸易大部分仍是劳动密集、低附加值的产品。

7.5 中国与马来西亚产业内贸易发展存在的问题与对策

7.5.1 中国与马来西亚产业内贸易发展存在的问题

1. 出口相似度和产业结构相似度高

中国与马来西亚同属发展中国家，两国具有相似的产业结构，资本存量、技术和管理水平较低，人力资源素质低而劳动力丰富。从两国历年出口产品的各类统计看多是劳动密集型产品及资源型初级产品。比如，中国在工业制成品、电机、运输设备、初级产品上的出口额占总出口额的比重超过95%；而马来西亚的出口主要集中在电机、电气等电子产品以及矿物燃料、矿物油，橡胶天然制品等方面，对人工和自然资源的依赖性较强。

产业结构相似促使较低水平的水平型产业内贸易的发展，王云飞(2006)[148]研究数据显示中国与发展水平相当的发展中国家如印度尼西亚、马来西亚等国的水平型产业内贸易指数大，而与发达国家水平型产业内贸易指数小，主要原因在于中国与一些发展中国家经济水平相当，技术同等落后，与发达国家的产业发展差距明显。本研究计算结果显示，2012～2013年中国与马来西亚的HIIT指数为0.6，而VIIT指数仅为0.37，也验证了上述状况的延续。而相似的出口商品结构，过于集中和重合的商品种类导致两国间贸易机会减少、贸易摩擦增加，影响两国经济增长和双边贸易的发展，且相似的劳动、资本产业结构致使两国在国际市场上同处于产业链中低端的恶性竞争，进而会减少双方的贸易收益。

2. 中马贸易依存度较低

中国与马来西亚的贸易往来历史悠久，并且自中国—东盟自由贸易区建立以来，中马双边贸易有了较大幅度的增长，但中马双边贸易的相互依赖性仍有待进一步拓展，特别是中国对于马来西亚市场重要性的认知和贸易潜力的挖掘务须加强。2014年，中国与主要贸易伙伴贸易的贸易额为欧盟6151.4亿美元、美国5551.2亿美元、东盟4803.9亿美元、中国香港3760.9亿美元、日本3124.4亿美元、韩国2904.9亿美元等，而中国与马来西亚的贸易额仅为1060.8亿美元，约只占中国对外贸易总额的2.67%，中国对马来西亚贸易依存度仅为1%。从马来西亚方面看，新加坡、中国、日本、美国和泰国一直是其前五大贸易伙伴，2014年对马贸易额占到马贸易总额的六成以上；近几年中国已成为马来西亚最大贸易伙伴，同时也是第一大进口来源地和第二大出口目的地，2014年马来西亚对中国贸易额占马对外贸易总额的14.3%，马对中贸易依存度为17.3%，但贸易额较2013年下降了3.3%，其中出口降幅最大为-8.2%，进口只增长4.7%。可见，马来西亚远非中国主要贸易伙伴，而中国虽占据马来西亚对外贸易重要位置，但相较马其他主要贸易伙伴的优势并不十分明显，特别是化工品、塑料制品、光学仪器和食品等出口面临着来自日本、美国、法国、新加坡及周边一些国家和地区的竞争，且这两年贸易流量有所下滑，抑制了两国产业内贸易的发展。

3. 双边投资流量少

2008年国际金融危机以前，跨国公司将中国和马来西亚纳入其国际分工体系，在两国进行大量直接投资，使得作为跨国公司内部贸易的中马之间产业内贸易也相应增加。但自国际金融危机之后，美国、日本、欧洲等发达国家和地区先后实施了“重振制造业”的举措，促使跨国公司制造业回流且趋势延续至今，对中国和马来西亚对外直接投资的速度明显放缓，规模有所萎缩。在这种局势下，增加中马双边直接投资无疑将是扩大产业内贸易的推手，但就两国相互投资规模及投资方向的现状并不能对产业内贸易交易量带来明显的增长。据中马官方统计，自2000年以来，两国相互直接投资情况有所好转，特别是2005年以后呈现波浪式上升趋势，但总体而言，目前中马双边直接投资体量很小，且双边互为设立的海外公司规模普遍偏小，投资金额也非常有限。2014年，中国对马来西亚直接投资13.73亿美元，占马外来投资额的7.4%，远远落后于日本和新加坡的投资力度；中国实际利用外商直接投资1195.6亿美元，来自马来西亚的投资只有2.8亿美元，占比微乎其微。并且中马双边仍主要停留在电子电器制造业、加工贸易、资源和原材料等低技术、低附加值、劳动和资源密集型产业，直接外资利用率低，对产业内贸易触动不大。

7.5.2 中马产业内贸易发展对策

1. 加强技术创新，实现产品差异化及多样化

产品差异化是产业内分工与产业内贸易发展的一般基础，中国与马来西亚以水平型产业内贸易为主，因此必须在同类产品差异化上下功夫，以适应两国消费者收入的差异和消费者偏好的多元化。要利用当前我国经济结构调整和产业转型的契机，在机电、光学、医疗设备、化工、运输设备等具有传

统竞争优势的产业，加大研发投入，鼓励自主创新，加强高精尖技术密集型产品开发，扩大与马来西亚的技术优势势差，提高中马高新技术产品内分工和贸易的比重，依托“中国智造”优化对马出口结构。鼓励劳动密集型产业的变革，积极应用新技术新工艺，努力开发新产品以及产品的新功能，实现产品多样化，提高产品质量和档次，由低层次水平型产业内贸易向垂直型产业内贸易转变。

2. 促进产业优势互补，提升产业内贸易结构水平

中国在劳动力和技术管理上有相对优势，尤其在电子电器制造管理、器械设备类产品、石油勘探开发、核能、无机化学品、稀有金属等方面经验丰富，且中马在这些产业的 C_k 指数均大于 1。而马来西亚在棕榈油、天然橡胶、化学化工等自然资源及其初级产品上优势明显，尤其是马来西亚的橡胶等产业为中国发展化工业、汽车行业提供了非常优质的原材料。未来应针对中马产业内贸易潜力和空间，对“一带一路”倡议进行国家层面的政策顶层设计和贸易合作总体规划，通过双边资源的合理流动和整合，实现两国产业多领域、多层次、多形式的优势互补与共赢发展。

3. 开拓新市场，挖掘中马贸易潜力

中国在劳动密集型产业上与马来西亚是处于竞争的产业内贸易态势，这对马国的出口优势造成一定的弱化效应，不利于双边经贸的合作关系。为避免对中马两国长远合作关系的影响及产品的单一性在国际市场上的弱竞争性，中国和马来西亚应该积极努力拓展新的市场甚至是将这种战略眼光延伸至全球市场领域，以应对上述风险。同时，中马两国在金融、服务贸易领域等还存在着巨大的发展和合作空间，应该利用两国地理邻近及中国—东盟自由贸易区政策等方面的优势来创新合作机制和制度框架，以挖掘更大的贸易潜力，进一步扩大双边贸易规模，确保两国产业内贸易的长期健康稳定发展。

4. 优化投资结构，发展高水平的产业内贸易

中国和马来西亚双边投资及各自获得的其他外来投资都主要集中在劳动、资源密集型产业，高新技术投资不足，且规模经济效应没有充分显现，阻碍高水平产业内贸易的发展。两国均应采取有效措施，更广泛地吸收发达国家水平一体化的跨国投资以加速本国技术密集型产业的发展。更重要的是，中

国和马来西亚现正在由发展中国家努力向中等发达国家迈进，两国应充分利用 CAFTA 升级版打造的各种优惠措施，将具有比较劣势的产业通过对外直接投资的方式进行相互转移，利用对方优势实现产业区域扩张和规模经济效应提升，加强各自优势产业双边技术投资的合作，扩大投资额度，有效地促进两国都在进行的产业结构调整和升级[149]。

第 8 章

产业价值网的区域实证研究三：基于 CAFTA 的北部湾经济区产业价值网发展战略

8.1 北部湾经济区概况及发展成就

广西北部湾经济区于 2006 年 3 月 22 日正式成立，由南宁、北海、钦州、防城港四个地级市所辖行政区域构成，同时将玉林、崇左两市的交通、物流纳入经济区统筹规划建设，形成"4 + 2"的格局。经济区陆域面积 7.27 万平方公里，占广西的 30.7%；海域总面积达 12.93 万平方千米；2016 年末南北钦防四市户籍人口 1432.37 万人，约占广西总人口的 25.7%。从区位上看，北部湾经济区地处我国华南经济圈、西南经济圈和东盟经济圈的结合部，拥有大陆海岸线 1595 公里，与越南交界的陆地边境线 230 公里，是我国西部大开发地区中唯一的沿海区域，也是我国与东盟国家既有海上通道、又有陆地接壤的区域，地缘优势明显，战略地位突出。

2008 年 1 月 16 日，国家批准实施《广西北部湾经济区发展规划》，这标志着广西北部湾经济区的开放开发正式纳入国家战略，并作为我国第一个"重要国际区域经济合作区"全面拉开建设开发序幕，将在促进我国东中西地区良性互动发展和促进中国—东盟自由贸易区建设中发挥重要作用，对于国家实施区域发展总体战略和互利共赢的开放战略具有重要意义。规划明确了广西北部湾经济区的战略定位，即立足北部湾、服务“三南”（西南、华南和中南）、沟通东中西、面向东南亚，充分发挥连接多区域的重要通道、交流桥梁和合作平台作用，以开放合作促开发建设，努力建成中国—东盟开放合作的物流基地、商贸基地、加工制造基地和信息交流中心，成为带动、支撑西部大开发的战略高地和开放度高、辐射力强、经济繁荣、社会和谐、生态良好的重要国际区域经济合作区。①

2014 年 10 月 27 日，国家发展改革委同意对《广西北部湾经济区发展规划》的相关内容进行修订，由广西壮族自治区人民政府办公厅颁布了《广西北部湾经济区发展规划（2014 年修订）》（桂政办发〔2014〕97 号），结合当前区域发展面临的新历史机遇和挑战，在原有战略定位上，赋予北部湾经济区更高的功能定位，即成为带动支撑西部大开发的战略高地、西南中南地区开放发展新的战略支点、21 世纪海上丝绸之路和丝绸之路经济带有机衔接的重要国际区域经济合作区。②

经过 10 年的全力建设，当前北部湾经济区已一跃成为我国西部沿海经济新一极，构筑起了中国对接东盟的前沿门户，为服务“一带一路”倡议和 CAFTA 升级版建设开辟了国际区域合作新高地，充分发挥了区域辐射、带动和吸纳作用，并正在释放出无限能量和爆发力，步入加速发展的“黄金时期”。取得了如下发展成就：

1. 基础设施建设取得重大突破性进展并日臻完善

基础设施是后发地区经济、产业发展的核心要件之一，广西北部湾经济区内已建成的交通枢纽四通八达：高速公路通车里程达 1735 公里，通往越南、云南、贵州、湖南、广东的高速公路全部打通；北部湾高铁已于 2012 年底全线开通，由南钦高铁，钦北高铁，钦防高铁三部分组成，总长 259 公里，城际高铁实现公交化运行，使广西北部湾经济区四市形成一个更紧密的 1 小时“同城化”经济圈，并与全国高铁网络实现无缝链接，通往广东、湖南、贵州的高速铁路建成通车，连接经济区 4 市高铁和南宁—昆明（百色段）也

① 广西北部湾经济区发展规划［EB/OL］. http：//www. gov. cn。

② 广西壮族自治区人民政府办公厅关于印发广西北部湾经济区发展规划（2014 年修订）的通知［EB/OL］. http：//www. gxzf. gov. cn/。

开通运行；南宁吴圩国际机场成为广西与东盟互联互通的重要门户机场，至2016年1月开通新加坡、吉隆坡、曼谷、雅加达、胡志明、金边、仰光、万象等东盟航线已达27条；由钦州港、北海港、防城港三大港口整合而成为“广西北部湾港”，形成了大港口促进大物流、大港口集聚大产业的格局，实现与100多个国家和地区的200多个港口通航，基本实现与东盟主要港口全覆盖；依托国家交通运输物流公共信息平台和东北亚信息服务网络，建设中国—东盟港口物流信息平台，其中以钦州为基地开发面向东盟各国的特色业务平台系统，建立中国—东盟港口信息管理中心，与东盟46个港口城市建立了城市港口网络。一个水、陆、空一体化并链接内外的现代综合交通运输体系逐步形成，为区域经济、产业、资源对内对外的互联互通奠定了不可或缺的硬件基础。

2. 经济发展成效显著，区域综合实力大幅跃升

从总量上看，根据广西统计局数据并经过整理计算，2015年广西北部湾经济区（南宁、北海、钦州、防城港四市）地区生产总值5867.32亿元，是2005年1204.85亿元的4.87倍；财政收入948.34亿元，是2005年141.64亿元的6.7倍；固定资产投资5623.51亿元，是2005年562.95亿元的9.99倍；规模以上工业增加值1894.78亿元，是2005年196亿元的9.67倍；社会消费品零售总额2424.19亿元，是2005年517.75亿元的4.68倍；实现进出口总额269.1亿美元，是2005年19.52亿美元的13.79倍；货物吞吐量20482.06万吨（规模以上），是2005年3669万吨的5.58倍，完成集装箱吞吐量141.5万标箱，比2006年增长5.8倍。特别是在航运业持续低迷、全国规模以上港口增速趋缓、周边港口竞争激烈的情况下，2016年广西北部湾港吞吐量稳步增长，防城港、钦州港、北海港三港区累计完成吞吐量1.396亿吨，同比增长9.02%；集装箱吞吐量179.51万标箱，同比增长26.85%。①

从增长率看，2015年，经济区各项增长指标都领先于广西平均水平。其中，GDP同比增长9.1%，比全区高1个百分点，对全区GDP增长的贡献率为38.8%；财政收入同比增长10.6%，增幅比全区高2.7个百分点，占全区的比重为40.6%，比上年提高0.9个百分点，对全区财政收入增长的贡献率

① 2016年广西北部湾港货物吞吐量稳步增长［EB/OL］. http：//www.gxnews.com.cn/staticpages/20170119/newgx588007a6－15880674.shtml。

为 53.2%；固定资产投资同比增长 16.9%，占全区比重 35.9%；规模以上工业增加值增长 10.2%，高于全区 2.3 个百分点，四市对全区规上工业贡献率达到 40.2%，拉动全区规上工业增长 3.2 个百分点；社会消费品零售总额比上年增长 10.3%，比全区高 0.3 个百分点，占全区比重为 38.2%；进出口总额同比增长 17%，比全区高 2 个百分点，占全区进出口总额的 52.5%；货物吞吐量同比增长 1.5%，占全区规模以上港口货物吞吐量的 65.2%。见表 8.1。

表 8.1　　2015 年北部湾经济区、广西、全国经济数据对比

项目	生产总值（亿元）	财政收入（亿元）	固定资产投资（亿元）	规模以上工业增加值（亿元）	社会消费品零售总额（亿元）	进出口总额（亿美元）
北部湾四市	5867.32	948.34	5623.51	1894.78	2424.19	269.10
增速（%）	9.1	10.6	16.9	10.2	10.3	17.0
广西	16803.12	2332.96	16227.78	5559.7	6348.06	512.62
增速（%）	8.1	7.9	17.2	7.9	10.0	15.0
全国	676708	152217	562000	—	30093	37841
增速（%）	6.9	5.8	9.8	6.1	10.7	-7.0

资料来源：根据国家统计局、广西统计局数据计算整理而得。

3. 转型升级步伐加快，临港产业迅速发展

当前，北部湾经济区“东出”“西进”“出省”“出边”连接多区域大通道基本建成，便利、快捷、四通八达的交通枢纽，迅速带动临港产业快速发展。北部湾经济区已经从 10 年前基本没有重大项目落户，以水泥、烟花、制糖等一些传统工业为主的弱势产业区，成长为我国西部重要的产业基地，形成以石化、电子信息、冶金新材料、粮油食品、造纸、海洋等为主导的特色现代产业体系，富士康电子、亚马逊电子商务、大海粮油等重大项目也已在该区建成投产。北部湾经济区以不到广西 1/5 的土地、1/4 的人口，创造了广西超过 1/3 的经济总量、四成的财政收入、近一半的外贸总量，已成为支撑广西加快发展的战略新引擎，国家赋予北部湾经济区的战略定位逐步实现。

8.2　北部湾经济区在 CAFTA 价值网中的战略定位

CAFTA 于 2010 年 1 月 1 日正式建成，成为一个涵盖 11 个国家、19 亿人口、GDP 达 6 万亿美元、贸易额超过 4.5 万亿美元的巨大经济体，是目前世界人口最多以及发展中国家间最大的自贸区。CAFTA 建立后，双方对超过 90% 的产品实行零关税，关税水平大幅降低有力推动了双边贸易快速增长。2002 ~ 2014 年，中国与东盟的贸易额由 547.81 亿美元迅速增加到 4803.94 亿美元，除 2009 年受国际金融危机影响有所回落外，其余各年均保持高速增长，期间贸易额增长了 8.77 倍，年均同比增长 21.5%（如图 8.1 所示）。2015 年，在世界经济复苏形势严峻、主要发达经济体增长乏力的大背景下，中国和东盟维持了较快的发展速度，中国和东盟双边贸易额达到 4720 亿美元，虽同比微降 1.7%，但这是在国际金融危机继续恶化和全球贸易额增长乏力之下获得的，实属不易。2013 年中国提出“一带一路”倡议，旨在兼顾包括东盟国家在内的沿线国家的需求，扩大同东盟国家的共同利益，为各国发挥各自优势参与全球经济合作提供新思路、搭建新平台，此举措得到了沿线国家的广泛关注和积极响应，为 CAFTA 升级版务实推进找到了突破口。

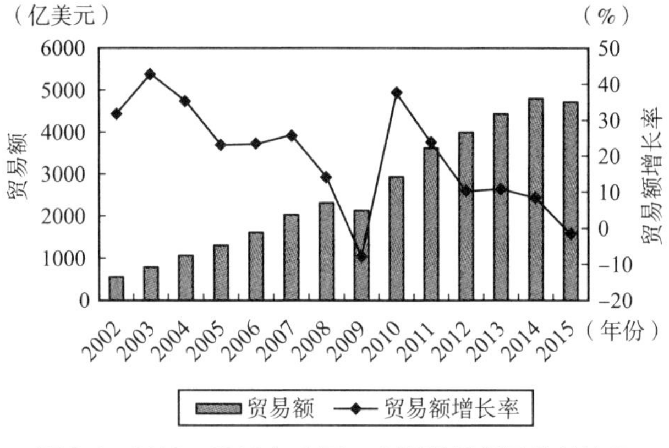

图 8.1　2002 ~ 2015 年中国—东盟贸易额及增长情况

资料来源：《中国统计年鉴》（2003 ~ 2015 年，历年）。

CAFTA 建立的根本目的，是充分利用中国—东盟市场的巨大潜力，打造优势互补的产业链，发展互惠互利的双边贸易，摆脱全球产业价值链上中国和东盟各国因发达国家卖方和买方的双边垄断而长期处于低端价值锁定的不利状态，以及在由 OEM 向 ODM 和 OBM 的角色转换中所必然遭到的发达国家反倾销、技术壁垒、知识产权等方面的遏制，实现国际分工中产业价值份额的增值[129]。而近年来，随着模块化技术在设计、生产等领域的广泛应用，全球产业价值链出现了模块化分工的新形态，为核心企业和模块供应商提供了共同升级的良性互动机制，也为发展中国家产业升级提供了有利契机。因此，在 CAFTA 价值网合作分工中，中国和东盟各国应顺应产业模块化的发展趋势，促进传统集合型产业价值链的模块化分解和再造，基于产业价值链比较优势节点形成关键价值模块，以此实施跨行业、跨区域、跨国的产业模块化网络分工，形成成员国利益相关者之间价值生成、分配、转移和利用的关系及其结构，构建具有自主价值体系的 CAFTA 价值网[150]。

广西北部湾经济区作为国家战略的新兴重点规划新区，在 CAFTA 中具有对接中国—东盟的重要经济功能，将成为中国—东盟开放合作的物流基地、商贸基地、加工制造基地和信息交流中心。但由于北部湾经济区总体经济实力不强、高技术产业相对薄弱、企业规模小和自主创新能力低、产业配套不足等原因，目前的产业布局以承接东部产业转移的电子、汽车及其他资本密集型产业的零部件配套为主，在产业价值链上处于制造加工的低附加值环节，在中国—东盟产业对接中难以发挥其应有的地位和功能。因此，在广西北部湾经济区新一轮增长中，如何将区域产业发展纳入到 CAFTA 价值网的战略视角下，根据其产业特点、资源优势和区位条件，从构建新型产业出发进行合理的产业定位和产业升级模式选择，将是本章旨在研究的重点。这里，产业升级系指在科技革命的推动下，随着资本、知识、技术等高端要素对土地、劳动力等低端要素的不断替代，这种要素禀赋的动态转化促使新兴主导产业不断涌现，以及旧主导产业必须通过技术更新、组织变革和产品创新才能延缓产业衰退（朱卫平和陈林，2011）[151]，从而推动整个产业结构由低到高、不断演进的动态过程。

8.3 北部湾经济区产业发展现状

8.3.1 产业规模持续扩大

根据广西统计局数据显示，2006～2015年广西北部湾经济区（南宁、北海、钦州、防城港四市）地区生产总值年平均增长率超过16%，经济增速远远高于桂西资源富集区和珠江—西江经济带，2015年GDP达5867.32亿元，占广西GDP的比重为34.9%，已成为广西经济发展的新引擎；第一、二、三次产业增加值分别达810.72亿元、2530.54亿元和2526.07亿元，占比为13.8∶43.1∶43.1，较2006年的20.5∶36.1∶43.4实现了大幅优化，第一产业占比持续下降，第二产业提升了7个百分点，第三产业仍保持较平稳的发展（见图8.2）。虽然与全国9.0∶40.5∶50.5的水平相比，北部湾经济区产业结构仍有较大的调整升级空间，但明显优于广西15.3∶45.8∶38.9的水平。

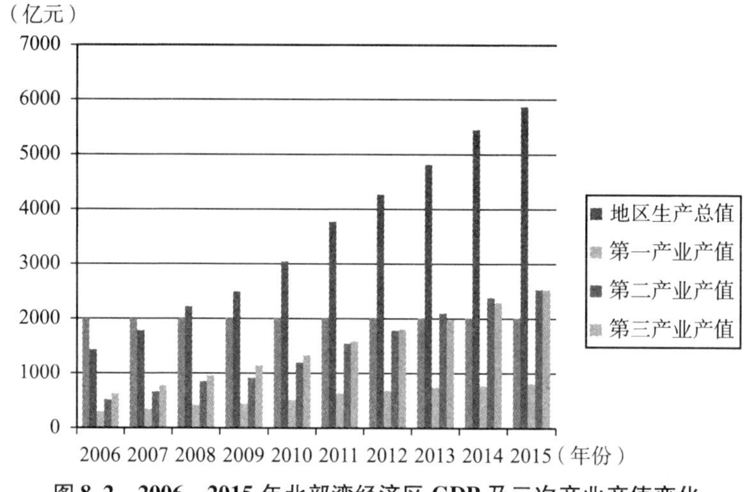

图8.2 2006～2015年北部湾经济区GDP及三次产业产值变化

资料来源：《广西统计年鉴》（2007～2015年，历年）。

8.3.2 特色产业园区形成布局

近几年广西北部湾经济区多渠道积极加大产业投资力度，一批战略性沿海重大产业项目，包括钦州 1000 万吨炼油、北海石化异地改造、钦州金桂林浆纸、北海斯道拉恩索林浆纸、防城港精品钢铁基地、防城港红沙核电、北海诚德新材料、富士康电子等相继加快布局建设。通过重大产业项目建设引导产业集聚，北部湾经济区培育建成了以石化产业为主导的钦州石化产业园、以电子信息产业为主导的北海工业园、以食品加工产业为主导的广西—东盟经济技术开发区、以生物医药产业为引领的南宁经济技术开发区等特色园区，以石化、冶金、林浆纸、电子、能源、生物制药、轻工食品为主的临海产业布局已基本完成。截至 2015 年底，广西北部湾经济区共有 14 个重点产业园区，规划总面积 742 平方公里，已开发面积超过 200 平方公里，2015 年园区工业产值（含贸易额）6729.81 亿元，成为北部湾经济区增长速度最快、发展潜力最大的经济亮点，其中，凭祥综合保税区、南宁高新区两个园区成为千亿元园区，另有 5 个园区产值超过 500 亿元，共计 490 家企业产值超亿元。① 根据广西壮族自治区党委、自治区政府的部署，“十三五”培育壮大包括南宁高新区和凭祥综合保税区、北海铁山港（临海）工业区在内的 10 个千亿元园区，同时围绕中马钦州产业园、南宁中国—东盟信息港等打造一批注重创新、有量更有质的高端化超 500 亿元园区，着力把北部湾经济区打造成为广西改革的“先行区”和“试验区”。②

8.3.3 产业集群效应凸显

随着开放开发步伐的不断加快，广西北部湾经济区通过积极引进和培育龙头企业，带动了一批产业发展，对接东盟的千亿产业集群日趋成形，成为推动我国经济增长的“新一极”。以钦州、北海石化项目为重点的西南地区

---

① 北部湾经济区：培育大产业，打造新一极［N］. 广西日报，2016 -03 -16。

② 广西临海工业快速崛起 打造北部湾经济区升级版［EB/OL］. http：//www. chinanews. com，2016 -03 -03。

最大的石化产业集群，以柳钢（原武钢）防城港钢铁项目为龙头的区域性现代化钢铁城，以北海、南宁电子产业为主导的北部湾“硅谷”，以北海、钦州林浆纸一体化项目为核心的造纸产业集群，以贵糖、南糖两个上市公司为核心的多样化糖业产业集群，以发展粮油精深加工、生物饲料加工、食品加工等为主的防城港粮油食品产业集群，以南宁保税物流中心、钦州保税港区为重点的面向中国西南和东盟的功能强大的保税物流体系，共同构建起在泛北部湾具有较强竞争力的现代产业体系。

8.3.4 战略性新兴产业发展取得重大突破

“十二五”以来，为改变传统产业所占比重较大的局面，广西北部湾经济区加紧了战略性新兴产业的布局，在高端装备制造、新能源汽车、电子商务等新兴产业领域已率先取得了突破性发展。2015 年，首列南宁本地化地铁列车驶下生产线，南宁地铁实现了“南宁造”；源正新能源汽车第一台客车整车成功下线，实现了南宁新能源汽车产业零的突破；南宁跨境贸易电子商务综合服务平台建成运行，广西首家大型商贸零售企业与跨境电商企业联合打造的跨境直营体验店开门试业，中国—东盟（南宁）跨境电子商务产业园揭牌，南宁高新区成为首批国家电子商务示范基地和国家广告产业园试点园区，北部湾物流 APP 成功上线提供包含行内新闻、行业知识、SNS（social networking services，即社会性网络服务）分享、在线预约、周边搜索、一键拨号、地图导航等实用服务功能。进入“十三五”之后，在国家“创新驱动发展战略”和供给侧结构性改革的指引下，广西北部湾经济区大力实施“去产能、去库存、去杠杆、降成本、补短板”的“三去一降一补”，促进资源优化配置，加大科技创新力度，将增强区域战略性新兴产业整体自我发展能力，大力推进战略性新兴产业创新发展、集聚发展，在海洋产业、新材料、新能源、节能环保、先进装备制造、养生长寿健康等领域，率先突破重点细分领域的核心和共性技术，走特色化、规模化、集约化、产业化道路，实现北部湾经济区战略性新兴产业“弯道超车”。

8.4 CAFTA 价值网下北部湾经济区产业升级的优势和劣势

8.4.1 产业升级的优势

8.4.1.1 在 CAFTA 产业分工中具有得天独厚的地缘优势

广西北部湾经济区是西南经济圈、华南经济圈、东盟经济圈等三大经济圈的连接地，是中国唯一与东盟既有陆路又有海洋相连的区域。随着 CAFTA 正式全面启动，以及中国—东盟博览会和商务与投资峰会永久落户南宁，北部湾经济区已成为 CAFTA 的核心地区。正因如此，国家 2008 年将广西北部湾经济区的开放开发正式上升为国家战略。在此推动下，北部湾经济区的基础设施建设取得新突破，出海出省出边公路、铁路、港口和航空立体网络快速构建，成为连接中国与东盟的国际大通道。

公路方面，广西北部湾经济区高速公路通车里程超过 1900 公里，占广西高速公路近四成；南宁—新加坡经济走廊雏形初现，这是一条从中国广西南宁南下，纵穿越南、老挝、泰国、马来西亚，直到 3800 公里外的新加坡的一条陆上经济走廊，目前南宁至新加坡公路通道基本全线贯通，南宁至友谊关、防城至东兴高速公路已建成通车，同时获批到越南的国际道路运输线 24 条，其中 10 条已开通。铁路方面，2009 年 1 月 1 日南宁—河内国际旅客列车正式开通，北部湾经济区内高铁以及南宁—广州高铁实行公交化运作，南宁通往北京、上海以及粤湘黔滇蜀渝的高速铁路开通运营，经济区连接多区域大通道基本建成，实现北部湾经济区“1 小时经济圈”、广西区内主要城市“2 小时经济圈”、国内重要城市朝发夕至。港口方面，广西北部湾港现已建成生产性泊位 263 个，其中万吨级以上泊位 86 个，最大靠泊能力为 20 万吨，设计吞吐能力近 2.5 亿吨，集装箱吞吐能力达到 130 万标准箱，拥有集装箱班轮航线 30 多条，实现外贸班轮 22 班/周，北部湾港口货物吞吐量从 2008 年

8090 万吨增至 2017 年 2.19 亿吨，集装箱吞吐量保持高速增长，由 2008 年的 33 万 TEU 达到 2017 年的 228 万 TEU；① 积极推动港航战略合作，引进了新加坡 PSA 国际港务集团、新加坡太平船务公司以及马士基公司等，加快建设中国—东盟港口城市合作网络，积极“走出去”建设海外港口支点，已与世界 100 多个国家和地区 200 多个港口通航，到东盟的主要港口实现了全覆盖，北部湾港至香港集装箱班轮航线实现“天天班”，“北部湾港—新加坡/印度/中东”远洋航线正式开通，重庆—北部湾港班列、成都—北部湾港班列等海铁联运基础设施正在扎实推进建设，将成为中国中、西南出海的重要通道及中国对接东盟国家最便捷的海上门户。航空方面，北部湾经济区已开通至新加坡、泰国、越南、马来西亚、印度尼西亚、菲律宾、文莱、缅甸、老挝、柬埔寨等东盟 10 个国家 29 个重要城市的直飞国际航班，其中，南宁机场开通国内外航线 100 多条，2015 ~ 2016 年南宁机场旅客吞吐量连续两年超过 1000 万人次，其中 2016 年出入境旅客首次突破 100 万人次，出入境航班达 8900 架次，直飞香港和台湾航班实行加密飞行；由海航集团旗下天津航空与广西北部湾投资集团共同出资成立的北部湾航空已于 2015 年 2 月起投入运营，当年实现安全运营 12400 小时，执行航班 7358 班次，运输旅客 56 万人次，当年实现盈利，至“十三五”末将发展成机队规模达 50 架、年收入规模近 100 亿元、旅客运输量达 1000 万人次的中等规模航空公司，构建起“覆盖全国，辐射东盟”以南宁为枢纽面向东盟的国际大通道航线网络。

基础设施条件的改善，极大地便利了广西北部湾经济区与东盟国家之间的贸易和物流，加之主动融入国家“一带一路”建设、深入实施加工贸易倍增计划、推进边民互市贸易转型升级以及海关各项通关改革释放政策红利等多方面原因，北部湾经济区外贸实现持续增长。2015 年，在全国货物进出口总值同比下降 7.1% 的不利形势下，广西实现货物进出口总值 3183.4 亿元（含边民互市贸易），同比增长 13.5%，而北部湾经济区货物进出口为 1495.9 亿元，更保持了 16.7% 的较高增速，高于广西 3.2 个百分点；特别是出口表现亮眼，同比增长 25.7%，增速远好于广西和全国水平（见表 8.2）。自成立伊始，广西北部湾经济区就以主打“东盟牌”为特色，经过 10 年发展，东

① 广西北部湾经济区发挥南向通道枢纽作用［EB/OL］. http：//gx. people. com. cn/n2/2018/0116/。

盟已无可争议成为北部湾经济区沿边对外开放的最重要区域，北部湾经济区对东盟进出口总额占广西与东盟贸易额的九成以上。在北部湾经济区与东盟贸易快速增长的强劲带动下，东盟业已成为广西第一大贸易伙伴，2015 年广西对东盟国家进出口 1803 亿元，增长 19.6%，占同期广西外贸总值的 56.6%，占广西与“一带一路”国家贸易值的 87.9%，目前广西与东盟的贸易额稳居西部 12 个省区市之首，东盟已连续 14 年成为广西第一大贸易伙伴。广西北部湾经济区作为对接中国—东盟的“三基地一中心”（即商贸基地、物流基地、加工制造基地和信息交流中心）的功能定位加速实现，正在成为西部大开发战略新高地、我国沿海发展新的一极以及“一带一路”有机衔接重要门户的核心区，在国家区域发展总体战略中的地位和作用越来越重要，北部湾区域形象明显提升。

表 8.2　　2015 年北部湾各市货物进出口情况及对比

地区	进出口		出口	
	总量（亿元）	同比增长（%）	总量（亿元）	同比增长（%）
全国	245502.9	-7.1	141162.8	-1.9
广西	3190.3	13.5	1740.4	14.8
北部湾四市	1495.9	16.7	614.3	25.7
南宁市	364.5	23.3	202.5	26.0
北海市	235.4	8.3	117.5	8.0
防城港市	534.1	22.2	143.6	48.3
钦州市	361.9	9.2	150.7	23.1

资料来源：广西统计局，http：//www.gxtj.gov.cn。

8.4.1.2　与东盟国家产业结构具有明显的互补性

东盟国家大多是中小国家或经济发展水平较低的国家，广西北部湾经济区作为中国发展与东盟经贸关系的重点地区，经过近几年的快速发展，产业结构不断优化，对东盟整体已形成一定的产业和技术优势。从双边贸易结构来看，北部湾经济区向东盟出口的商品包括机电产品、高新技术产品、生物制品、化肥、钢材、有色金属等，多属于资本和技术型密集型产品；进口的商品有橡胶、煤、纺织品、木薯淀粉、水果、矿砂、棕榈油、原木、电子元件等，资源和劳动密集型产品的比重大。可见，广西北部湾经济区与东盟国家之间存在产业梯度，这为北部湾经济区利用 CAFTA 强大的市场需求拉力和要素集聚推力向高附加值产业链升级创造了先决条件。而且，双方在经济层次和劳动力成本上的差异性也为北部湾经济区将低附加值、劳动密集型环节向东盟国家特别是缅甸、老挝、柬埔寨、越南四国转移提供了现实基础（见表 8.3）。

表 8.3　　2015 年北部湾经济区与东盟国家的经济差异

国家和地区	国内生产总值（10 亿美元）	人均生产总值（美元）
新加坡	296.06	53224.27
文莱	11.24	27759.05
马来西亚	327.89	10073.17
泰国	386.29	5426.30
印度尼西亚	895.68	3415.83
菲律宾	308.03	2951.15
越南	204.49	2170.88
柬埔寨	17.81	1139.69
老挝	12.76	1785.09
缅甸	69.14	1268.68
北部湾经济区	90.35	5418.85

资料来源：国际货币基金组织（IMF）2015 年数据，《2015 年广西壮族自治区国民经济和社会发展统计公报》。

8.4.1.3　多重政策优势的叠加推动

2008 年 1 月国务院批准实施《广西北部湾经济区发展规划》，使北部湾经济区兼具既是西南地区最便捷的出海大通道和支撑西部大开发的战略高地，又是中国与东盟合作的国际大通道、交流大桥梁、合作大平台的双重战略地位。这意味着广西北部湾经济区不仅仅是西部大开发的龙头区域，而且应对东盟经济整体发展具有一定的引领作用。同时，广西北部湾是对接东盟的重要窗户，是“21 世纪海上丝绸之路”西部地区起点，东接广东，北牵华中腹地，辐射中亚、东南亚经济圈，担负着国家“一带一路”倡议承接东盟贸易的重要使命，未来将围绕打造中国—东盟自由贸易区升级版主打东盟合作。

在上述政策定调下，单纯走接收国外和东部地区落后产业转移的老路已不足以体现广西北部湾经济区的战略定位，而须将其开放开发置于辐射和沟通整个 CAFTA 区域的大格局视角，这一点已越来越成为区内外政界和学术界的共识。而这又必然对北部湾经济区的产业升级提出了更高的要求，但同时也是促进其跨越发展的强大助推力。就具体实施条件而言，北部湾经济区同时享有沿海沿边开放、西部大开发、民族区域自治等带来的一系列投融资、税收、土地、人才引进、户籍等综合配套相关优惠政策，广西也出台了《关于促进广西北部湾经济区开放开发的若干政策规定》，这为该区域产业跨越升级提供了有效的制度保障。

8.4.2 产业升级的劣势

8.4.2.1 产业基础薄弱，工业化率偏低

尽管目前广西北部湾经济区已形成了石化、有色金属、电力、制糖、电子信息、冶金等一批初具规模与竞争力的产业，但总体工业基础依然薄弱，且分布不均衡。2015 年北部湾经济区生产总值已占到广西 GDP 的三成有余，其中，仅南宁贡献率就达到 58.1%，北海、钦州、防城港三市生产总值合计为 2457.24 亿元，仅占广西 GDP 的 14.6%，未超过南宁市的 3410.09 亿元。而南宁市产业结构存在一定的虚高现象，工业发展相对滞后，主要靠其首府优势和中国—东盟博览会每年举办的影响使第三产业获得了超前发展，2015 年第三产业增加值占 GDP 的比重为 49.7%，远高于第二产业 39.5% 的水平（见表 8.4）。工业方面，2015 年南宁、北海、钦州、防城港四市工业增加值为 2035.72 亿元，占北部湾经济区 GDP 的 34.7%，低于广西 37.7% 的工业化率。由于广西北部湾经济区尚处于工业化初期，工业化率偏低，势必影响区域整体产业发展后劲和产业结构的进一步优化升级。

表 8.4　2015 年北部湾四市、广西及全国三次产业产值占比　单位：%

分类	南宁	北海	防城港	钦州	北部湾	广西	全国
第一产业	10.8	17.9	12.2	21.7	13.8	15.3	9.0
第二产业	39.5	50.4	56.9	40.4	43.1	45.8	40.5
第三产业	49.7	31.7	30.9	37.9	43.1	38.9	50.5

资料来源：中国、广西及北部湾各市 2015 年国民经济和社会发展统计公报。

8.4.2.2　第二、三产业专业化水平低，比较优势不突出

1. 区位商指标

衡量一个地区某个产业的专业化水平，通常用区域经济学中的区位商（location quotient，LQ）指标来计算。区位商又称专业化率，是由哈盖特（P. Haggett）首先提出并运用于区位分析中，在衡量某一区域要素的空间分布情况，反映某一产业部门的优劣势，以及某一区域在高层次区域的地位和作用等方面，通过计算某一区域产业的区位商，可以找出该区域在全国具有一定地位的优势产业，并根据区位商 LQ 值的大小来衡量其专业化率，LQ 值越大，则专业化率也越大。以区位商作为量化指标，采用一个地区特定产业的产值在该地区总产值中所占的比重与全国该产业产值在全国总产值中所占比重之间的比值，其表达式为：

$$LQ_{ij} = \frac{X_{ij}/\sum_{i} X_{ij}}{\sum_{j} X_{ij}/\sum_{i}\sum_{j} X_{ij}}$$

上式中，i 表示第 i 个产业；j 表示第 j 个地区；X_{ij}表示第 j 个地区的第 i 产业的产值指标。当 $LQ_{ij} > 1$ 时，表明该地区该产业具有比较优势，一定程度上显示出该产业较强的竞争力；当 $LQ_{ij} = 1$ 时，表明该地区该产业处于均势，该产业的优势并不明显；当 $LQ_{ij} < 1$ 时，表明该地区该产业处于比较劣势，竞争力较弱。

2. 计算结果

通过计算区位商指标，对广西北部湾经济区产业专业化水平与广西及全国同行业专业化平均水平进行比较。计算结果可知（见表 8.5），北部湾经济区只有第一产业与全国的区位商显著大于 1，这也恰恰说明该区域产业结构

演进明显滞后于全国总体水平，而且在广西的专业化程度并不高；第二产业专业化水平略高于全国，表明近几年由于临港工业加快布局建设并相继进入投产期，工业化进程得以推进，产业竞争力有所提升，在一定程度上也与北部湾经济区尚处于工业化中期有关，而我国 2010 年工业化水平综合指数已经达到 66，这意味着 2010 年以后中国进入到工业化后期，[①] 工业经济正在步入一个速度趋缓、结构趋优的新常态，并且从工业化中期进程来看，北部湾经济区仍低于广西的整体发展水平；第三产业北部湾经济区在广西具有一定的区域比较优势，原因是南宁市作为广西首府和中国—东盟博览会的永久举办地，其第三产业在三次产业中最为发达，2015 年占 GDP 的比重达到 49. 7%，由此贡献了北部湾经济区第三产业 67. 1% 的份额，却也掩盖了北海、钦州、防城港三市第三产业落后的现实，但即便如此，北部湾经济区第三产业总体仍远远落后于全国的发展，特别是现代服务业的竞争力明显不足。

表 8. 5　　2015 年北部湾各市三次产业与广西、全国的区位商

分类	北部湾		南宁		北海		防城港		钦州	
	与广西	与全国	与广西	与全国	与广西	与全国	与广西	与全国	与广西	与全国
第一产业	0. 91	1. 53	0. 71	1. 23	1. 17	1. 99	0. 80	1. 37	1. 42	2. 41
第二产业	0. 94	1. 06	0. 86	0. 98	1. 10	1. 24	1. 24	1. 40	0. 88	0. 99
第三产业	1. 11	0. 85	1. 28	0. 98	0. 81	0. 61	0. 79	0. 61	0. 97	0. 75

资料来源：根据《广西统计年鉴（2016）》整理计算。

2015 年，从具体产业分析，结果如表 8. 6 所示。

表 8. 6　　2015 年北部湾四市三次产业分行业与广西、全国的区位商

分类	南宁		北海		防城港		钦州	
	与广西	与全国	与广西	与全国	与广西	与全国	与广西	与全国
第一产业	0. 71	1. 23	1. 17	1. 99	0. 80	1. 37	1. 42	2. 41
农林牧渔业	0. 75	1. 20	1. 14	1. 83	0. 81	1. 29	1. 41	2. 25

① 中国社会科学院．中国工业发展报告 2014 [M]．北京：经济管理出版社，2015。

续表

分类	南宁		北海		防城港		钦州	
	与广西	与全国	与广西	与全国	与广西	与全国	与广西	与全国
第二产业	0.86	0.98	1.10	1.24	1.24	1.40	0.88	0.99
工业	0.76	0.86	1.19	1.31	1.32	1.46	0.79	0.86
农副产品加工业	0.96	1.40	—	—	—	—	1.14	1.66
木材加工及相关制品业	0.80	2.40	—	—	—	—	2.03	6.09
造纸及纸制品业	1.32	1.45	—	—	—	—	2.54	2.78
化学原料及化学制品制造业	1.03	0.61	—	—	1.28	0.76	2.33	1.38
非金属矿制品业	0.73	0.85	—	—	0.99	1.15	0.77	0.89
电气机械及器材制造业	1.17	0.62	—	—	—	—	—	—
通用设备制造业	0.43	0.13	—	—	—	—	—	—
电力热力生产和供应业	0.53	0.47	—	—	0.84	0.75	0.70	0.63
石油加工、炼焦及核燃料加工业	0.05	0.04	6.23	5.10	—	—	9.20	7.52
医药制造业	1.40	0.96	—	—	—	—	2.01	1.38
黑色金属冶炼及压延加工业	0.07	0.11	2.56	4.26	2.85	4.73	0.54	0.90
有色金属冶炼及压延加工业	0.16	0.17	—	—	—	—	—	—
电力燃气及水生产和供应业	1.72	2.68	0.54	0.84	0.73	1.14	0.54	0.85
建筑业	1.36	1.42	0.62	0.65	1.32	1.37	1.59	1.65
第三产业	1.28	0.98	0.81	0.61	0.79	0.61	0.97	0.75
交通运输、仓储和邮政业	0.95	0.99	0.58	0.61	1.91	2.00	0.54	0.57
信息传输、计算机服务和软件业	1.55	0.86	1.05	0.58	1.09	0.61	0.58	0.32

续表

分类	南宁		北海		防城港		钦州	
	与广西	与全国	与广西	与全国	与广西	与全国	与广西	与全国
批发和零售业	1.45	0.97	0.66	0.45	0.51	0.34	0.81	0.55
住宿和餐饮业	1.62	1.25	1.67	1.29	0.86	0.66	0.56	0.43
旅游业	1.12	3.59	1.29	4.12	0.84	2.67	0.56	1.79
金融业	1.29	1.25	1.74	1.69	0.55	0.53	0.58	0.57
房地产业	1.40	1.19	1.14	0.96	1.20	1.02	0.69	0.58
租赁和商务服务业	1.57	1.66	0.45	0.47	0.59	0.62	0.36	0.38
科研技术服务和地质勘查业	1.64	1.69	0.89	0.93	0.52	0.53	0.57	0.59
水利环境和公共设施管理业	1.00	1.52	1.20	1.83	1.49	2.20	0.63	0.96
居民服务和其他服务业	1.06	0.49	0.91	0.42	0.27	0.13	1.00	0.46
教育	0.73	1.18	0.95	1.52	0.86	1.37	1.29	2.04
卫生社会保障和社会福利业	0.80	1.30	0.93	1.50	0.89	1.45	1.23	2.00
文化、体育和娱乐业	1.67	1.68	0.98	0.99	0.65	0.65	0.43	0.43
公共管理和社会组织	0.67	0.88	1.01	1.33	1.25	1.64	0.96	1.26

注：表中数据缺失项为产业在相应城市规模小、未有统计数据所致。

资料来源：根据《广西统计年鉴（2016）》《中国统计年鉴（2016）》《中国工业经济统计年鉴（2016）》整理计算。

第一产业中，南宁、北海、钦州、防城港四市与全国的区位商均大于 1，钦州、北海更分别高达 2.41 与 1.99，其农林牧渔业较发达，农副产品种类丰富，特别是海产品大都用于外销。

第二产业中，随着北部湾临海工业的加速布局和发展，防城港、北海两市的制造业相对最为发达，与全国的区位商分别达到 1.46 和 1.31，与广西的区位商也都大于 1。其中，防城港市的黑色金属冶炼及压延加工业、有色金属冶炼及压延加工业、电力燃气及水生产和供应业、电力热力生产和供应业、农副产品加工业、化学原料及化学制品制造业较强，其中，黑色金属冶炼及压延加工业、非金属矿制品业、电力燃气及水生产和供应业三个产业与全国的区位商都大于1，其中，黑色金属冶炼及压延加工业高达4.73，说明该产业在全国具有绝对的比较优势；而北海市的工业优势主要体现在石油加工炼焦及核燃料加工业、通用设备制造业、化学原料及化学制品制造业，2015年石油加工炼焦及核燃料加工业、黑色金属冶炼和压延加工业、电子信息业三大行业累计完成产值1582.6亿元，分别占全市规模以上工业产值比重的13.8%、17.8%和52.9%，[①] 三大优势产业合计占比达到84.6%，其中，石油加工业对全国及广西的区位商分别高达5.10和6.23，黑色金属冶炼及压延加工业对全国及广西的区位商也各达4.26和2.56。南宁、钦州两市的工业总体而言不论是与广西还是全国相比都欠发达，但部分子行业在广西甚至全国具有较强的比较优势，表现出小而精的特色：南宁市专业化水平较高的制造业依次是电力燃气及水生产和供应业、医药制造业、造纸及纸制品业、电气机械及器材制造业、化学原料及化学制品制造业，这些产业与广西的区位商均大于1，而电力燃气及水生产和供应业、木材加工及相关制品业、造纸及纸制品业及农副产品加工业四个行业与全国的区位商也显著大于1；钦州市的石油加工业、木材加工及相关制品业、造纸及纸制品业、化学原料及化学制品制造业、医药制造业以及农副产品加工业这几个主要工业无论与广西还是全国相比均具有绝对的比较优势，其中，石油加工业、木材加工及相关制品业与全国的区位商分别高达7.52和6.09。建筑业方面，南宁市得益于作为省会城市及中国—东盟博览会永久举办地等综合因素，钦州市因北部湾港及中马钦州产业园加快建设等利好，建筑业专业化水平强高于广西和全国，且与全国相比优势有扩大的趋势，2015年南宁、钦州与全国的区位商各为1.42和1.65，都分别高于2014年1.28和1.56的水平；防城港市因临港工业发展提速和对外开放建设加快等影响，建筑业与全国的区位商由2014年的0.78大幅上升至2015年的1.37；北海市建筑业受到库存较多、需求不足的制约，无论与广西还是全国相比发展都相对滞后。

① 2015年北海市完成规模以上工业总产值1871.38亿元［EB/OL］. http://www.beihai.gov.cn/365/2016_2_5/365_485898_1454644741984.html。

第三产业中，如前述原因，南宁市第三产业较为发达，占到经济总量的近一半，特别是旅游业、住宿和餐饮业、金融业、房地产业、租赁和商务服务业、科研技术服务和地质勘查业、水利环境和公共设施管理业、文化体育和娱乐业的专业化程度都明显高于广西和全国的平均水平。北海、钦州、防城港三市的第三产业发展较滞后，GDP 占比均在三成左右，明显低于广西和全国的第三产业占比，与南宁市第三产业的发展落差也较大。相较而言，北海市旅游业最发达，与广西和全国的区位商分别为 1.29 和 4.12；防城港市最具优势的第三产业是交通运输、仓储和邮政业，与广西和全国的区位商分别达到 1.91 和 2.00；钦州市第三产业专业化水平总体较低，大部分行业的区位商指标均低于 1，只有教育业、卫生社会保障和社会福利业相对较为发达。

8.4.2.3 产业布局趋同，内耗竞争激烈

广西北部湾经济区各市区位优势相近，在产业布局上均以临海产业为主，南宁市重点发展高技术产业、加工制造业、商贸业和金融、会展、物流等现代服务业，北海市以能源、化工、林浆纸、集装箱制造、港口机械、海洋产业及其他配套或关联产业为主，钦州市以石化、能源、磷化工、林浆纸为主，防城港市以钢铁、重型机械、能源、粮油加工、修造船为主。但在实际发展中因存在地方本位主义且缺乏有效的协调机制，北部湾经济区各市在承接产业转移和重大项目建设上出现了能源、化工、林浆纸、重型机械、粮油加工等产业布局雷同的现象，产业结构相似度极高。

为进一步验证北部湾经济区内产业结构趋同水平，下面引用产业结构相似系数，对四市产业结构水平进行相互比较。假设 A 是被比较地区，B 是比较地区，x_{Ai}、x_{Bi}分别是两个区域 i 部门的特征值（可用从业人员、产值、增加值等占该区域总量的比重表示），则 A、B 两个区域之间的产业结构相似系数为：

$$S_{AB} = \frac{\sum_{i=1}^{n} x_{Ai}x_{Bi}}{\sqrt{\sum_{i=1}^{n} x_{Ai}^2 \sum_{i=1}^{n} x_{Bi}^2}}$$

其中，$0 \leqslant S_{AB} \leqslant 1$，$S_{AB}$越接近于 1，则表明 A、B 两地区产业结构趋同水

平越高。根据上式，由表8.4可知广西北部湾经济区四市三次产业各占经济区生产总值之比，再计算出它们之间产业结构相似系数（见表8.7）。

表8.7　　2015年北部湾经济区四市产业结构相似系数

比较地区	南宁—北海	南宁—防城港	南宁—钦州	北海—防城港	北海—钦州	防城港—钦州
相似系数	0.9480	0.933	0.981	0.990	0.978	0.932

资料来源：根据表8.4数据计算整理而得。

表8.7计算结果表明，北部湾经济区四市产业结构高度相似，其中北海与防城港两市的产业结构趋同水平最高，其相似系数接近于1，南宁—钦州、南宁—北海、南宁—防城港、北海—防城港、北海—钦州、防城港—钦州的产业结构相似系数也在0.9以上，这说明北部湾经济区各市产业链间的分工协作较弱，区域产业结构协同效应难以发挥。由此可以看出，自广西北部湾经济区上升为国家战略以来，各级政府在地方利益的驱使下竞相逐利，造成了一定程度上的产业结构同构，特别是北海、钦州、防城港三市资源禀赋差异不大，使得一些临海重大产业和重大项目的布局，如火电、造纸业、粮食加工、石化等在各市存在雷同、重叠现象，从而影响了资源的优化配置，甚至出现相互争夺物资、资金的局面，导致区域整体资源利用效率和规模经济效益难以得到充分发挥，其结果是各市之间的产业同质化竞争加剧，互补性和协同作用减弱，降低了广西北部湾经济区的整体对外竞争力。而在当前我国钢铁、水泥、化工、电解铝等产能严重过剩和面临经济增长新旧动能转换的宏观经济大背景下，北部湾临港传统产业群发展在内耗竞争严重的同时还面临外部市场需求萎缩的挑战，产业效能前景堪忧。而且上述重化产业布局对广西北部湾地区生态环境带来了一定程度的负面影响，若不能加大有效治理力度，将对旅游、渔业等相关产业的可持续发展构成重大威胁。

8.4.2.4　产业链对接东盟市场不力，市场需求空间扩展受限

随着CAFTA的正式建成，南宁高新区、北海高新区、中马钦州产业园等重点产业园区招商引资力度逐年加大，一批国内外知名企业，如亚马逊、普洛斯、富士康、中国电子、冠捷科技、景光电子、三诺、朗科、中信大锰等

相继进驻投资设厂，对北部湾经济区产业结构高度化起到一定积极影响。但总体而言，由于广西北部湾经济区属于西部后发地区，在既往产业发展定位上未能前瞻性地采取“弯道超车”战略，并且受限于人才、技术、市场等客观条件，在招商引资中偏向于能迅速扩张产能规模的基础重化工业以及部分高技术产业的劳动密集型低端中下游环节 OEM 代工组装为主，致使高科技产品输出率偏低，无力开拓东盟市场高端需求，外向型经济战略纵深推进面临着较大瓶颈。这在出口数据上已有所反映，2016 年北部湾经济区实现出口 544.1 亿元，虽占广西出口总额的 35.7%，但出口较 2015 年大幅减少 14.2%，大于广西 12.4% 的减幅和全国 1.9% 的减幅，呈现低迷状态；对东盟出口仅占广西对东盟出口总额的两成左右，出口贸易结构仍以纺织服装、化工品、成品油、机电、陶瓷、鞋等传统劳动密集型和加工贸易型产品为主。

8.4.2.5 产业自主创新不足，处于全球价值链分工中的低端环节

由于广西属于西部省区，在北部湾经济区开放开发初期的产业发展定位上，惯性地将承接东部地区产业转移作为首任，形成了以电子信息、汽车及零部件和其他资本密集型为主的产业配套和协作化的 OEM 产业模式，企业主要从事终端产品在生产中需要大量利用密集劳动的生产作业环节，如电子产品的封装与组配环节，自身不具备产品设计和研发优势，缺乏自主技术创新能力，信息来源和销售渠道严重依赖于海外供应商和进口商，因此在全球产业价值链分工中只能处于“微笑曲线”的底端，获得微薄的代工利益，高附加值、高档次、高技术含量产品的产值较低，支柱产业仍以传统工业为主（见表 8.8）。广西北部湾经济区现有的高新技术产业主要集中在南宁高新区和北海高新区两个国家级高新区，形成了一批以电子信息、生物制药、新材料、机电一体化等为主的高新技术产业优势领域。但 2015 年这两个国家级高新区实现规模以上工业总产值只有 1507.13 亿元，仅占北部湾经济区的 20.7%，说明北部湾经济区高新技术产业发展与东部地区相比仍较为滞后，并未成为推动北部湾区域经济增长的主引擎。2015 年北部湾经济区战略性新兴产业产品产值仅占全部产品产值的 4.9%，列全国倒数第二位；工业机器人、3D 打印设备、智能电视、石墨烯、稀土磁性材料、碳纤维增强复合材料等工业新产品几近空白。

表 8.8　　2015 年北部湾经济区工业发展状况

城市	规模工业总产值（亿元）	同比增长（%）	规模工业增加值（亿元）	同比增长（%）	支柱产业	占规模工业总产值比重（%）
南宁	3242.74	12.9	969.55	8.3	农副食品加工、电子信息制造、化工、非金属矿物制品、电气机械和器材制造、木材加工	53.8
北海	1871.38	16.7	387.2	14.7	电子信息制造、石化、新材料	81.6
防城港	1323.06	16.4	303.34	14.3	黑色、有色金属冶炼和压延加工业、农副食品加工业	61.3
钦州	1373.88	5.9	234.69	5.7	石化、能源、林浆纸、粮油、木材加工、冶金	69.1

资料来源：根据北部湾各市 2015 年国民经济和社会发展统计公报计算整理。

而广西北部湾经济区产业自主创新能力弱，与 R&D 投入不足直接相关。2015 年北部湾经济区四市的 R&D 投入占 GDP 的比重约只有 0.8%，略高于广西 0.69% 的平均水平，但远低于全国 1.84 的平均值，与东部地区 2.13 的平均水平更是相距甚远，而且 R&D 活动经费投入前 4 位的是黑色金属冶炼和压延加工业、有色金属冶炼和压延加工业、专用设备、汽车制造等产能过剩行业，有 R&D 活动经费支出企业占该行业全部企业比重均不足三成，这无疑制约了北部湾经济区高新技术产业的加速发展和区域经济的转型升级。不仅如此，同步创新和自有高科技集成产品品牌的匮乏也难以培育和激发广西北部湾经济区作为对接中国—东盟的“桥头堡”功能，如电子信息制造业有实力、有名牌、有影响力的行业应用电子企业，包括宏碁、海尔、惠普、联想、富士康、中国电子、光宝、惠科、冠捷、朗科、德昌电机等均属于外来企业，北部湾经济区无一本地同类大型企业。目前，北部湾经济区高新技术产品出口虽占到广西同类产品出口总额的超七成，但占北部湾经济区出口总额的比重不足 15%，主要出口产品有无线路由器、光盘驱动器、有线数字通信设备、调制解调器、液晶监视器和手持式无线电话机，基本属于技术成熟、附加值不高的电子通用硬件且基本为代工产品。近几年随着富士康等国内外一些大型电子集成企业基于劳动力成本低廉的考虑将部分产品制造环节落户北部湾经济区，使“用作处理器及控制器的集成电路”“其他集成电路”“路由器”等主要高新技术商品出口均实现了快速增长，但即便如此，因北部湾经济区高新技术企业主要从事的还是代工业务，资本密集型和劳动密集型的特征并未发生根本改变，自有品牌高科技集成产品和专用核心模块产品严重缺乏。

8.4.2.6 新兴产业高端人才缺乏

广西北部湾经济区是经济后发展地区，地区经济总量、产业结构和实力、产业配套和基础、企业规模和效益、人均收入水平等方面与东部沿海地区相比差距明显，难以吸引海内外高端技术人才。当前北部湾经济区传统产业供给侧改革压力倍增，打造新一代信息技术、生物医药、智能装备制造、节能环保、新材料、新能源汽车等战略性新兴产业成为必然之举，但缺人才、缺技术、缺资金已成为新兴产业发展的桎梏。尽管 2008 年北部湾经济区开发开放上升为国家战略后迎来了经济社会高速发展的机遇期，由此产生了巨大的人才需求，一场吸引人才的“争夺战”在北部湾四市早已上演：南宁市 2014 年发布了《南宁市加快人才特区建设三年行动计划（2014～2016 年）》《南宁市人才安家费补贴暂行规定》《南宁市引进急需紧缺人才奖励暂行办法》三份文件，围绕生物医药、电子信息、铝深加工、机械装备制造、食品、清洁能源等六大重点产业和南宁市重大项目建设大力引进急需紧缺高端人才；防城港市从 2010 年起先后推出了“聚才扬帆”“白鹭英才”等人才工作计划，旨在吸引更多的优秀人才扎根；钦州市自 2011 年来连续开展“筑巢引博”行动、领军型创业人才“520”计划、海鸥计划、急需紧缺人才“三百计划”等，围绕石化、装备制造、电子信息、新材料、生物技术等战略性新兴产业以及中马钦州产业园主导产业制定了一揽子引才计划；2016 年广西新批启动了包括北部湾留学回国人员“众创空间”、北部湾博士后创新实践基地、北部湾专家新型智库建设、钦州市筹建北部湾大学“百名博士人才引进计划”、崇左市振兴左江革命老区人才工程、防城港市跨境电子商务人才队伍建设工程等 12 项北部湾经济区重大人才项目。但由于前述原因，北部湾经济区高层次人才相较深圳特区、上海浦东新区、天津滨海新区、重庆两江新区等一、二线经济开发区而言仍十分欠缺。目前，北部湾经济区所有从业人员中，大专以上学历人员、专业技术人员及高级工以上技能人员占就业人员比重约为40%，而上述经济开发区的人才总量占就业人员比重在60%以上，可见北部湾经济区人才总量偏低，特别是研发人员占从业人员的比重仅为2%左右，且70%的专业技术人才集中在高校、科研单位、医疗部门等非物质生产部门，企业专职研发人员数量严重不足，无力支撑战略性新兴产业快速、优质、高效发展。

8.5 CAFTA价值网下北部湾经济区产业升级对策

8.5.1 以获取关键价值权力为着眼点，明确产业升级路径

广西北部湾经济区应充分利用中国和东盟双边市场巨大的需求效应，将产业升级置于CAFTA价值网的视角，发挥自身独特的资源禀赋优势和区位优势，通过“干中学”和自主创新能力培育，面向东盟高起点打造关键价值节点，完善产业链布局和建设，以创新设计推动新型产业发展，促进区域经济转型升级。根据北部湾经济区不同产业内企业的技术积累和知识创新差异，可采取以下两条产业升级路径：一是对于自主创新能力较弱且市场开拓能力也不强的产业链，应立足于贴牌加工的OEM模式实现制造加工能力高度化，通过规模经济和学习效应不断降低制造成本（吴解生，2007）[152]，实施精益生产和敏捷制造等先进制造管理方法提升响应速度，并将地方产业链纳入CAFTA甚至全球制造体系以实现市场扩张，形成生产制造环节的垄断优势，力争短期内大幅提升产业附加值和利润（见图8.3），以此为基础逐步向ODM、DMS、EMS等更高的价值链环节攀升；二是对于自主创新能力较强且具备一定市场开拓力的产业链，应加大R&D投入力度，重点定位于面向东盟的制造产业价值链研发、设计、营销等薄弱和缺失环节，锻造技术创新能力、产品设计能力和品牌推广能力，最终实现自有品牌制造（own brand manufacture，OBM）（如图8.4所示），甚至还可进一步向技术工艺更复杂、赢利空间更大的其他产业价值链进行跃迁[126]。此外，北部湾经济区在做好制造业

升级的同时，第三产业的内部升级也刻不容缓，应由传统服务业向为中国—东盟制造业互动发展提供服务外包、检验检测、金融保险、贸易、物流、会展、信息等支持的生产性服务业转型，提高第三产业在 CAFTA 产业分工中的地位和作用，获取更高的附加价值。

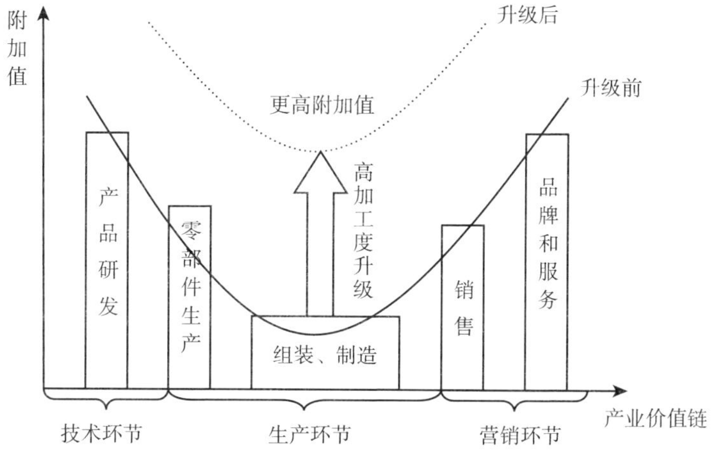

图 8.3　北部湾经济区产业制造节点高度化升级

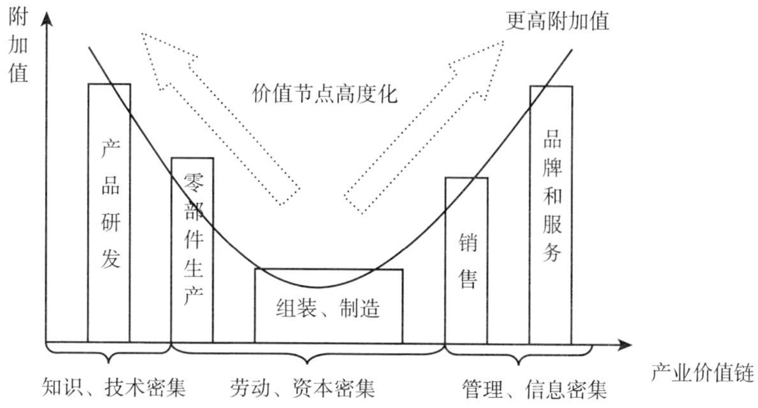

图 8.4　北部湾经济区产业价值链高度化升级

8.5.2　培育核心主导企业，提升对 CAFTA 价值网的控制力

作为产业价值网的治理者，核心企业对于后发区域产业升级的引领作用

不可或缺，如我国台湾地区的鸿海、宏碁、华硕、台积电、HTC以及韩国的三星、现代，大宇、SK海力士、LG等，无不是其中的典型代表。因此，北部湾经济区要实现产业跨越升级，必须充分利用作为“一带一路”建设有机衔接重要门户的有利地位，以建设CAFTA升级版下面向东盟的开放合作的新门户新枢纽为目标，大力培育对核心技术、产品标准、销售渠道和市场规则具有强控制力的核心企业。当然，由于目前北部湾经济区大多企业缺乏核心技术和渠道网络，宜着重于从以下两方面着手促进核心企业形成：

一方面，短期内应充分挖掘北部湾经济区在CAFTA产业分工中的独特优势，辅之以中国—东盟自由贸易区“零关税”等多种政策措施和经济杠杆，利用广西正在打造沿边金融综合改革试验区、建设千万标箱大港和建设区域国际航运中心的机遇，积极吸引欧美、日韩、新加坡等国家和港澳台地区电子信息、生物医药、装备制造、新能源新材料、电子商务、跨境物流等先进制造业和现代服务业的世界500强企业进驻北部湾经济区投资兴业，通过其采购链和OEM生产链等方式组织起来的跨国、跨区域商品流通网络，与经济区内企业构筑上、下游产业链，携手开拓国际、东盟和国内市场，推动经济区产业和企业发展质量、经济效益的迅速提升。对此，近几年北部湾经济区已凭借区位和劳动力优势成功吸引台商聚集形成电子信息产业集群，截至2016年7月，广西累计批准台商规模以上投资项目近1700个，合同金额超过100亿美元，实际到位50多亿美元，[①] 台资企业在北部湾经济区的优势产业链不断成型，形成了以富士康、建兴、冠捷等大型消费电子制造企业为代表的北部湾电子产业集群，成为广西千亿元电子产业的主力军。今后，广西北部湾经济区应将吸收台资的模式和经验在更多产业进行复制推广，并力争吸引其他发达国家和地区特别是美国、日本、欧洲的跨国公司强力进驻，在新兴产业领域构建对接市场、功能完善的产业生态系统，从而带动北部湾经济区整体产业结构转型升级和各类企业提质增效。

另一方面，从长远和根本上看，应积极引导北部湾企业进行跨区域、跨行业的兼并重组，促进产业资源优化配置和大企业形成，迅速扩张规模经济和范围经济实力。这一点在当前供给侧改革压力明显的宏观背景下尤为重要，

---

① 广西副主席：台商聚集北部湾形成电子产业集群［EB/OL］. http：//www. chinanews. com。

特别是北部湾经济区地处后发区域，长期以来经济基础薄弱，产业实力不强，尽管拥有沿海沿边和对接东盟的区位优势，但与发达地区相比，产业发展仍较滞后，对区内外资本的吸引力有所欠缺。因此，要推动夕阳或落后产业的产能过剩企业加大“三去一降一补”力度，联合多部门积极探索和建立有效的“僵尸企业”强制退出机制，坚决制止那些无法继续正常经营、应该破产却又靠借债或政府资助而没有破产的企业通过“三角债”、公司债或担保等方式苟延残喘，切实化解低端低效和过剩供给，避免落入“僵尸经济陷阱”。同时，应综合运用科技、产业、财税、金融等多重手段，引导社会优质资源及从过剩产业退出的资源投入战略性新兴产业、优势产业的大企业和具有关键技术、潜在扩张能力的行业龙头，鼓励其加大自主创新力度和实施“走出去”战略，提高研究开发、品牌建设和营销拓展能力，从事更多高附加值产业链活动，实现在全球价值链节点上的攀升，力争成为 CAFTA 价值网的治理者。目前北部湾经济区已逐渐涌现这样的新兴龙头企业，如成立于 1999 年的广西博世科环保科技股份有限公司是水污染治理整体解决方案提供商，为国家火炬计划重点高新技术企业，核心业务主要包括高浓度有机废水厌氧处理、难降解废水深度处理、重金属污染治理和制浆造纸清洁漂白二氧化氯制备等，涉及行业客户主要包括制浆造纸、制糖、淀粉、酒精、制药、重金属污染治理等，在水处理及资源化利用、清洁化生产、固体废弃物处置及资源化利用、废气脱硝、重金属污染治理及生态修复等领域实现了多项科技成果转化，现拥有专利 78 项，其中发明专利 17 项，多项专利技术及产品处于国内领先及国际先进水平，近几年加紧布局土壤修复和进军市政环保 PPP 业务，在土壤修复药剂、热解设备上实现了技术突破，并于 2015 年 2 月在创业板成功上市，在生态环境保护和环境治理领域已跻身国内前列形成品牌优势。今后，广西北部湾经济区应在高附加值战略性新兴产业领域不断培育和促进更多区域性标杆大企业成长壮大，谋求更高的国内外市场份额。

8.5.3 合理布局区域主导产业，实现特色新兴产业集聚

广西北部湾经济区产业系统作为一个不可分割的有机整体，只有克服当前因条块分割的利益格局和地方本位主义驱使导致的各市产业结构趋同问题，

才能促进区域产业的健康、长远和高度化发展，实现在 CAFTA 产业链对接中的战略功能和经济发展的乘数效应。对此，北部湾经济区应制定统一的产业发展政策，基于产业优势互补和协同发展的原则，对各市主导产业进行合理选择和定位，构建结构优化、技术先进、清洁安全、附加值高、吸纳就业能力强的现代产业体系，促进地方特色产业集聚，发挥集群内的学习效应和创新效能，实现产业持续优化升级。具体到各市的情况如下。

南宁市应利用中国—东盟博览会和中国—东盟商务与投资峰会永久落户所构筑的强大资源吸附平台，积极参与“一带一路”、中国—东盟自贸区升级版、南宁—新加坡经济走廊建设，着力打造电子信息、高端装备制造、生物医药 3 个新主导产业，加快发展新能源汽车、新材料、节能环保等战略性新兴产业，推进富士康产业园、江南光电产业园、南宁高新区生物医药园等产业基地建设，积极引进一批高新技术企业和产品，建设国家重要的战略性新兴产业基地；构建研发设计、跨境电商、现代物流、互联网金融和科技金融、软件和信息技术服务、会展、科技服务等新型生产性服务业体系，提升对工业转型升级的服务支撑能力。

北海市应发挥亿吨大港和滨海旅游资源优势，坚持以产业生态化和生态产业化为导向，重点布局电子信息、临港化工和新材料、滨海国际旅游、海洋等特色产业，特别要依托中电北海产业园围绕电子产业的主导产业及其上下游产业进行招商，以形成完整产业链和产业集聚，大力发展现代物流、电子商务和信息、金融服务业、教育培训、文化创意等现代服务业，推动生产性服务业向高价值产业链延伸，建设成为中国—东盟区域性的商贸基地、工业基地和物流基地。

钦州市应立足皇马工业园和中马钦州产业园，以打造中国—东盟合作的示范区为目标，着力发展新能源及新能源电动汽车、船舶等高端装备制造、食品加工、生物技术、新材料等综合制造业，信息和通信技术产业、云计算数据中心等现代信息技术产业，以及商务金融教育服务、贸易咨询、现代物流和仓储等生产性服务业，实现特色产业链的不断延伸。

防城港市应充分发挥沿海沿边优势，重点布局港口经济、海洋经济、口岸经济、旅游经济、生态经济和互联网经济等六大经济业态，加快临港产业集聚，打造边海经济带。突出创新驱动发展，以云朗科技园为平台，以电子信息、新能源、新材料、生物技术、节能环保等领域为主攻方向，培育壮大百亿元战略性新兴产业；改造提升现有支柱产业，钢铁产业要以机械、船舶修造、汽车、集装箱等行业为重点发展高附加值的精品钢材，有色金属产业要围绕铜深加工、钼铼贵金属等形成有色金属产业集群，食品产业要发挥大海、岳泰、农垦糖业等大型食品企业的优势做优做强油料加工、饲料加工和生态食品制造业，能源产业要依托中广核、中电等大型项目的带动引领作用实行传统能源、绿色新能源并向发展，石化产业要以信润、科元、中海油 LNG 等项目为重点发展化工新材料产业，装备制造产业要以海森特、中一重工等项目为重点发展海洋工程装备、特种钢构、港口机械等产业和建设北部湾海洋工程服务基地；充分利用大港口、大贸易优势，推动旅游、商贸、物流和其他生产性服务业、跨境电商、北斗卫星大数据服务、沿边跨境金融等现代服务业大发展。

8.5.4 完善产业创新系统，提高自主创新能力

突出创新驱动，加速构建产业创新系统，推动产业转型升级。目前广西北部湾经济区的创新资源主要集中于南宁高新区和北海高新区两大国家级高新区，前者在电子信息、生物工程及健康、汽配及机电一体化领域聚集了一批国内乃至世界科技领域的先行企业，先后被确定为“国家火炬计划软件产业基地”、“国家 863 亚热带生物产业基地”、“国家电子商务示范基地”、“国家广告产业园试点园区”、“国家知识产权试点园区”、“国家低碳工业试点园区”、广西北部湾经济区“生物医药产业园”、南宁市“国家高技术生物产业基地”重点实施园区，截至 2016 年有各类科技企业 4000 多家，其中国家级高新技术企业 142 家，占全市的 46.71%，① 在同济大学发布的 2016 年中国国家级产业园区百强榜单（在社会发展、公共服务、产业合作、创新发展、经济发展等方面的综合实力评定）中位列第 46 位，② 拥有市级企业技术中心

---

① 南宁高新区产业结构调整结硕果　去年工业总产值 913.5 亿元［EB/OL］. http：//gx. people. com. cn/n2/2017/0223/c179430 - 29759746. html。

② 刚刚，中国产业园区 100 强排行榜重磅出炉，业内最权威的产业园区风向标！［EB/OL］. http：//www. sohu. com/a/208431623_99941276。

19 家，市级工程技术研究中心 13 家，自治区级企业技术中心 33 家，自治区级工程技术研究中心 24 家，国家认可实验室 8 家，院士工作站 9 家①；后者在电子信息、海洋特色领域也正向逐步向集群生态演化，吸引甲骨文、新加坡电信呼叫中心、中科院、石基信息等国内外知名企业、科技服务机构纷至沓来推动项目先后落地，本地电子信息龙头企业——银河科技入选 2015 年中国电子信息行业创新能力五十强企业，在 2016 年第五届广西发明创造成果展览交易会上北海银河开关设备有限公司的“智能断路器”、广西银河迪康电气有限公司的“具有防过冲装置的三工位开关操动机构”双双斩获金奖②。今后，广西北部湾经济区应进一步发挥两大国家级高新区的创新带动和扩散效应，围绕产业创新以研发对接战略市场需求为核心力推高新技术产业化，将北部湾经济区打造成为聚集各类创新资源要素、具备内生创新驱动能力、经济效益与生态效益并举提升的现代化知识城区，成为广西与东盟创新合作的重要载体以及西部地区引领高技术产业发展、以自主创新参与国际竞争的新一极。

8.5.4.1 明确技术创新重点领域，推动战略性新兴产业率先实现创新驱动发展

以往后发地区的技术创新一般沿着引进→消化→吸收→再创新的路径循序渐进，虽然节约了创新成本、降低了创新风险和缩短了创新周期，但通常只是以单项技术为基础，其再创新也只能局限于产品价值链的某个或若干重要环节，实质上是实现创新能力的借势增长，缺乏重大原创技术的自主创新动机和能力。当前广西北部湾经济区要促使战略性新兴产业成为“并跑者”甚至是某些特色关键领域的“领跑者”，不能再仅仅依靠“引进、消化、吸收、再创新”的传统模式，而应直接聚焦新一代电子信息、生物医药、新材料、节能环保、高端制造、新能源、新能源汽车等新兴产业的技术战略前沿，结合自身的产业基础条件和技术创新优势，重点选择市场潜在需求巨大的若

① 南宁高新区“产学研”机制大力推进创新驱动发展战略［EB/OL］. http：//news. 163. com/15/1015/15/。

② 北海国家高新区发展现状及“十三五”规划［EB/OL］. http：//www. achie. org/news/gxq/201601121944. html。

干重大技术领域，加强基础研究，强化原始创新，形成自主创新的突破性技术和拳头产品。

例如，石墨烯作为一种技术含量高、应用潜力广泛的碳材料，正逐渐被应用于新能源开发中，我国已将石墨烯列为战略前沿材料之一。广西大学可再生能源材料协同创新中心发明了树脂裂解法，这是目前世界上极少数能大批量生产粉体石墨烯的方法，突破了目前世界范围内主要采用的成本高、工艺复杂、污染大的二维石墨烯技术，用三维石墨烯制备设备将前期处理的自掺杂树脂材料，经过镍做低温石墨化催化剂，再用高温烧结炉烧结烘干，就成了三维多级孔自掺杂（氮、磷、硼等）类石墨烯材料具有其他碳材料包括商用石墨烯在内的碳材料不具备的性质，比如高比表面积、高导电性、自掺杂、多级孔结构等，其未来具有不可估量的下游产品应用前景，包括超级电容器、锂电池、触摸屏、增强型复合材料等，目前广西大学的小试基地可年产 1.5 吨粉体石墨烯，正在建设中的中试基地可年产 15 吨粉体石墨烯。[①] 由于下游市场潜在需求极为可观，随着石墨烯制备水平、应用技术水平的发展，其产业链构建和规模化运营将指日可待，有望成为北部湾经济区、广西乃至中国自主研发的石墨烯新材料技术落地产业化的一张标志性名片。以石墨烯下游的未来主要应用领域之一的新能源汽车为例，如果车体轻量化材料开发成功，只需添加 5% 的石墨烯，即不到 10 公斤的石墨烯，就可在现今重达五六百公斤的车架上降低 30% ~50% 的重量；而若降低了 200 公斤的车身重量，换成同等重量的添加石墨烯的新能源电池，续航里程有望进一步增加，新能源汽车产业将发生革命性改变；我国目前乘用车制造量达到 2000 万辆水平，车架重量假设每辆为 500 公斤，所需的石墨烯粉体至少 25 万吨，再加上石墨烯的物流、运输，其带动的产值规模将超过万亿元。[②] 因此，如果能有效加快石墨烯产业化进程，形成石墨烯全产业链，将为广西北部湾经济区带来极为可观的经济和生态效益。

8.5.4.2 加紧推动龙头企业集成创新，提高产业创新效益

所谓集成创新，是利用各种信息技术、管理技术与工具，根据某种新的

---

① 张莺．广西大学已掌握批量生产粉体石墨烯技术［N］．经济参考报，2016 -06 -20。

② 黄骏．南宁高新区打造年产值 200 亿元生态产业园［N］．南宁日报，2016 -06 -27。

要求对包括产技术、产品、组织、制度、文化等各个创新要素和创新内容进行选择、优化和系统组合，并设计、制造出全新的产品、工艺或服务，以此更多地占有市场份额，从而达到“1 +1 >2”的集成效应，创造出更大的经济效益。在大规模定制生产模式下，由于市场需求日益多变导致产品生命周期明显缩短，企业树立新竞争优势的利器转向集成创新，使企业成为集成创新的主体。根据国外学者对 1900 年以来的 480 项重大创造发明成果进行统计，结果表明 20 世纪 50 年代以前的重大成果大都属于独创性的，而 50 年代后基于集成创新而来的成果所占比例急剧上升，当前已占到全部创造发明成果的 70% 以上。[①] 例如，乔布斯（Steve Jobs）1996 年重掌苹果后迅速整合资源，其改变世界的天才创意来自集成创新智慧，先后推出一系列包括麦金塔计算机（Macintosh，简称 MAC）、iPod、iTunes、iPad、iPhone 等新产品，火爆热销风靡全球，特别是 iPhone，集多种功能于一身，可以上网、看电视、打电话、拍照、听音乐，每一种功能及其背后的技术创意都不是全新的或者苹果自身独立研发的，但把这些功能进行市场化的整合集成，却完成了一次集成创新。乔布斯用其天才创意创新了一个新的产品整体架构，集成了旧的功能，而且制作精巧别致，使用方法简便快捷，从而迅速占领全球高端电子消费品市场。即便如今，在乔布斯身后，其集成创新的产品研发创意依然指引着苹果公司进入后乔布斯时代，随着 2016 年 9 月 iPhone 7/7 Plus 的推出及超预期销量，其股票市值重返 6000 亿美元，继续稳坐标普 500 指数成份股中的头把交椅。这种集成创新思路非常值得广西北部湾经济区战略性新兴产业借鉴，通过集结各路创新资源，迅速实现适销对路产品的研发设计、制造和占领市场。

在集成创新方面，北部湾经济区企业已有成功案例可循。2015 年 12 月 27 日，广西源正新能源汽车有限公司生产的全铝车身新能源客车整车正式下线，这标志着北部湾经济区步入新能源汽车制造时代。这家新能源汽车企业 2014 年 11 月由深圳市源政投资发展有限公司和珠海广通集团旗下珠海九龙鹏宇汽车有限公司在南宁邕宁区新兴产业园共同出资设立，项目计划总投资 48 亿元，生产全铝车身新能源客车、常规客车及纯电动功能型专用汽车，仅

① 钱志新．集成创新［N］．中国经济时报，2006－10－19。

用不到 10 个月时间即实现量产，体现了“北部湾速度”。[①] 该项目全部建成达产后，具备年产全铝车身新能源客车、常规客车 2 万辆及纯电动功能型专用汽车 3 万辆的产业规模，实现年产值 82 亿元，年税收 3.6 亿元，形成集新能源汽车整车及零部件的开发、生产、销售、检测、服务为一体的新能源汽车生产基地。[②] 广西源正新能源汽车产业化之所以得以快速顺利推进，正是得益于集成创新思维：源政投资在美国投资的恒源电动车集团公司，拥有自主独立的纯电动汽车的车体、车架到动力配置等一系列专利和技术，技术和产品开发能力在美国同行中处于领先地位，已形成电动汽车开发、制造、销售和服务的平台，低速电动车系列 KOMBI EV 已销往欧美多个国家，特别是源政投资旗下公司研发的纯电动汽车用动力总成系统涵盖了小型乘用车、物流车、大巴车等各种车型所需的动力系统，综合能源利用率达 85%，处于世界领先水平；[③] 广通客车则长期致力于种类混合动力客车、天然气客车、纯电动客车及全铝车身客车等一系列新能源和高档豪华客车的开发生产，是国内首批获新能源汽车生产资质企业，并获得了欧盟认证；广西铝土资源丰富，储量仅次于山西和河南居全国第三，铝车身制造具备充裕的基础原料，且同处一地的南南铝业股份有限公司是国内铝合金材料先进制造商，具备提供汽车轨道交通、航天航空、船舶及海洋工程、建筑等各类铝合金主要应用领域的综合研发和生产能力，可成为新能源客车铝车体架构的主要供应商；此外，北部湾经济区还可利用稀土资源优势，加紧与国内外稀土永磁电机及其电控系统先进制造厂商的合作，开发出相应的高效产品应用于新能源汽车；在新能源电池方面，也可利用前述的石墨烯新材料批量制备的自主技术优势，加快在石墨烯超级电池领域的前瞻性应用研发布局。正是上述已经实施和潜在可行的集成创新思路，为广西北部湾经济区新能源汽车产业实现跨越发展创造了重大机遇，也为该区域其他具备相似创新条件的战略性新兴产业，如电子信息、高端装备制造、生物工程等领域的大企业以市场为纽带，通过研发、

---

① 刘复. 总投资 48 亿元全铝车身 新能源汽车生产基地落户南宁［N］. 南宁日报，2015－01－20。

② 南宁源正全铝车身新能源汽车生产基地开工［EB/OL］. http：//www.nnnews.net/channel/yongningqu/ynjj/201503/t20150313_1365635.html。

③ 吴福大. 首辆南宁造新能源汽车有望年底下线［N］. 南宁晚报，2015－01－20。

运营、组织、管理、文化等方面的集成创新，有效地缩短新兴产品的研制和市场投放周期，提供了成功模板。

8.5.4.3 引导各类科技创新平台建设

面对当下全球激烈的科技与经济竞争，世界主要发达国家都已将科技创新平台作为支撑创新活动的优先选择和实现跨越式发展的战略举措。广西北部湾经济区要重点围绕战略性新兴产业和区域优势产业的创新需求，瞄准国内外一流大学、科研院所、世界500强企业，加快推进和完善包括科技型龙头企业重点实验室、工程技术研究中心、企业院士工作站、科技公共服务平台、科技服务示范区等各类科技创新平台建设，使之成为集聚北部湾经济区各类优质创新资源、实现技术突破、加快成果转化的重要载体，特别是在科技创新战略布局上要力争建设若干体量大、学科交叉融合、综合集成的国家实验室，形成覆盖基础研究、应用研究、试验开发和产业化等创新全链条的引领性重大科技创新平台。

同时，北部湾经济区应将国家创新驱动发展战略深入贯彻落实到微观领域，鼓励企业搭建创业创新平台并实行开放式“双向”管理：一方面，对接全球创新网络的专家、顶级创新企业，吸引创新资源汇聚，更快、更好、更有效地突破企业技术瓶颈、获得产品创新机会；另一方面，帮助技术持有者准确高效地发现商业机会，促进主导产业和战略性新兴产业的重大成果更好地实现技术商业化、落地产业化。在这点上，南南铝已成为广西铝深工的技术创新平台典范，该公司拥有区级技术中心、研发中心及广西铝合金成型及表面处理工程技术研究中心各一个，独立开发了多项主导产品的核心技术，获得专利授权138项（见表8.9），率先成为目前国内具有最完备的铝材表面处理技术的厂家，“南南”牌注册商标在建筑铝合金市场享有较高的知名度且市场的覆盖面已扩展至亚太地区、欧美、拉美和非洲等地区，近几年在航天航空铝合金、船舶及工程铝合金、轨道车辆铝合金、汽车车辆铝合金等铝深加工新产品的研制生产上取得重大突破，特别是其承担的“大推力火箭用超大规格铝合金锻坯的开发”项目已通过验收，解决了熔体高洁净化、高性能超大规格铸锭半连续铸造成形和组织均匀性控制等重大技术难题，生产出直径ϕ1320mm、重量超过20T的超大规格硬铝合金铸锭，并与航天应用单位合作，在世界范围内首次实现直径 $\phi \geq 8500$mm 铝合金整体环的制造，填补了国内空白，2016 年被认定为广西技术创新示范企业。今后广西北部湾经济区应紧紧对接市场需求，多方并举促进更多企业技术平台涌现，“以点带面”真正实现关键产业领域创新驱动发展。

表 8.9 南南铝专利攻取情况 单位：项

类别	2009 年以前	2010 年	2011 年	2012 年	2013 年	小计
发明专利	1	0	1	2	2	6
实用新型专利	16	2	1	18	9	46
外观设计专利	37	11	1	35	1	85
合计	54	13	3	56	12	138

资料来源：南南铝集团官网，http：//www. alnan. com。

8. 5. 4. 4 进一步优化产业创新体系

1. 积极推进创新型新兴产业园区建设

充分发挥北部湾经济区的地缘优势，立足南宁高新区、北海高新区和中马钦州产业园区等核心园区的产业基础和特色，整合积聚各类资本和知识型资源，培育以战略性新兴产业为核心的发展模式，明确产业创新重点，在关键产业链上实现原始创新、集成创新和引进→消化→吸收→再创新“三轮驱动”，树立创新型战略性新兴产业园区标杆。

南宁高新区应围绕电子信息、生物工程、高端装备制造、节能环保四大产业，利用现拥有各类科技型企业 4000 多家以及各级技术中心、国家认可实验室、院士工作站上百家的创新条件，推动“互联网 +”思维与战略性新兴产业发展结合。例如，环保产业可以博世科为核心会同其他环保研发技术主体和环保服务机构形成产业技术创新联盟，设立类似阿里巴巴的环保服务平台开展线下线上相结合的服务，为各类排污企业提供污水处理、固废资源化、污泥处理、土壤修复、流域生态治理等多种环保服务，并可将相关业务向东盟、非洲等市场推进。

北海高新区作为国家在广西新布局的国家级高新区和西部地区唯一一

家沿海国家级高新区，应实施“开放式空间布局、一区多园、联动发展”模式①，重点支持电子信息、跨境电子商务、文化创意产业、服务外包等战略性新兴产业逐步发展壮大，突出甲骨文、石基信息、银河开关、星宇智能等一批核心企业的创新中坚作用，并吸引更多相关产业跨国企业入驻，强力推动集成创新，由此带动内生型高新技术企业的培育发展，力争形成具有全球异质性竞争力的高端和新兴产业集群，更好地发挥在搭建高新技术企业“走出去”参与国际竞争的服务平台、成为抢占世界高新技术产业制高点的前沿阵地以及打造对接东盟创新高地上的战略性重任。

中马钦州产业园区作为中国与马来西亚政府合作的国家级产业园区，是双方在中国西部地区合作的第一个工业园，应借鉴马来西亚“多媒体超级走廊”（multimedia super corridor，MSC）计划的成功经验，立足知识型经济，构筑产学研一体化的智慧园区，重点加强在生物技术、电子信息、新能源、新材料、高端装备制造等战略性新兴产业领域的研发试验基地、国际科技交流平台和合作基地建设，通过政策扶持引导资源集聚，吸引更多高端技术企业入驻，促进相关战略性新兴产业集群形成，力争在某些重点、关键领域的技术工艺源头创新、高附加值新产品开发上取得明显成效，名副其实地成为新一代国际化、创新型的中国—东盟国际产能合作新平台和合作示范园区。

2. 继续强化自主创新示范区建设

在知识产权、成果转化、人才激励、科技金融等方面积极探索新模式、新机制，力推相关政策在自主创新示范区的先行先试，以此促进高端技术、高端人才和高端产业等各类创新资源在南宁、北海、钦州、防城港四市的加速集聚和优化布局，推动北部湾经济区成为先进制造业、现代服务业发展示范区和面向东盟、全球的创新合作“示范窗口”。

2016 年 7 月 24 日，南宁·中关村双创示范基地揭牌运营，是中关村设立的国内首个双创示范基地，通过植入中关村机制，构建“南宁 + 中关村 + 美国硅谷 + 以色列”四地协同创新网络，重点聚焦构建“五个一流”（即一流的平台、一流的项目、一流的服务、一流的人才、一流的机制），通过线

① 扶建邦. 北海高新区升级为国家级高新区［N］. 北海日报，2015 - 03 - 31。

上线下搭建展示交流、科技服务、创新人才的协同创新平台，聚集全球一流的人才、技术、资本、政策等创新创业资源要素形成富有活力、高效开放的创新生态系统（如图 8.5 所示），以“轻资产、重运营”为核心服务模式，打造以信息技术做支撑、以智能制造产业为主导、领军企业聚集的创新生态系统，目前已有包括 GoogleAdWords（广西）体验中心、宜信国际以色列创新基金（CEIIF）、智众伟业、Systran（中国）上海明匠智能系统有限公司、东软集团股份有限公司、哈工大机器人集团等 12 家世界 500 强及行业龙头领军企业进驻该基地，提供包括全球化大数据支持、3D 打印、特种机器人制作、VR 体验、融资服务等先进制造及服务。根据相关规划，到 2020 年，双创基地将全面建设成为高端创新要素的聚集高地、具有显著影响力和辐射力的区域性国际化创新中心，努力把双创示范基地打造成为面向东盟、辐射中南西南的创新创业服务平台，成为战略性新兴产业集聚发展的科技中心、示范中心和服务中心，也是北部湾经济区寻求高端创新合作以实现创新驱动发展和弯道超车的首创之举。①

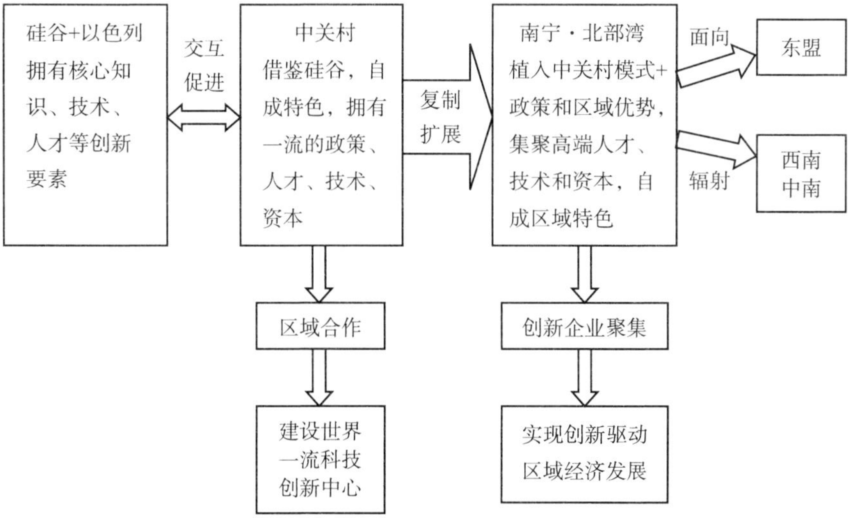

图 8.5　南宁·中关村双创示范基地创新生态系统

① 陈贻泽．南宁·中关村双创示范基地正式运营［N］．广西新闻网 - 广西日报，2016 - 07 - 25。

更需指出的是，南宁・中关村双创示范基地引入中关村模式后，这种“轻资产、重运营”的服务模式将可通过双创基地、创新汇、创新汇大讲堂、创新行等平台实现中关村模式在整个北部湾经济区的复制与扩张，促进该区域加速成为中国—东盟区域性智能制造和现代服务业中心。

3. 加紧完善创新管理和运行机制

一是明确企业在研发投入及决策、科技成果转化中的创新主体地位，推动政府职能从科研管理向创新服务转变，建设和完善信息化服务平台、投融资平台、知识产权保护平台、电子商务和电子政务平台、诚信服务平台，牵头开展创新企业科研经费管理体制改革、股权激励、税收优惠政策、工商管理体制改革、品牌建设和标准化、通关便利化等方面的试点工作，充分释放高新技术企业创新活力。二是完善创新公共中介服务体系，提供包括研发设计、试验验证、测试评价、成果转移转化、科技创业、科技咨询、科技金融、风险投资、产权交易、租赁、担保、评估、法律、会计、审计、贸易等共性中介服务。三是围绕区域性、行业性重大需求，试点推行研发 PPP 模式，鼓励科研院所联合高水平科研机构、高等院校、知名企业，创建具有独立法人的产业技术研究院或产业技术联盟，集聚高层次人才团队、资金和重点项目，形成“政产学研用”协同创新的新型科技创新载体，在前沿关键技术上鼓励开展突破性创新，为北部湾经济区实现创新赶超、跨越奠定可行性和前期基础。四是立足创新研发需求，由国家和广西拨付一定资金为引导，以企业、高校、科研机构、专利信息中心、科技情报信息中心、生产力促进中心等各类与研发相关的企事业单位为主体，尽快建立科技条件服务平台，着力整合科学仪器设备、科技文献、生物种质、科学数据、知识产权等基础条件资源，提供资源共享服务。五是积极推动包括政府基金、风险投资、产业投资、信贷资金、担保基金等产业投融资体系，形成有利于创新的强大社会资本合力，使创新成为资金“脱虚向实”的重要投向。

8.5.5 大力度、多渠道引进和培养高端人才，带动区域人力资源整体素质提高

广西北部湾经济区整体经济发展尚处于爬坡阶段，工业化水平较低，高

技术产业薄弱，大型骨干企业量少、带动效应不足，要实现区域经济真正的“凤凰涅槃”，各类高端人才的开发、引进和储备是当前最亟须解决的重中之重的问题。

8.5.5.1 针对关键产业领域加快引进急需紧缺高端人才（团队）

围绕电子信息、高端装备制造、生物医药、食品、新能源汽车、清洁能源、节能环保等重点产业和重大项目建设，创新高端人才的引进模式和载体，采取设立海外引智工作站、举办海内外高层次人才项目与对接、扶持重点企业到国内外知名高校引进急需紧缺专业人才以及依托全球知名猎头公司等多种渠道，引导科技领军人才、高级经营管理人才和投融资人才等高层次人才（团队）流向北部湾经济区重点发展产业。对于暂时无法引进的人才，可大力实施柔性引才措施，组织实施引进国外智力项目，从发达国家聘请顶尖技术专家，借用“外脑”攻克急缺技术难题。

8.5.5.2 围绕产业发展分层分类培育人才

首先，依托院士专家工作站、博士后科研工作站、研究生工作站和人才小高地载体单位，柔性引进两院院士、“国家百千万人才”等领军人才，通过给予工作经费和项目资助扶持等手段，以“1 名领军人才 + n 名核心人才 + m 名骨干人才”的人才链式培养模式培育重点产业、重点领域核心技术人才团队。其次，双管齐下培育企业高级经营管理人才。一方面，依托人才专业机构资源，面向重点产业（领域）的企业董事长、总经理及企业核心管理人才团队定期举办各类企业高管培训活动，促进其管理能力升级；另一方面，每年选派一批重点产业的管理、营销、研发、投融资骨干人才到国内外高校、产业研究机构、大型知名企业开展各类专题培训或实训，帮助其提高经营管理能力和解决实际问题能力。再次，大力开展产业“金蓝领”技师培育，[①] 建立若干战略性新兴产业、优势产业的高技能人才培训基地，造就一批具有精湛技艺、高超技能和较强创新能力的产业技能顶尖人才，通过“以师带徒”的方式切实提高一线作业人员的素质和工作效率。

---

① 南宁市部署三年行动 打造北部湾人才高地［N］. 南宁日报，2014 - 09 - 09。

8.6 基于模块化三维框架的北部湾产业价值网形成与发展战略

8.6.1 产业价值网形成与发展的模块化三维框架

自模块化作为一种管理复杂系统的工艺设计方法（Simon，1962[1]；Ulrich，1995[2]）提出之后，被成功引入到计算机、钟表、汽车和飞机制造等产业实践中，促进了这些行业设计效率、生产效率和组织效率的巨大提升。特别是进入20世纪90年代之后，在经济全球化和区域经济一体化纵深拓展大幅降低国家间的产业壁垒，以及新一代信息技术迅猛发展所带来的企业管理、组织、物流上的便利性及相关成本的锐减，全球产业已进入模块化设计、生产和消费的大发展时期（Baldwin & Clark，2000）[13]，由此带来了企业生产模式与产业组织形态的深刻变革。在知识、技术、信息等无形资源穿越国家、区域边界在产业之间、产业内部和企业之间进行频繁流动、渗透和重组的直接推动下，全球模块化生产网络不断涌现，不仅促使产业价值链与企业价值链遵循共同价值体系的模块化裂变和重构，也使得围绕某一主体产品生产和服务的不同集合型产业价值链之间基于业务、技术、价值关联性倍增而出现不同维度的交织，形成由各产业价值链关键价值环节共同构筑的关键价值区域——产业价值网。基于上述逻辑，本文契合模块化与价值网理论，结合实践背景与发展趋势，拓展研究的空间尺度，以模块化的内涵和外延，提出一个包含产品模块化、产业组织模块化、产业价值链模块化的关键价值区域生成与强化以及三者演化与联系的模块化三维研究框架，以全面系统地研究北部湾产业价值网的形成演化与发展战略。

8.6.1.1 产品模块化

从技术、市场、企业能力等多尺度研究产业价值网内产品模块化形成发展的动因、机理、系统创新模式及优化对策；研究充分运用模块化技术实施产品模块化设计、生产与推动产业价值网产品竞争力提升的方法与途径。

8.6.1.2 产业组织模块化

从技术、组织、市场以及产业基础条件等方面论证产业价值网内实施产业组织模块化变革的必要性和可行性，探讨模块化生产网络形成的动力机制，从产业集中度、产品差别化、市场进退壁垒等市场结构要素与企业的竞争、价格、组织调整等市场行为以及资源配置、规模结构和技术创新等市场绩效三个方面，分析模块化生产网络形成后的产业组织效应及其价值创造的关键因素及其途径，研究自主构建模块化生产网络与推动产业价值网内产业组织优化的方法与途径。

8.6.1.3 产业价值链模块化的关键价值区域生成与强化

结合具体产业群现状以及对全球模块化生产网络和产业价值网络的嵌入程度、竞争力和价值获取现状，研究产业价值网内产业链交易与分工、价值权力创造的内在机理及路径、产业价值在不同价值模块间转移和重新分配的机制、产业价值网竞争的全球化与地方化，从垄断位势占据、市场势力构筑与组织能力跃进等方面探讨产业价值网自主价值体系构建的方法与途径。

8.6.1.4 三个维度的整合

综合上述产业价值网形成与发展的模块化三维框架，结合产业价值网形成与演化的影响因素与动态变化规律，整合研究产业价值网与模块化的耦合互动、产业价值网格治理、区域产业价值网价值权力生成、全球化与地方化的产业互动，探讨产业间合作协调机制以及产业群整体发展战略。

8.6.2 模块化三维框架：产业价值网的分工机理与价值提升路径

8.6.2.1 基于模块化三维框架的产业价值网分工模型

由于模块化技术在设计、生产领域的广泛应用及其引致的产业组织模块化变革，一方面，使得同一产业基于产业内分工和产品内分工不断扩展出新的产业部门；另一方面，具有紧密价值联系的产业间分工也日益强化，围绕某一主体产品生产和服务的各产业价值链基于相关企业价值网交叉而彼此相联，共同形成了产业价值网（Dicken et al，2001[53]；吴华清和刘志迎，2009[54]）。如图 8.6 所示，产业价值网按照功能和价值由三个部分的活动组成：一是主体产业价值链的企业价值活动，通过系统集成商、通用/专用模块供应商之间的虚拟动态协作，根据客户即时需求催生模块化产品系统定制设计、模块部件 JIT 提供和产品集成，赋予产品一定的功能属性并通过模块化创作迅速实现不断创新；二是紧盯行业未来动态前沿，围绕主体产业价值链的高价值和核心技术节点拓展的商业机会，进行相关产业价值链关键价值节点筛选，培育若干产业竞争优势；三是各上、下游相关产业价值链通过在技术、价格、产量、销售等方面的及时信息传递和知识共享，其关键价值节点彼此联结、交汇和促进，形成具有高度协同效应的关键价值区域，是整个产业价值网的核心价值中枢和价值权力的最大来源[153]。

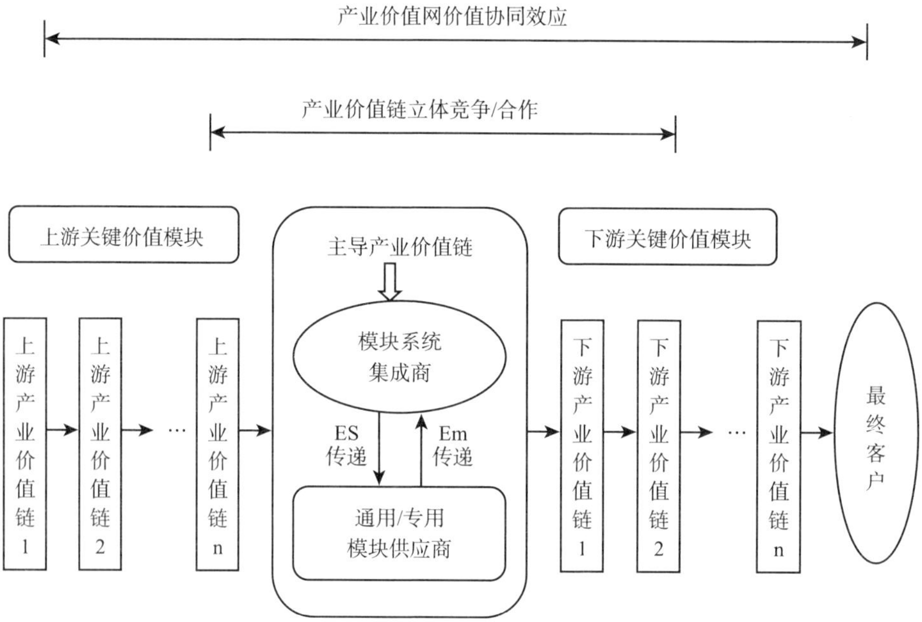

图 8.6　基于相关产业价值链关键价值模块的产业价值网

注：ES 表示系统信息；Em 表示模块信息。

8.6.2.2 模块化分工条件下产业价值网的价值提升路径

在第三次工业革命浪潮席卷全球的背景下，产业价值网的价值权力确立首先在于系统集成商须准确把握符合新兴产业技术前沿和市场需求导向的模块化产品总体设计思路，将产品创意迅速转换为“看得见的系统规则”和模块化新产品而形成主导产业价值链，以此获得以技术、市场创新为主的熊彼特租（Schumpeter rents）[154]而实现持续的竞争优势，并将模块化战略及时传递给相关产业价值链的关键模块供应商。在“背对背”竞争的高度市场激励下，关键模块供应商紧盯模块未来技术焦点将其业务触角不断延伸至新的产业融合领域，创造严格契合系统规则、富含多重选择权价值、易于模块化操作的高质量模块部件，进一步实现模块功能升级的价值增值，达成与系统集成商的创新协同，共同构建产业价值网关键价值区域，并积极嵌入全球产业价值网锻造高端价值权力。在此过程中，模块化产品商业模式、成本优势、品牌影响力的实现还有赖于包括应用型研发、工艺、外观设计、物流、电子商务、广告、金融、网络服务等各类服务价值主体的辅助价值创新活动，完成模块化产品采购、制造、促销、分销及客户服务的整个供应链流程的集成创新，获得“微笑曲线”从底端制造向高端研发设计、营销服务转型升级的整体产业价值网功能和价值提升。

8.6.3 基于模块化三维框架的北部湾产业价值网形成与发展战略

8.6.3.1 推动模块化产品创新，培育新兴主导产业链

置身于全球第三次工业革命浪潮，广西北部湾经济区应摒弃作为西部后发区域主要布局传统产业和承接东、中部产业转移的思维定式，立足于电子信息、高端装备制造、新能源汽车、新材料、生物技术等战略性新兴产业前沿，大力推进产品的模块化设计、研发和制造。一是通过制度创新、区位优势强化和东盟市场引力聚合，吸引国内外更多具有系统集成和核心模块开发能力的品牌制造商落户北部湾经济区，使其基于潜在巨大市场规模优势进行

“逆向创新”（reverse innovation）（Jones，2011）[155]，将研发、设计、营销、服务等高端环节在北部湾经济区进行地理集聚，实现 CAFTA 区域产业技术标准的掌控，并通过其知识、技术的“溢出效应”，促进北部湾经济区资源优势向资金、技术、人才、信息等稀缺资源转化，力争在融入 CAFTA 要素分工体系中实现产业“压缩式”发展，以先进模块化产品带动区域新兴主导产业链形成。二是北部湾经济区合同制造商应持续巩固与国内外领先品牌制造商之间的长期稳定互动合作，进一步强化专业化和规模化经营能力，提升制造、设计、研发、物流等一体化服务实力，通过“学习效应”与国内外领先品牌制造商在模块化系统规则制定、进化以及技术标准确立、升级等方面形成互补协作，并利用作为西部后发区域的劳动力优势进行集聚发展，形成全球接单、全球供应的综合能力，逐步发展成为对接 CAFTA 市场的系统集成设计优化 ODM 厂商和区域自主品牌 OBM 厂商。三是中小企业利用品牌制造商和合同制造商的外包契机，立足于新兴产业链利基（niche）[156]缝隙，做好专用、通用模块部件的配套供应。政府应通过创新政策的导向与扶植，鼓励具有一定自主研发实力的企业脱颖而出切入核心部件前端设计，成为与国内外品牌制造商功能紧密协同的异质性专用模块供应商；其他成熟配件企业应继续扮演好通用模块供应商的角色，着力于通过工艺升级和产品升级实现专、精、尖制造，以更低成本和更优质量通过更多全球模块化集成企业认证，力争在通用模块领域拥有自主知识产权和技术话语权。

8.6.3.2 构建区域模块化生产网络，提高产业组织效率

产品模块化需要柔性制造和 JIT 供应，传统纵向集成型企业并不具备快速响应机制，全球主导产业组织形态已转向兼具开放性、灵活性、基于动态虚拟契约协作形成的模块化生产网络，以降低成本和获得更高的客户服务绩效。较之控制型和关系型网络，模块化生产网络被认为是一种新型的、更有利于国际分工的产业组织形态，原因在于参与各方在关系上的互补性、对等性（Humphrey & Schmitz，2002）[50]，即价值模块化使模块供应商更容易突破产业价值链上核心企业知识、技术的单向封锁，通过模块“隐形知识”研发和功能标准制定，形成对核心企业的逆向控制。为此，北部湾经济区企业应适应模块化发展趋势，围绕中国—东盟产业对接中的关键产业领域，积极实

施产业组织变革，促进产业组织形态由纵向集成型为主向模块化生产网络转变，形成更具开放性和协作性的区域产业分工和共生系统。对于核心企业而言，应探索实施产品系统的模块化再造，摈弃“大而全、小而全”的一体化产品开发模式（梁军，2007）[157]，对业务流程进行“归核化”重组，根据客户需求专注于具有 CAFTA 区域特色的模块化产品系统规则研发，并在与跨国、跨区域系统集成商的竞合互动中获取最新的行业发展动态，提高作为“网络旗舰”的系统设计能力和资源集成能力，积极参与 CAFTA 产业相关技术标准的制定，为北部湾经济区产业发展争取更多利益。对于与核心企业协作配套的零部件企业而言，应加大对核心模块的研发力度，争取在本模块领域拥有关键技术和产品的自主知识产权，以此切入跨国公司全球采购体系，并将通过“干中学”中获得的最新知识、信息及时反馈给本地核心企业，使其对产品系统规则反复不断优化，由此在 CAFTA 价值网分工中树立独特的产业竞争力和实现区域价值创造。

由于北部湾经济区战略性新兴产业尚处于初级发展阶段，大多企业主要从事终端产品劳动密集型的 OEA 环节，缺乏具有系统集成优势和技术创新实力的产业价值链链主，无法与其他企业形成紧密网络层级供应关系，导致产业集群规模过小、产业聚集程度不高、产业组织效率低下。因此，北部湾经济区自主构建模块化生产网络的长效关键，是在吸引作为模块集成商的跨国企业进驻的同时，通过政府科技、产业、财税、金融等扶持政策的综合运用，推动北部湾各市相关产业优势企业进行区域内或跨区域的兼并重组和战略联盟，培育主导产业链的核心企业，基于自身的资源禀赋、产业优势和未来战略导向（侯仕军，2010）[158]，提高研发、设计、营销和品牌建设能力，实现“封装组配嵌入→部件嵌入→通用模块嵌入→专用核心模块集成→模块化系统集成”的逐次转型，成为 CAFTA 区域模块化生产网络具有定价权和控制权的治理者。为满足客户即时需求和实现定制生产，核心企业运营需要与各类在质量、价格、技术、物流等方面具有战略协同的各类模块供应商通力配合，如何促进此类企业的快速成长也是北部湾经济区当前亟须解决的问题，为此应加强对各类中小企业的产业政策扶植，鼓励在中、微型领域具有一定自主技术、工艺和创新能力的企业立足于核心模块技术前沿，争取在关键技术上有所突破，利用品牌制造商全球供应链管理带来的公平“背对背”竞争契机，有效参与多层次模块化生产网络的虚拟协作，成为具有 CAFTA 区域技术影响力的模块供应商，与主导产业链核心企业实现共同的杠杆成长，合力提升广西北部湾经济区战略性新兴产业的资源配置效率、规模结构效率及技术创新效率。

8.6.3.3 强化相关产业价值链的价值协同，构筑产业价值网关键价值区域

产业价值网对于产业价值链的价值拓展，在于主导产业价值链与相关产业价值链的关键价值模块共同构成的核心价值区域能够产生价值创新的倍增效应。在全球新能源革命和我国“调结构，促升级”的产业转型背景下，广西北部湾经济区应充分发挥作为西部地区人口、土地红利尚存的低成本比较优势以及作为 CAFTA 地缘中心的市场对接优势，选择兼具自主创新潜能、成长空间突出以及利于开拓东盟高端市场的模块化集成产品形成主导产业价值链，通过价值链模块化吸附具有高度竞争协同能力的相关产业价值链进行价值模块整合与创新互动，形成在中国—东盟跨境合作区域具有影响力与控制力的产业价值网。落实到具体产业分工上，主导产业价值链的核心企业应在与国内外领先品牌企业的竞争与合作中深入了解模块化产品的最新发展趋势，并针对东盟高端市场进行原创性产品选型和系统规则设计，使模块化产品系统的模块构件、接口标准符合东盟顾客 DIY 需求且易于进行快速定制生产，由此确立北部湾经济区产业价值网的核心价值中枢。熟谙核心企业的模块化战略意图后，与主导产业价值链具有紧密垂直分工的相关产业价值链的各类关键模块供应商基于系统规则、模块前瞻性热点及东盟各国的消费习惯，利用其高度隐藏的内在知识、信息、技术、诀窍进行独立模块“黑箱”研制，并与核心企业进行产品前端设计的信息反馈从而促进系统规则进化，使模块更易于实施各类模块化操作，为顾客带来更多选择价值和迅速实现产品更新换代。此外，为主体及相关产业价值链提供金融、营销、研发、信息、仓储物流、人力培训、广告和市场调研等各类生产性服务价值链也是北部湾经济区产业价值网不可或缺的价值协同力量，南宁作为中国—东盟博览会的永久举办地应进一步扩大科研、营销网络、商标广告、会展、管理技术、教育等先进生产性服务业规模和区域辐射能力，力争成为北部湾经济区服务管理调

度中心；北海、钦州、防城港三市应进一步加强港口资源整合，合力构建保税物流、生产性物流、国际贸易物流、城市商业物流等多层次国际物流体系[159]，完善物流基础设施，加强物流信息系统建设，大力发展第三方物流，为北部湾经济区产业价值网实现产品模块化定制及 JIT 采购、JIT 制造、JIT 配送、JIT 分别提供全方位跨境物流支持。

第9章 产业价值网的产业实证研究一：边境后发区域汽车产业模块化创新发展战略

20世纪90年代以来，全球汽车产业进入到全新的智能化发展时期，汽车的科技含量和功能扩展成为当前市场竞争的重点。随着汽车产品中电子感应及控制和新材料的应用等多学科领域交叉技术的应用日益广泛，整车厂单独开发与研究上述相关技术已力不从心，于是联合零部件生产企业共同参与整车及零部件产品的设计与制造，并逐步将系统功能产品的开发向零部件企业转移（宫江洪，2002）[160]。部分拥有先进技术的零部件企业开始实施汽车模块组件的设计、生产与组合，而后向全球整车厂提供系统和子系统供其组装，其产品的成本和性能将决定整车厂的市场竞争力。在经济全球化的推动下，汽车零部件的模块化外包日益盛行，范围也在不断扩大，使汽车产业现已成为继计算机产业之后受到模块化深刻影响的产业部门，全球汽车产业组织形态也由传统的纵向一体化结构为主向由系统集成商、专用/通用模块供应商组成的具有开放性、动态性的模块化网络组织演变。基于此，本章以作为边境后发区域暨我国汽车产业制造重地之一的广西汽车产业为例，结合全球汽车产业模块化发展趋势，从设计、生产、产业组织等层面对汽车产业模块化创新模式进行系统研究，并基于广西汽车产业的发展现状，重点提出模块化条件下广西汽车产业的创新发展战略，以期对“十三五”及今后一段时期广西汽车产业优化升级提供有益的启示和参考。

9.1 汽车产业模块化创新模式及其产业组织效应

9.1.1 整车设计模块化

9.1.1.1 汽车系统模块化设计

从技术层面分析，模块化设计是在对一定范围内的不同功能或相同功能、不同规格的产品进行功能分析的基础上，分解出一系列功能模块，通过模块的选择和组合可以构成不同的产品，以满足市场不同需求的设计方法[130]。在汽车生产中，汽车系统按照系统设计规则被模块化分解之后，形成一系列相互独立、具有特定功能价值的模块总成（子系统），共同作用实现汽车的整体功能。随着汽车模块化技术的成熟，整车系统可分解为动力、底盘、车身、内饰和电子五类完整的子模块系统（如图 9.1 所示），这些子系统又可进一步分解为更细的零件模块。

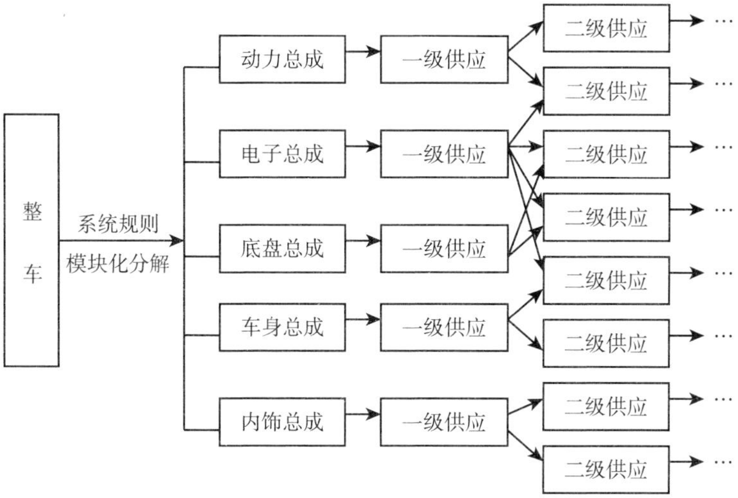

图 9.1 汽车产品结构的模块化设计

动力系统作为汽车最核心的模块之一，由曲轴、飞轮、离合器、变速器、万向节、传动轴、差速器、减速器等构成。底盘系统由传动系、行驶系、转向系和制动系四部分组成，用以支承、安装汽车发动机及其各部件、总成。车身系统包括车身壳体、车前板制件、车门、车身外饰件、内饰件、车身附件、座椅、通风和暖气等，当前车身模块化技术的一个发展趋势是直接提供一个“完整的驾驶室”到装配线上，亦即驾驶室的模块化。内饰件属于车身系统，主要有仪表板、顶棚、侧壁等，其中仪表板的外观与质量是直接影响汽车销售和服务的一个关键因素，因而是驾驶室模块化技术中最热点的领域。电子系统主要应用于汽车网络、通信系统、汽车多媒体、动力总成、底盘控制、安全系统以及车身控制等方面，但由于以往欧洲、美国和日本都是各自开发自己的汽车电子系统，因而通过模块化增加其兼容性是未来汽车模块化发展的一个重点领域（陈涛和李文彬，2003）[161]。

9.1.1.2 汽车平台模块化设计

汽车平台模块化的前身是车型平台化开发，是各大整车企业降低研发成本，缩短开发周期的重要手段之一。所谓汽车平台，是指在开发过程中使用相似的底盘和下车体的一组公共架构，其识别要素主要包括发动机舱、地板、悬架、制动、传动、发动机和电气系统等，该架构可以承载不同车型的开发及生产制造，在此基础上可以生产出外形和功能都不尽相同的产品。从 20 世纪 80 年代平台概念的诞生，到 90 年代平台战略的兴起，至 2010 年包括通用（GM）、大众（Volkswagen）、福特（Ford）、丰田（Toyota）、雷诺日产（Renault - Nissan）、标致雪铁龙（PSA）、本田（Honda）、菲亚特（Fiat）和戴姆勒奔驰（Daimler - Benz AG）在内的全球九大跨国车企已拥有了 175 个平台；之后，各大跨国车企开始意识到进一步削减平台数量，发展核心平台，扩大核心平台产量，提高单个平台的车型覆盖率和规模经济效益是未来平台化发展的最佳选择，到 2020 年九大跨国车企计划将平台削减至 1/3，并且纷纷将大规模生产的车型集中在关键几个核心平台上（刘华等，2014）[162]。参见表 9.1。

表 9.1　　主要跨国车企的平台发展战略

厂商	平台规划
大众	2018 年之前推出 10 个新平台，重点发展 NSF、MQB、MLB、MMB 四大平台，未来实现大众旗下品牌从 A0 级车到 D 级车与 SUV 甚至于跑车的平台共享
通用	将从 2010 年至今的 30 个平台大幅削减至 2018 年的 14 个全球化核心平台，将占全球总产销量的 90%，停止发展区域性平台
丰田	加速推进最新丰田新全球体系架构（Toyota New Global Architecture，TNGA）平台，零部件通用化率将从目前的 20% ~30% 提高到 70% ~80%，未来包括 SUV、轿车以及混动车在内的全新换代车型将有 50% 的产销量比例采用 TNGA 平台打造
福特	2013 年的平台数量已由原来的 11 个减至 9 个，2013 年福特 85% 的销量均来自于九大车型平台所衍生出的车型；9 个平台将由 5 个全球车型平台（B 型、C 型、C/D 型、轻型卡车、商用车）和 4 个区域车型平台（F 型系列皮卡）构成，2015 年单个全球化核心平台的产销量为达到 68 万辆，较 2011 年实现翻倍

资料来源：根据各车企网站资料整理。

而平台架构模块化是在车型平台化发展的基础上将变化作为设计的前提，它把汽车平台分成若干个模块，然后让多个原本不同的汽车平台采用相似的设计，然后根据需要来增减模块来应对不同的需求。也就是说，模块化平台设计下的汽车外表可以完全不同，但是在底盘、总线、功能等方面可以有类似的设计推动平台内模块的共享和全球柔性生产，从而有效减少汽车部件成本与固定投资，缩短工程时间，实现真正的全球化定制化标准，并支持更多车型。具体而言，汽车模块化平台设计的优势主要体现在两方面：一是大幅减少汽车开发的周期和难度。启用模块化平台设计之后，各车型技术类似，只需关注功能方面的差异，而无须像非模块化设计时须考虑车型的长度、轴距等物理指标差别以及动力匹配、底盘匹配、总线匹配等众多问题，并且多款车型因使用同一平台可以共享很多测试结果，所以开发周期明显缩短，开发难度也显著降低。二是能够降低车型升级的制造难度。对于未来车型的改装升级，只需更换少数模块就实现功能提升，而不是像原来一样升级部分功能需要整个平台都作出相应的修改，因而更加适应未来强调技术创新与成本控制的汽车工业发展趋势。

当然，各大跨国车企在整车设计领域的平台模块化有自身的考量、做法和特点，以下几种较为典型：

1. 大众 MQB/MLB/MSB/MMB 模块化平台

2012 年 2 月 1 日，大众在德国沃尔夫斯堡发布了全新研发的横置发动机模块化平台 MQB（modular querbaukasten），该平台是大众公司推出的第一代模块化概念平台，耗资 6.5 亿美元构造，意图在于以发动机模块位置相对不变（即油门踏板到前轮中心的距离是相同的，发动机安装倾角也相同）为基础，赋予车体前悬架（车头到前轴的长度）、后座椅和后悬挂可调节性，使前后轮距、轴距可根据不同车型实现调整（见图 9.2），实现不同市场定位、从最小的 Polo 到 Passat 的所有小型、紧凑型和中型车（A0 级和 B 级车）的模块化共线制造，将广泛应用于大众集团旗下的大众（Volkswagen）、奥迪（Audi）、斯柯达（Skoda）和西雅特（Seat）品牌，未来还将衍生出更多的不同新车。从技术特点看，MQB 模块化平台着力通过零部件的模块化、标准化，尽可能减少零部件种类。采用 MQB 同一模块平台的车型，能够共享相同规格的发动机、变速器及空调等总成，零部件通用化比例可达 60%，并能够适应未来动力传动系统的多样化，还导入了众多轻量化技术和电子新技术。以发动机的模块化为例，发动机缸芯至轮心点的间距从原来的 36 种减少到 2 种，即分别对应普通发动机和高性能发动机；同时，后轴的支撑位置也实现了标准化，无论是多连杆或是拖曳臂，支撑位置都是相同的。在经济性上，MQB 模块化平台的应用可降低新车的设计成本和生产成本，减少部件开发工时和成本，缩短新车上市周期，发挥大众旗下众多品牌的协同效益，实现对全球不同区域市场多变需求的快速响应。

MLB 是德语 Modularer L Ngsbaukasten 的缩写，意为“纵向发动机标准化平台”，它又被称作 MLP（modular longitudinal platform）平台。大众的这款平台是由奥迪主持开发，坚持采用发动机纵置布局这一奥迪鲜明特色，即布置 Quattro 四驱系统以保持奥迪一贯的运动特质。在大众集团新的平台战略中，MLB 平台不只应用于 B 级车制造，而且将普适于奥迪品牌 B 级以上车型，包括下一代奥迪 A6、A7 四门轿跑车，乃至旗舰车型 A8。

图 9.2　大众 MQB/MLB/MSB/MMB 模块化平台

资料来源：段彬．大众全新平台 MMB/MQB/MLB 简析　模块化制造［EB/OL］. http：//auto. qq. com/a/20120206。

MSB 是一款前置后驱平台，由保时捷主导研发，用来开发豪华车型所使用。2016 年 10 月，大众发布的第二代保时捷 Panamara 即基于该平台打造，未来还将诞生多款 MSB 平台车型，包括由 Panamar 衍生出的长距版、豪华行政版、旅行版、双门 Coupe，以及奥迪 A9（A8 的双门 Coupe 车型）和宾利 EXP 10 Speed 6 概念车的量产版。①

MMB（modulare mittel baukasten）则是大众集团最新的专门针对跑车所开发的中置发动机平台。该平台拥有可根据车辆的需求来自由调整轮距的优势，大众旨在该平台上推出多个品牌，具有不同特点，与奥迪 R4、保时捷入门级 550 跑车一样的中置引擎跑车。另外，在这个平台上的车型均为中置后驱/四驱的布局模式，特别是发动机的横向的布局，以尽可能共享前驱车型的动力和变速箱。②

2017 年 9 月，为配合德国新能源汽车战略，大众发布了全新的“Road-

① 保时捷 MSB 平台将推多款车型　奥迪 A9 等［EB/OL］. http：//auto. sina. com. cn/newcar/h/2016 - 10 - 06。

② 段彬．大众全新平台 MMB/MQB/MLB 简析　模块化制造［EB/OL］. http：//auto. qq. com/a/20120206。

map E”电动化战略，最晚到2030年集团内全部车型将实现电动化，而到2025年大众集团旗下各品牌将推出包括50款纯电动汽车及30款插电式混合动力汽车在内的共80余款新能源汽车。大众实现上述目标的重要技术支撑，即是全新推出的电动力模块化平台MEB，该平台环绕电池而造，电池嵌入车底，电池组、电机等核心组件均围绕电池组进行布局，设定固定的位置和模式。电池方面，MEB平台根据车型配置的不同，可以使用不同容量的电池，并能够同时兼容圆柱、方形和软包电芯的设计，而不影响到系统集成层面。从目前大众公布的产品规划来看，MEB平台主要覆盖了从小型车到中型车的产品系列，这意味着MEB平台可以通过改变轴距、轮距以及座椅布局实现较强的扩展性，应用于不同尺寸车辆的生产；同时，基于MEB平台的未来所有车型都将全部配备有自动驾驶技术，并为智慧生活生态布局提供接口。①

2. 标致雪铁龙EMP2模块化平台

2013年2月，法国标致雪铁龙集团（PSA）宣布将启用全新开发的高效模块化平台2（Efficient Modular Platform 2，EMP2）平台②（见图9.3），该平台同样引入了模块化平台设计思路，成为继大众之后全球第二个启用模块化平台设计的厂商。除此之外，EMP2还将采用轻量化的设计，同时运用发动机启/停等节能技术。EMP2同MQB平台一样，都是为横置发动机设计的模块化平台，底盘前半部分采用固定方式，后部则有很大的灵活性，可自由调整驾驶座高低、后部地板的长短、轴距及其他部件的尺寸，这种多变的选择可使轿车、Coupe轿跑车、旅行车、SUV、紧凑型MPV、LCV（轻型商用车）等多种跨界车型共享EMP2技术平台。该平台除了搭载传统的汽油和柴油发动机之外，还可采用压缩空气驱动液压电机加上传统内燃机的混合驱动单元，并能使不同悬架、电子设备、发动机、动力总成等多种配置自由组合。经济性方面，EMP2平台大大缩短了多种不同属性车型的研发时间，极大降低了研发和制造成本，同时进一步满足不同市场消费者的需求；而且，由于EMP2平台采用全新架构以及大量应用高强度钢和铝合金等新型材料，相比老款平台可减轻车身重量70千克，由此降低22%的CO_2排放量，更符合第三次工业革命所倡导的绿色发展目标，而且高强度钢材占整个底盘70%左

---

① 全面解析大众MEB电动汽车模块化平台［EB/OL］. http：//dy. 163. com/v2/article/detail/。

② 标致雪铁龙全新EMP2平台解读［EB/OL］. http：//auto. qq. com/a/20130205。

右，在车身减重的同时汽车的安全性反而有所提升。

图 9.3　PSA 的 EMP2 模块化平台

资料来源：于尚进．进入模块时代　标致/雪铁龙 EMP2 平台解析［EB/OL］. http：//news.cheshi.com/20140219。

PSA 已决定下一代 C 级（欧洲车型划分标准，例如标致 308 和雪铁龙 C4）和 D 级车（例如标致 508 和雪铁龙 C5）都将启用 EMP2 平台进行开发。这意味着未来 PSA 将在旗下的 C 级和 D 级车中采用统一的模块化设计，发挥最强的扩展性，有效降低开发成本和难度，增强车型的市场竞争力。而根据 2012 年底 PSA 集团与通用汽车公司的合作协议，未来通用集团欧洲子公司欧宝（Opel）和沃克斯豪尔（Vauxhall）也将采用 EMP2 平台生产多种车型以节约新车型开发成本，而且还将联合开发三款共用车型平台（common vehicle platform）和动力总成，并组建联合采购公司。

3. 雷诺 - 日产 CMF 模块化平台

雷诺和日产自 1997 年 3 月开始战略合作，2013 ~ 2014 年雷诺 - 日产联盟将人力资源、制造工程和供应链管理、采购、工程设计在内的四大项业务重新整合，提升了协同效应，每年可节约的成本将达到 60 亿美元。其中的重要举措是，雷诺和日产分别停用各自多款平台，采用通用模块系列平台 CMF（common module family），将汽车主要部分分为发动机舱、座舱、前底盘、后底盘四个模块，再加上电子电气（E－E）架构，日产称这种方法为“4＋1大模块”（如图9.4所示），这些模块不仅能够在相同尺寸的车型间共享，而且能够在不同的市场领域共享。[①] 新车研发时，每个模块可根据车型的重量等要素进行50余种有机组合，就可衍生出定位、级别各异的车型和车系，包括各种紧凑型车、中大型车以及SUV车型。

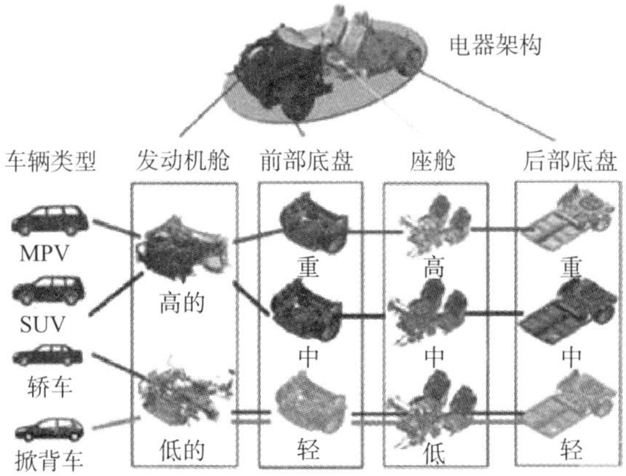

图9.4　CMF1概念示意

资料来源：刘华，等．浅析汽车平台演进与模块化战略［J］．上海汽车，2014（12）：31－35。

雷诺、日产二者基于CMF平台共享零部件，零部件跨车型和跨平台的共享程度大幅提升，通用比例将达到80%左右，是当前的两倍左右，每款新车的零部件成本下降20%～30%，整体生产成本降幅最高达40%，并各自推出了数款新车。目前日产已在中国开始使用CMF平台，生产了新奇骏与新逍客，而雷诺在中国投产的两款SUV科雷嘉和拉古那也将采用该平台。[②] 雷诺－日产声称，到2020年时，每年将会有160万辆汽车基于CMF模块打造，这将有助于降低20%～30%的零部件购买成本，并降低30%～40%的工程成本。在竞争日趋白热化的现时汽车市场，这理应也会降低消费者的购车成本。

① 雷诺－日产公布CMF模块化结构，节省成本［EB/OL］．http：//auto.sina.com.cn/car/2013－06－21。

② 雷诺日产CMF模块化平台建奇功［EB/OL］．http：//auto.163.com/13/0625。

9.1.2 零部件供应链模块化

在传统汽车零部件供应体系中，整车厂处于绝对的中枢地位，掌握着产品设计、工厂投运、原材料采购、生产制造、储存管理、销售、发配运输直到客户服务及市场需求预测全过程，原材料及零部件供应商则依照整车厂的订单提供成品、半成品、原材料，其生存质量和发展空间基本受制于整车厂。随着日益激烈的市场竞争和科技进步，整车厂迫于市场降价压力和自身利润最大化的动力，不得不对传统供应链模式进行革新，而模块化技术的引入恰恰提供了这方面的条件。具体表现为，模块化将原本进入整车厂装配或生产的散件，转由系统集成商以系统或分总成的方式直接进入整车装配线，从而大大减少了供应商的数量，使整车厂简化了生产过程，提高了装配效率，降低了管理费用和库存。在模块化供应链模式中，整车厂作为界面规则的设计者，负责整车结构和功能的模块化分解，建立模块之间的联系准则，以及检验各模块部件的质量是否符合既定的标准；而零部件供应商的角色则发生了重大变化，模块供应商被要求具备系统模块的设计、制造能力和物流协调管理能力，在设计初期即对车型的开发提供意见，提交模块化配套的规划，其与整车厂之间的关系也由完全被动转向共享信息、共担风险和共同获利的战略合作。

在选择模块供应商时，整车厂往往是从模块的技术特性和物流成本两方面加以考虑（马宁和王润良，2005）[163]。这又具体分为如下几种情况：第一种情况是当模块技术要求很高时，整车厂倾向于选择少数能够提供批量模块的大零部件供应商，然后再逐步向全球化模块采购过渡，这从世界十大顶级汽车零部件供应商包括德国博世（Bosch）、德国采埃孚（ZF Friedrichshafen）、加拿大麦格纳国际（Magna International）、日本电装（DENSO）、德国大陆（Continental AG）、日本爱信精机（Aisin Seiki）、韩国现代摩比斯（Hyundai Mobis）、法国佛吉亚（FAURECIA）、法国法雷奥（Valeo），① 与全球前十大跨国车企之间始终保持数年稳固协作关系可以得到印证。第二种情

① 世界十大顶级汽车零部件供应商，你都认识吗？［EB/OL］. http：//wemedia. ifeng. com/34418630/。

况是当对模块的技术要求不高时，整车厂则尽量在当地或者在全球范围内寻求成本最低的零部件供应商。第三种情况是当物流成本要求很高时，整车厂也会选择少数大零部件供应商或是当地能提供最低成本的零部件供应商。第四种情况是当物流成本要求不高时，整车厂既可以在当地选择成本最优的零部件供应商，也可以进行全球化的模块采购（如图 9. 5 所示）。

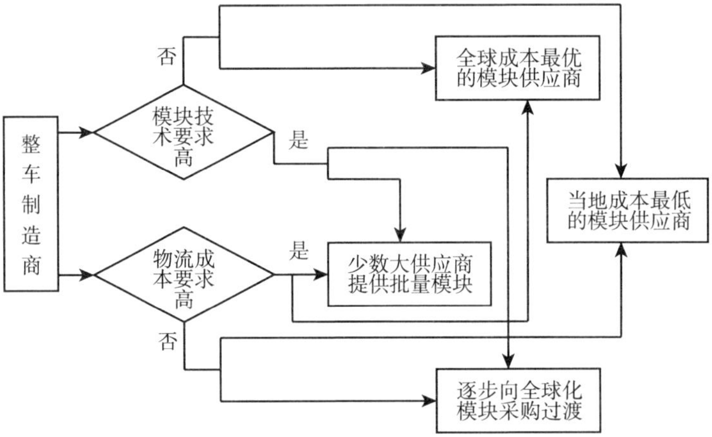

图 9. 5　模块化外包下整车制造商对零部件供应商的选择

根据美国研究机构 PPI 公司（Planning Perspectives，Inc.）发布了 2015 年度整车厂—供应商关系研究报告，调查结果显示，宝马与零部件供应商关系最佳，日系三强其次，美系排名靠后。因此，宝马的零部件供应链极具代表性，其主要供应商选择的首要考量因素是零部件模块的研发能力，同时还有制造过程、产品质量、供应商管理和环保。以宝马新 7 系为例，进行其供应链体系的前二级供应商都属于在各模块相应领域的技术引领者以及全球汽车零部件配套百强供应商（见表 9. 2）。位于德国的宝马丁格芬配送中心是这些零部件的全球中枢物流机构，占地 57 万平方米，尽管这样的宝马自动化中心（dynamic centre，DC）在全球有将近 40 个，但因丁格芬工厂生产的是最代表着宝马品牌核心价值也是最有利润的产品——5 系、6 系和 7 系，丁格芬配送中心被称为“宝马全球的心脏和中心供给站”。由于最近十几年宝马采用了积极进取的攻击型企业战略，以用户需求为中心和即时化生产流程的推行也要求宝马在零配件周转上更为迅捷，这对丁格芬 DC 作为宝马心脏提出了更强大的输血功能需求，其物流运作完全动态化，虽然在丁格芬附近聚集了为数最多的宝马供应商，但多数零部件经港口、火车最后变成 300 辆重型卡车直接运输到丁格芬 DC，每件货品都须经过质量测试、检查而后短暂存储，在接收到来自经销商或分部配送中心的订单后，每天约有 1 万件相应的物品（大到车身，小到一根铜管）被集合装入经得起远洋运输的标准纸箱，从丁格芬 DC 运出，搭乘三列火车，奔赴汉堡港或是经由其他的中转站发往美国、中国等每一个业务神经的终端，从而确保汽车零配件迅速送达宝马全球 3000 多家经销商。①

表 9.2　　　　　　　　宝马新 7 系的主要模块供应商

模块部件	供应商
主动进气格栅（上/下）	德国劳士领汽车（Roechling Automotive）
B 柱（白车身）	西班牙海斯坦普
IDrive 控制器	德国普瑞（Preh）
发动机隔热套	国际汽车零部件集团 IAC
格栅总成	饰而杰国际（SRG Global）
汽缸盖	尼玛克
暖通空调模块	德国马勒
驾驶员气囊	日本高田公司
空气供给装置	比利时威伯科
风道	德国瑞好（Rehau）
座椅皮革	丹麦柏德
仪表板	德国诺维汽车内饰件
缸头垫片	德国爱尔铃克铃尔
空气弹簧模块	德国 TrelleborgVibracoustic（特瑞堡与科德宝合资公司）
高/低压废气再循环系统阀门	KSPG AUTOMOTIVE
内饰环境/照明灯	西班牙安通林

① 韩彦．丁格芬宝马第二工厂：快速供血的宝马心脏［N］．经济观察报，2006－04－16。

续表

模块部件	供应商
后排娱乐系统控制器	德国马夸特
电动尾门+拉簧后挡板	德国斯泰必鲁斯
8速自动变速箱	采埃孚
后座控制台	恩坦华产品集团
电动助力转向（EPS）	德国博泽
紧固件	天合汽车集团
油箱系统	全耐塑料（原奥姆尼塑料）
变速箱轴承	LUK（舍弗勒子公司）
座椅总成	江森自控
前/后侧轴	吉凯恩传动系统
门锁装置	胡夫·许尔斯贝克和福斯特（HUF HÜLSBECK & FÜRST）
排气系统冷端（柴油）	埃贝赫集团
气动腰部支撑（二级供应商）	康斯博格
侧门闭锁系统	凯毅德（KIEKERT）

资料来源：欧洲汽车新闻，盖世汽车网。

当然，世界汽车制造业发展到今天，各大车企的全球化扩张战略已很深入，为了降低零部件供应的物流成本，本地化采购已是成熟做法：一些主要供应商会紧随整车企业同步在那些销量巨大的海外市场兴建配套厂，如西班牙海斯坦普公司（Gestamp Automacion）是宝马、奥迪、奔驰、通用、福特、大众等知名车企的重要一级零配件供应商，主要生产车身结构件和底盘部件及总成，随着上述车企在中国投资设立整车厂的运营，该公司自2008年以来已先后在昆山、沈阳、重庆和广东投资建设了汽车零部件工厂；另外，整车企业也会要海外市场直接寻找一些能够达到其技术、质量、物流要求的本地零部件供应商。但从宝马的上述案例可知，对于全球顶极整车厂商而言，模块供应商选择仍然紧紧锁定于相关领域的领先企业，呈现强者恒强态势，尽管采购体系向低成本国家（low cost country，LCC）转移已有一定趋向，但仍是以强势供应商的海外子公司供应为主，真正的新兴市场本地供应商所占比例还很小，其原因是在研发和协同创新方面难以短期内满足整车企业的能力希冀。像宝马这样以技术著称的生产商，几乎每一代新车型，新技术的含量占到70%，而研发周期却由过去的60个月缩短到了现在的36个月，很显然，新兴市场本土供应商难以做到同步技术跟进。正因如此，及早布局国际一流的软硬件设施和全球联动的高效物流体系，成为宝马在保证技术领先的同时降低成本的不二法宝，除了上述提到的丁格芬 DC 供应心脏，宝马还在新兴国家加快投资零件配送中心。例如，2016 年 10 月 19 日，宝马沈阳零件配送中心正式投入运营，这是宝马继上海、北京、成都和佛山之后，在中国建立的第五个零件配送中心，标志着宝马集团在中国售后物流体系布局的基本完成，其完全遵照宝马全球统一标准和国际领先的物流技术，量身打造了单层库房与货架系统，确保提供充足的仓储空间，并首次实现补货库存订单在 24 小时内完成，还首次使用国际铁路通道将售后零件从德国运往中国。① 正是通过中心 DC、本地 DC 以及整车厂、供应商、分销商的多方有机配合和无缝对接，使宝马高效的运营效率得以有力保证，客户小众性、定制化需求满足能力发挥到最好水平，可以在 24 小时之内供应到所有欧洲的客户，48 小时内满足美国、中国客户的需求，72 小时之内完美响应全球任何一处的紧急订单。

9.1.3 汽车产业组织模块化

模块化生产方式的发展促进了传统汽车产业组织的变革，整车厂和系统供应商之间基于产品和价值模块化的协作行为不断强化，模块化生产网络得以形成。在这种新的网络产业组织形态中，企业之间交易结构可以划分为两类，即核心企业协调下的网络组织模式和模块簇群化的网络组织模式（雷如桥等，2004）[30]。

9.1.3.1 核心企业协调下的网络组织模式

在核心企业协调下的网络组织模式中，整车厂充当“系统设计师”，负

---

① 宝马第五个零件配送中心落户沈阳［EB/OL］. http：//www. chinanews. com/auto/2016/10 –19。

责确定各模块之间的结构、界面和标准，各模块供应商在“认可图纸方式”下独立地开展本模块的设计、制造活动。该模式以日本下包制（the package system）最为典型，日本中小企业厅把该制度定义为“受到比本企业的资本规模大，或是比本企业的从业人员多的企业（发包企业）委托，生产发包企业所需要的零部件、附属品、原材料等”（白雪洁，2001）[164]。在下包制下，作为核心企业的整车厂一般将整体装配件和系统零配件分包给一级下包商，而后一级下包商又将专用部件分包给二级下包商，二级下包商则可能将分立的部件再分包给三级下包商，如此等等（如图 9.6 所示）。在外包合作中，整车厂并不干涉模块供货商的生产细节，而是规定产品接口的兼容标准，并鼓励模块供货商自己因地制宜地设计配件，有些模块供货商甚至可以制造主要的汽车配件。由于处于顶端的整车厂只与一级下包商打交道，由一级下包商再去协调二级下包商，还有三次、四次零部件供应商，以此类推，从而形成了多层次的金字塔结构，越往下厂商数目越多。这样层级制地构造出来的分包系统将复杂的技术、生产过程层层分解，从而大大缓解了整车厂生产和控制的压力。

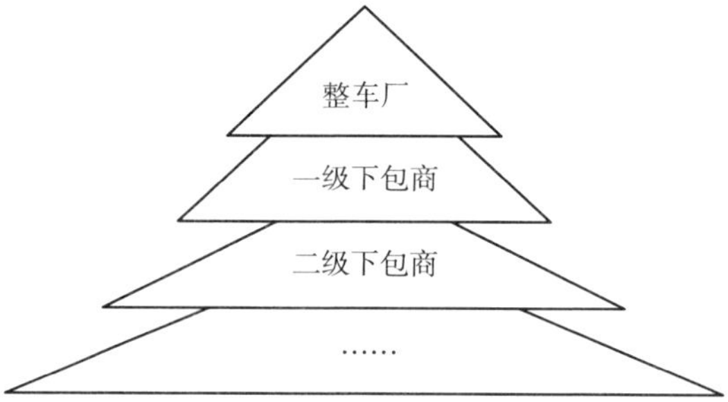

图 9.6　核心企业协调下的层级分包

下包制的运作要核主要体现在以下几点：

第一，整车厂商与零部件企业关系长期持续稳定。双方首次交易时会签订一份“基础合同”（basic contract），合同持续时间一般为一年，到期后在交易双方没有异议的情况下合同会自动更新；而且在合同里，双方并未就供应数量进行具体明确限定，零部件的实际交付数量按月由联系订单的主生产计划（master production schedule，MPS）决定，再由工序间看板（kanban）

进行逐日微调。实际上，日本学者港徹雄（1987）认为，日本企业间长期连续性交易关系的形成可追溯到第二次世界大战期间，而且与战时日本统治经济政策有关，即日本 1942 年制定的《机械铁钢制品工业整备纲要》中的《承包工厂指定制度》规定："大企业要与数量众多的小规模企业实现有机的结合，要成立有力的一次性承包企业"，大企业要对承包企业负有"专属性"义务，港徹雄认为这是战后企业系列的原型[165]。另外，日本整车厂商与零部件企业之间长期连续性交易模式的形成还有赖于以下社会因素。一是日本产业起飞阶段即 20 世纪五六十年代，日本外汇十分短缺，日本政府不允许受到扶持的汽车产业以有限的外汇进口国外的汽车零部件，在此情况下，整车厂商只得将经营资源集中在装配过程，而同时把零部件的生产委托给小型机械供应商。二是商业环境也是下包制形成的重要推手，尽管丰田当时确定了"加紧零部件自制和进行零部件工厂培育"的方针，但因汽车零部件缺乏外部市场，需求小，难以实现专业化，因此，丰田汽车转而将所需部件，按照自己满意的价格和质量，交由零部件供应商生产（桥本寿郎，1996）[166]；而中小企业一旦成为某家整车厂商的零部件供应商，就较易从银行获得融资，还可以在与大企业的长期交易中避免高度竞争的市场环境所造成的不确定性（林季红，2002）[167]，故而也有与整车企业长期协作的内在动力。根据日本学者藤本 1994 年对 120 家零部件供应商（其中一、二、三次零部件供应商各为 40 家、60 家和 20 家）的调查，一次零部件供应商中的 45% 与其主要发包商已有近 50 年的商业往来；二次零部件供应商中的 32% 有 30 余年，44% 有 10 余年；三次零部件供应商中的 89% 有 10 余年（植草益，2000）[168]。将丰田汽车与通用汽车进行横向比较也会得到相似结论：丰田外购件占其汽车销售价值的 75%，其下包供应体系包括 168 家一级下包商、5437 家二级下包商以及 41703 家三级下包商，其间各级的交易关系非常稳定，很少发生很大的变化，从事供应商管理的员工仅需 337 人；相比之下，美国通用汽车外购件仅占其汽车销售价值的 30% 左右，但接受其订货的企业却多达 12500 多家，而且这种交易关系很不稳定，经常发生变化，特别当遭遇经济不景气时，则抛弃零部件供应商，其结果是负责与通用之外的零配件厂商群交易的职工就达 6000 人（洗国明，2001）[169]。

第二，采取共同定价机制。与欧美整车厂商汽车从零部件供应商的订货更多基于“竞价制”（competitive-bidding system）（Taylor & Wiggins，1997）[170]不同，日本整车企业并不刻意追求采购价格最低，还要根据零部件供应商的设计开发能力和持续改善能力等因素进行综合的动态评估，在车型开发早期敲定供应商，采购合同实质上是不完全合同，未约定具体的订货价格，只是规定零部件价格定价的方法。一般情况下，采购价格取决于零部件供应商提供的详细成本估值，整车厂商会通过其他零部件供应商的成本估值来检验该零部件供应商提供的估值是否准确。汽车厂商和零部件供应商之间经常定期就价格进行动态调整，通常是一年两次，如果实际需求比原先预测需求少，则汽车厂商便会对零部件供应商予以与减产部分相适应的成本补偿以弥补其损失。此外，合同中还规定，如果整车厂商改变设计或零部件供应商进行革新等导致成本变动，整车企业承诺在一定时期内不降低零部件的订货单价，这实际成为对零部件供应商的一种激励[171]。日本整车企业与零部件供应商的共同定价机制从数据中可以得到印证，根据日本政府 20 世纪 60 年代至 80 年代的连续调查统计，1962 年被调查的近 60% 的下包企业认为价格是由发包企业所决定的，而到 1983 年情况则出现了根本的反向变化，有 83.4% 的下包企业认为是“通过双方的商谈，达成协议后决定的”（西口敏宏，2007）[172]。这说明，随着下包制的演进，日本汽车零部件的价格决定模式已由发包方不平等的、以压榨为目的的单向决定机制转向了发包方与下包方两者以协调寻求共同利益的方向转变。

第三，零部件质量管理体制有别于欧美车企。参见前述的宝马案例，尽管欧美车企对零部件采取市场采购的做法，尽可能降低采购价格，但在零部件实际交付过程中，会对每件产品的质量进行严格检查，之后才能入库；如果发现零部件供应商提供的零部件质量不合格，汽车厂商可以拒绝付款，但若是零部件入库后才发现质量不合格，汽车厂商就无权要求零部件供应商归还货款。而日本车企与零部件供应商之间因达成长期交易关系，对零部件的技术参数、质量要求在双方已形成惯例、共识和默契，故在零部件采购过程中遵循“与其检查，不如精制”（车维汉，2003）[173]的理念，实行“无检查交货”，整车企业对订货很少进行质量检验，由零部件供应商实施自我检查。虽然这种长期交易关系也可能使零部件供应商出现懒惰和道德风险，但更多由于担心违约风险很大，包括名声和信誉的受损，而且长期交易合同丧失会遭受巨大的经济损失，进而影响从银行顺利获得融资，日本零部件供应商正常都会按合同要求提供相应质量的零部件。

第四，技术合作关系紧密。日本整车企业与零部件供应商之间基于长期合作所建立起来的相互依赖关系，采取共同设计原则。一是零部件设计采取“认可图纸”方式，整车企业提供基本式样和设计，由供应商按照整车企业的要求进行详细设计、试制和实验，而后交由整车企业评估、认可，最后再投产。二是零部件供应商直接参加整车企业新车的研发和设计，使新车开发项目得以简化，提高开发效率，缩短新车上市周期，以短、频、快更好地应对市场需求。在顾客偏好多变、竞争白热化的压力之下，现时全球汽车研发周期普遍明显缩短，日本整车企业与供应商在新产品开发上的协作恰恰很好地适应了这一变化。三是整车企业与零部件供应商之间相互给予对方技术支持。在丰田和日产的系列化体系中，每 4 ~6 个零部件供应商至少拥有 1 位从汽车厂商派来的技术专家，帮助其改进产品质量和工艺技术。同样，基于汽车厂商的要求和双方的同意，零部件供应商也汇集参与开发和制造的技术人员小组，将其长期派驻在汽车厂商，由此产生了“常驻工程师”（resident engineers）制度。在丰田技术中心，大约有 350 名来自协作企业的“常驻工程师”在这里长年工作（Asanuma，1989）[174]。在上述过程中，整车企业与零部件供应商双方通过面对面的交流，并利用信息手段进行企业间的调整和协调，不断促进整车制造系统和供应体系效率的提高。

第五，交易关系多元化、网络化。在日本下包制下，整车企业的零部件供应商具有多层次性，其中，一、二级零部件供应商具有独立设计开发能力，主要从事 ODM 设计、生产和组装；而三级及以下零部件供应商多以焊接生产等加工为主，本身不具备设计能力，完全按发包方设计进行 OEM 制造。但是，整车企业与零部件供应商之间以及各级零部件供应商之间的交易关系并非简单的“单对单”模式，而是呈现“多对多”的多元化性，即在同一下包层次下，一家发包企业大多同时拥有几家下包企业，而一家下包企业也可以同时成为几家发包企业的下包企业。这样，各汽车厂商并非是拥有专属性零部件供应商的“独峰型”，而是零部件供应商群体同时向几个汽车厂商供货的“多峰型”或“山脉型”（申俊喜，2005）[175]。而且，前几级零部件供应商与下级零部件供应商之间也存在着复杂的反向交易关系，如一级零部件供应商在为几家整车企业或其他一级零部件供应商供货的同时，同时也向二级、三级甚至三级以下零部件供应商进行相应模块、零件的采购；同理，二级零部件供应商一般以向一级或其他二级零部件供应商供货为主，但有时也会越过一级零部件供应商直接为整车企业供货，同时又向三级及以下零部件供应商采购。这样，整车企业与各级零部件供应商之间就形成了一个复杂的、纵横交错的网络结构。

当然，面对汽车产业全球化带来的日增竞争压力，日本整车企业也在调整下包策略以降低成本，呈现出两大变化：

一是下包体系的层级数量有所收窄，供应链趋向精简和扁平化。众多小型零部件供应商因缺乏规模效应而不断退出下包体系，零部件供应业务越来越集中于大型高端供应商。这种做法有利有弊，其利在于供应链规模效率提升，推动整车总成本降低，产品定价更具弹性以适应全球市场不同的购买力；但弊端也是存在的，当大型零部件供应商出现供货波动时，整车企业的全球制造就会受到波及。例如，2011 年 3 月 11 日，日本本州岛东北宫城县以东海域发生 9 级地震，丰田、本田等多家大型汽车制造商被迫延后生产，这并非由于自身组装线受损，因为这些整车厂商的大部分汽车都在日本西部和海外生产，其真正原因是在全球供应链中占据举足轻重地位的少数几家原料和配件工厂正是位于重灾区的几个县，即使是生产线未损毁的地区，余震也让供应商难以重新校准精密设备，还有电力短缺难以短期恢复的问题，这说明低成本的极简化供应链会受到主要供应商所在地点不可抗力因素的冲击而产生全球化负面影响。

二是下包供应链向新兴国家进行当地化延伸。21 世纪初，日本汽车开始大举进军中国市场成立合资企业，之后 10 年，汽车零部件的供应严重依赖其日本本土供应商。但自 2010 年以来，日产、丰田及本田等汽车公司都不约而同地逐渐增加了本地汽车部件的采购，以降低生产成本，迎合当地消费者需求。日本整车企业全球采购战略的调整，其背后蕴藏的更深层经营逻辑是，从整个世界范围来看，由于发达国家高端汽车市场趋于饱和，而与此同时发展中国家低端汽车销量却在猛增，售价 1 万美元以下的实用型汽车市场已成为所有汽车厂商的兵家必争之地，日本整车企业也和欧美车企一样不得不考虑如何扩大其低端市场份额，随之敦促其大型零部件供应商在中国建立附属公司进行当地生产，同时也加快对中国本土零部件的采购进程。东风日产公司采购部副部长山崎（Shouhei Yamazaki）表示，无论如何，纯中国厂商的供应是较为便宜的，其中国本土化的启辰品牌在车后灯方面降低了约 40% 的成本。[①] 从上可知，日本整车企业向新兴消费大国进行当地化采购对其进一步压缩生产成本的好处不言而喻，但对这一做法的质疑也不绝于耳，主要是当地化采购在所难免会降低汽车零部件的供货质量进而降低整车质量，因为虽然整车企业仍然会向当地零部件供应商提供样板，但零部件的耐用程度难以检测，只有在长期使用中发现问题，当地零部件供应商完全可以利用这一点偷工减料降低自身成本谋利，这对于以严谨造和全面质量管理著称的日本整车企业的声誉无疑将是最大挑战。

在上述日本汽车下包制的最新演变中，可以看到日本汽车企业既存在机遇，同时也面临着一些负面影响因素。但不论如何，以丰田为代表的日本整车企业对其下包体系仍然具有超强的控制和纠错能力，整车企业与日本本土主要零部件供应商之间在 JIT 运作下的数量看板调整、定价协调、研发配合、质量控制等质的核心要素以及由此营造的全球竞争力并未改变。以丰田为例，尽管 2009 年因脚垫和油门踏板存在缺陷问题而发生了全球大规模“召回门”事件，使丰田陷入质量信誉危机，从美国、加拿大、欧洲和中国等地召回问题车，总计超过 700 万辆，接近 2008 年丰田全球销量，由此整个企业承受了 1700 亿 ~1800 亿日元[②]（约合 18.68 亿 ~19.78 亿美元）的巨额损失，但丰田章男随即提出了四项纠正措施：一是丰田将设立一个由丰田章男本人来主导、各地区所选出的首席质量官所组成的“全球特别质量委员会”；二是强化各地区的顾客与总公司的质检开发部门的联系，以有效改善产品质量；三是在产品设计方面，今后将在全球范围内所有的车型上安装“刹车优先系统”，该系统会在同时踏下刹车与油门的情况下优先选择刹车；四是将对以往的车型中所搭载的汽车事件数据记录仪（automotive event data recorder, EDR）进行更多的应用。[③] 从市场层面看，上述措施的执行收到了明显成效，

---

① 英媒：日本车企为降成本加快中国市场本土化［EB/OL］. http：//finance. huanqiu. com/media/2013 -04/。

② 丰田因召回事件损失惨重［EB/OL］. https：//news. qq. com/a/20100204/002443. htm。

③ 丰田再召回两款车型　发布四措施提质量［EB/OL］. http：//auto. qq. com/a/20100218/。

经过2010年、2011年两年的运营调整，丰田因此重焕生机，再次赢得全球消费者青睐，2012～2015年连续四年销量成功超越大众和通用而成为全球第一大车企，2016年虽然丰田此前的“四连冠”被大众终结，但也取得了1017.5万辆的成绩，仅比大众的1031.24万辆①少了万辆13.74万辆；而且与大众凭借中国市场的强势表现有所差异，丰田汽车在发达国家中产阶级保持着较高的受众度，特别是在其最大的细分市场——美国取得了可喜业绩，例如，2015年凯美瑞车型是美国最受欢迎轿车，销量排名第一，且在中国市场上丰田汽车也创纪录地售出了112.25万辆汽车②。因此，不管从历史还是现实来看，由日本整车企业所主导的下包制供应体系，已帮助日本作为相对于欧美的汽车后发国，成功地实现了赶超。

9.1.3.2 模块簇群化的网络组织模式

模块簇群化的网络组织模式是若干整车厂和大量的模块供应商集聚于某一特定的地理空间，共同从事模块化产品或服务的设计、制造和整合。例如，美国底特律、德国狼堡、日本东京等，都是世界著名的汽车模块化产业簇群。与核心企业协调下的网络组织模式不同，在模块簇群化的网络结构中，没有哪个成员在网络组织中处于控制和支配的地位（Schilling，2000）[9]，汽车系统的设计规则是由整车厂、模块供应商、行业协会以及其他一些中介服务机构通过市场选择或共同协商来决定的，其确立是一个不断演化完善的过程（如图9.7所示）。同时，由于整车厂可以自由地选择若干模块供应商为其生产同一模块部件，而且模块供应商也可以同时为几个整车厂供货，这就有效地减少了双方要挟（hold-up）的机会主义行为发生的可能性，也保证了最大的模块选择自由度。

美国底特律被称为“汽车之城”（the motor city），集聚了通用、福特、克莱斯勒等世界知名汽车品牌的总部或者生产中心以及众多的零部件配套商，汽车产量在长达一个世纪的时间里保持全球第一，并带动了钢铁、橡胶等相关生产企业的快速发展。在三大汽车巨头里，并无一家厂商处于技术上的核

---

① 大众超丰田夺冠 2016全球车企销量出炉［EB/OL］. http：//auto. sina. com. cn/。

② 丰田再度夺得全球汽车销量第一 大众屈居第二［EB/OL］. 和讯网，http：//stock. hexun. com/2016－02－13/。

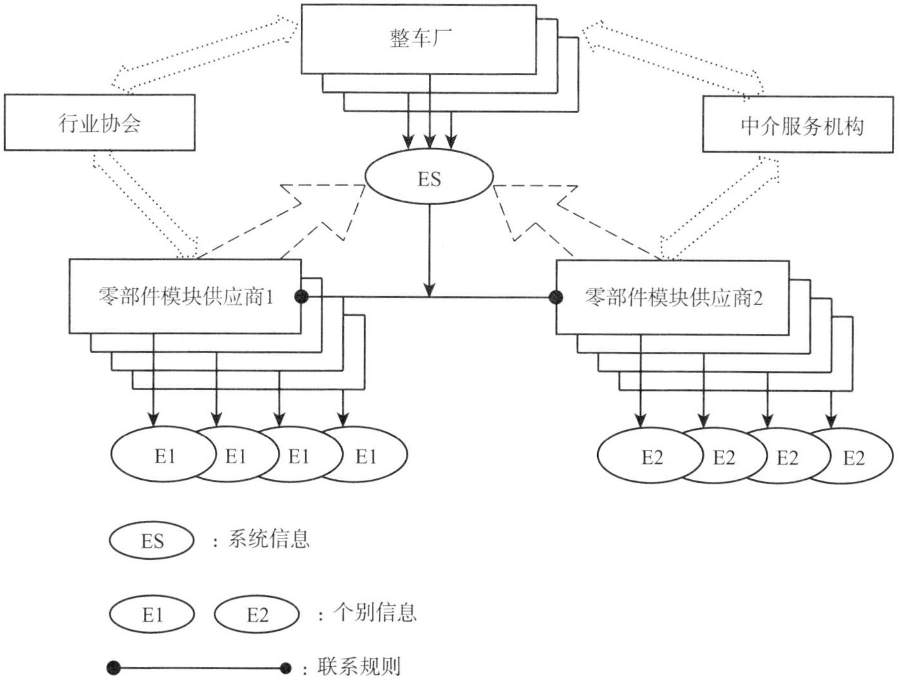

图 9.7 模块簇群化的汽车产业网络组织

心主导地位，而是通过彼此的研发竞赛推动底特律整车设计规则的不断进化；同时，整车企业与供应商之间交易关系以市场化为主，呈现“多对多”的供需关系，也正因多元交易所导致的动态性，供应商之间存在的激烈“背对背”竞争和“淘汰赛”效应促进了模块部件紧跟整车设计规则而实现同步创新，并且模块“黑箱”规则的变化会及时反馈给整车企业作为再次优化整车设计规则的依据，这样就促进了整车设计规则与模块设计规则的协同演进，造就了底特律世界汽车工业之都的地位。

德国是世界第三大汽车生产国，拥有戴姆勒奔驰、宝马、大众、奥迪、保时捷等强势汽车品牌，因德国各大汽车厂商都十分重视通过高强度研发和高质量制造来树立品牌价值，以持续提高市场占有率、维护产品形象和改善企业经营状况，使得德国汽车在竞争激烈的全球高档车市场中占据了 70% 的份额，并带动了厂商所在地经济的持续强劲发展，大众汽车集团总部所在地沃尔夫斯堡（Wolfsburg，绰号“狼堡”）是德国“首富城市”，人均 GDP 高达9.26万欧元、拥有多家汽车厂和机械配件厂的施韦因富特（Schweinfurt）以及奥迪汽车集团总部所在地因戈尔施塔特（Ingolstadt）在德国城市人均GDP排名中分别位列第三、第四，奔驰所在地斯图加特（Stuttgart）也跻身前十。在整车设计上，因各整车厂商车型立足点具有差异性，任一家厂商在整车架构设计上都不具备绝对掌控权，而是在全球汽车技术前沿领域各显其能，推陈出新，在彼此之间激烈的全球市场份额角逐中，也推动了德国整车的设计理念、规则和标准得以持续更新和完善。而且，德国汽配工业十分强大，其销售增幅甚至超过整车工业，集聚了博世、大陆（Continental AG）、ZF、蒂森克虏伯（Thyssenkrupp）、西门子VDO、巴斯夫（BASF SE）等汽车零部件强企，且紧跟德国整车厂商全球布局，在相应高端汽配领域占据全球主要份额，在研发、生产、物流等方面与整车企业形成非常紧密的合作关系，以共同应对全球汽车市场竞争加剧的趋势，提高了各自的竞争力和抗风险能力，实际上也协同促进了德国整体汽车工业实力的不断强化和技术革新。如众所周知，德国汽车发动机技术全球顶尖，其新一代发动机技术和替代燃料技术研发也正在如火如荼展开，宝马、奔驰、奥迪等知名厂商都致力其中，宝马1.5T三缸混合动力系统、梅赛德斯-AMG 2.0T四缸涡轮增压发动机、奥迪2.5T直列五缸涡轮增压发动机都蝉联了2016年国际最佳发动机大奖。与此同时，德国德累斯顿太阳火公司用二氧化碳、水蒸气和清洁能源合成的“蓝色燃油”也已试制成功，有望实现商业化生产，其制造工艺主要分为三步：第一步，电解水蒸气生成氢气；第二步，将二氧化碳转换为一氧化碳；第三步，用“费托合成法”，即通过以合成气为原料在催化剂和适当反应条件下合成液态烃的工艺过程，将一氧化碳和氢气合成碳氢化合物，从而制出柴油等燃油。[①] 这种合成的“蓝色燃油”不含硫和芳烃化合物，因而更环保，而且燃烧性能与普通柴油一样高，有望在实现商业化生产从而取代化石燃料。由此可见，德国汽车强企在高性能发动机等核心技术领域保有强劲研发能力的同时，作为必备互补品的新能源技术的并行开发也已取得了实质成效，这种强新联合将通过不断地正负反馈和碰撞产生出更多的新技术创意、思维和火花，确保德国汽车工业在全球市场的整体技术领先，是德国整车企业和汽

① 班伟. 德公司利用二氧化碳和水人工合成高效低成本“蓝色燃油”[EB/OL]. http://h.wokeji.com/kbjh/zxbd_10031/201504。

配企业在产业链条上深度合作关系的典型体现。

随着汽车产业全球化的深入，发达国家汽车模块簇群化生产网络不断向加拿大、中国、墨西哥、巴西、泰国、印度尼西亚和马来西亚等新兴市场扩展和蔓延。美国三巨头福特、通用和克莱斯勒自 20 世纪 90 年代初开始，为应对欧国、日本、韩国汽车产业迅速发展的冲击，纷纷把生产基地建到离自己产品的消费者更近的国家和地区，并带动了数以百计的汽车零部件生产商外迁，底特律的衰落由此而起，2008 年的经济危机又使通用、克莱斯勒、福特在内的汽车厂家曾濒临破产，底特律这座世界汽车工业之都也终于 2013 年 12 月 4 日向美国联邦法院申请破产保护，《福布斯》甚至曾把它列为将在 2100 年消失的城市，其最根本的原因是长期过于单一的产业布局，真可谓成也萧何、败也萧何。同样，欧洲、日本、韩国的汽车产业也正加紧在全球形成蛛网式模块化簇群：欧洲汽车强势品牌大众、宝马、奥迪、梅赛德斯 – 奔驰、雷诺、标致、雪铁龙、菲亚特等均已完成在新兴市场的整车制造布局；日本丰田在北美、拉美、欧洲、亚洲、非洲、大洋洲、中东各地一共建设了 53 个海外制造子公司以及在美国、比利时、新加坡、中国和中国台湾地区设立了六大地区总部，本田在美国、英国、中国，泰国、印度、印度尼西亚等 29 个国家和地区建立了 130 多个制造工厂，日产在墨西哥、美国、英国、西班牙、意大利、中国、东南亚、澳大利亚等地拥有 17 个国家和地区有 21 个制造中心，马自达、三菱也都将海外制造体系重点布局在中国及泰国、印度尼西亚、菲律宾东南亚三国；韩国现代汽车自 2004 年起先后在捷克、斯洛伐克、土耳其、印度、北京、江苏盐城、美国阿拉巴马、美国密西西比开设了 8 家海外工厂，除了印度以外，其余 7 家都分布在美国、中国和欧洲。总体而言，上述国际汽车品牌商的海外布局具有共通战略思维，即推进本地化生产以快速贴近目标市场终端需求，构建当地化品牌影响力，同时可弥补本国劳动力缺口，避免了因对该地区的出口激增而产生的贸易摩擦和减少汇率变化而带来的风险，还可免除或大幅降低关税、物流等费用。

在发达国家各汽车强企的全球化攻略中，中国无疑是其中“跑马圈地”的共性重地，其中原因是中国 20 多年来实施“市场换技术”的汽车产业政策，使发达国家汽车强企在巨大利益动机的驱使下纷纷通过设立合资车企的方式进军中国市场，并带来了相应的供应链体系，由此推动全球汽车模块化簇群在中国一些区域的加速形成。以成都经开区为例，目前已聚集大众、沃尔沃、丰田、标致、雪铁龙等国际汽车巨头，还有一汽、东风、吉利、野马、大运等国内汽车知名品牌，推出了从低端到高端的一汽丰田普拉多、柯斯达，大众新速腾、全新捷达，吉利全球鹰SUV、豪情，沃尔沃S60L、XC60等众多车型，整车年产量已接近百万辆，除内销外，有的车型还兼有出口；同时，伴随着贝洱（Behr）、博世、江森等67家世界500强企业落户发展，包括17个整车（机）和高端发动机、关键零部件等近300个零部件配套项目也在加紧开展，一批汽车核心模块部件已实现当地研发和生产，中国第一款能够达到欧Ⅴ标准的先进发动机大众EA211批量供应成都、佛山基地并策划进军欧洲市场，博世制造第九代ABS/ESP的底盘系统零部件不仅实现本地配套而且还向宝马、奔驰等豪车品牌直接供货；另外，随着本地整车制造规模及零部件供应体系的不断壮大，与汽车实体制造环节息息相关的汽车研发、汽车物流、汽车贸易、汽车文化娱乐等汽车产业链各相关环节重大项目也纷至沓来，成都经开区已拥有汽车研发为主导的技术中心20余家、博士后科研工作站17家、创新创业服务机构42家、产学研联盟7家，引进了美国哈曼、东京R&D、意大利APS，以及阿尔特等国内外知名的汽车研发设计企业，海克斯康、SGS、TUV等世界领先的检测机构，建成了亚洲最大的汽车KC底盘测试平台，正因如此，2010年10月，时任德国大众汽车（中国）投资有限公司总裁卡尔·托马斯·纽曼（Karl – Thomas Neumann）曾公开预言："我相信有一天成都经开区将会成为世界上的第二个狼堡"。[①] 从成都经开区汽车产业的发展经验看，在"高起点、高规划、高投入、高发展"的汽车产业政策指引下，整车厂商既携头并进又彼此争夺市场，而众多核心零部件厂商的并行研发以及与整车企业之间的持续互动产生了专业化协同效应，各类专业第三方研发机构及其他生产性服务业的及时跟进带来了不间断创意，在上述合力的共同作用下，成都汽车模块簇群化网络整体设计规则得以不断向高端迈进，为本地汽车产业注入了强大的持续创新动能和潜力，成都汽车工业从"制造"转向"智造"进而实现"弯道超车"已具备现实可能，其经验也可供西部相似区域借鉴。

---

① 凸显集群力量　经开区有望成新"狼堡"［EB/OL］. http：//cd. auto. sina. com. cn/bdcs/2015 – 12 – 03。

9.1.4 汽车模块化生产网络的产业组织效应

9.1.4.1 汽车产品的模块化定制

按照“大规模定制”理论的提出者派恩（Pine，2000）[176]的观点，消费者角度的“个性化定制”需求，对企业而言，主要通过“模块化”的方式加以实现。例如，丰田汽车根据自身的“模块化”零部件，提供70种选择方案，价格从2000美元到6300美元不等，可以满足消费者不同的个性化需求；克莱斯勒提出了一个包括28个模块的生产概念，对其“模块化定制”进行管理；而日产则第一个提出了大规模“模块化定制”的战略，其汽车制造的远景规模是五个“A”——任何批量（any volume）、任何时间（anytime）、任何人（anybody）、任何地点（anywhere）和任何车（anything）；宝马平均年产130多万辆定制轿车，其模块化零部件种类繁多，为消费者提供的选择空间非常广阔。整车企业模块化定制的理念，推动了汽车集成模块市场的发展，例如，美国德尔福（Delphi）的系统化集成模块、加拿大麦格纳国际（Magna）的前端系统模块、美国阿文美驰（ArvinMeritor）的车门系统模块、荷兰飞利浦（Philips）的照明系统模块、德国采埃孚（ZF）的变速器系统模块、美国约翰逊控制公司（江森自控，Johnson Controls）的仪表盘控制系统模块、日本马自达（MAZDA）的车顶系统模块以及瑞典沃尔沃（Volvo）的驾驶舱操作集成模块等，都是经过长期市场检验的行业翘楚。

对整车企业而言，为客户提供完全个性化定制的汽车产品，其基本前提是实施模块化平台共享战略，最大可能提高零部件通用性，让小批量、多品种产品“共线生产”。目前，通用、福特、大众、宝马、丰田、日产等汽车巨头已经开始应用“柔性模块化共线生产模式”，纷纷认为在今后汽车的生产过程由两部分构成：一是基本的“共性模块”，即那些客户难以擅自改动的部分，包括发动机、传动系统等汽车主要技术平台；剩下的则是“选择性模块”，以车辆外观和内饰为主，可以根据用户的意见随时更改，并插入“共性模块”生产之中。通过推行平台共享战略，整车企业可以借助通用零部件进行更大规模生产，摊销因不断增多的车型数量和不断缩短的产品生命周期而导致的高昂开发成本。此方面的最新进展，即是前述的包括大众、标致雪铁龙以及雷诺－日产等整车厂商正在力推的汽车平台模块化设计，其着眼点就是最大限度地迅速满足客户的完全个性化定制需求。

随着互联网等信息技术的发展和供应链管理理论及技术的成熟，汽车模块化定制由理想变为现实。整车企业在接到客户订单之后，通过网络平台在全球范围内管理业务链上的所有环节，包括采购、设计、生产、销售、售后服务、信息反馈等，使原先“大而全”的封闭汽车制造系统转变为由整车厂和各级模块供应商共同组成的分散式的模块化网络系统，全球汽车供应链管理正由“纵向一体化”趋向于“横向一体化”（如图 9.8 所示）。在新的汽车模块化供应网络中，信息网络平台接受物料需求计划（material requirement planning，MRP）生成的汽车零部件采购计划与自制计划数据输入，同时接受汽车整车组装线上的数据输入，最后根据整车技术优势和独特性生成某些关键的创新零部件数据输入网络平台；然后信息网络平台就会将这些输入数据转化为输出数据，即模块供应商的设计、生产、配送等各个环节的运行（马宁和王润良，2005）[163]。其中物料需求计划由主生产计划、产品信息、库存信息等生成，而主生产计划则由汽车整车生产线的数据、销售预测数据、潜在客户的分析及合同情况生成。在模块供应商系统中，可增加一个信息反馈系统，用于弥补和预防供应商与整车厂之间发生的意外失误。可以看出，由于信息技术的应用，使整车企业与模块供应商之间的关系更加紧密，对于整个汽车供应链的零库存起到至关重要的作用。

9.1.4.2　汽车模块化生产网络的垄断和竞争

模块化生产方式下，决定汽车产业市场结构的主导力量不再是资本、规模、劳动力等有形资源，而是取决于知识、信息、技术、能力等无形要素。因此，汽车模块化生产网络的垄断和竞争主要围绕以下两个层面展开：一是整车企业对系统规则的设计权垄断和竞争；二是模块供应商对子模块系统的技术垄断和竞争以及与整车企业成为稳定合作伙伴的关系垄断和竞争。

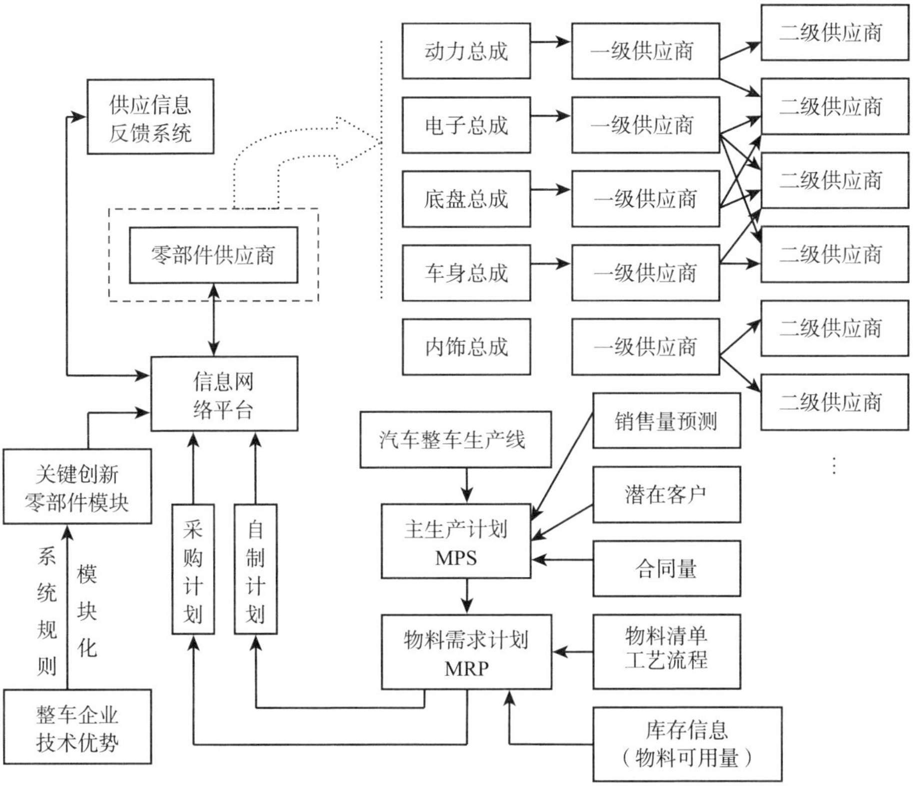

图 9.8　信息系统下的汽车模块化供应网络

1. 整车企业之间的垄断和竞争

整车企业处于汽车产业价值链的高端，拥有品牌，负责制定标准、产品研发和系统集成，控制着核心产品和新产品的生产。由于模块化的影响，整车企业之间的实力较量已由传统的整车销售比拼转向对于作为整车系统规则设计者的争夺，只有最终的获胜者才能获得最大价值，从这个角度看模块化增强了汽车产业市场结构的垄断性。这种趋势目前来看依然在不断强化，即便进入电动汽车时代，特斯拉作为全球公认的纯电动汽车系统规则设计师，引领着世界电动汽车全产业链前行，其他电动汽车厂商在电动汽车架构、电池技术及管理、充电桩、服务等方面要不马首是瞻，要不作为重要技术参考，否则难以迈过市场门槛。但是，模块化系统的开放性又为不同竞争者提供了有利的竞争环境，只要设计出的终端产品系统规则优于现有行业的产品系统标准，就可以取代在位垄断企业的地位而成为新的市场垄断者，从为个意义上讲，模块化又加剧了整车企业之间的竞争，哪些厂商最先适应模块化生产方式并率先掌握系统规则设计的主动权，未来将获得更大收益。

目前在整车系统模块化过程中存在两种思路：一种是以丰田公司为代表的日系企业为主围绕 ECU（电子控制装置）系统进行模块推进，ECU 群的“标准件”使之成为各车型通用的模块，实现一个涵盖范围更大的功能，例如，以传动控制、车身控制、安全控制和多媒体等标准系统为单位进行模块开发；另一种是大众汽车为代表的德系企业为主的产品结构多项功能与多种配件相互关联的复杂对应关系，形成动力总成、车门总成、仪表总成和车前端总成四大模块，通过对这几大总成的模块化管理，使原来的生产线得以缩短[177]。

从最近几年看，全球汽车产业格局已有明显调整，新的“6+3”格局（丰田、大众、新通用、福特、雷诺-日产联盟以及新的菲亚特-克莱斯勒联盟六大集团，加上现代-起亚、本田和标志-雪铁龙新的三小集团）已经形成[177]。据统计，2010 年全球汽车销量 7230 万辆，新“6+3”占据全球汽车约 80% 以上的市场份额。其中，自 2008 年起丰田销量超越通用成为全球第一大车企，除 2011 年受到日本海啸等因素影响而跌至第三外，在 2008～2016 年荣膺 7 次全球销量冠军；大众在前三名有起有落，2016 年得益于在中国市场的优异表现，以 1039.1 万辆的全球销量超越丰田的 1017.5 万辆成为第一车企，同比增长 3.8%。而大众恰恰在汽车平台模块化研发及应用方面走在前列，带来了产品线的丰富性，更适应不同细分市场的多元化选择。另外，从表 9.3 可以看出，雷诺-日产在最近几年的全球销量排行榜上一直稳居第四，但 2017 年第一季度的数据显示，该企业以 233.7 万台的销量超越通用的 225.3 万台上升至第三，同比劲升 10.4%，增速居销量前十大车企之首，而且比第二位丰田的 233.9 万辆仅微少 0.2 万辆，这也是其自 2014 年开始雷诺、日产采用通用模块系列平台 CMF 各推数款新车的市场反应；而从 2017 年上半年（1～6 月）全球销量数据来看，雷诺-日产（含旗下三菱汽车）业绩上升更加明显，以创历史纪录的 526.8079 万辆首次登上全球汽车销量榜首，超过德国大众 515.56 万辆、日本丰田汽车 512.9 万辆、美国通用汽车 468.6038 万辆的销量，全年销量预计将突破 1000 万辆大关[①]。以上整车厂商全球销量排位变化表明，在全球汽车产业受到模块化影响而竞争日益激烈的同时，在平台模块化设计技术方面率先研发且有成效的整车企业赢得了更多的市场空间。

表 9.3　　全球汽车销量前十车企　　单位：万辆

排序	2013 年		2014 年		2015 年	
	企业	销量	企业	销量	企业	销量
1	丰田	998.00	大众	991.93	丰田	1015.10
2	大众	973.10	丰田	981.86	大众	1001.00
3	通用	971.50	通用	801.78	通用	984.08
4	雷诺－日产	826.60	雷诺－日产	794.76	雷诺－日产	882.00
5	现代－起亚	756.00	现代－起亚	755.04	现代－起亚	776.00
6	福特	633.00	福特	591.26	福特	663.50
7	FCA	442.40	FCA	455.80	FCA	477.07
8	本田	416.10	本田	445.75	本田	467.31
9	PSA	281.90	PSA	314.80	PSA	326.52
10	铃木	262.40	铃木	290.81	铃木	279.46

资料来源：相关车企官网信息、网络公开数据。

尤其值得一提的是，德国大众在近几年的发力，与其加大研发投入有着直接关联。欧盟委员会发布“2016 全球企业研发投入排行榜”显示，大众集团不仅是车企榜单中的第一名，更是全球 2500 家企业中的第一名，以 136.12 亿欧元的资金投入力压车企榜中第二名的丰田 80.47 亿欧元以及总企业榜中韩国三星集团的 125.28 亿欧元（见表 9.4）[②]，研发强度达到 6.26%。可见，大众对于 MQB/MLB/MSB/MMB/MEB 模块化平台及其相应车型的研发投入了巨资，针对汽车产业发展前沿的创新成效正在显现。2016 年，大众集

① 日产雷诺联盟上半年初登全球汽车销量榜首［EB/OL］. http：//finance.sina.com.cn/。

② 2016 全球企业研发投入排行榜［EB/OL］. http：//europa.eu/。

团全球销售收入为2173亿欧元，同比增长1.9%；营业利润146亿欧元，同比增长14%，销售利润率攀升至6.7%，税后利润54亿欧元；净流动资金达272亿欧元，同比增长11%。[①]

表9.4　　2016年全球汽车R&D投入前十车企

车企	R&D投入（亿欧元）	在车企中的排名	在所有企业中的排名
大众	136.12	1	1
丰田	80.47	2	10
通用	68.89	3	13
戴姆勒	65.29	4	14
福特	61.54	5	16
本田	54.87	6	18
博世	52.02	7	23
宝马	51.69	8	24
菲亚特－克莱斯勒	41.08	9	31
日产	40.54	10	32

资料来源：2016年全球研发投入TOP10车企排行榜［EB/OL］. http：//www.xincheping.com/news/102644.html。

2. 模块供应商之间的垄断和竞争

由于模块化的影响，世界各大整车企业纷纷改革供应体制，由向多个汽车零部件厂商采购转变为向少数模块集成供应商采购，由单个汽车零件采购转变为模块采购，由国内采购转向全球采购，全球汽车产业模块化层级分包网络由此形成。整车企业模块化采购体制对零部件供应商提出了更高的要求，只有技术实力雄厚、产品开发能力强、成本优势领先的零部件供应商，才能紧跟整车企业的整车系统开发节拍，做到汽车专用模块的迅速供应，从而与整车企业建立更加长期紧密的模块化网络分工合作关系。这一变革，推进了

① 全球主流车企2016年财报盘点［EB/OL］. http：//auto.gasgoo.com/News/2017/04/24/。

全球汽车零部件行业并购、重组的进程，导致汽车零部件子行业市场集中度的显著提高。

以轮胎行业为例，根据美国《轮胎商业》的数据①，2015～2016年行业排名前三的日本普利司通（Bridgestone）、法国米其林（Michelin）、美国固特异（Goodyear）占据了38.1%的市场份额，行业前10名企业的市场份额约为63.4%，而行业75强的市场份额在96%～98%之间，普利司通销售额已连续8年夺冠。与此同时，2015年全球轮胎行业研发费用在一些轮胎巨头的带动下改善幅度较大，行业平均研发强度同比提高一个百分点至3.5%；按研发费用总额排名，普利司通及米其林居前2位，分别是7.849亿美元及7.571亿美元，第3位固特异为3.82亿美元；按研发费用/销售额排名，德国大陆（Continental AG）以6.2%居首，意大利倍耐力（Pirelli）、米其林、韩国耐克森（Nexans）排第2、第3、第4位。② 这说明世界轮胎巨头比以往更加注重研发，这对只有中策橡胶集团一家企业入围世界前10强的中国大陆轮胎行业，尤其值得借鉴和思考。

根据《美国汽车新闻》（*Automotive News*）数据，近几年全球汽车零部件排名前列的供应商主要集中于博世、电装、麦格纳国际、大陆、采埃孚、现代摩比斯、爱信精机、佛吉亚、江森自控、李尔、德尔福等知名企业（见表9.5），市场结构呈现强者恒强的寡头垄断特征。在2016年全球汽车零部件配套供应商百强榜中，日本、美国、德国继续领跑的第一阵营，分别占据30个、25个、18个席位，虽然德国在席位数量上不如日本和美国，但名次领先的企业较多，前五强中就有博世、大陆和采埃孚三家企业，其中博世更蝉联了六届冠军；韩国、法国、西班牙、加拿大、中国和瑞典属于第二阵营，席位数量在2～5个之间，韩国占5席属于领跑者，法国占4席次之，西班牙和加拿大各占3席，中国和瑞典各占2席。需值得关注的是，中国企业排名虽然位次较后且数量较少，但上升速度较快，延锋汽车内饰系统2013年收购伟世嘉业务后于2015年首次进行榜单便排在第26位，2016年便迅速攀爬至第

---

① 2017全球轮胎75强最新榜单深度分析［EB/OL］. http：//www. sohu. com/a/168752200_358867。

② 陈维芳，邢玉琛. 2016年度全球轮胎75强排行析评［EB/OL］. http：//market. cria. org. cn/2/34316. html。

18 位，另一上榜企业中信也由第 81 位升至第 77 位，而包括万向集团、福耀玻璃、潍柴动力和玉柴机器等大型中国汽车零部件公司因配套业务营收存在数据可得性问题并未上榜，因此未来预计将有更多中国企业入围全球汽车零部件供应商百强。

表 9.5　　2013～2015 年全球汽车零部件配套供应商十强　　单位：亿美元

排名	2013 年		2014 年		2015 年	
	企业	营收	企业	营收	企业	营收
1	博世	367.87	博世	401.83	博世	448.25
2	电装	342.00	电装	358.49	电装	360.30
3	大陆	328.00	麦格纳国际	343.75	麦格纳国际	321.34
4	麦格纳国际	304.28	大陆	335.00	大陆	314.80
5	爱信精机	300.80	爱信精机	271.25	采埃孚	295.18
6	江森自控	225.15	现代摩比斯	246.77	现代摩比斯	262.62
7	佛吉亚	225.00	佛吉亚	239.50	爱信精机	259.04
8	现代摩比斯	213.50	江森自控	234.40	佛吉亚	229.67
9	采埃孚	186.14	采埃孚	204.34	江森自控	200.71
10	李尔	158.01	李尔	162.34	李尔	182.11

资料来源：阳万顺，冬冬 . 2012－2016 年度全球汽车零部件配套供应商百强榜总览 [EB/OL]. http：//auto. gasgoo. com/News/2016/12/1209125912597000278662 5. shtml。

但是，汽车零部件企业之间的竞争并未因寡头垄断市场结构而被削弱，反而在模块化力量的推动下得到强化。原因在于，模块化使每个模块供应商内部的研制和生产类似一个“黑箱”，彼此基于整车企业的设计图纸进行激烈的“开发设计竞赛”，胜出者才能与整车企业形成长期稳定的供给关系。因此，即便是市场份额绝对领先的汽车零部件企业，也具有很强的技术创新行为激励，各大汽车零部件厂商纷纷把航天、航空、电子、环保等技术应用于汽车零部件和总成上，以至于有些新技术实际上是零部件企业在领着整车厂跑[178]。

9.1.4.3 汽车模块化生产网络的市场绩效

1. 汽车模块化生产网络的资源配置效率

随着整车企业模块化外包程度的提高，企业的科层化被市场的科层化所取代，从而企业和市场呈现出某种程度的融合趋势，使汽车模块化生产网络的资源配置效率在企业权威和市场激励的双重效能下得以优化。

一是整车企业与模块供应商之间的信息沟通效率明显提高。整车企业发布系统设计规则以及模块供应商对“看得见的信息”的处理和反馈都是依托信息和交易网络的横向传递进行，有效克服了整车企业内部原本过多纵向层级对信息传递速度和真实性的人为干预，使得参与模块化生产网络各方的信息处理和运用能力都得到了明显改善。

二是克服了纵向一体化组织结构的“X－非效率”。由于先进信息技术的广泛运用，整车企业与模块供应商之间的交易成本大大降低，原来实体企业部门之间的协调分工大量通过企业外部模块整合的横向协调方式来完成，企业组织结构日益向扁平化甚至虚拟化趋势发展，消除了科层结构带来的种种“X－非效率”问题，实现汽车产业资源的全球优化配置。

2. 汽车模块化生产网络的规模结构效率

整车企业通过实施业务归核，专攻高附加值的整车研发、营销以及发动机、电子、电器等核心模块环节的活动，不仅没有因模块外包而使经济规模有所萎缩，反而在模块化的虚拟运营下大大增强了对市场的影响力和控制力。再则，整车企业致力于模块化平台的精心开发，根据各细分市场需求迅速推出适销车型，提高了平台应用的规模化效率和效益。而且，整车企业还可以通过通用界面横向连接各模块供应商，从而扩大规模经济作用的范围，让所有网络参与方都能分享由此带来的正回报。

各模块供应商只需在营造单项核心能力上进行必要投资，就能通过特定模块的专业化生产而较快地达到规模经济，并配合整车企业的全球扩张而成为零部件跨国公司和积极开拓新兴市场。例如，自 2009 年中国成为全球最大汽车市场之后，跨国零部件企业争先恐后加大投资中国市场，博世、爱信精机、法雷奥、佛吉亚、德尔福、美国天合（TRW）等世界排位前 20 名的著名汽车零部件跨国公司均在中国设立了投资控股机构，这无疑进一步推动了其全球规模化生产。更为重要的是，整车企业对零部件模块的采购价格已由传统的成本加成法转向目标成本法，即首先以产品能在市场上获得成功为前提确定市场或最终消费者的支付价格，然后运用逆推计算，一层一层分摊，从而确定各部件的系统价格（Jeffrey，2001）[179]。由于在目标成本法的实施过程中，整车企业与模块供应商之间存在产品生产和财务数据等信息的高效交换，在替代车型竞争激烈的情况下，双方为实现正和博弈都具有不断优化运营流程降低成本的内在动力，从而实现整车和零部件生产规模扩张的同时平均成本曲线的下移，也使终端顾客在充分享受高度定制化、个性化汽车的同时获得较高的价格弹性。

3. 汽车模块化生产网络的创新效率

汽车模块化生产网络的创新包含产品创新、知识创新和价值创新三个层面。在产品创新上，整车企业以顾客需求为导向，制定出符合新车模块化特点的通用标准，明确各部件子模块的功能和任务，在实行供应链管理的基础上，鼓励各模块供应商在通用标准允许的范围之内最大限度地发挥产品开发和设计的自由度，开发出最好的子模块产品，然后由整车企业进行模块化整合，迅速开发出顾客亟须的新车型。在知识创新上，整车设计规则明确了各模块的任务范围和交流界面，主要以明示知识的形式推广；而各零部件模块内部的知识对于整个汽车模块化产业链来说是隐藏的，这样模块化实际上减少了技术创新对模块之间默会性知识的相互依赖，并降低了模块内部默会性知识的学习成本，每一模块的知识创新效率得以提高；同时，由于整车企业与零部件模块供应商之间存在着信息同化机制，双方就系统信息和模块信息进行来回交换、传递和反馈，从而促进整车系统和模块部件设计规则的不断进化。在价值创新上，根据“瀑布效应”（waterfall effect）原理，整车企业作为网络的旗舰领导者，在汇总顾客需求后，将其价值创新战略依次传递给各级模块供应商；模块供应商在接受“看得见的规则”下，充分利用本身内部“隐含信息”的优势对该模块进行创新，使价值进一步增值；价值再由模块供应商进行回路反馈，经过系统集成商的整合，实现产品系统的功能升级，相应的价值再次得到增值，整个汽车模块化生产网络通过上述多次反复的信息和价值传递实现了以知识为主要资源的价值创新。

9.2 广西汽车产业发展概况

9.2.1 产业发展现状

9.2.1.1 产业生产经营状况

汽车产业是广西 14 个重点打造的千亿元产业之一，近年来得益于国家系列扩内需政策实现了突飞猛进的发展，“十一五”广西汽车工业产销量年均增速超过 30%，“十二五”期间继续保持两位数增长，已成为广西最具优势和发展潜力的重要支柱产业之一。据中商产业研究院数据库（AskCIData）最新数据显示，2014 年广西汽车产量为 209.23 万辆，占全国总产量的 8.76%，同比增长 11.94%，快于我国汽车产量 7.08% 的增长速度。[①] 2015 年，在我国汽车产量增速降低 3.15% 的情况下，广西汽车产量突破 230 万辆，同比增长 10%，仅次于重庆、上海、广东而成为第四大汽车产地，占我国汽车产量的份额约已达到 9.35%。参见图 9.9、图 9.10。

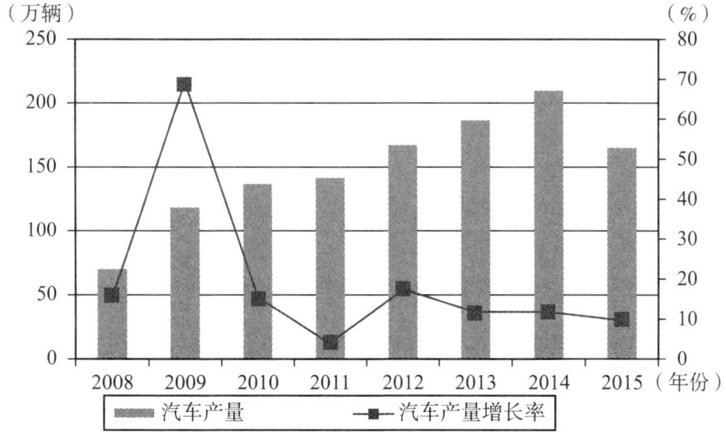

图 9.9 2008~2015 年广西汽车产量及变化趋势

① 2014 年 12 月广西壮族自治区汽车产量分析［EB/OL］. http://www.askci.com/news/chanye/2015/01/29/。

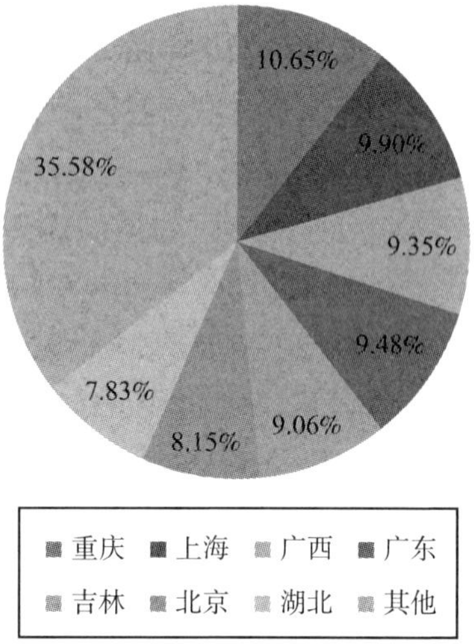

图 9.10　2015 年中国汽车产量省市分布

资料来源：根据中国产业信息网数据整理计算。

同时，广西汽车核心零部件制造实力明显增强。根据中国汽车工业协会统计，截至 2015 年底，我国主要有 65 家车用发动机企业，其中，上汽通用五菱、一汽大众、上汽大众动力总成、东风日产乘用车、重庆长安、长城、神龙、上汽通用东岳动力总成、北京现代、长安福特、沈阳航天三菱、奇瑞、东风本田发动机、柳州五菱柳机和吉利控股，位居累计生产量排序的前 15 名，广西共有上海通用五菱和柳州五菱柳机两家企业位列其中，上海通用五菱更是以超过 170 万台的产量位居第一。车用柴油发动机方面，2015 年，安徽全柴、一汽集团、广西玉柴、江铃控股、北汽福田、潍柴控股、昆明云内、东风汽车股份、山东华源莱动、中国重汽、长城和庆铃，位居生产量排序的前 12 名，但原来长期位居车用柴油机厂商第 1 位的广西玉柴机器排名却突然降到了第 3 位，潍柴控股则继续下滑，而以生产轻中型柴油机为主的安徽全柴上升到了第 1 位，其原因是广西玉柴和潍柴都是以生产重中型柴油机为主，在 2014 年、2015 年两年我国宏观经济面疲软、基本建设需求不旺的背景下，重中型柴油机难有发展空间，只有城市物流应用较多的轻型商用车装载的轻型柴油机相对具有较好的抗跌性，在 2015 年其市场表现明显胜过重中型柴油机，但未来随着我国“一带一路”建设的逐步深入推进，对车用重中型柴油机的需求预计将会有所反弹。

9.2.1.2 产品结构

广西汽车产业主要包括汽车整车制造业、专用车改装车业及汽车零部件制造业，已形成多品种、宽系列、较为完善的整车、车用内燃机、零部件生产及配套体系。“十二五”期间，广西通过实施大规模技术改造和更新以及积极与上汽、东风、一汽、重汽及通用等国内外著名汽车集团合作，进一步加快构建了包括微型汽车、轿车、中重型载货汽车、大中型客车等汽车整车、发动机、低速汽车及零部件制造等较为完整的产业体系，取得了显著成效。

1. 自主品牌中型轿车正式推出

由上汽通用五菱设计生产的广西第一款中级轿车“宝骏 630”于 2011 年 4 月 18 日在上海首发，标志广西汽车产业迈入商“乘并举”新时代。与国内一些车企引进合资企业的车型然后加以国产化的做法不同，该车型走的是自主品牌之路，先后投入 30 亿元，历时 4 年研发，基于大规模的前期市场调研，针对我国消费者使用习惯，在外观及车型的整体结构和配置上进行许多“亲民”设计，具有全球品质标准、全时动感外观、全面适用空间、全员安全设计、全程经济环保等特点。在 2015 年度我国销量排名中，“宝骏 630”以 24646 辆的销量位居含进口、合资和国产在内的所有轿车品牌的第 101 位，作为轿车行业的新晋者与比亚迪、吉利、长安、中华、奇瑞、长城、海马、夏利、荣威等老牌国产品牌的市场受众程度正在快速拉近，已好于广汽传祺、东南、华泰、众泰、北汽、江淮、力帆、东风风神、哈飞等同类国产品牌的市场表现，“宝骏乐驰”也以 12150 的销量位列第 146 位。2016 年 9 月 8 日，宝骏家族又推出“宝骏 310”正式上市销售，对标的是 A0 级别的小型家用车市场，锁定的显然是年轻消费群体，将是乐驰的主打升级换代产品，轿车产品系列在国内市场已形成一定的品牌效应。

2. 巩固和拓展微型车国内领先优势

广西上汽通用五菱的“五菱宏光”因其背靠通用的全球制造体系和定制化的零部件供应商而铸造的高品质和高性价比，在整车的平顺性以及静谧性、百公里油耗、空间利用率等方面表现优异，且在外观和配置上增加了运动外观装饰以及安全、舒适配置，并主打安全性、舒适性（NVH）和操控性的尊享版，拥有了宜商宜家的双重定位，一直占据国产微车市场的半壁江山，稳坐 MPV 细分市场销量冠军，其一母同胞的“五菱之光”曾凭借皮实可靠性被美国《福布斯》杂志称为“地球上最重要的一款车”。2015 年，国内 MPV 总销量为 2263112 辆，市场销售前十位车型依次是五菱宏光、宝骏 730、欧诺、风行、威旺 M20、风光 330、别克 GL8、瑞风、杰德和奇瑞 K50，分别占全国 MPV 销售份额的 28.97%、14.19%、6.29%、6.07%、5.46%、4.4%、3.49%、2.58%、2.33% 及 2.16%，CR_{10} 为 73.61%，CR_4 为 55.52%，CR_8 为 68.7%，根据日本经济学家植草益的市场结构分类，显然属于高、中寡占型市场结构。在 2015 年国内 MPV 销售排名前五位中，广西 MPV 自主品牌包揽了三席，其中，“五菱宏光”以 655531 辆的销量成绩夺得 2015 年 MPV52 种车型的市场销量冠军，但销量同比下跌了 12.6%；而与此同时，同旗下的“宝骏 730”却紧随其后，实现销量 321069 辆，增幅高达 167.4%，增速位列国内 MPV 十大车型之首；东风柳州风行以 137451 万辆的销量位居第 4 位，但销量同比下降了 42.9%；此外，2014 年 12 月 1 日才正式上市发售的实用型商务车“五菱征程”以 23407 的销量列居第 16 位，而其 2014 年的销量仅为 1009 辆，增幅创纪录地达到 2219.8%，增速在 52 种 MPV 车型中傲视群雄。以上说明在“五菱宏光”继续稳居国内 MPV 第一强势品牌的同时，广西其他一些后启 MPV 车型的跟进速度也很快并且已取得了不俗战绩，使得广西在国内 MPV 细分市场上占有绝对的市场影响力。见图 9.11。

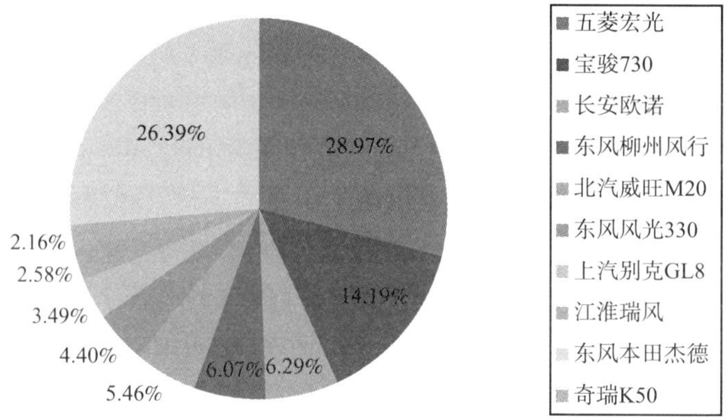

图 9.11　2015 年中国 MPV 销量分布

资料来源：根据盖世汽车网数据整理计算。

3. SUV 发展迎头赶上

2015 年，广西 SUV 产销取得突破性成就，作为 MPV 细分市场的“龙头”，上海通用五菱终于进军 SUV 市场。2015 年 7 月 18 日，宝骏品牌首款紧凑型家用 SUV 车型“宝骏 560”正式上市，目标人群是购车预算在 8 万 ~10 万元价位的家庭用户。从品牌定位、车身尺寸以及价格等方面来看，“宝骏 560”的主要竞争对象包括长城哈弗 H6、东风风行景逸 X5、长安 CS75 等市场口碑和销量都可圈可点的车型，因而“宝骏 560”要面对的同级市场竞争可以说相当激烈，但“宝骏 560”因秉承了上海通用五菱“成本领先、与众不同”的制胜法宝，产品本身具有同级较大的车身尺寸、宽裕的车内空间、丰富的配置（尤其是安全配置）① 等亮点，且五菱和宝骏成熟的销售渠道也是其独家优势，在激烈的市场竞争中保有不错的性价比和竞争力，上市后当即取得了销量的快速增长，成为 2015 年国内 SUV 市场的“黑马”，实现 145007 辆的销量，在国内市场 132 款 SUV 车型中销量排名第 11 位，市场表现得到业界肯定，截至 2016 年 8 月，即上市 12 个月，月均销量就达到了 2.66 万辆，累计销量达 319636 辆，在只有一款动力总成的情况下取得如此成绩实属不易。而从 2016 年全年来看，“宝骏 560”以 321555 辆的累计销量已跃升至全部 SUV 车型的第三位，仅次于哈弗 H6 和传祺 GS4，同比增长 121.8%，可见市场受众度非凡。

2016 年 7 月 18 日，“宝骏 560”又新推 1.5T 车型，共有 1.5T + 6MT 舒适型、1.5T + 6MT 精英型、1.5T + 6MT 豪华型三款车型，使“宝骏 560”不再依靠自然吸气单一排量拼市场，为消费者带来了更多的车型选择。该车型的核心竞争力体现在其涡轮增压发动机大牌云集，其中，涡轮增压器来自于全球航空航天技术领先者霍尼韦尔（Honeywell International）的第二代产品，该产品已在标致雪铁龙、别克、Jeep、福特和斯巴鲁等世界各大主流汽车品牌广泛应用，技术的稳定性和成熟性优势非常明显；涡轮增压发动机汇集了博格华纳（BorgWarner）、博世、马勒（MAHLE）等全球顶级供应商的零部件，而且应用了大量高强度、轻质量、耐热合金等航空材料，产品的品质也更有保障。同时，得益于新型燃烧室顶面倾角设计和进排气可变气门正时技

① 2016 年 7 月，宝骏 560 凭借出色的安全品质，获得了 C – NCAP 五星安全评定，不算加分的话，成为所在批次得分最高车型。

术（DVVT）的创新应用和精准有效的点火控制，“宝骏560”1.5T车型的燃烧效率也处于国际领先水平，百公里综合油耗仅为6.8L，实现了动力与油耗的平衡。此外，“宝骏560”1.5T车型秉承上汽通用五菱“全员安全”的理念并延续“宝骏560”的安全品质，采用3H高钢车身，高强钢占比超过55%，大量使用抗拉强度超过1200MPa的超高强钢材，配合世界领先的热成型冲压工艺和激光拼焊工艺，最大限度地为驾乘者支撑起安全座舱控件，安全配置上则应用了4安全气囊、前排预紧式安全带、ESC车身电子稳定系统、倒车影像、VDC车辆动态控制系统、TCS牵引力控制功能、HBA刹车辅助功能等，全面保障用户安全出行。[①] 上述动力、材料、油耗、安全性等方面的特质，使“宝骏560”1.5T车型具有更强、更快、更省的产品优势，市场表现值得期待。

4. 中大型客车、中重型载货车产量占有国内市场较大份额

广西中大型客车制造商主要是桂林客车工业集团和桂林大宇客车有限公司。桂林客车工业集团成立于1962年，是国家生产公路客车拥有整车和底盘生产资质的大型企业之一，也是广西最大的客车工业企业，经过40多年的发展和技术改造，已由最初的汽车配件厂发展成为一个国内著名的客车整车制造公司，具备年产8000辆各类客车的能力，主要生产“桂林牌”各类大、中、轻型普通客车、豪华客车和客车底盘，同时还生产汽车传动轴、车用高级液压座椅、车窗总成等多种汽车配件。桂林大宇客车有限公司是1994年由桂林大宇客车工业集团与韩国大宇客车株式会社共同出资创建，是国内知名的中外合资的客车生产企业，现已成为拥有资产6.5亿元的国家重点大型整车（客车）制造企业，也是交通部重点客车生产企业，在国家“鼓励技术创新”的政策引导下，公司在原先引进韩国大宇先进造车技术和管理体系的基础上，于2005年实现底盘自制化生产，从组装型企业变为生产规模化、底盘自制化、产品多样化的综合性现代企业，现拥有桂林大宇牌26个系列90多款车型，涵盖8~12米车长段内中、高档客车，市场覆盖高速客运、城市公交、旅游市场和团体通勤等各个领域。公司现拥有冲压、磷化、机加工、底盘生产、车身焊装、涂装作业、油漆工艺、装饰装配、整车完善等数条生产

① 宝骏560新推1.5T车型究竟有哪些优势？［EB/OL］. http：//auto.sohu.com/20160810/n463587750.shtml。

线，年生产能力逾5000辆整车（底盘）；自2005年起开始推行全球化海外市场营销战略，凭借高品质、低油耗以及可根据客户实际运营路线进行“私人定制”的能力，赢得了良好的市场口碑，产品现已远销至非洲、南美洲、东欧、中亚、东南亚、南亚等20多个国家、地区，特别是在越南、菲律宾、马来西亚、缅甸、老挝、新加坡、泰国等东南亚和中东地区销售业绩较好，出口金额从初始的几百万人民币到2012年已突破1500万美元，而2016年1~7月在面临全球经济总体状况不佳、我国经济持续下行以及客车行业整体出口量、出口额和出口均价均出现下滑的压力下，桂林大宇依然同比实现10%~15%的增长。在桂林客车和桂林大宇两大客车企业的有力支撑下，广西2012年客车产量超百万辆，达到1245007辆，同比增长11.54%，2013年维持平衡增长；近两年受到国内客车市场竞争加剧以及客户端萎缩的供需夹击，广西客车产量出现下滑，据中商产业研究院数据库（AskCIData）数据显示，[①] 2014年，广西客车产量为617016辆，同比下降25.56%，超过同期我国客车产量-14.9%的下降幅度，较广西2012年客车产量减少了五成，但仍占全国总产量1586304辆的38.9%，为全国第一客车生产大省。见图9.12。

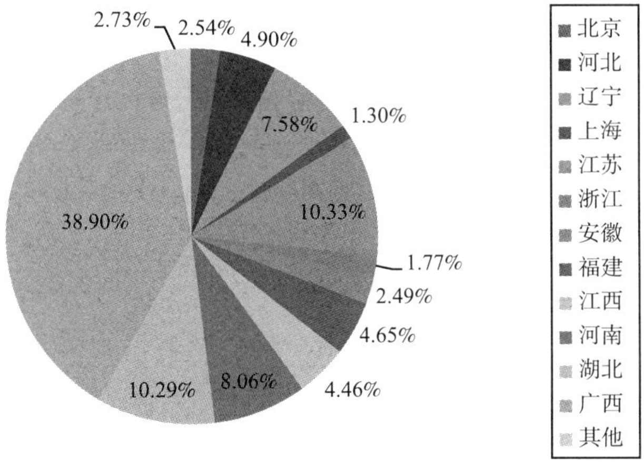

图9.12　2014年中国客车产量省份分布

资料来源：根据中国产业信息网数据整理计算。

① 2014年12月广西客车产量分析［EB/OL］. http：//www. askci. com/news/chanye/2015/01/30/。

广西中重型载货车实力厂商主要包括中国重汽集团柳州运力专用汽车有限公司、一汽解放柳州特种汽车有限公司、东风柳州汽车有限公司、中国第一汽车集团柳州特种汽车、柳州乘龙专用车有限公司、柳州延龙汽车有限公司、广西福达汽车有限公司等，上述公司主要都是中国重型汽车龙头企业，包括解放、东风、一汽、重汽等在广西设立的集团企业，品牌实力较强，多年来对广西中重型载货车行业的发展起到至关重要的带动作用，在国内保持比较稳定、可观的市场份额。2014 年，广西载货汽车产量为 223767 辆，同比增长 21.67%，占全国载货汽车总产量 3130005 辆的 7.15%。2015 年，在国内载货汽车主要需求端如房地产、钢铁、水泥、建材、化工、玻璃、冶金等行业实行去产能、去库存的供给侧结构性改革之下，根据中国产业信息网数据，① 全国载货汽车产量 2015 年 1～10 月累计同比减少 13.44%，广西载货汽车却逆势实现了 6.95% 的同比增长，累计生产 190982 辆，占全国载货汽车市场份额进一步提升至 8.49%。见图 9.13。

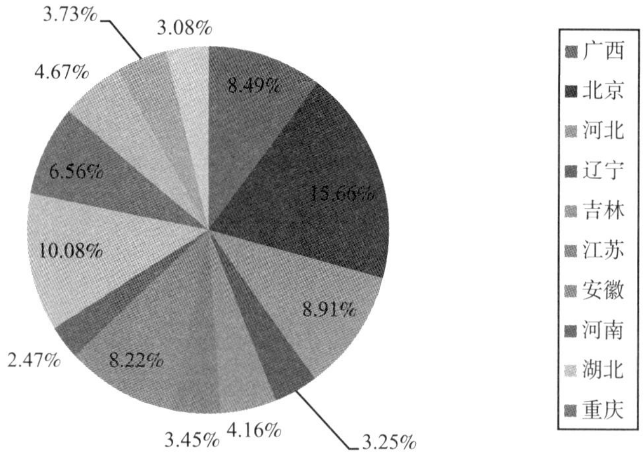

图 9.13　2015 年 1～10 月中国载货汽车产量省份分布

资料来源：根据中国产业信息网数据整理计算。

① 2015 年 1～10 月全国载货汽车产量分省市统计表．中国产业信息网，http：//www.chyxx.com/data/201511/。

5. 积极发展专用车和低速货车

根据国家标准 GB/T 17350《专用汽车和专用半挂车术语、代号和编制方法》，专用车（special purpose motor vehicle）是指“装置有专用设备，具备专用功能，用于承担专门运输任务或专项作业以及其他专项用途的汽车”，可运输不同性质、状态和要求的货物以及从事专门作业。广西专业车行业拥有一批实力较强的企业，包括广西玉柴专用汽车有限公司、柳州五菱汽车工业有限公司、一汽解放柳州特种车辆有限公司、东风柳州汽车有限公司、中国重汽柳州运力专用汽车有限公司、中航柳州乘龙专用汽车有限公司、广西福达汽车有限公司、柳州延龙汽车有限公司、南宁五菱桂花车辆有限公司、广西柳州运力专用汽车股份有限公司、北海帮达汽车改装有限公司等，利用本地微车、载货车底盘进行改装（详见表 9.6）。据中商产业研究院数据库（AskCIData）数据显示，[①] 2014 年，广西改装汽车产量为 74526 辆，占全国总产量 1328618 辆的 5.61%，同比下降 15.24%。2015 年 1 ~ 10 月，广西改装汽车产量为 58839 辆，仍同比下降 7.61%，占全国份额进一步减至 5.52%，在所有省份里排名第八。见图 9.14。

表 9.6　　广西专用车主要生产企业

企业	品牌	产品
广西玉柴专用汽车有限公司	玉柴专汽牌 象力牌	摆臂式垃圾车、半挂工程车、餐厨垃圾车、车辆救援服务车、车厢可卸式垃圾车、对接式垃圾车、多功能抑尘车、高压清洗车、挂桶式垃圾车、混凝土搅拌运输车、清洗吸污两用车、洒水车、扫路车、吸污车、清扫车、厢式车、压缩式垃圾车、自卸车、自卸式垃圾车等
柳州五菱汽车工业有限公司	五菱牌	LED 广告宣传车、仓栅式运输车、车厢可卸式垃圾车、服务车、挂桶式垃圾车、警用指挥车、救护车、垃圾桶转运车、冷藏车、流动售货车、旅居车、密封式垃圾车、篷式运输车、囚车、厢式车、疫苗冷链车、邮政运输车、自卸式垃圾车
一汽解放柳州特种车辆有限公司	柳特神力牌	仓栅半挂车、仓栅式运输车、车辆运输车、低平板运输车、粒粒物料运输车、混凝土搅拌运输车、栏板半挂车、禽畜运输车、篷式运输车、厢式车、翼开启厢式车、越野自卸汽车、自卸车

① 2014 年 12 月广西改装汽车产量分析［EB/OL］. http：//www. askci. com/news/chanye/2015/01/30/。

续表

企业	品牌	产品
东风柳州汽车有限公司	东风霸龙牌 东风龙卡牌 东风风行牌 东风乘龙牌	仓栅半挂车、仓栅式运输车、车辆救援服务车、车厢可卸式垃圾车、低平板运输车、多功能检测车、粒粒物运输车、服务车、混凝土搅拌运输车、集装箱半挂车、教练车、救护车、冷藏车、篷式运输车、平板半挂车、牵引车、禽畜运输车、囚车、随车吊、厢式半挂车、厢式车、血浆运输车、压缩式垃圾车、疫苗冷链车、翼开启厢式车、自卸车、自卸式垃圾车
中国重汽柳州运力专用汽车有限公司	运力牌	半挂工程车、仓栅式运输车、车辆运输半挂车、车厢可卸式垃圾车、粒粒物料罐式半挂车、粒粒物料运输车、干混砂浆运输车、高压清洗车、化工液体运输车、混凝土搅拌运输车、平板半挂车、洒水车、扫路车、随车吊、厢式车、压缩式垃圾车、液体罐式半挂车、易燃液体罐式运输车、油罐车、运油车、自卸半挂车、自卸车、自卸式垃圾车
中航柳州乘龙专用汽车有限公司	福狮牌	半挂工程车、仓栅半挂车、低平板半挂车、对接式垃圾车、粒粒物料罐式半挂车、粒粒物料运输车、化工液体运输车、混凝土搅拌运输车、集装箱半挂车、栏板半挂车、篷式运输车、平板半挂车、洒水车、随车吊、厢式半挂车、厢式车、液体罐式半挂车、易燃液体罐式运输车、翼开启厢式车、油罐车、自卸半挂车、自卸车、自卸式垃圾车
广西福达汽车有限公司	金鹰牌	仓栅式运输车、车厢可卸式垃圾车、篷式运输车、洒水车、随车吊、污水运输车、厢式车、自卸车、自卸式垃圾车
柳州延龙汽车有限公司	延龙牌	LED 广告宣传车、仓栅式运输车、车厢可卸式垃圾车、服务车、工程垃圾清理车、挂桶式垃圾车、观光车、混凝土泵车、混凝土搅拌运输车、交通事故勘察车、教练车、警用指挥车、救护车、冷藏车、流动售货车、篷式运输车、清障车、囚车、洒水车、扫路车、随车吊、厢式车、厢式货车、邮政运输车、自卸车、压缩式垃圾车、翼开启厢式车、自卸式垃圾车
南宁五菱桂花车辆有限公司	桂花牌 桂通牌	环卫农用车、混凝土搅拌运输车、栏板半挂车、冷藏车、厢式车、自卸车、自卸式垃圾车
广西柳州运力专用汽车股份有限公司		车辆运输车、车厢可卸式垃圾车、粒粒物料运输车、化工液体运输车、混凝土搅拌运输车、洒水车、吸污车、鲜活水产品运输车、厢式车、压缩式垃圾车、油罐车、自卸车
北海帮达汽车改装有限公司	金鹰牌	车厢可卸式垃圾车、多功能电力工程车、清扫车、压缩式垃圾车

资料来源：由各公司官网资料整理。

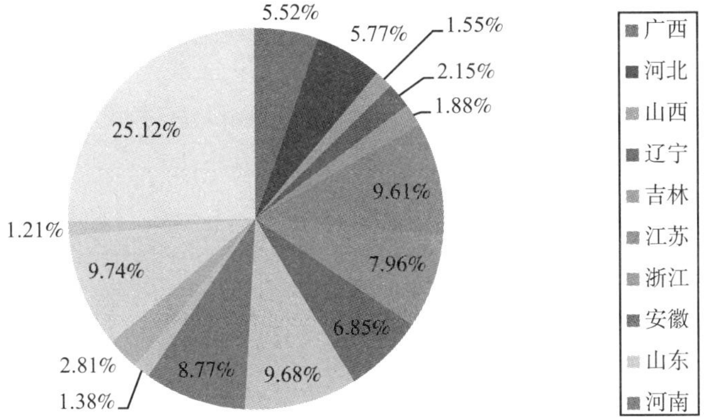

图 9.14　2015 年 1～10 月中国改装汽车产量省份分布

资料来源：根据中国产业信息网数据整理计算。

广西低速汽车产业也有一定规模，拥有南宁五菱桂花车辆有限公司、广西五菱福达车辆有限公司、柳州桂泰车辆有限责任公司、柳州众力车辆有限公司、广西钦州力顺机械有限公司、广西都安建兴机械有限公司等企业，主要产品是农用货车、自卸式农用车、环卫农用车等，市场范围有限，以本地化销售为主。

6. 加快新能源汽车研发及产业化

近两年，在世界新能源汽车技术日渐成熟和中国取代美国成为全球最大电动汽车销量国的带动下，广西新能源汽车产业化进程明显提速，细分领域的代表性产品已面世。客车是广西新能源汽车产业化取得突破性进展的关键领域，目前已有桂林客车工业集团、广西源正新能源汽车有限公司和桂林大宇客车有限公司三家企业具备纯电动、混合动力城市客车的设计制造能力，新能源微型车、专用车等发展也逐渐并入快车道。

桂林客车工业集团是广西首家获得新能源汽车生产资质的客车生产企业，早在 2007 年就与国内知名新能源企业合作研发了第一代新能源客车，“桂林牌”新能源客车系列产品有桂林纯电动客车、桂林纯电动城市客车、桂林混合动力城市客车等，先后服务于上海世博会和中国—东盟博览会而获得广泛的市场赞誉，迄今已推出到第四代新能源客车——液电混合的电动客车，以“液电混动”取代“超级电容”和变电机“交流”为“直流”两项革命性核心创新技术位于世界领先水平，在整车电源完全开启的前提下，一次充电的续驶里程超过 350 公里，比第三代纯电动客车提高 75% 以上。

广西源正新能源汽车有限公司作为 2014 年 11 月才成立的新能源汽车生产企业，是南宁首家、广西第二家获得新能源汽车生产资质的客车生产企业，可谓发展神速，其项目立项→开工建设→首台全铝车身新能源车辆整车下线→量产的整个流程不到一年时间即完成。该公司具备国内一流的现代化客车生产厂房、工艺装备、工装夹具、机械设备，采用了集车身生产、涂装、客车总装等工艺于一体的 U 形生产线，达到每天生产 4 辆车的产量和年产各类客车 3000 辆的产能规模。目前，该公司推出的几款核心产品已呈现一定的国内热销趋势并开始出口：2016 年以来已与全国各大公交公司等合作方签订了近千辆新能源汽车的销售订单，2016 ~ 2018 年三年，南宁市将连续 3 年、每年购入 300 辆该公司生产的全铝车身新能源车辆投放公交运营；全铝车身 Citelec 纯电动多功能城市物流车已取得美国 NEV 和欧盟 L7e 与 N1 标准认证，最高时速为 100 公里，最高续航里程为 336 公里，目前已出口香港地区，香港市场占有率 100%；自主研发生产的常规客车和新能源客车均获得欧盟认证，与欧洲顶级客车制造企业德国 Euracom Gmbh 公司合作研发的纯电动城市公交客车已销往欧洲多个国家和地区，推出世界最长 18 米纯电动豪华客车也已出口德国布莱梅（Bremen）。广西源正新能源汽车有限公司之所以在短短时间内取得如此佳绩，根本原因在于其推出的全铝车身新能源客车整车极具科技含量，外观一次成弯更为平整，全铝车身使整车更轻，LNG 和纯电动两种清洁能源有效降低减排、改善环境，这些已成为该公司的核心竞争优势。为迅速设计和制造高质量、高科技含量的新能源客车，广西源正采取了“自主研发 + 集成创新”的路径：公司自主开发的全铝车身轻量化技术已成功应用于 6 ~ 18 米全系列新能源车，减重和节能效果明显，乘客舒适度和车辆安全性能获得提高；与以王浚院士为首的北京航空航天大学团队合作，共同组建源正院士工作站和源正—北航新能源轻量化智慧汽车工程中心，共同致力于汽车材料、汽车动力以及智能驾驶等尖端科技领域的技术研发工作；与吉林大学、北京理工大学围绕新能源汽车“三电”核心技术提升与技术改造方面开展合作，并取得阶段性成果；2016 年初与加拿大巴拉德动力系统公司正式签署《氢燃料电动汽车南宁研发生产基地项目合作备忘录》，共同建设氢燃料动力客车国产化生产基地。[①] 基于上述创新举措，广西源正新能源客车系列产品将不断丰富、质量将不断提高、性能将不断完善，未来将形成以南宁及广西区内市场为依托、立足国内市场、拓展东南亚和欧盟等国际市场的全球市场格局，成为南宁及广西新能源汽车产业的有力代表。

桂林大宇客车有限公司在中韩合资的 20 多年里，基于引进、吸收大宇新能源客车研发和制造技术，逐渐形成了品牌独有的技术优势，成为是继桂林客车工业集团有限公司之后桂林市又一家具有研发生产新能源汽车能力的企业。早在 2011 年，桂林大宇联手广西玉柴共同研制打造的广西区内首款并联式新型油电混合节能型城市客车——GDW6126HEVD 型新能源城市客车，产品性能和各项技术指标均符合国家《新能源汽车生产企业及产品准入管理规则》的规定，可较传统客车节能 25% 以上，奠定了广西自主研发混合动力客车控制系统的技术基础，获准在广西 14 个地级市示范运行。近几年，桂林大宇新能源客车开启“快跑”模式，每年攻克多项技术难题及开发新产品近 10 个，自主研制能力日渐突显和发挥。据官方资料显示，以桂林大宇 GL6122HEVN/GL6108HEVN 气电混合动力客车为例，这两款新能源客车采用新型插电增程式混合动力系统，节气率可达 42% ~50%，百公里耗电成本比普通柴油车成本低 1/3，节能减排效果明显，整车可靠性和稳定性高，适用于大中城市公共交通领域；同时，车身采用全承载轻量化技术，搭配高强度矩形钢材料，使整车结构更加合理、轻便，不仅增加了车厢内空间，还进一步提升了节能效果；另外，还具有智能怠速、起停功能，通过控制策略优化，可实现发动机工况优化和功率最优分配。凭上，2016 年桂林大宇生产的 GL6108HEVN1、GL6122HEVN1 插电式客车获工信部公告推广，GL6602BEV 纯电动客车获工信部公告并已纳入工信部节能与新能源汽车示范推广应用工程推荐车型目录，GL6603BEV 型纯电动客车已在广西区内进行示范运行。[②]

除新能源客车外，广西小型纯电动汽车产业化也已启动。2016 年 11 月，由上汽通用五菱推出了旗下首款纯电动车型“宝骏 E100”，共推出智行版和智享版 2 款车型，指导价格分别为 9.39 万元和 10.99 万元，并已于 2017 年上市销售，填补了该公司新能源车市场的空白。“宝骏 E100”是一款 A00 级

① 广西南宁打造国内领先的新能源汽车生产基地［N］. 南宁日报，2016 - 11 - 15。

② 我市新能源汽车开启“快跑”模式［N］. 桂林晚报，2016 - 03 - 16。

纯电动汽车，外观造型十分小巧酷似奔驰 smart，车型尺寸为 2488×1506×1620（1670）mm，前轮距为 1310mm，后轮距为 1320mm，轴距为 1600mm，转弯半径仅为 3.7m，而整备质量也仅为 750kg，额定载客 2 人；动力方面，“宝骏 E100”搭载一台电动机，其最大功率为 39kW，峰值扭矩为 110N·m，采用宁德时代提供的 14.9kWh 磷酸铁锂离子电池作为动力来源，具备“双 100”核心性能——最大续航里程 155 公里、最高时速 100 公里/小时；配置方面，采取年轻、多彩的设计风格，标配有透镜大灯、前雾灯、LED 转向灯、多功能方向盘、7 英寸仪表盘、车窗一键下降、倒车雷达、2 个 USB 接口、车载 4G Wi-Fi、车载蓝牙、APP 车机互联（支持车辆远程监控）、四轮盘式制动器等，在此基础上智享版车型则进一步增加了外后视镜电动调节、无钥匙进入/一键启动、电子手刹、座椅四向调节、车身稳定系统、副驾驶 ISOFIX 接口、5 个 USB 接口等。[①] 由于 A00 级纯电动汽车是解决消费者短途代步需求为主的车型，不必具有太高的续航里程需求，其较低的购置成本，不限号、不限行等优惠政策，当下及未来相当时间内在国内纯电动乘用车市场份额中占据相当大的比重，“宝骏 E100”上市后，将与江铃 E100、众泰 E200 和知豆 D2，以及一直具有较高关注度的奇瑞“小蚂蚁”（奇瑞 eQ1）形成直接的市场竞争。尽管同级市场竞争激烈，但“宝骏 E100”还是保有相当的异质性，产品直接瞄准于三、四线乡镇市场，以满足农村消费者的低成本用车需求为主，其“双 100”核心性能远远优于当下乡镇地区普遍使用的“低速电动车”，具有较高的性价比，上市 5 个月销量即累计突破 11000 辆，这对于一款纯电动车来说非常难得，而且这一业绩还是在“宝骏 E100”上市初期只是在少数城市试销下取得的，实属不易。目前，柳州宝骏生产基地已利用宝骏二期整车扩建项目的机会扩充新能源汽车产能，新建的总装车间内布置 1 条内饰线、2 条底盘线、1 条最终装配线、BDC 连廊等，项目总投资为 6000 多万元，“宝骏 E100”未来在此投产后，产能将达 20 万辆/年。同时，东风柳州汽车有限公司也在新能源轿乘上加紧发力，于 2017 年获得了新能源乘用车和新能源商用车 2 项生产资质，正式推出“景逸 S50EV”“菱智 M5EV”两款纯电动汽车。

---

① 麻雀虽小五脏俱全　三款微型电动车推荐［EB/OL］. http：//www.chexun.com/2017-11-30/104787393_2.html。

电动专用车领域，2014 年柳州延龙汽车有限公司“延龙牌 LZL5028 纯电动汽车”进入国家公告目录，成为广西首家拥有电动汽车整车生产资质和公告产品的民营汽车生产企业。① 作为广西专用车生产的领军企业之一，从 2008 年开始，柳州延龙开始涉足新能源汽车领域，公司累计投入 6000 多万元用于电动汽车核心技术的研发和产业化进程。目前，柳州延龙已拥有电动汽车整车控制系统、电驱动系统、蓄能系统及其他关键零部件的试验室，并通过与清华大学、吉林大学、桂林电子科技大学、广西科技大学等高校合作，掌握了电动汽车整车系统匹配优化、基于 CAN 总线的整车控制系统等核心技术，具备了纯电动汽车整车开发的能力。目前，柳州延龙已研制出纯电动商用车、小型电动车、专用车、客货车，以及观光车等电动汽车系列产品，最大电池容量 30 千瓦时，最高车速 120 公里/小时，续航里程 200 多公里，可适应公务用车、行业用车、旅游观光、物流配送、城郊用车等不同的汽车需求市场，公司现已具备年产 1 万辆电动汽车的生产能力，正继续加大投入进行技术改造，扩大产能，拟形成年产五万辆各型电动汽车的生产能力，部分产品已获批在柳州部分城区投入试运营。此外，东风柳州汽车有限公司 2017 年底完成了乘龙 L2 纯电动轻卡的各项试验，预计 2018 年将会正式上市销售，有两款车型可供选择，分别搭载锰酸锂和三元锂电池，续航里程均在 300 公里左右；② 广西汽车集团有限公司在纯电动观光车、代步车、物流运输车、垃圾车、邮政车等专用车领域也推出了 10 多种成熟产品。

新能源汽车核心部件方面，广西玉柴机器股份有限公司新能源动力系列产品的研发制造已走在国内前列。截至 2016 年 11 月，玉柴混合动力系统及专用发动机销量已经超过 2 万台，国内市场占有率超过 70%，③ 成为新能源用户的首选动力，在南宁市、株洲市公交系统的市场份额达到 80% ~90%，并已在长沙、成都、广州、上海、苏州等多个城市投入使用。据了解，玉柴混联式混合动力系统采用发动机、FISG 电机、离合器、驱动电机同轴一体化

---

① 柳州延龙汽车成为广西首家民营电动汽车生产企业［EB/OL］. http：//www. gx. xinhuanet. com/newscenter/2014 -06/25。

② 李国藩. 续航近 300 公里 柳汽乘龙 L2 纯电动轻卡［EB/OL］. http：//www. 360che. com/news/171207/。

③ 玉柴持续拓展新能源动力市场［EB/OL］. http：//www. autoinfo. org. cn/20161110/1563447. html。

设计的先进技术路线，双电机同轴方案尤其适合城市客车市区低速、频繁停车的拥堵路况，发动机与 FISG 电机高度集成化能满足不同长度后置式发动机客车的安装要求。正因如此，广西源正新能源汽车公司生产的油电混合动力公交车正是搭载玉柴新能源动力系统，真正实现了广西新能源公交制造的本地化。而且，为适应纯电动汽车日益占主流的发展趋势，玉柴还在提前进行纯电动动力的研发和生产，2016 年 10 月全新推出纯电动 E150 电机，采取电机直驱方案，适配 7～10 米车型；采用全新电磁设计，峰值扭矩可达 1800N・m，适应全工况动力需求，具有体积小、效率高、噪声小等特点；同时具有永磁同步电机最高效率超过 94%，电耗下降 3%～8% 等优势。[①] 更为重要的是，玉柴新能源产业链已然形成：在上游，以玉柴股份为主体，研发、生产三电系统，大力发展新能源动力系统、电附件、燃料电池发动机等新能源汽车核心零部件产品；在中游，以玉柴专汽为整车制造平台，取得新能源商用车生产资质，生产环卫车和城市物流车；在下游，玉柴与投资者共同建设充电站和光伏电站，提供融资服务；在终端，开发新能源汽车在线管理 APP，实现人、车、站互联，满足客户使用产品过程中的各项需求，包括充电管理、车辆监控、路线设置等功能。[②] 详见表 9.7。

表 9.7　　　　广西新能源汽车主要企业及产品

企业	产品
桂林客车工业集团	桂林 GL6121PHEV/GL6122HEVN1/GL6108HEVN1 混合动力城市客车，GL6118EV1 纯电动客车
广西源正新能源汽车有限公司	全铝车身 LNG 公交客车，18 米纯电动豪华客车，Citelec 纯电动城市物流车
桂林大宇客车有限公司	桂林大宇 GL6122HEVN/GL6108HEVN 混合动力客车，GL6118EV1/GL6602BEV 纯电动客车，GL6122HEVN1/GDW6126HGD 环保 LNG 公交

① 玉柴持续拓展新能源动力市场［EB/OL］. http：//www. autoinfo. org. cn/20161110/1563447. html。

② 玉柴集团官网［EB/OL］. http：//www. yuchai. com/product/xin-neng-yuan-chan-ye-ban-kuai. htm。

续表

企业	产品
上汽通用五菱汽车股份有限公司	宝骏 E100 纯电动微型车
东风柳州汽车有限公司	“景逸 S50EV” A 级轿车、“菱智 M5EV” MPV、乘龙 L2 纯电动轻卡
柳州延龙汽车有限公司	LZL5028XXYBEV 延龙纯电动厢式运输车
广西汽车集团有限公司	V1/V2 纯电动观光车、C1 纯电动代步车、纯电动物流运输车、纯电动垃圾车、纯电动邮政车
广西玉柴机器股份有限公司	YC6J 柴电大型并联式混合动力总成，YC4EGN 气电中型混联式混合动力总成

资料来源：根据各车企官网资料整理。

根据 2017 年 2 月 8 日由广西壮族自治区工业和信息化委员会编制发布的《广西壮族自治区新能源汽车产业发展“十三五”规划》，广西新能源产业未来重点产业布局方向是，“将重点打造柳州市新能源汽车产业基地、桂林市新能源客车产业基地、南宁市全铝车身新能源汽车生产基地、贵港市新能源客车生产基地、梧州市新能源汽车动力电池生产基地、钦州市锂离子动力电池生产基地、崇左市锂离子动力电池生产基地和玉林市混合动力总成生产基地”。① 在发展目标上，到 2018 年，广西新能源整车年生产能力达到 20 万辆，新能源动力总成年生产能力突破 3 万套，新能源汽车产业实现年产值 100 亿元；到 2020 年，全区形成新能源整车年生产能力 40 万辆，新能源动力总成年生产能力突破 5 万辆，新能源汽车产业实现年产值 300 亿元。②

7. 积极发展汽车零部件，提高关键零部件本地化比例，努力进入全球汽车零部件采购体系

除了前述在车用发动机领域上海通用五菱、柳州五菱柳机和玉柴联合动力三家突出的龙头企业之外，近几年广西汽车零部件产业发展提速明显，涌

① 广西形成四大汽车产业集群 重点打造南宁市全铝车身新能源汽车生产基地 [N]. 南宁日报，2017-03-29。

② 广西壮族自治区新能源汽车产业发展“十三五”规划 [EB/OL]. http：//www.gxgxw.gov.cn/。

现出八菱科技、玉柴专汽、耐斯特、万安汽车、卓通汽车、一阳科技、燎旺车灯、玲珑轮胎、高华机械、环波建材、中桂气门嘴、恒创机械等一批为整车厂配套的核心零部件企业，在曲轴、变速箱、膜片弹簧离合器、汽车安全玻璃、汽车灯具、散热器、中冷器、电力设备及自动化产品、仪器仪表、节能灯具、汽车电子产品等零配件上已形成一定的量产及技术优势，跻身为中国南方重要的汽车零部件生产基地之一。

而且，广西汽车核心零部件产业的本地化整车配套能力显著提升。其中，“宝骏560”和“宝骏730”作为快速畅销的高性价比SUV车型，其配套发动机就来自于作为中国机械工业企业500强之一的柳州五菱柳机自主研发生产的1.8L自然吸气发动机，最大功率101kW，峰值扭矩186N·m，具有小排量大功率、低油耗低排放、高质量低成本的优势，产销持续位居国内同行业前列。玉柴联合动力经过六年研发，于2009年首次推出作为玉柴高端品牌的YC6K系列大马力发动机以来，拥有30多项发明专利，适用柴油/LNG/CNG/甲醇等单一燃料和双燃料，排放可达到欧Ⅵ标准，主要适用于重型牵引车、重型载货车、重型工程机械、专用车、BRT（快速公交系统，bus rapid transit）、豪华大巴等，自上市以来其可靠性、经济性、节能性、环保性获得了85%以上的客户满意度，蝉联三年中国国际卡车节油大赛冠军；经过多年深耕和厚积薄发，YC6K已成为东风柳汽、江淮重卡、东风商用车、大运重卡等的主要供应商，2016年产销同比增长50%，其中，K12/13销量达到3835台，占总体销量的50%，2017年将继续发力上量，特别是2017年一季度本地化配套的东风柳汽H7单一车型订单已达2000台，[①] 前景可期。

9.2.1.3 产业布局

广西汽车产业主要分布在柳州、桂林、南宁、玉林、梧州、北海、钦州、河池、百色、贵港、崇左、来宾、贺州等13个市，已形成以柳州为中心，以桂林、玉林、南宁为辐射区域的汽车产业集群，2015年广西整车总产量229.4万辆中柳州市占据了99.77%的份额，而柳州、桂林、玉林、南宁四市的汽车产业产值合计占到全区汽车工业经济总量的九成以上。

① 玉柴联合动力官网［EB/OL］. http：//www. kengine. cn。

1. 柳州市

柳州多年来也一直是广西汽车工业的领跑者，汽车业也是柳州市第一大支柱产业，总产值占全市工业的比重超过 45%，目前拥有整车企业 3 家、专用车企业 4 家、零部件生产企业 510 家，资产总额 1160 多亿元，从业人员 11.3 万人，[①] 其作为重要汽车制造基地已闻名中外。2015 年，全市汽车销量突破 230 万辆，占全国汽车总销量的比重达到 9.6%，以 228.87 万辆的汽车产量上升至全国第三位，按 170 万常住人口计算人均年产车约 1.35 辆，是中国人均产车最多的城市。2016 年，柳州市汽车整车产量 245 万辆，再创历史新高，同比增长 6.5%，连续六年居国内城市汽车产量前五位；规模以上汽车行业产值 2437.4 亿元，同比增长 9.7%，[②] 工业引擎当之无愧。2017 年。其中，作为国内车市销量“王者”，2016 年上汽通用五菱加快乘用化转型步伐，产品结构不断丰富，新能源领域加紧发力推出“宝骏 E100”，成为广西区内首家销售收入跨越千亿元大关的制造企业，整车年销量达 213.01 万辆，同比增长 4.4%。其中，宝骏品牌销售 76.05 万辆，同比增长 51.2%；五菱宏光全系销售 65 万辆，乘用化占比大幅上升，达到了 66.4%。同时，作为上汽通用五菱首个“一带一路”对外投资项目的上汽通用五菱印尼汽车有限公司于 2017 年 7 月 11 日在印度尼西亚芝加朗正式投入运营，首款产品——五菱 Confero S 也于同天正式下线。[③] 而作为柳州市另一大车企的东风柳汽 2016 年整车销量也达到 30.29 万辆，同比增长 7.3%。其中，乘用车 26.13 万辆，同比增长 4.2%；商用车 4.16 万辆，同比增长 31.5%，总销量和乘用车销量均创最佳战绩。[④]

柳东新区作为柳州市汽车产业布局重地，以区内的广西汽车城为中心，形成了上汽通用五菱、东风柳汽、广西汽车集团、一汽柳特四大整车基地，带动了一批研发、配套、物流、商贸企业落户发展，产业集聚与园区配套良

---

① 李运涛，张文德．千亿元工业产值城市新区助跑中国汽车城［N］．中华工商时报，2016－03－09。

② 李银燕．柳州新能源汽车发展驶入快车道［N］．中国经济时报，2017－03－07。

③ 上汽通用五菱印度尼西亚工厂投产　首产 Confero S［EB/OL］．http：//www.sohu.com/a/158019755_390490。

④ 柳州市汽车年产销量突破 240 万辆　再创历史新高［EB/OL］．http：//news.gxnews.com.cn/staticpages/20170102。

性互动，推动汽车城工业内涵式发展，2015 年底成为广西首个千亿元工业产值城市新区。2016 年，汽车总产量 81.62 万辆，其中，上汽通用五菱骏基地汽车产量 64.11 万辆，东风柳汽基地汽车产量 17.51 万辆，广西汽车集团整车销量 4.92 万台。目前，上汽通用五菱本地配套率超过 50%，东风柳汽本地配套率接近 40%。

柳州市汽车产业整体发展呈现如下亮点：

（1）产品结构优化，实现产销两旺。上汽通用五菱汽车股份有限公司快速跟进市场变化，推动产品升级，如前述 2015 年 7 月上市的“宝骏 560”以及 2016 年推出的“宝骏 560”1.5T 系列均取得不俗业绩，稳居近两年国内自主品牌 SUV 销量前三甲。东风柳州汽车有限公司也将产品导向由工程用车向公路用车转移，目前公路车的技术水平在全国领先，销售也随之同比增长 56%。广西汽车集团 2015 年 5 月经由柳州五菱汽车有限责任公司改制形成，2016 年实现营业收入 200.68 亿元，同比增长 21.5%，五菱微改车的市场占有率达到 55%，五菱专用校车以 31% 的市场占有率位居 6 米以下幼儿校车市场首位，以 S100 公路客车为底盘生产的“应急班防暴运兵车”首次获得军工系统认可并已交付武警广西总队 82 辆[①]，观光车、新能源车覆盖所有全国 4A 级以上景区。在龙头企业的带动下，汽车城内的汽车零部件企业发展提速明显，卓通汽车、一阳科技、玲珑轮胎、高华机械、环波建材等亿元企业销量较去年同期增长迅猛，一批为主机厂配套的企业也呈现出良好的发展势头；耐斯特、八菱科技、万安汽车等企业在 2016 年的产值也超出预期，有望进入规模以上企业行列。[②]

（2）本地全产业链日益完善。随着核心车企实力的不断增强，对上、下游产业链的带动作用日益发挥，柳州市汽车全产业链协同效应有所显现。以上汽通用五菱为例，其供应链年产值从 2012 年的 440 亿元增长到 2016 年的近 700 亿元，其中本地供应商总产值由 2012 年的 169 亿元增长至约 300 亿元；本地产值过亿供应商数量由 2012 年的 25 家增长至约 60 家，还有上海汽车变速器、德国大陆、宝钢、联合汽车电子、延锋内饰、延锋江森、李尔、耐世特电子、玲珑轮胎等为代表的 50 余家国内外领先汽车零部件厂商已进驻

① 邹束英，黄曲文．广西汽车集团营收突破 200 亿元［N］．广西日报，2017-01-25。

② “广西汽车城”全产业链提质升级［N］．广西日报，2016-05-02。

或计划进驻柳州。①

（3）积极布局新能源汽车。目前，柳州市新能源汽车企业主要以整车和专用汽车为主，截至2016年底共有11款新能源汽车列入国家产品公告目录，产品正呈现多点爆发态势；截至2017年10月，柳州市新能源汽车保有量和上牌率均居全区第一，新能源汽车渗透率达全国第一，已建成充电桩628个、充电插座4532个，设置新能源汽车专用停车位3536个。② 上汽通用五菱的"宝骏E100"成功上市，"五菱之光"纯电动汽车、"五菱宏光"混合动力汽车以及2座纯电动汽车基本完成开发，年产10万辆新能源汽车项目投产；东风柳汽完成了"景逸S50EV""菱智M5EV"两款纯电动汽车的开发并已于2017年11月17日在广州车展首发上市，"景逸S50EV"为电动A级轿车，"菱智M5EV"为电动MPV，两者均采用为三元锂电池和永磁同步电机，与国际主流技术保持同步，市场售价分别为18.85万~20.25万元（补贴后11.59万~12.99万元）和16.99万元（补贴后11.59万元）③；广西汽车集团已开发出V1/V2纯电动观光车、C1纯电动代步车、纯电动物流运输车、纯电动垃圾车、纯电动邮政车等10多种产品，其中6款产品已列入国家产品公告目录，纯电动客车产品也即将正式推出；柳州延龙汽车有限公司开发了纯电动乘用车、专用车、观光车、物流车等5个系列产品。与新能源汽车配套的充电基础设施建设取得显著成效，目前引入了南方电网、青岛特来电等国内知名企业入驻柳州开展充电设施建设，首期55个充电点已启动，2016年完成充电桩建设200多个。2016年10月，柳州市政府正式出台了《柳州市新能源汽车产业发展规划（2016~2020年）》，标志着柳州市新能源汽车产业发展将进入"提速期"。根据该《规划》，"柳州新能源汽车整车基地主要布局在柳东新区、阳和工业新区，布局项目包括上汽通用五菱宝骏基地年产20万辆新能源汽车生产基地和实验室、东风柳汽柳东乘用车基地年产10万辆新能源汽车生产基地和实验室、广西汽车集团柳东新区年产5万辆新能源

---

① 董明．上汽通用五菱2016年销量突破二百一十三万辆［EB/OL］. http：//lzzx. liuzhou. gov. cn/xw/201701。

② 柳产车竞争力再加码 东风柳汽获两项新能源车生产资质［N］. 柳州日报，2018-01-09。

③ 景逸S50 EV/菱智M5EV上市 售18.85万/16.99万元起［EB/OL］. http：//wemedia. ifeng. com/37457848/。

汽车及零部件生产基地、柳州延龙阳和工业新区年产5万辆新能源汽车基地等；引入电池、电机、控制系统等核心零部件本地化生产，促进整车企业与关键零部件企业之间的协同创新和生产配套，培育电动空调、底盘、车身、内外饰件、座椅等零部件制造基地；到2020年，全市新能源汽车形成年产40万辆的生产能力，全市新能源汽车累计产量突破30万辆，其中2020年产量突破15万辆。”①

（4）推动“互联网+汽车”发展。在“互联网+”大潮下，柳州市汽车企业频频“触网”，汽车全产业链“网上行”正在逐渐兑现，率先驶入广西“互联网工业”第一阵营。柳州市“互联网+汽车”发展首先是大力开发“互联网思维”的车型，如东风柳州汽车有限公司“乘龙H7”是一款搭载了“乘龙V+”车联网服务系统的卡车，该车型的联网服务系统不仅仅是简单为用户提供一个“车载终端”和一个“系统网站”，它围绕着用户关注的“安全、效率、成本”三大核心问题为用户提供系统化的增值服务，从而实现了“互联网+”时代车队管理的精细化、智能化、透明化。② 除整车开发引入“互联网基因”外，柳州汽车全产业链也正在试水“网上行”。如在广西柳州汽车城，大数据实现了汽配企业线上线下业务的深度融合，最典型的是柳州首个汽配电子商务应用示范基地已与阿里巴巴集团开展合作，以B2B模式面向大量批发客户，仅2015年上半年，示范基地就有超过100家汽配企业入驻，预计今后每年将新增销售额5000万元以上。③

2. 桂林市

桂林市汽车产业以生产客车为主，已形成桂客集团、桂林大宇、桂客发展三足鼎立的局面。汽车零部件也是桂林传统工业之一，其发展最早可追溯至抗战时期，近年来取得了长足进步，不断开发出各类型高档汽车配件新品。其中，桂林福达是广西汽车零部件行业发展速度最快、规模最大的民营控股企业，主要生产发动机曲轴、汽车离合器、汽车齿轮等汽车零部件产品，是桂林首家营收超过50亿元的装备工业企业；桂林奇昌车辆装饰有限责任公司

---

① 柳州市新能源汽车产业发展规划（2016－2020年）［EB/OL］. http：//www.lzgx.gov.cn/gxzl/qcgy/t20160707_889147.htm。

② 柳州“网上汽车城”崭露头角［N］. 柳州日报，2015－08－31。

③ 柳州汽车家族频触网，全产业链实现“网上行”［N］. 柳州日报，2015－08－31。

是以专业生产汽车座椅、车辆装饰件为主导产品的股份制民营企业，主要配供上汽通用五菱汽车股份有限公司 N107 实用型（主要车型“五菱之光”）座椅。目前，桂林已拥有行业规模以上企业 16 家，2013 年完成工业总产值 81.3 亿元，对全市规模以上装备工业产值贡献率达 16.4%。[①]

2014 年，桂林市出台了《桂林市加快重点工业产业及战略性新兴产业发展的若干政策意见》，在资金、政策等方面鼓励汽车及零部件产业、特别是新能源汽车产业的发展，支持重点汽车企业实施生产装备数字化改造、信息系统建设、软件开发、信息平台建设、开展网上营销、电子商务等项目，推动全市汽车产业升级，积极打造我国南方重要汽车产业基地。在该意见指引下，桂林市汽车产业近几年取得了质的飞跃，高档大型豪华客车等产品在全国处于领先水平，新能源客车的研发和生产走在全国前列，桂客集团、桂林大宇的纯电动/混合动力城市客车产业化得到市场认可；努力挖掘细分领域，校车生产异军突起，成为全国首批获得校车生产资质的地区，衔接高铁的中型客车开发、推广力度加强，产品线进一步丰富；曲轴、变速箱、离合器、座椅等零部件产品在国内市场排名前列。

3. 南宁市

相较柳州市和桂林市，南宁市汽车产业发展较晚，过去主要以生产专用车及汽配为主，但随着新能源汽车市场消费爆发点的日益临近，迎头追赶之势正在快速显现。2014 年 12 月，南宁市人民政府办公厅出台了《南宁市加快新能源汽车产业发展的若干意见》，以加快促进产业培育，提出到 2020 年，南宁市将实现新能源整车生产能力 10 万辆，新能源汽车产业年产值达 300 亿元；推广新能源公交车 2500 辆、新能源出租车 3500 辆，新能源汽车在环卫车辆中的比例不低于 20%。[②] 2016 年，以广西源正新能源汽车有限公司为核心的南宁全铝车身新能源汽车生产基地被纳入到“十三五”广西新能源汽车产业的重点产业布局，今后将获得各方倾力打造。在上述政策导向及扶持下，以市场需求为依托，南宁市新能源汽车产能开始放量，2016 年广西源正下线

① 桂林汽车及零部件工业实现逆势增长［EB/OL］. http：//news. gxnews. com. cn/staticpages/20140530。

② 南宁市人民政府办公厅关于印发南宁市加快新能源汽车产业发展的若干意见的通知［EB/OL］. http：//www. nanning. gov. cn/2015msfw_10079/zhaoshangyinzi/zcfg/201608/t20160831_646422. html。

全铝车身新能源客车370台，部分车辆交付本市公交系统使用，实现“南宁公交南宁造”。[①] 而且南南铝作为南宁市现代化大型铝加工企业，其生产的6XXX、5XXX汽车宽幅板材，以其优良的质量、稳定的性能，已成功应用到汽车覆盖件中并形成批量供货，将与广西源正等新能源整车企业形成强力协同效应。

4. 玉林市

早在20世纪80年中期，玉林市乡镇企业就占据了广西的半壁江山，现今中小企业依然是该市经济增长的最重要支撑。这一特点在汽配产业体现得淋漓尽致，依托和围绕龙头玉柴机器集团，重点发展重中轻微各类柴油机、重卡变速箱总成、发动机配件等产品，形成了具有强大持续竞争优势的车用柴油发动机及零部件产业集群，使玉林市成为我国最大的中重吨位车用柴油机生产基地之一，曲轴、膜片离合器、转向拉杆总成、制动器等零部件在国内实力较强，并且具有出口优势。2016年，玉柴机器集团位列中国企业500强第375位、中国制造业企业500强第185位、中国机械工业百强企业第14位、中国500最具价值品牌第103位，品牌价值达345.96亿元。[②] 在玉柴机器集团的强力带动下，玉林市机械产业长势良好，2016年实现规模以上重工业增加值248.99亿元，同比增长9.3%，快于全部规模以上工业增加值8.8%的增幅，也快于全市GDP8.0%的增幅。[③] 进入“十三五”以来，玉林市加大了战略性新兴产业布局，在原有汽配产业发展基础上，加快新能源汽车及零部件生产基地建设，以玉柴机器集团为核心的新能源汽车产业链已经形成并迅速抢占国内市场，当下正在进军海外市场，将为玉林市汽车产业实现规模、效益的双稳定增长提供有力保证。

9.2.1.4 产业创新能力

在政策鼓励创新和市场需求多变的双重力量下，广西汽车企业围绕技术、产品的创新进程有所加快、力度有所加强，新车型推出不断加快并且销售业

---

① 南宁市2016年工业生产稳中提质［EB/OL］. http://cnews.chinadaily.com.cn/2016-12/28。

② 玉柴集团官网，http://www.yuchai.com/about/yu-chai-jian-jie.htm。

③ 2016年玉林市国民经济和社会发展统计公报［EB/OL］. http://www.gxtj.gov.cn/tjsj/tjgb/sxgb/201706/t20170607_133561.html。

绩可观，在发动机、底盘、车载电器、车身附件等领域也有一批新品问世。

上汽通用五菱全面实施产品“平台百万化、平台差异化、平台乘用化以及国际化”的平台战略，[①] 产品种类涵盖商务用车、微型厢式客车、微型单排/双排货车、轿车五大系列210多个车型，微车全国市场占有率接近50%，宝骏作为经济适用型轿车受众度快速提升。2017年7月24日，旗下首款纯电动微型汽车“宝骏E100”正式上市，动力上搭载了最大功率29kW、最大扭矩110N·m的永磁同步电动机，满电情况下可续航155公里，配置上装备电动后视镜调节、车载4G Wi-Fi、电子手刹、无钥匙进入及一键启动等配置，还有倒车雷达、车载4G Wi-Fi、车载蓝牙、APP车机互联等潮流科技。目前，上汽通用五菱已获得授权专利1261件，其中发明专利132件。[②] 2015年，上汽通用五菱的中国微车噪声提案还成功写入联合国欧洲经济委员会汽车法规，这是中国企业首次改写欧洲汽车标准。[③]

东风柳汽现为东风集团在南方最大的载货汽车和轻型乘用汽车生产基地和研发基地，其主打产品“东风”和“乘龙”商用车、“风行”乘用车销量居国内前列，还研发推出了全新的城市SUV车型。其技术中心2010年被批准为“千亿元产业广西商用汽车研发中心”及“广西商用车驾驶室工程技术研究中心”，目前已形成较完备的商用车和乘用车自主研发体系，具备较强的技术创新优势，开发项目已全面应用零件强度CAE分析，以及刚度、模态、碰撞仿真分析等，为整车可靠性、动力性、制动安全性、操纵轻便性提供强力支持。[④]

广西汽车集团一直将自主创新作为首任，已建成自治区级企业技术中心、工程技术研究中心、新能源汽车研究院等多个技术平台，近年来调整和优化产品结构，向中高端领域进行转型升级，实施零部件和整车业务并发战略。零部件方面，加大对新型中高端发动机的研发力度，已成功研制出拥有自主知识产权的NP18、NP10、NEP等适用于乘用车的发动机新产品，目前NP18

① 上海通用五菱官网［EB/OL］. http：//img. autobaojun. com/sgmw_intro. aspx。

② 张涛．“神车”是怎样炼成的？探秘通用五菱宝骏汽车城［EB/OL］. http：//www. sohu. com/。

③ 揭秘上海通用五菱的崛起之路［EB/OL］. http：//news. xinhuanet. com/tech/2016-01/04/c_128592688. htm。

④ 东风柳汽官网［EB/OL］. http：//www. dflzm. com. cn/index. php/about/design。

发动机已成功批量配套上汽通用五菱“宝骏730”“宝骏560”等车型，2016年NP18发动机销量28万台，同比增长35%，占集团发动机销售量的四成有余；面向MPV、SUV等市场热销车型，开发出扭转梁、副车架、前后保险杠、座舱模块总成等具有一定核心竞争力的零部件产品。整车方面，陆续推出五菱校车、五菱客车、五菱双燃料公交车、新能源汽车等节能环保车型。凭借上述创新成效，广西汽车集团成为国家认定技术创新示范企业，拥有有效专利240项，其中国家发明专利28项、美国发明专利6项，并连续5年荣获“中国汽车工业30强”和“中国制造业企业500强”称号。①

广西延龙汽车有限公司是广西唯一一家国家批准的民营改装车企业，2010年被认定为国家高新技术企业，拥有自治区级企业技术中心，获柳州市“2010技术创新奖”，自主研发生产的国家专利产品“延龙牌”加盖自卸式垃圾车荣获“广西名牌产品”称号②。最近几年紧跟市场导向，向新能源车企转型，推出包括延龙新能源汽车（一次充电续航里程200公里）、纯电动物流车、纯电动观光车以及智能网联房车等一系列新品。

广西玉柴机器集团作为国家高新技术企业，在南宁、玉林两市建立了两个研发基地，拥有国家级企业技术中心，在全国887家国家认定企业技术中心评价中名列第20位，位列发动机行业第一，获得1500多项授权专利，多项发明专利填补了国内技术空白。③ 多年来与博世、卡特彼勒、瓦锡兰等国际技术及服务供应商进行战略合作，形成了以自主研发技术为核心、以欧美技术为支撑的先进研发平台，开发出车用、船用、工程机械、农业机械、发电设备柴油动力等十二大系列的轻、中、重型多缸柴油机，成为国内汽车、工程机械、农业机械等的首选配套动力。2017年，广西玉柴机器股份有限公司又有11款排放达标的国Ⅵ发动机试制成功，这些产品是玉柴与奥地利AVL公司（又名“李斯特内燃机及测试设备公司”，AVL List GmbH）、瑞士IAE公司（又名“国际航空发动机公司”，International Aero Engines）、美国西南研究院等知名研发机构联合设计，研发投入50亿元，集成了当今世界最新内燃机技术成果，动力强劲、燃油耗出色、NVH性能（即噪声、振动与声振粗

① 广西汽车集团．广西汽车集团：谋发展　保增长　见成效［N］．广西日报，2016-01-30。
② 柳州延龙汽车有限公司官网［EB/OL］．http：//www.lzylqc.com/。
③ 广西玉柴机器集团官网［EB/OL］．http：//www.yuchai.com/about/yan-fa-shi-li.htm。

糙度，Noise、Vibration、Harshness）优越、可靠耐用，功率涵盖 115～580 马力，适配公路客车、卡车、重型工程车等多领域，将与世界知名品牌同台竞技。①

桂林福达集团是中国汽车零部件离合器行业的龙头企业，主要从事发动机曲轴、汽车离合器、汽车螺旋锥齿轮、精密锻件和高强度螺栓的研发和制造，该集团及其全资子公司桂林曲轴公司、襄阳曲轴公司、桂林齿轮公司均被认定为国家高新技术企业。桂林福达集团下属技术中心为自治区级技术中心、汽车曲轴及离合器制造技术国家地方联合工程研究中心，拥有曲轴中频淬火、圆角滚压等多项核心技术以及 67 项专利，锻钢发动机曲轴和年产 10 万吨精密锻件分别被列为 2006 年度、2011 年度国家火炬项目，汽车膜片弹簧离合器总成被国家科技部等五部委认定为国家重点新产品并获广西科学技术进步二等奖，FD395 膜片弹簧离合器、FD430L 拉式膜片弹簧离合器获得广西壮族自治区科技进步三等奖，是国家 QC/T25《汽车干摩擦式离合器总成技术条件》以及 QC/T27《汽车干摩擦式离合器总成台架试验方法》两项行业标准的制定单位之一，2013 年成为首届“桂林市市长质量奖”的两家得主之一，公司离合器产品被评为“国家免检产品”及“广西名牌产品”。公司产品主要配套玉柴股份、五菱柳机、上海日野、日本日野、吉利汽车、比亚迪汽车、力帆汽车、日本洋马、东风汽车、陕西重汽、江淮汽车、上汽依维柯红岩、郑州日产、中国重汽、安徽华菱、郑州宇通客车、沃尔沃等国内外 30 多家知名的汽车、发动机及车桥企业，部分产品进入国际知名汽车制造商全球采购体系。② 广西车企近年主要创新成果详见表 9. 8。

表 9. 8　　广西车企近年主要创新成果

企业	主要创新成果
上汽通用五菱股份有限公司	拥有授权专利 1261 件，其中发明专利有 132 件，推出五菱宏光 S 以及宝骏 610、630、730 运用了可变进气歧管长度技术和 VVT 技术，大大提升了发动机动力和燃油率；微车噪声提案写入联合国欧洲经济委员会汽车法规；以自主研发设计的“宝骏 E100”切入新能源汽车市场

① 广西玉柴 10 多款国六发动机研发成功［EB/OL］. http：//gx. people. com. cn/n2/2017/0714/。

② 福达股份资料［EB/OL］. http：//f10. eastmoney. com/f10 _ v2/CompanySurvey. aspx？ code = sh603166。

续表

企业	主要创新成果
东风柳汽汽车有限公司	技术中心荣获多项殊荣，已形成较完备的商用车和乘用车自主研发体系，开发项目已全面应用零件强度 CAE 分析，以及刚度、模态、碰撞仿真分析等，为整车可靠性、动力性、制动安全性、操纵轻便性提供强力支持
广西汽车集团有限公司	国家认定技术创新示范企业，拥有有效专利 240 项，其中国家发明专利 28 项、美国发明专利 6 项，研制出拥有自主知识产权的 NP18、NP10、NEP 等适用于乘用车的发动机新产品，开发出面向 MPV、SUV 的扭转梁、副车架、前后保险杠、座舱模块总成等具有一定核心竞争力的零部件产品，推出校车、客车、双燃料公交车、新能源汽车等五菱系列节能环保车型
桂林客车工业集团	推出第四代新能源客车——液电混合的电动客车，以“液电混动”取代“超级电容”和变电机“交流”为“直流”两项革命性核心创新技术位于世界领先水平，一次充电的续驶里程超过 350 公里
广西源正新能源汽车有限公司	自主开发的全铝车身轻量化技术已成功应用于 6 ~ 18 米全系列新能源车，减重和节能效果明显，乘客舒适度和车辆安全性能获得提高，取得国内首批获新能源汽车生产资质，并获得欧盟认证
广西延龙汽车有限公司	自主研发生产的国家专利产品“延龙牌”加盖自卸式垃圾车荣获“广西名牌产品”称号，推出包括延龙新能源汽车、纯电动物流车、纯电动观光车以及智能网联房车等一系列新品
广西玉柴机器集团	国家高新技术企业，获得 1500 多项授权专利，多项发明专利填补了国内技术空白，先后承担了重型商用车柴油机技术开发、大型公交用 CNG 发动机开发、轿车柴油发动机开发技术、客车混合动力专用柴油机研发等 10 项国家“863”课题，参与 55 项国家、行业标准制订，成为我国第一家率先实现排放达到国Ⅲ、国Ⅳ、国Ⅴ、欧Ⅵ标准柴油机并批量生产和投放市场的企业，混合动力市场占有率超过 70%，2017 年推出 11 款适配公路客车、卡车、重型工程车等多领域的国Ⅵ发动机
桂林福达集团	国家高新技术企业，拥有曲轴中频淬火、圆角滚压等多项核心技术以及 67 项专利，汽车膜片弹簧离合器总成被国家科技部等五部委认定为国家重点新产品并获得广西科学技术进步二等奖，FD395 膜片弹簧离合器、FD430L 拉式膜片弹簧离合器获得广西壮族自治区科技进步三等奖，是国家 QC/T25《汽车干摩擦式离合器总成技术条件》以及 QC/T27《汽车干摩擦式离合器总成台架试验方法》两项行业标准的制定单位之一
柳州航盛科技有限公司	深耕经济型汽车电子市场，研发重点为车载视听娱乐系统、行驶监控组合仪表系统、车身控制集成系统等，为上汽通用五菱（SGMW）、东风柳汽（DFM）、一汽柳特（FAW）、柳州五菱（LZWL）等汽车厂生产配套车载音响、组合仪表、汽车时钟、扬声器等汽车电子电器

资料来源：由各公司官网资料整理。

9.2.1.5 海外市场开发能力

随着汽车质量安全的大幅提升以及凭借独特的地缘优势，广西汽车产业出口竞争优势形成，海外市场开拓能力明显加强。2015 年 1 ~ 5 月，广西共出口汽车 1.6377 万多辆，同比增长 75.6%；价值 15.3 亿元，增长 1.3 倍，超过 2011 年全年 13.61 亿元的出口交货值。拉丁美洲、非洲和东盟是主要出口市场，分别出口 6538 辆、4967 辆和 4853 辆，分别增长 62.4%、52.1% 和 1.6 倍；价值 2.5 亿元、1.9 亿元和 10.8 亿元，分别增长 60.8%、68.4% 和 2 倍。对东盟出口主要为工程车辆，出口货值较高。柳州是广西汽车出口的中流砥柱，2015 年 1 ~5 月，柳州市出口 13677 辆，增长近七成，价值 8.6 亿元；除了传统的工程车辆出口外，向埃及出口小轿车 1602 辆，增加 2.1 倍，价值 7747 万元，成为广西汽车出口新的增长点。①

上汽通用五菱借助合资方母公司的品牌优势和国际市场背景，自 2004 开始向南美、中东和非洲区域出口整车；2010 年和 2011 年，五菱荣光、五菱宏光车型先后在美国通用汽车公司的埃及和印度工厂生产，挂“雪佛兰”商标在境外销售，仅把车型输出给通用印度工厂，许可费就达 1 亿美元，实现了知识产权输出，这也是我国汽车行业的首例知识产权输出；在“十二五”期间，上汽通用五菱共向中南美洲、非洲、中东和东南亚的 40 个多个国家和地区出口整车 78956 辆。② 2015 年 8 月，由上汽集团和上海通用五菱合资，总投资 7 亿美元、年产 15 万辆整车的上汽通用五菱印尼汽车有限公司，在雅加达附近的西爪哇芝加朗开工建设，2017 年 7 月 11 日正式建成投产运营，制造和销售“五菱”商标右舵汽车，目前在印度尼西亚市场已有 50 家经销商，主要向印度尼西亚及东盟国家销售五菱旗下 MPV 及其他产品，首款下线产品五菱 Conf ero S 的原型是国内曾连续 24 个月所有车型销量排名第一的五菱宏光。上汽通用五菱本次印度尼西亚设厂采取的是竞争力的整车产品、低成本的运营模式和完整的供应链体系三大要素的全方位海外输出，开创了国内车企“走出去”的创新模式，可以说是广西汽车产业适应经济全球化和世

---

① 杨柳泉，周红梅. 广西汽车出口攀新高 [EB/OL]. http：//news.163.com/15/0621。

② 中国经济网汽车频道　专题报道组. 出口创新　上海通用五菱从“借船”到“造船”[EB/OL]. http：//auto.ce.cn/auto/gundong/201612/22/t20161222_18979932.shtml。

界汽车产业格局新变化，深度参与海外汽车市场全产业链竞争的适时之举和典范，并带动如耐世特、曼胡默尔、宝钢、五菱工业、凌云等一批国内外知名零部件配套企业到印度尼西亚投资建厂，[①] 真正实现汽车全产业链的全球化共赢。此外，上汽通用五菱生产的纯电动商用车、纯电动城市公交车、纯电动社区车和纯电动旅游观光车四大类新能源车产品，倍受国外市场青睐。目前，公司已向美国、意大利、泰国、巴西等国家出口 600 多台新能源车，实现出口批量化。

东风柳汽一直以来积极实施国际化发展战略，包括技术国际化、产品国际化以及生产经营国际化，2006 年被指定为“首批国家汽车整车出口基地企业”，霸龙重卡 507、风行 MPV 等主导产品纷纷出口到东南亚、非洲各国，在 2011 年依托越南、阿尔及利亚等传统市场全面进入秘鲁市场，并通过南美自由贸易区逐步渗透到南美的其他国家，营销服务网络逐步完善。近几年海外市场销量明显提升，2015 年进入行业年度出口总量前 10 名，海外各市场销量排名中，缅甸市场保持行业第一，菲律宾市场排名第二，中东市场排名提升 5 位，领跑于越南行业市场。[②]

广西汽车集团的前身柳州五菱以“走出去”作为既定战略，以纯电动微型作为开拓海外市场的突破口，与上汽通用五菱实施错位发展。早在 2009 年，柳州五菱就与美国美亚国际汽车公司（AmAsia International Automotive, LLC）开展合作，柳州五菱旗下的专用车公司负责研发符合美国联邦安全标准的纯电动微型卡车和货车，而美亚国际为五菱汽车进入美国提供渠道，使公司成为向北美出口电动汽车的第一家中国车企。[③] 以此为基础，近几年柳州五菱持续研制推出的纯电动商用车、纯电动城市公交车、纯电动社区车和纯电动旅游观光车四大类新能源车产品受到海外市场欢迎，远销美国、意大利、泰国、巴西等国家，实现出口批量化。2017 年 7 月 12 日，柳州五菱印度尼西亚公司在雅加达正式建成投产，该公司是广西汽车集团与上汽通用五菱印尼汽车有限公司“抱团出海”的重大战略部署，也是集团目前在海外首个制造基地，总投资 2.1 亿元，主要生产汽车车桥、前悬、副车架以及前、

---

① 刘晨曦．上海通用五菱深耕印度尼西亚市场［N］．中国经济时报，2017－07－26。

② 杨波．柳州汽车城园区利润税收双提升［EB/OL］．http：//news.163.com/15/1202/06。

③ 五菱电动车首次出口北美　和上汽通用五菱错位发展［N］．南方日报，2009－08－08。

后大梁等产品，打造底盘件、冲焊件等乘用化零部件的核心竞争力，达产后将具备乘用车零部件 10 万台套的年生产能力，年营业收入预计超过 3 亿元，[①] 将与上汽通用五菱印尼汽车有限公司形成同步研发、制造、营销、服务的紧密配套协作产业链。

桂林大宇凭借产品品质和品牌实力，是广西较早深耕国际市场的车企，每年的出口数量和金额均稳步上涨，已成功出口到越南、菲律宾、马来西亚、缅甸、老挝、新加坡和泰国等地。自 2006 年开始，桂林大宇在越南的销量正在逐年以 8% 左右幅度递增，每年都有近百辆的出口量，2015 年交付越南河内成功机械公司 142 辆大型客车[②]；2008 年进入菲律宾市场，2013 年获得批量订单，截至 2015 年 8 月已累计出口菲律宾超过 500 辆客车；2009 年首次出口缅甸，2014 年对车型进行了当地化技术升级，GL6129HK/GL6127HK/GDW6117HK/GDW6900K 等车型再次获得缅甸 130 辆车的订单；[③] 2012 年一次性 100 辆城市客车全部交付巴基斯坦拉合尔市。2015 年 1 ~ 8 月，因东盟大单不断，桂林大宇出口同比增长 18%，而同期我国客车行业整体出口量、出口额和出口均价均出现下滑。由此可知，随着海外当地化营销服务网络的不断完善叠加成本优势，桂林大宇在东盟市场的地位已越发稳固。

广西源正作为新能源客车新星，研发生产的全铝车身 Citelec 纯电动多功能城市物流车已取得美国 NEV 和欧盟 L7e 与 N1 标准认证并出口香港；新能源客车获得欧盟认证，与欧洲顶级客车制造企业德国 Euracom Gmbh 公司合作研发的纯电动城市公交客车已销往欧洲多个国家和地区，推出世界最长 18 米纯电动豪华客车已出口德国布莱梅（Bremen）。

广西玉柴集团多年来坚持贯彻“卓越品质，国际玉柴、科技创新、人才为本”的经营思想，1994 年在纽交所上市之后，开展“一国一案”“一户一策”的海外销售服务网络建设，迄今已设立 17 多家海外办事处，其中越南办、缅甸办、菲律宾办、泰国办、巴基斯坦办、中亚办、沙特办、俄罗斯办、

---

① 杜蔚涛. 广西汽车集团建成首个海外制造基地　五菱进军印度尼西亚［N］. 广西日报，2017 - 07 - 13。

② 桂林大宇客车官网［EB/OL］. http：//www. gldaewoo. com/sj/news _ info. aspx? CateId = 190&News_Id = 271。

③ 泰萌安. 桂林大宇 130 辆车再出口菲律宾［EB/OL］. http：//www. chinabuses. com/buses/2015/0921。

埃及办、欧洲办共10个办事处位于“一带一路”沿线上，[①] 在60多个国家注册了商标，并在越南、缅甸、沙特等主体市场积极筹建海外配件中心库和海外配件销售渠道。凭借过硬的质量和与国际同步的技术创新，2014年玉柴YC6L－60发动机顺利通过欧盟E/e-mark认证试验，获得国产欧Ⅵ发动机出口欧美的入场券，2015年成为广西首家被国家质检总局认定为第一批“中国出口质量安全示范企业”。随着品牌国际影响力的提升，玉柴海外市场订单渐渐火爆，出口产品结构以卡车动力和客车动力为主，其中越南市场是卡车动力的主要出口增长点，客车动力出口则呈现多点开花、批量出口之势。2017年第一季度，发动机出口近1.2万台，其中东南亚因缅甸大单出口占比达61.8%，西亚因沙特、科威特大单同比增长265.8%；拉丁美洲占比12%，同比增长83.9%；在非洲，玉柴的车用发动机批量进入多个国家，同比增长73.3%，其中通机动力在西非打开局面，同比增长189.4%。[②] 特别是2017年5月，玉柴机器出口订单超过5200台，这是玉柴六年来首次单月出口订单突破5000台。[③] 截至2017年7月，玉柴机器海外保有量超过了35万台，出口涵盖170个国家和地区。

9.2.2 产业组织存在的主要问题

9.2.2.1 整车企业大而不强，缺乏中高端产品

广西整车企业虽已有一定规模，但与国内外大型整车企业集团相比，生产规模仍然偏小，整车企业规模实力较弱，整车的发展对零部件及相关产业缺乏足够的聚合力和带动力。在2016年全国狭义乘用车车企销量排行榜中，广西仅有上汽通用五菱和东风柳汽两家企业各以142.8万辆和26.1万辆的销量分列第4位、第27位，但在全国车企销量排行榜中，广西无一车企进入排

① 赵玲玲．品牌走向世界，玉柴机器海外市场扬帆远航［N］．中国汽车报，2017－07－25。

② 郭宇．玉柴全面启动产品转型升级，借力“一带一路”走出去［EB/OL］．http：//www.jc35.com/news/detail/64778.html。

③ 玉柴集团．玉柴发动机海外市场表现抢眼　单月出口突破5000台［EB/OL］．http：//yl.gxnews.com.cn/staticpages/20170615/newgx5941fbfb－16276070.shtml。

名前十位；而且，虽然上汽通用五菱的两大主打品牌——“五菱宏光”以 65 万辆和“宝骏 730”以 37.02 万辆的销量分别占据全国 MPV 销量的前两位，“宝骏 560”以 32.16 万辆的销量排在全国 SUV 销量的第三位，但公司总销量为 213.02 万辆，只有车企销量前三甲——上汽集团的 32.9%、东风集团的 49.8%、一汽集团的 68.6%，全国市场占有率仅为 7.6%；再则，作为广西最强车企，2016 年上汽通用五菱的销售收入为 1042 亿元，较 2015 年 922.48 亿元增长 13%，但仅为国内最大的汽车生产企业上汽集团的 14%，更只是美国通用汽车的 9.2%。此外，从制造业内部横向比较看，2016 年广西制造业企业 50 强排行榜中，汽车产业有上汽通用五菱、广西玉柴机器集团、东风柳汽、广西汽车集团、桂林福达五家企业上榜，分列第 1、3、9、10 和 18 位，营业收入合计占比为 36.1%，在支柱型制造业里体现出一定优势；但从全国范围来看则劣势明显，在 2016 年中国制造业企业 500 强排行榜中，广西汽车产业仅有广西玉柴机器集团和广西汽车集团两家企业入榜，分列第 185 和第 326 位，上汽通用五菱和东风柳汽两大最强整车企业均未上榜。

由于广西整车企业实力不强，导致整车产品结构不合理。目前，广西整车产品仍以低附加值的微型车及货车为主，约占总产量的 85%，重型货车、大中型客车等产品产量比重较小，缺乏附加价值高、面向家庭的中高级轿车、SUV、MPV 系列产品。广西整车的明星产品“五菱宏光”“宝骏 730”“宝骏 560”“宝骏 310”以及 2017 年 2 月 20 日新近上市的“宝骏 510”等均为 3.5 万～10.5 万元左右的紧凑型产品，利润依然依赖“薄利多销”模式，在国内消费升级趋势下未来市场存在变数，这从上汽通用五菱 2016 年已出现“增销不增利”的局面得以反映，在销量、销售收入分别较 2015 年增长 4.2%、13% 的情况下，公司净利润却同比下降了 1.7 个百分点。更为重要的是，面对需求潜力最大的中高级轿车市场，迄今广西汽车产业仍无一款对应产品，仅有上海通用五菱 2010 年推出的“宝骏 630”和东风柳汽 2014 年推出的“风行景逸 S50”两款紧凑型轿车。以“宝骏 630”为例，整车设计主要依托上海通用，尽管通用汽车（中国）将宝骏列为与雪佛兰、别克、凯迪拉克并驾齐驱的通用在华的第四大品牌，但经过上市几年的市场检验，可以说业绩并未达到预期，自推出以来销量持续下挫，2016 年“宝骏 630”的累计销量为 13832 辆，同比下降 64.05%，在紧凑型车销量排名为第 70 位，2017 年

1~6月销量为1300辆，比2016年同期大幅减少6793辆，仅占宝骏销量份额的0.4%。

在市场呈现一定饱和、终端需求越发挑剔的趋势下，国内汽车自主品牌纷纷加紧往高端升级，而像上汽通用五菱这样的广西整车龙头企业恪守中低端、追求“高性价比”的战略定位，在微车市场萎缩而向中高端市场转化之时，经营无疑将会受到较大冲击。东风柳汽、广西汽车集团等其他整车企业同样面临相似的状况。这对广西汽车产业整体保持较快发展带来了明显的不利影响，2016年广西汽车产量为245.3万辆，同比增长6.65%，[①] 而全国汽车产量为2811.88万辆，同比增长14.46%，[②] 可见广西汽车产量增长速度大幅低于全国平均水平；而且，2016年广西汽车产量占全国汽车总产量的比重为8.7%，而2015年这一比重约为9.8%，这反映广西汽车产业在全国的市场份额也有所下降。

9.2.2.2 产业技术创新投入不足，自主设计和研发能力弱

广西汽车产业中高端产品缺乏，归根结底在于企业自主创新能力的不足，而这又是由研发投入较少和高端人才缺乏所致。与国内外大型汽车企业相比，广西汽车企业自主研发投入明显偏少，除了上海通用五菱、玉柴机器、东风柳汽、桂林福达等几家大型企业之外，大多数企业研发投入低于企业销售收入的3%，而且相当一部分企业甚至不足1%，造成广西汽车产业自主创新能力较弱，真正拥有“技术话语权”和核心竞争力的自主创新专利产品不多，严重影响了整个产业的创新升级。与全国大多数整车企业类似，广西整车企业也多为合资企业，在关键技术的供给上主要还是依赖于国内外合资方。例如，“宝骏630”在设计和制造上即融合了通用汽车、霍顿、欧宝、上汽的理念和技术，采用通用P-TEC DOHC发动机和别克凯越的底盘，应该说具有较高的性价比，但为何推出之后市场反应偏淡呢？其关键原因是上汽通用五菱作为整车的出品方，本应肩负系统设计师的角色，对整车的全盘设计，特

① 2016年1~12月广西壮族自治区汽车产量统计［EB/OL］. http://www.chyxx.com/data/201703/。

② 2016年我国汽车产销双超2800万辆　同比增14.46%和13.65%［EB/OL］. http://www.xinhuanet.com/auto/2017-01/12/c_1120298259.htm。

别是各种模块、技术的整合和协调进行每一接口细节的精确安排和总体把握，这对技术的要求非常高，而上汽通用五菱的核心关键技术主要来自合资方美国通用汽车和上汽集团，自主关键技术储备有所不足，显然难以针对市场需求严谨但又游刃有余地担负起整车系统设计师的职责，使得“宝骏 630”的产品性能有所折扣。根据汽车网评，市场终端普遍认为“宝骏 630”外观较时尚、动感，但存在的缺点是：加速时轮胎和发动机都传来异响，减震效果差，车漆薄且内饰充满劣质感。① 反推而知，如果是具有完全自主设计能力的强势整车企业，在做好前期市场调研的基础上进行整体设计、模块整合协调、系统测试再不断完善，上述缺陷并非不能克服。

我国已进入创新驱动发展的时代，技术高低直接决定着一个企业能否在定价上具有市场话语权，自主核心技术欠缺成为广西整车产业创新升级的软肋所在，追求高性价比成为行业竞争的不二法则，虽然这种竞争战略在短期内可以集聚大量客户，但从长远发展来看无论是对车企还是对广西汽车产业整体而言都是极为不利的。像上汽通用五菱这样的优质车企，凭借高性价比吸引了 1400 万基盘用户的需求，但是其品牌提升却受到了低价定位的拖累。如“宝骏 560”虽然是合资品牌的畅销 SUV 产品，但定价却低于吉利、奇瑞、长安、长城等自主品牌，而这些自主品牌都在不断地进行整体升级，上汽通用五菱与主流自主品牌的差距也在拉大。而在自主品牌核心技术没有取得突破的情况下，进一步的价格战不可避免，2016 年 4 月 23 日上汽通用五菱官方宣布全系车型降价，最高优惠额度达到 7000 元，但无疑这样的做法对企业利润的挤压是明显的，进而影响直接研发经费的投入和自主技术创新力度的加强，陷入恶性循环。

9.2.2.3 本地企业在关键专用模块上的供给能力弱

广西汽车零部件产业总量小且市场辐射能力弱，零部件与整车产值比例为 1.17∶1，远低于国际通行比率 1.7∶1。而且，除了广西玉柴机器集团和柳州五菱柳机动力有限公司生产的车用内燃机、南宁桂格精工科技有限公司生产的汽车灯具、南宁八菱科技股份公司生产的车用热交换器以及桂林福达集

① 林美清 . 2017 年宝骏 630 销量惨淡，何为这款轿车的命运如此坎坷［EB/OL］. http：//www. qcwp. com/news/422665. html。

团生产的发动机曲轴、汽车离合器、汽车齿轮等少数零部件产品的国内市场占有率较为领先之外，广西众多零部件企业处于汽车供应链的中低端，生产的多是附加价值低、市场替代竞争激烈的通用件、标准件、结构件，只能借助地域优势为当地整车厂配套；高端发动机、助力转向机、万向节、发动机电控系统等技术含量高的重要专用模块在区内尚无生产，进入全球汽车零部件采购体系的零部件企业则更是少之又少，难以在关键部件上与国内外知名整车企业达成长期供应链合作伙伴关系。

以广西汽车集团为例，由柳州五菱重组后，近几年加快汽车零部件产业升级步伐，目前拥有年产 140 万台套汽车零部件的产能，乘用车零部件在企业产值中的占比由 1% 大幅提升至 50%，是国内最大的小型车零部件供应商。但即便如此，从公司产品结构看，也还是以生产通用件和通用模块为主，包括座舱模块总成、后桥、前轴、后部下车体、消排等。虽然公司在发动机领域集中优势资源发力突破，推出 NP18、NEP 等具有自主知识产权的乘用车发动机，其中 NP18 是“宝骏 730”“宝骏 560”的独家供应商。但据第三方汽车评价网站车质网及中国汽车消费网统计数据显示，宝骏系列车型在销量大幅攀升的同时，也爆发了密集的质量投诉，发动机异响是关键问题。[①] 不同于“五菱宏光”“宏光 S”“宝骏 610”“宝骏 630”等车型采用的都是来自通用技术的 1.5L 发动机，经过严酷的市场检验在消费者心中已形成良好的口碑，车主对“宝骏 730”“宝骏 560”质疑的焦点是：这两款车型搭载的 1.8L 发动机均是柳州五菱柳机动力有限公司生产的型号为 LJ479QNE2 的发动机，并未经过市场的长期检验；另外柳州五菱柳机动力有限公司重组前生产的发动机主要应用于三轮摩托、农用机械和微型面包等产品上，其技术与通用系列发动机技术并不相同。由此可见，广西汽车企业在核心模块技术及市场表现上与国外强势汽配企业相比差距仍非常明显。

柳州市是广西汽车零部件产业最发达的区域，也是由商务部和国家发展改革委认定的国家汽车及零部件出口基地。2015 年，柳州市汽车及零部件出

① 汪洋．上汽通用五菱质量问题集中爆发　神车 IP 褪色［N］．中国经营报，2016－11－19。

口累计金额2.9亿美元，同比增长30%，[①] 出口增幅在所有国家汽车及零部件出口基地中排名第一，但出口占全市汽车产业产值的比重只有0.87%。这一数据足以客观说明广西汽车零部件产业在全球汽车供应链上的竞争力十分欠缺。

9.2.2.4 整车企业与本地零部件企业之间的模块化协作配套关系尚未形成

广西整车企业与零部件企业之间尚未建立完善的配套供应体系，区内零部件配套率只有50%左右，大量高技术、高附加值的专用模块部件需从区外购进。例如，上汽通用五菱主打车型的巨大销量吸引了德国大陆、博世·联合汽车电子、宝钢、美国耐世特、延锋伟世通等国内外零部件巨头加入其供应链，但对广西本地零部件供应商的拉动效应并不明显，这也与前述的广西汽车关键专用模块供应商稀缺有关。

同时，广西汽车零部件企业多为中小企业，以低毛利率提供小通用件，在与整车企业进行协作配套时的技术能动性较弱，一般都是按照整车厂设计好的图纸组织加工。除了广西玉柴机器等极少数掌握核心模块技术的企业外，即便是大型零部件企业，也很少有能力主动参与整车的定制化前端设计实现同步创新。与此同时，广西整车企业对零部件企业的技术、产品升级也缺乏有效的长期援助、支持和指导，这种单向的技术流动不利于整车设计水平的提升以及零部件自主创新能力的积累和强化。而区域汽车产业模块化生产网络的形成实际上要求由几家实力相当的整车企业充当系统设计师，与各级模块供应商之间不断进行技术交换、反馈、修正设计规则、再交换、再反馈、再修正……如此循环，使整车设计在性能、适销性等方面最大限度合理化，再通过整车企业彼此之间在车型设计上展开激烈的“面对面”市场竞赛以及系统信息再次在模块化生产网络各参与方之间进行交换、反馈、再创新，直至进一步优化得到行业认同推出新品，再在下一市场周期开启前重复这一过程，共同实现本区域整车技术标准和市场竞争力的提高，而广西整车企业和零部件供应商在中高档车型的协作研发制造上显然不具备这方面的条件。

---

① 陈凌云，顾朋．“柳州市出口汽车及零部件质量安全示范区”网站正式上线运行［EB/OL］. http：//www.cqn.com.cn/news/zggmsb/disan/1130393.html。

9.3 广西汽车产业模块化创新发展战略

9.3.1 提升整车企业作为“系统设计师”的行业话语权

随着初创期整车开发技术的初步形成，广西整车企业在微车领域已具备独立进行整车全产业链运作的基础，进入早期成长阶段。但由于技术及规模实力上的欠缺，再加上不管是从全球还是国内来看汽车产业本身技术更新日益加快、需求终端越趋挑剔、市场竞争非常激烈，广西整车企业在中高端车型上目前尚难以充当整车系统具有独立知识产权的“系统设计师”，这意味着通过与国内外优势整车企业以合资的方式进行模仿跟进，实现系统知识的进一步学习增进和适应性创造，并在此过程中逐渐向整车系统的自主开发过渡，将是较为明智的战略选择。着眼于挖掘国内市场未来需求潜力和进一步深入开拓东盟国家汽车市场的角度，广西整车企业应在中高端轿乘和新能源汽车领域重点发力。

轿乘领域，面向国内家庭消费升级开发中高端车型将是重点选择。上汽通用五菱在继续做大“五菱”自主品牌海外市场和巩固“宝骏”系列在紧凑型轿乘的同时，应充分利用现有平台开发更多个性化的轿乘车型，并在中低端轿乘车型及其平台设计方面逐渐向具有独立自主权的“系统设计师”转型；同时，应加强与上汽集团、美国通用汽车的技术合作，特别是要积极创造条件切入美国通用汽车全球模块化平台布局，力争在别克、欧宝、雪佛兰等中高端领域引入新的产品系列，优化产品结构，丰富产品线，适应国内及东南亚市场多元化、差异化的需要。东风柳汽作为与雷诺 - 日产的合资公司，应着着力引入雷诺 - 日产 CMF 模块化平台，在“风行景逸 S50”市场成功的基础上，利用 CMF 模块化平台合作或自主开发更多中级适销轿车车型，提高零部件共享性和车型开发效率；而 2016 年底，东风柳汽采用东风 LQ - CMF 最新平台打造全新“景逸 X5”SUV 上市，今后可基于该平台扩展自主品牌各级别 SUV 系列。

新能源汽车领域，主要有新能源客车和新能源轿乘两个重点突破方向。新能源客车方面，桂林客车、广西源正、桂林大宇三家整车企业都已具备高端客车模块化系统集成商的能力，当前应基于前期的技术储备，加紧在智能化、清洁化的高档客车、城市公交车领域发挥集成创新的后发优势，培育自主品牌和自主创新能力，并以国内和国外市场为导向，实现车型的“订单化”设计和生产，以此获得持续的增长空间；同时，三家整车企业要充分发挥作为模块化簇群龙头企业的作用，培育和完善区内供应链，带动相关零部件企业发展；再则，很重要的一点，桂林客车和广西源正都已取得新能源客车生产资质，桂林大宇也已开发出新能源客车产品，在市场驱动下几家客车企业之间完全可以展开“面对面”竞争，促进自身及广西整个新能源客车行业的技术进步。新能源轿乘领域，上汽通用五菱应将发展重心置于两点：一方面，在“宝骏 E100”首款成功上市的基础上，通过电机、电池、电控等核心部件的不断优化和性能改进，持续做好产品升级换代工作，力争像“五菱宏光”在 MPV 领域一样，成为国内 10 万元以内的纯电动代步车市场的霸主；另一方面，美国通用汽车当前正在致力于打造将在 2021 年推出的新模块化平台，预计在 2030 年之前推出 20 款基于该新平台的全新电动车和燃料电池车,① 且大竞争新车型将会投向中国市场，而我国自 2018 年 4 月 1 日起开始施行的《乘用车企业平均燃料消耗量与新能源汽车积分并行管理办法》（简称“双积分制”）② 也会促使外资车企加紧与国内车企在新能源轿乘领域的合作，故上汽通用五菱应紧紧抓住这一难得的市场机遇，在原有合作基础上力争成为美国通用汽车在国内的新能源汽车重要战略合作伙伴，合作开发中高羰新能源轿乘新品抢占国内市场。另外，雷诺 - 日产基于 CMF 模块化平台已与东风合作推出混合动力技术新能源车，东风柳汽应在“景逸 S50EV”“菱

---

① 电动车领域投资达 900 亿美元 绝大部分瞄准中国市场［EB/OL］. http：//auto. sina. com. cn/news/hy/2018 - 01 - 16/detail-ifyqqieu6986573. shtml。

② 2017 年 9 月 27 日，由中华人民共和国工业和信息化部、中华人民共和国财政部、中华人民共和国商务部、中华人民共和国海关总署、国家质量监督检验检疫总局、共同发布了第 44 号令《乘用车企业平均燃料消耗量与新能源汽车积分并行管理办法》（简称“双积分制”），自 2018 年 4 月 1 日起施行。该《管理办法》确立了乘用车企业平均燃料消耗量积分核算方法和用车企业新能源汽车积分核算方法。根据这一《管理办法》，2019 年度、2020 年度，新能源汽车积分比例要求分别为 10%、12%。2021 年度及以后年度的新能源汽车积分比例要求，由工业和信息化部另行公布。

智 M5EV”开发经验基础上，尽快引入 CMF 模块化平台，在纯电动轿车以及纯电动、插电式混合动力乘用车方面推出更多系列车型。

9.3.2 引导零部件企业成为面向国内外汽车供应链的专业模块供应商

在模块化生产网络中，不仅整车厂之间会为充当具有巨大影响力和控制力的“舵手”而展开系统规则制定上的标准竞争，而且专业模块供应商也会基于模块本身的“黑箱”性质，通过进行激烈的“背对背”竞争力争胜出，而成功嵌入整车厂的产品系统。由于广西汽车零部件企业总体规模小、技术研发能力弱，通常只能作为中小次下级通用模块供应商为一级模块集成供应商供货，而不能成为整车企业的直接合作伙伴，无法获取汽车供应链的高端利润。因此，广西汽车零部件企业须围绕自身的产品优势，密切关注产业动态，重点从挖掘与本模块相关的“隐形信息”入手，潜心成为某个特定模块具有异质性核心竞争力的设计者和供应商，力争进入跨国车企的全球供应链配套体系。

车用发动机方面，广西玉柴机器股份有限公司应以低油气耗、超低排放、超低噪音为目标，紧跟国际主流发动机技术前沿，不断丰富完善国Ⅵ发动机系列及立足未来燃油动力升级，并将混合动力发动机业务在巩固重卡及客车领域霸主地位的同时向轿车领域进行延伸，使玉柴机器继续保持国内柴油机和混合动力发动机第一品牌的强势地位，跻身世界一流发动机供应商行列；上海通用五菱汽车股份有限公司应立足于柳州市、青岛市两大自有发动机厂，提高源自美国通用汽车核心技术的 B 系列发动机以及 P－TEC 系列发动机的生产精准化水平，充分发挥“干中学”效能，对通用汽车发动机技术进行引进、吸收和再创新，以燃油经济性的技术升级作为突破口，形成具有完全自主知识产权和核心竞争力的全套发动机技术，力争在国内处于领先水平；柳州五菱柳机动力有限公司应进一步加强在乘用车领域的发动机自主技术攻关，针对市场终端及客户做好全面质量管理，在产品品质、技术细节及服务上精益求精，提升对上汽通用五菱发动机的本地专业化配套能力，努力向轿乘发动机企业转型，以此切入国内更多整车企业的供应链体系。底盘方面，广西汽车集团应重点发展以汽车内燃机、车桥、制动器、汽车空调等总成为主，成为上海通用五菱的一级专用模块供应商，提高对广西区外整车企业的配套率；南宁八菱科技股份有限公司应凭借所掌握的铜质硬钎焊工艺技术，在全球管带式铜质或铝质热交换器利基市场成为举足轻重的寡头垄断企业，努力打入一线跨国车企供应链；广西方盛实业股份有限公司应加快汽车车桥、车身悬挂系统、冲压件等零部件的高端化发展，力争成为国内一级供应商和面向全球的二级供应商；桂林福达集团应以膜片弹簧离合器、发动机曲轴及轻、中、重型发动机变速器为主导产品，成为国内同类产品的龙头企业，积极开发国际客户；万向钱潮（桂林）汽车底盘部件有限公司应继续聚焦微型、轻型汽车制动器研制生产，发展出口型电磁制动器、车轮、转向拉杆总成等。车身饰件及汽车附件方面，应促进一批骨干企业加快产品结构调整，提升产品的技术水平，增强规模化生产能力，重点发展汽车装饰件、散热器、中冷器、灯具、安全玻璃、减振器、车轮、滤清器、尾气催化净化器等产品。

新能源汽车产业链是当前全球汽车产业爆点所在。特斯拉 Model 3 于 2017 年 7 月 28 日首批 30 辆已正式交付，以在手订单 45.5 万辆再加上当前日均 18000 辆的新增预订，高额需求将催生产能量级递增，利润变现期即将来临，也势必带动整个特斯拉产业链相关企业实现价值增值。与此同时，挪威、法国、德国，荷兰和印度都宣称或计划在 2025 ~2040 年之间禁止销售内燃机汽车，实现碳零排放；跨国车企也在行动，沃尔沃称 2019 年不再推燃油车，丰田宣布将在 2050 年停售纯汽油车。① 以上现象充分说明，新能源汽车为主导的时代可能很快就要到来，而我国新能源车销量已占到全球六成以上，成为世界最大也是成长最为迅速的新能源汽车市场。如前所述，广西几家整车企业以及玉柴机器都已在新能源汽车领域积极布局，但纯电动汽车的驱动电机、动力电池、电控系统等核心模块部件发展较为滞后，因此，着眼于未来，广西着力构建新能源汽车特别是纯电动汽车零部件体系已刻不容缓。新能源动力总成方面，重点发展油电混合动力系统，广西玉柴机器应拓展客车油电混合动力系统的技术优势，并加快可再生空气混合动力总成动力系统的推广量产；积极推进广西汽车集团、桂林星辰科技有限公司等企业合作共

---

① 燃油车还能卖 8 年？各国停售燃油车计划盘点［EB/OL］. http：//auto. 163. com/17/0713。

同研发城市小公交混合动力总成、商用车混合动力总成。电机及电控系统方面，桂林星辰科技有限公司、柳州科尔数字制造有限公司、柳州延龙汽车有限公司等企业应重点开展纯电动汽车电机及其控制系统、电子助力转向控制系统等核心专用模块的研制攻关。电池方面，尽早构建三元锂电池和磷酸铁锂电池双研发体系及其完整产业链，包括电池总成、电池管理系统、锂钴等基础原料、正极、负极、隔膜、电解液等领域须加紧引导企业投资布局。

9.3.3 大力增强汽车企业的自主创新能力

对于广西整车和零部件企业而言，要想在全球汽车模块化生产网络中获取高端的分工价值，加强技术创新无疑是必由之路。针对广西汽车企业自主发明专利数量少、研发投入不足等问题，当前应多管齐下着力解决。一是支持区内已具备基础和实力的科研院所，建设广西汽车零部件研发测试中心，使之成为中小型汽车零部件企业的技术支撑平台；支持其建成汽车科研、开发、试验、检测基地，使之成为行业新产品开发基地。二是支持现有重点零部件企业依托企业技术中心，联合区内外高校、科研单位的汽车专业科研力量，以组建股份制汽车行业技术中心等方式，形成对广西汽车工业关键、共性技术的开放性研发创新平台。三是吸引国内外高水平汽车技术开发机构来广西设立分支机构，鼓励高校汽车专业进入大企业集团或共建研发中心、中试基地，实现资源共享。四是通过设立政府性的研发基金以及给予产业政策导向和扶植，鼓励和推动广西大型汽车企业在某些核心价值模块上加大研发投入和研发力度，争取在若干核心技术和产品上拥有自主知识产权，并与全球汽车模块化生产网络以市场供需为纽带进行无缝对接，在做专做精的基础上做强做大。

9.3.4 积极促进汽车产业组织结构合理化

针对广西汽车企业规模经济效益不显著、协同能力低、发展慢等问题，广西今后应将推动汽车产业组织结构合理化作为重要的模块化组织战略，通过区内汽车企业的联合重组以及与国内外汽车产业资本的兼并整合，迅速扩大车企规模，提高广西汽车产业整体市场集中度。整车企业方面，应通过产业政策和财政税收政策的倾斜，以资产为纽带，通过改组、兼并、参股、租赁、股份制等产权组织方式优胜劣汰，培育和扶植少数几家具有较强经济规模和国际竞争力的大型汽车企业集团，使之成为广西汽车模块化产业簇群的核心，通过对“看得见的信息”的异化博弈、反馈和吸收，促进汽车模块化系统规则不断进化；同时，以汽车市场消费升级和“双积分制”施行为契机，推动广西整车企业通过合资合作继续引入国内外有超强实力的合作伙伴及其先进的模块化平台，以最短的时间、最丰富的产品线满足市场所需，扩张广西整车企业在国内及东盟国家的市场影响力。零部件企业方面，应尽快改变“弱、小、散”的局面，通过强势企业对弱势企业的并购重组以及强势企业之间的强强联合，提高专业化水平，向“专、精、特、新”发展；并按照整车模块化设计、模块化采购和模块化制造的要求，紧紧围绕整车企业多元化车型的零部件需求导向切入前端开发，形成由整车企业、大部件供应商和通用件供应商组成的、层次分明的、能够对市场需求快速作出响应的汽车模块化分包体系，使区内零部件配套率达到80%以上。

9.3.5 加快形成强强联合的汽车产业价值网

随着汽车产业模块化供应链模式的形成，汽车企业面临着在市场导向下快速提升技术、完善质量、降低成本的多重压力。对于广西汽车产业而言，要想在较短时期内构筑起一定且持久的异质性市场竞争力和实现价值溢价，以汽车产业核心企业为价值链关键节点，与其他相关产业优势价值链节点形成汽车产业价值网，获取“1 +1 >2”的“新木桶”效应，也是一条非常重要的途径。

在研发设计领域，广西车企应在自身研发以及车企之间技术合作的基础上，充分发挥“互联网 +”的特色，导入开源设计模式，即整车企业可构建互联网交流社区或众创平台，将新车型设计或其他技术诉求在其上发布，吸引全球智力资源参与新车型开发的任务竞标，由车企甄选或采取公开投票的方式择出最优方案，再从材料选择、零部件构成、平台装配方案上充分论证其可行性后，将新车型快速付诸制造。

汽车物流领域，在原材料、人力成本难以继续大幅压缩的情况下，通过物流外包降低物流成本，已成为全球汽车企业的共识。而且，全球汽车定制化消费趋势更加明显，这对汽车企业制造系统无疑提出了更高的要求，必须在接单后以最快的速度进行 JIT 的物料采购、运输、仓储、直送工位直至整车交付客户，其中任一节点之间的无缝衔接都须以最高效、最经济的物流系统作为支撑和配合。因此，广西汽车产业要想在全球化竞争非常激烈的汽车市场长期生存和发展以及获得增长的利润空间，就务须密切追踪世界主流车企物流系统发展趋势和动向，因地制宜地大力推动以整车企业为服务核心的专业性汽车物流体系的建设。当下的重点：一是继续强化柳州市国家级汽车及零部件出口基地功能，建立面向东盟及全球市场的汽车及零部件商贸中心；二是加大汽车整车、整机专业物流园区的建设力度，培育和引进大型第三方汽车物流企业，鼓励有条件的整车企业自建物流系统满足自身物流需求兼可承担社会化汽车物流服务。

在汽车后服务领域，要推动广西汽车产业发展与汽车商务增值有机结合，积极布局汽车后服务链上的高价值和高控制力节点，以汽车金融、保险、维修、二手车交易、租赁、法律咨询为重点，促进汽车服务贸易与整车、零部件业务节点的对接和联动，实现汽车产业价值链的有序延伸拓展和价值创造能力的不断提升。当前，互联网思维也已渗透入汽车后服务市场，广西汽车企业值得重点关注和参与。一是汽车后服务市场 O2O，如淘宝汽车、亚马逊中国 Z 爱车平台、京东车管家都是此中先行者，广西整车和零部件企业应在汽车后服务领域开展与强势电商企业的 O2O 战略合作，为车主提供线上线下一体化的汽车维修及保养服务，成为“你中有我、我中有你”的共生载体，共同分享互联网时代汽车“分销 + 服务”新模式的巨大价值。二是共享汽车业务，大数据、云计算、宽带网络和智能终端四种力量聚力催生了共享经济新业态的出现，共享汽车将是既适应大众绿色出行需求又对车企带来长期盈利可行性的蓝海。据了解，从 2017 年开始，广西已有若干家共享汽车平台进行试运营，如 4 月 28 日首汽集团旗下共享汽车品牌 Gofun 正式进入桂林，7 月 28 日南宁“南湖商城汽车共享”在南宁正式上线试运营，8 月 17 日广西本土的首家智慧出行管理平台——小猪奔奔 APP 在南宁正式上线，10 月 1 日

“响响新能源共享汽车”登陆柳州。[①] 广西整车企业的紧凑型轿乘产品特别是新能源微型车，如“宝骏 E100”在共享汽车业务上恰可大有作为，当下应及早筹谋涉入，在确保经济可行性的前提下，广西整车企业可自建共享汽车业务或与国内外强势共享汽车运营商进行战略合作，在更大的市场范围以及更多的车型上加以推广。

① 新能源共享汽车亮相南宁　无需押金 1 小时 10 元［EB/OL］. http：//gx. sina. com. cn/zimeiti/2017 - 08 - 21/。

第 10 章

产业价值网的产业实证研究二：边境后发区域战略性新兴产业发展战略

自 2008 年国际金融危机爆发以来，各国都开始关注对国民经济发展和国家安全具有重大影响力的战略性新兴产业的培育，来抢占新一轮经济增长的战略制高点。我国 2009 年中央经济工作会议也把加快发展战略性新兴产业提到了新的历史高度，2010 年 10 月出台的《国务院关于加快培育和发展战略性新兴产业的决定》进一步明确我国战略性新兴产业包括节能环保、新一代信息技术、生物、高端装备制造、新能源、新材料、新能源汽车七大产业；[①] 2016 年 11 月国务院又发布了《“十三五”国家战略性新兴产业发展规划》，明确到 2020 年我国将形成新一代信息技术、高端制造、生物、绿色低碳、数字创意等 5 个产值规模 10 万亿元级的新支柱，战略性新兴产业增加值占国内生产总值比重达到 15%。[②] 为此，本章以作为西部后发地区省会城市暨广西北部湾经济区核心城市的南宁市战略性新兴产业为例，认为南宁市“十三五”应根据本地经济与科技发展现状，有选择地发展战略性新兴产业，以发挥后发优势，实现跨越式发展和率先崛起。

---

① 国务院关于加快培育和发展战略性新兴产业的决定［EB/OL］. http：//www. gov. cn/。

② 国务院关于印发“十三五”国家战略性新兴产业发展规划的通知［EB/OL］. http：//www. gov. cn/。

10.1 南宁市战略性新兴产业发展现状

10.1.1 发展概况

“十二五”以来，南宁市发展战略性新兴产业取得了一定成效，高技术及其产业化对国民经济增长的贡献日益加大，初步形成以南宁高新技术产业开发区为核心，各功能园区为支柱，以新能源、节能环保、生物工程及制药、电子信息、新材料、机电一体化为主导的战略性新兴产业体系。2015 年，南宁市共有与战略性新兴产业关联性较大的相关制造企业约 435 家，其中生物医药企业 43 家，电子信息企业（计算机、通信和其他电子设备制造业）23 家，装备制造企业（通用设备制造业，专用设备制造，铁路、船舶、航天和其他运输设备制造业，电气机械和器材制造业）104 家，新能源企业（电力、热力生产和供应业，石油加工、炼焦和核燃料加工业）19 家，新材料企业（化学原料和化学制品制造业，非金属矿物制品业，黑色金属冶炼和压延加工业，有色金属冶炼和压延加工业，金属制品业）226 家；实现产值 1752. 55 亿元，占全市工业总产值的 52. 72%；主营业务销售收入 308. 08 亿元，占工业企业主营业务收入的 53. 79%；利润 119. 8 亿元，占工业利润总额的 54. 24%（见表 10. 1）。

表 10. 1　2015 年南宁市战略性新兴相关产业发展概况

产业	企业（个）	产值（亿元）	产值工业占比（%）	主营收入（亿元）	主营收入工业占比（%）	利润（亿元）	利润工业占比（%）
生物医药业	43	124. 43	3. 74	113. 65	3. 72	9. 23	4. 18
电子信息制造业	23	409. 96	12. 33	385. 31	12. 63	16. 50	7. 47
装备制造业	104	376. 97	11. 34	353. 24	11. 58	28. 40	12. 86
新能源产业	19	142. 20	4. 28	145. 39	4. 76	3. 50	1. 58
新材料产业	226	698. 99	21. 03	643. 93	21. 10	62. 17	28. 15
合计	415	1752. 55	52. 72	1641. 52	53. 79	119. 80	54. 24

资料来源：南宁市统计局. 南宁统计年鉴（2016）[M]. 北京：中国统计出版社，2017。

目前，南宁市利用南宁高新技术产业开发区、南宁经济技术开发区、广西—东盟经济技术开发区、南宁江南工业园区、邕宁新兴产业园区、南宁六景工业园区、广西明阳工业园区等重点工业园区，全力推动战略性新兴产业集群发展，形成了以富士康、德意数码、超创信息、平方软件、丰达电机、胜美达电机等为代表的电子信息企业群，以南南铝业、华锑科技等为代表的有色金属精深加工企业群，以玉柴专汽、八菱科技、桂格精工、南宁中车轨道交通装备、精祥仪表、燎旺车灯等为代表的汽配及高端装备企业群，以哈工大机器人、明匠智能、申能达智能、盛誉糖机等为代表的智能制造企业群，以培力药业、广明药业、博科药业、桂西制药等为代表的现代中医药企业群，以中诺、明阳生化、田园生化等为代表的生物工程企业群，以博世科、神州立方、汇泰环保等为代表的节能环保企业群，以武鸣皎龙、武鸣安宁、广西正旭、南宁环保发电厂等为代表的新能源企业群，以广西源正为代表的新能源汽车企业群，产业集聚度有所提升。

10.1.2 重点产业发展现状

10.1.2.1 新能源产业

南宁市开发利用新能源起步较晚，但经过近几年的国家政策引导及积极扶持，新能源产业已初具规模，产业化水平不断提高，确立了以生能质能、风能、光伏太阳能、垃圾发电等为主导的新能源发展方向。2012 年，南宁市清洁能源产业有规模以上企业 6 家，完成规模以上工业总产值 15. 4 亿元，占全市规上工业总产值的 0. 73%，同比增长 34. 09%，高于全市平均 11. 16 个百分点①。2015 年前 10 个月南宁供电局累计开展了 83 项新能源并网服务，其中已投运 22 项，累计消纳新能源发电量 3. 01 亿 kWh，同比增长 11. 09 倍。②

① 南宁市人民政府办公厅．南宁市清洁能源产业发展三年行动计划（2013 - 2015 年）［EB/OL］. http：//www. nanning. gov. cn/Government/jcxxgk/zcwj/bjwj/whfl/nfb/2013nnfb/201402/t20140212 _ 146597. html。

② 南宁供电局．南宁 1 ~ 10 月消纳新能源电量同比增长 11 倍［EB/OL］. http：//gx. people. com. cn/n/2015/1204/c347802 - 27249022. html。

（1）生物质能。南宁市生物质能在新能源中起步较早，经过多年的培育和发展，产业基础相对较为雄厚，现有广西武鸣皎龙酒精能源有限公司、广西武鸣县安宁淀粉有限责任公司等生产生物质能源企业 60 多家，其中燃料乙醇超过 30 万吨、年产 1 万吨乙醇的企业有 12 家，产业集聚度在广西乃至全国处于领先水平。作为广西最大的木薯产区，2015 年全市木薯种植面积 3.6 万公顷，产量 41.4 万吨，发酵酒精产量约 6 万吨，木薯种植面积、木薯产量和酒精产业均占到全区的 30% 左右。武鸣安宁淀粉公司沼气纯化制备生物燃气产业化示范项目进入稳定生产，采用新型反应装置和厌氧微生物组合，快速高效生产沼气，利用自动化控制系统操作提纯技术设备，使沼气中的甲烷含量增至 97% 左右，不再含有硫等杂质，二氧化碳含量很低，达到与天然气一样的热值和商品化产品要求，成为全国首家将木薯加工中的高浓度有机废水沼气纯化车用生物燃气的企业，日产生物燃气达 1.2 万立方米。① 同时，南宁市糖业利用废糖蜜生产的酒精也有将近 10 万吨。另外，南宁市农村沼气成果卓著，沼气入户率超过 40%，位居全国第一，为农村提供清洁可再生能源 1.68 亿方，现有资源可支持年产 50 亿立方米的沼气生产能力。

（2）太阳能。南宁市地处广西南部偏西，北回归线以南，坐落在四面环山的小盆地，年太阳辐射总量高于 $5000MJ/m^2$，年日照时数大于 2000h，具备利用太阳能的优越条件。自 2010 年以来，先后有广西神达新能源有限公司、南宁韵天威新能源设备有限公司、南宁三华太阳能科技有限公司、广西地凯光伏能源有限公司等企业成立运营，目前正在加紧高效生产力转化，未来前景可期。同时，光伏太阳能产业招商引资力度正在加大并已取得实质成效。2014 年开建的广西英利隆安 60 兆瓦光伏农业项目现已正式投产，该项目是广西第一个光伏农业生态示范项目、全国规模最大的绿色能源和绿色农业结合项目，每年可发电 7000 万度，相当于每年节约标煤约 2.8 万吨，减排二氧化碳近 7 万吨，减排二氧化硫、粉尘等排放约 2 万吨，② 节能减排效益明显，具有很强的示范效应。

（3）地热资源。南宁市盆地为新生代喜山期断陷向斜构造盆地，总面积

---

① 金原子．南宁打出绿色新“油田”，生物质能源产业正启航［N］．南宁日报，2011－04－22。

② 黄初艺，何宏生．隆安县 60 兆瓦光伏农业示范项目［EB/OL］．http：//gx.people.com.cn/n/2014/0324/c179430－20848097.html。

744km²，具有地壳厚度较薄，结晶基底面、康氏面、莫氏面深度较浅，处于隆起构造地带，有利于地壳深部和地幔热流向地壳浅部传递而形成地热资源。同时南宁市地热田属大型中低温地热田，水质属淡、温、氟水型医疗热矿水，资源丰富质优，易于开发，应用面广，并可直接利用和直接排放，对环境影响甚微，地热资源的开发前景看好。原来地热利用几近空白的局面已被打破，最近几年涌现出广西正旭新能源科技有限公司等企业专业从事地热业务。

（4）风能。南宁市部分山区具有一定的风力资源，例如大明山天坪海拔较高（1248 米），且地形较平坦开阔，因而风速较大，尤其是 2～5 月冬春季节，大风较多，风力资源较丰富①。2015 年 12 月 4 日，总投资约 9 亿元的南宁龙源横县六景风电项目首台风力发电机顺利并网发电，填补了南宁无风电站的空白，该风电场的各项设计指标均达到国内先进水平，每年可为国家节约标准煤约 6 万吨，节水 60 万吨。此外，马山协合杨圩风电场、宾阳马王风电场、龙源南宁青秀风电场、上林县凤凰山 100MW 风电场、武鸣安凤岭 100MW 风电场、马山状元风电项目等已开工或已在规划中的项目全部建成后，将成为南宁市绿色能源产业新的增长点②。

（5）垃圾发电。垃圾发电是解决城市垃圾围城、土地资源浪费、环境污染等诸多问题的必由之路。2016 年 9 月，位于南宁兴宁区五塘镇平里静脉产业园的生活垃圾焚烧发电工程——南宁环保发电厂正式建成投产，标志着南宁新能源产业化应用增加了一种新途径。南宁环保发电厂隶属于作为中国垃圾发电行业领军企业之一的三峰环境集团旗下，焚烧发电项目总投资 10.88 亿元，采用 BOT 模式建设，可日处理垃圾 2000 吨，每年能处理生活垃圾 73 万吨，焚烧垃圾发电量达 2.1 亿千瓦时，项目主体工程包括：垃圾称量系统、垃圾接收系统、垃圾储坑、4 条垃圾焚烧生产线、4 台余热锅炉、两套汽轮发电机组、4 套烟气净化、渗滤液处理系统、炉渣综合利用、飞灰固化系统等。③

---

① 南宁市人民政府办公厅．南宁市清洁能源产业发展三年行动计划（2013－2015 年）［EB/OL］. http：//www.nanning.gov.cn/Government/jcxxgk/zcwj/bjwj/whfl/nfb/2013nnfb/201402/t20140212_146597.html。

② 王煜霞．新能源产业助推南宁绿色发展［N］．南宁日报，2016－01－04。

③ 尹海明．走进南宁平里垃圾焚烧发电厂：年处理 73 万吨垃圾，发电 2.1 亿度［EB/OL］. http：//www.cn-hw.net/html/china/201609/55348.html。

10.1.2.2 节能环保产业

近年来，南宁市依托技术、资金、人才等要素相对密集的优势，在水煤浆、再生资源回收利用、资源综合利用、节能和环保装备制造等节能环保领域的发展已初具成效。特别是南宁高新区目前已积聚节能环保企业 35 家、相关技术人员 1000 多人，成为广西节能环保技术研发和产品生产的核心新基地，2015 年实现产值约 95.93 亿元。①

（1）节能环保服务领域，以广西博世科环保科技股份有限公司为代表的一批在城镇污水垃圾处理、火电厂烟气脱硫脱硝、危险废物及医疗废物处理处置等领域具有核心技术的高科技企业正在不断崛起和壮大，2016 年全市从事环保服务业的企业有 188 家，营业收入 33.45 亿元，同比增长 43.2%；营业利润 2.7 亿元，同比增长 230.6%。②

（2）资源综合利用领域，现有广西神州立方环境资源有限责任公司、南宁市安明油脂有限责任公司和南宁市圣达净水材料有限公司三家企业获得危险废物经营许可证，2016 年南宁工业固体废物资源综合利用总量达 149.41 万吨，工业固体废物综合处置利用率达到 94.44%；工业危险废物综合利用量为 0.15 万吨，工业危险废物综合处置利用率为 87.04%。③

（3）再生资源回收利用领域，南宁市是全国再生资源回收体系建设 24 个试点城市之一，计划构建一个由 350 个回收站、8 个集散交易市场和 1 个产业基地构成的再生资源回收体系，使全市再生资源得到有效回收和充分利用。目前，全市已完成建设、改造街道社区再生资源回收站点（亭）40 多个，新建、改造集散交易市场 4 个，合作加盟废钢铁货场 1 个，再生资源回收经营场所面积达 7 万多平方米，月回收、处理各类再生资源 7000 多吨，交易额 1000 多万元，年回收再生资源能力已达 10 万吨以上，回收业务辐射到百色、崇左、钦州、防城等市县。另外，南宁市自 2008 年起开始建设再生资源产业基地，由塑料回收加工利用区，废旧金属、电器和车船拆解回收区，

---

① 高新区着力培养节能环保产业［N］. 南宁日报，2016-06-27。

② 广西环保厅. 2016 年度环境服务业财务统计分析报告［R］. 2017。

③ 南宁市环境信息中心. 2016 年度南宁市固体废物污染环境防治信息公告［EB/OL］. http://www.nnhb.gov.cn/contents/2c623b8b-37e0-4b1a-8339-c180a8468190.shtml。

纸品回收利用区，再生资源深加工区，污染物处置区和服务管理中心区 6 大区域组成，将最终形成年处理废旧塑料再生产品 30 万吨，废旧金属、电器和车船拆解回收再生产品 30 万吨，废纸再生产品 6 万吨的生产规模，现已完成第一期建设，预计建成后将使全市回收再生资源能力增至 66 万吨以上。[①]

10.1.2.3 新材料产业

南宁市新材料产业近年来得以快速发展，取得了显著的成绩。现有相关各类企业 226 家（其中规模以上企业 20 余家，亿元产值企业 10 余家），完成工业总产值 698.99 亿元、主营业务收入 643.93 亿元。涌现出稀土铝绞线、建筑铝型材、工业电子铝型材、纳米化工能源材料、锑深加工材料、新型建筑材料等一批有影响力的产品，其中南宁“银杉”电线电缆为国家重点电力工程输电导线定点产品，广西南南铝加工有限公司的“南南”牌铝型材被评为国内铝材行业十大畅销品牌和广西著名商标，广西华锑科技有限公司生产的阻燃级、催化级两大类氧化锑及各类含锑深加工阻燃产品 90% 以上出口美国、欧盟、日本、韩国、中国台湾等发达国家和地区。

还值得一提的是，“十二五”以来南宁市新材料产业逐渐呈现出一些突出亮点。南南铝通过不断进行技术研发和产品升级，企业形象已焕然一新，“南南”牌高性能铝型材已经越来越多地应用于国内外知名企业的飞机、新型轿车、新能源车、油罐车、半挂车、石油运输船、天然气运输船、高速动车组列车等高端装备制造中，在国内外享有越来越高的市场知名度，以波音、空客、苹果、三星、特斯拉、宝马等为代表的一线跨国合作伙伴也正日益增加。其与中车株洲电力机车有限公司合资成立的南宁中车铝材精密加工有限公司生产的高速动车组车厢铝型材、地铁车厢铝型材均已形成生产规模，实现了“南宁地铁南宁造”，使用这些铝型材的列车产品并已远销阿根廷、巴西等国家和地区；2017 年 11 月，南南铝自主研发的“时速 400 公里 CR400 中国标准动车组用 7 系铝合金型材”获得第十九届中国工博会新材料产业参展产品一等奖，该产品已顺利通过中国中车的验收，并成功应用于 CR400 “复兴号”中国标准动车组。[②] 其广西航空航天铝合金材料与加工研究院分析

---

① 曾永联．南宁：年回收再生资源能力达 10 万吨［N］．广西日报，2011－02－21。

② “南宁制造”亮相中国工博会［N］．南宁日报，2011－11－09。

测试中心获国家认可实验室，拥有一批拥有自主知识产权的核心技术和产品，承担的“大推力火箭用超大规格铝合金锻坯的开发”项目通过验收，成功加工出外径 8700mm 的锻环——世界上最大规格的铝合金锻环，标志着南南铝已经具备超高难度的超大规格高质量铝合金锭坯的生产和供货能力，对我国新一代大推力火箭设计制造具有重要意义，同时跻身波音、空客两大飞机巨头的全球供应链；还通过实施供给侧创新，积极利用新材料开辟铝应用市场蓝海，围绕全铝车身汽车研发汽车用铝型材，提高材料的冲压成型、烘烤硬化性、抗凹性等性能，先后与美国特斯拉公司、德国宝马汽车集团等世界知名企业合作，并率先在国内生产出全铝车身轿车板材，还向普通新能源客车、罐车等延伸。此外，南南铝还凭借其成功开发的具有轻量化、高硬度、不易弯折、无须打磨等特性的手机外观件用“5252 铝合金”和“6N61 薄板压延铝合金”、电脑一体机背板用高端“5252 铝合金”、4G 基站用超大规格“6063 - T5 铝合金”散热型材，积极切入全球电子信息产业链，2016 年 1 ~ 9 月，南南铝在 IT 电子领域的出货量达 4200 多吨，主要客户遍及苹果、三星、OPPO、小米、步步高等知名企业。[①] 2012 年以来，南南铝工业产值年均增长 27% 左右，2016 年产值突破 60 亿元。[②]

另外，以广西大学沈培康教授带领的广西大学可再生能源材料协同创新中心研究团队研发的中心三维石墨烯专利技术“离子交换树脂制备三维石墨烯”成为世界上唯一大批量生产粉体石墨烯的方法。截至 2016 年上半年，广西大学石墨烯粉体生产小试基地已实现批量投产，年产量可达 1.5 吨；年产 15 吨三维石墨烯中试生产线也已落户南宁高新区在建；计划总投资 4.68 亿元的广西大学石墨烯科研成果产业化项目，将建设多个研究中心、实验室和三维石墨烯粉体生产示范线。南宁市石墨烯产业链呼之欲出，一个包含 15 家以上以石墨烯生产与应用产业联动的实业或公司环绕、年产值规模约 300 亿元的石墨烯生产与应用产业园正在逐渐成形[③]。

---

① 韦静．南宁市着力打造区域性电子信息产业基地［N］．南宁日报，2016 - 11 - 17。

② 刘伟，向志强．从南南铝转型升级看供应侧结构性改革［EB/OL］．http：//www.gx.xinhuanet.com/newscenter/2017 - 07/20/c_1121352877.htm。

③ 韦静．南宁高新区石墨烯“撬动”大产业［N］．南宁日报，2016 - 08 - 04。

10.1.2.4 生物医药产业

南宁生物医药产业自“十五”以来得到较快发展，已成为南宁市优势特色产业，形成了以南宁高新技术开发区为中心，向南宁经济技术开发区和广西—东盟经济技术开发区延伸的生物医药产业集群。“十二五”期间，南宁市医药制造业产值从51.64亿元增长至124.43亿元，工业增加值从17.35亿元增长至44.63亿元，均增长1.5倍，已形成以中成药生产、中药饮片加工、医疗仪器设备及器械制造、化学药品制剂制造、化学药品原料药制造、卫生材料及医药用品制造、生物药品制造、兽用药品制造为主的产业格局，以培力药业、万寿堂、安力泰美诗、枫叶药业、万通制药、邕江药业、康华药业、博科药业、桂西制药、万士达制药有限公司等几十家企业为骨干的生物医药产业已成为南宁市具有比较优势的生物医药产业群，产业整体效益指标良好。“十二五”末，南宁市生物医药产业工业总产值约占广西的1/3，现代中药仍居主导地位，中成药生产和中药饮片加工在生物医药产业的比重超过60%。[①]

“十三五”开局以来，生物医药产业作为南宁市未来5年重点发展的六大产业之一，转型升级步伐进一步加快。特别是南宁经济技术开发区生物医药产业发展势头强劲，吸引了市外医药巨头加紧进驻。目前，包括国药、修正、海王、中恒、柳药、神冠、台湾三合兴、百会、华辰等36家生物医药企业（项目）已开工建设或进入收尾期，在建制药和保健食品项目总投资超80亿元，预计全部竣工达产后，年产值超400亿元，年创税超35亿元。2015年，生物医药产业已成为南宁经济技术开发区的一大支柱产业，实现产值65.51亿元，与2012年31.8亿元相比，年均增长达27.24%以上，[②] 未来南宁经济技术开发区将与南宁高新区并驾齐驱成为南宁市发展生物医药产业的主阵地。

10.1.2.5 电子信息产业

南宁市与东部沿海发达城市相比，信息化基础较弱，但近年来紧紧抓住西部大开发、中国—东盟自由贸易区建成、“中国—东盟博览会”永久落户

① 韦静．南宁市生物医药产业约占广西1/3 [N]．南宁日报，2016-11-16。

② 杨静．南宁加快生物医药产业转型升级 [N]．南宁日报，2016-10-10。

等历史性机遇以及全球新一代信息技术发展突飞猛进、层出不穷的有利契机，坚持走以信息化带动信息产业发展、以信息产业的发展推动和加快信息化进程的道路，通过加大政府科技投入，大力扶持和培养了一批本地信息产业龙头企业，开发了智能信息过滤软件系统、基于 GIS 和移动定位技术的高速公路客服、救援与物流平台、RFID 及相关产品、全自动水文缆道测流智能控制系统、智能照明调控装置、智能无功功率动态补偿装置、智能汽车故障诊断仪、车用电子仪表等具有自主产权的产品和技术。截至 2015 年，南宁市电子信息制造业已有 23 家企业，实现工业总产值 409.96 亿元、主营业务收入 385.31 亿元。在电子商务和信息服务业方面，南宁市现已形成南宁高新区软件与信息技术集中区、南宁·中关村创新示范基地、中国—东盟检验检测认证高技术服务集聚区、东盟硅谷科技园创新产业集聚区四大产业园区，2016 年软件和信息服务业主营业务收入约 120 亿元。①

尤其值得关注的是，“十二五”以来南宁市基于地缘和人力成本优势，电子信息领域招商引资取得重大突破。2010 年富士康开始进驻南宁，迄今为止已完成两期投资项目：一是 2011 年 6 月开工建设的富士康南宁科技园（沙井）一期工程，主营富士康的 CCPBG 和 CNSBG 两个事业群，前者主要从事笔记本电脑、液晶电视、新型界面材料、镁铝合金产品、印刷电路板等产品的研发与生产，后者则是主要研发制造路由器、交换机等各类网络通信产品的网络通信产品事业群；二是 2012 年底富士康又加码 50 亿元南宁鸿海平板电脑及智能型手机第二卫星工厂。通过上述项目的落地并带动相关产业链上的配套产业发展，富士康成功实施了“十二五富桂计划”，每年为广西贡献 300 亿元工业产值。2016 年 2 月，富士康又在南宁启动了南宁科技园千亿元电子信息产业园建设项目，该产业园区是富士康于“十三五”时期重点打造的具有“云”+“网”+创新创意创客特色的电子信息产业园区，将在富士康南宁科技园的基础上，建设打造融研发、创新创意创业以及制造、物流为一体的千亿元电子信息产业园区，项目预计于 2020 年底前陆续建成投产。该项目达产后，将形成年产值规模 1000 亿元，吸纳就业 7 万人。其中，现代智能制造基地将在扩大建设中重点引进“工业 4.0”智能制造方案，为国内外知

---

① 南宁加快电子商务和信息服务业发展［EB/OL］. http：//news. cnr. cn/native/city/t20161208_523312504. shtml。

名企业生产制造IP电话机、视讯系统设备、三网融合智能电视、电子白板、交换机、路由器、服务器、平板电脑等网络通信电子产品，产值规模600亿元；东盟硅谷科技园是富士康借鉴台北和杭州的经验，在南宁市打造的第三个产业转型基地，将依托南宁科技园强大的制造和研发能力，形成我国首家具有东盟特色的融研发、试制、检测、生产、采购、销售、法务、投融资服务为一体的电子信息产品创新、创业园区，产值规模400亿元；此外，在科技园内，富士康还将利用物联网技术、网络通信技术平台，设立现代智能自动仓储及运输车队智能交易平台，扩建国家标准（CNAS）及国际标准（UL）的认证检测实验室，重点研发网络通信设备、智能电视、智能平台、智能终端设备、车载系统等新一代电子信息产品，打造成为国内一流水平的同类研发检测认证中心。①

除南宁富士康加码投资外，2015年11月，由国家信息产业电子第十一设计研究院科技工程股份有限公司（以下简称“十一科技”）投资建设的“十一科技南宁电子信息产业园”项目开建，园区分为电子信息工业厂房、分拣中心和结算中心三个部分，项目总投资达12亿元，项目建成后将是南宁市规模最大的光电技术和电子信息产业园，年产值将达到20亿元人民币，年缴税达6000万元以上。② 同时，南宁·中关村双创示范基地于2016年7月正式运营以来，已有21家世界500强和行业龙头领军企业入驻发展。

10.1.2.6 高端装备制造产业

南宁市装备制造业主要分布于金属制品、通用设备制造、交通运输设备制造、电气机械及器材制造、仪器仪表及文化办公用机械制造7大类共104家企业，其中产值亿元以上企业有48家，主要产品涉及低速载货车、摩托车及零配件、柴油机、矿山机械、建筑机械、水泥生产设备、制糖成套设备、水轮发电机组、导线、立体仓库、搅拌机、印刷机、减速机、压缩式垃圾专用运输车、压缩式垃圾中转站、垃圾处理设备、电动机、各种仪器仪表设备、汽车零部件、拖拉机等，2015年实现工业总产值376.97亿元、主营业务收

---

① 刘复．富士康在南宁打造千亿元电子信息产业园［N］．南宁日报，2016-02-26。

② 南宁规模最大的电子信息产业园落户南宁高新区［EB/OL］．http：//news.gxnews.com.cn/staticpages/20151127/newgx5658346d-14000028.shtml。

入 353.24 亿元。

“十二五”末以来，南宁市加强了高端装备制造业的发展力度，在一些关键领域取得了重大突破。2015 年 12 月，由中车株洲电力机车有限公司在南宁投资设立的子公司中国中车南宁轨道交通装备有限公司项目投入运营，南宁城轨基地年产能达 150 辆，可生产地铁、有轨/无轨电车及磁浮列车等，增补了广西轨道交通装备产业的空白，将成为中国中车辐射西南及东盟地区的重要制造基地；同时，该基地生产采用了全自动焊接机器人、车体焊接机器人系统、气垫车系统、喷烘涂装系统等当下国内外一流的生产设备，将对南宁先进装备产业发展产生引领示范效应。另外，2015 年 12 月 27 日以广西源正新能源汽车公司为核心的集新能源汽车整车及零部件开发、生产、销售为一体的新能源汽车生产基地首辆全铝车身新能源客车整车下线，标志着南宁市新能源汽车产业链正式成形，目前已有一批全铝车身的新能源公交车投入南宁公交线运营，使得南宁市公交车新能源加清洁能源车辆比例达到 63%以上，随着公司自身研发制造实力的增强和国内外市场的拓展，广西源正有望成为“十三五”南宁市先进制造的一张新名片。

10.2 南宁市战略性新兴产业发展的优势和劣势

10.2.1 发展优势

10.2.1.1 独特的区位优势

南宁市处于泛北部湾、泛珠三角和大西南 3 个经济圈的结合部，是大西南出海通道的枢纽城市、中国与东盟合作的前沿城市、广西北部湾经济区的核心城市，已建成较为完善的公路、铁路、民航、水路立体交通网络。陆路方面，从区内看，广西 14 个地级市中除南宁之外的 12 个市，包括北海、梧州、桂林、柳州、钦州、防城港、玉林、百色、贵港、贺州、来宾，均已纳入以南宁为中心的“2 小时经济圈”，高速公路和高速铁路均已贯通；从区外看，南宁市连通广东、海南、湖南、福建、贵州、四川、北京等省市的高速公路网已形成，湘桂线、南昆线、黎湛线、南凭线、南钦线等12条铁路在南宁交汇，南宁通往北京、深圳、广州、上海、杭州、昆明、西安、济南、合肥等重要省市的直达高铁已开通。航空方面，南宁市正着力打造面向东盟的区域性国际枢纽机场，截至2017年11月，南宁吴圩机场计划执飞的航线达到143条，其中国内航线121条，国际及地区航线22条，每周计划飞行进出港航班将达2338架次，日均334架次；[①] 通航城市达到95个，其中国内城市75个，实现了全国航班“省会通”，飞往新加坡、曼谷、金边、河内、斯里巴加湾、首尔、开罗、香港、台北等国际及地区航线22个，实现与东盟十国航线全覆盖，每日往返香港、台北的航班多达数班。水路方面，2008年11月广西、广东两省（区）签署《共同加快建设西江黄金水道协议》，决定将西江建设成为“开放、合作、协调、高效、生态”的亿吨级黄金水道，2014年《珠江—西江经济带发展规划》出台，确定了以珠江—西江流域为依托的区域发展正式上升为国家战略，到2020年将连接南宁、贵港、梧州、百色、来宾、柳州、崇左7个市共1480公里的内河航道全部建成1000吨级以上高等级航道[②]。其中，南宁港被作为三大主要港口之一加快规划建设，当前广西北部湾投资集团有限公司与南宁铁路局正在合力加速推进南宁港水铁联运项目，构建云南、贵州、四川三个西部省份与广东之间最经济、最便捷的物流通道，南宁港六景作业区是珠江—西江经济带、西江黄金水道的重要港口，可通过湘桂、黔桂、枝柳、黎湛线实现水铁联运至全国各地，目前六景水铁联运项目具备发送货物100万吨左右能力，[③] 近两年港口吞吐量保持倍增态势，未来云南、贵州、四川的白糖、铝、铜等产品将通过铁路到六景港口中转走水路运往广东，广东的陶瓷、建材、矿产等货物将从水路到达六景港口中转装火车运往云南、贵州、四川，显著降低这些省际之间大宗商品的综合物流成本。优越的区位优势，为项目、资金、技术、人才等重要资源向南宁

---

① 广西国资委．南宁机场新开通南宁—青岛等10条航线［EB/OL］. http：//www. sasac. gov. cn/n2588025/n2588129/c8148731/content. html。

② 打造西江亿吨级黄金水道［N］. 当代生活报，2015－01－06。

③ 打造水铁联运平台，构建现代物流通道［EB/OL］. http：//www. nngport. com/newshow. aspx? Id＝107。

市战略性新兴产业集聚奠定了先决条件。

10.2.1.2 丰富的自然资源优势

南宁市属于南亚热带季风气候区，光热丰富，雨量充沛，甘蔗、木薯等能源作物资源丰富，可支持约 50 万吨燃料乙醇的年产量；还有丰富的畜禽粪尿、林木下脚料、薪材林、有机垃圾等生物质资源，利用这些资源开展生物质气化产品和固体生物质燃料生产前景广阔。同时，南宁市中草药资源丰富，有砂仁、淮山、半夏、茯苓、银花、田七、桂皮等 300 多种。矿产资源方面，南宁市属于有色金属富矿区，目前发现的矿产资源共 43 种，突出优势的矿种有锰、膨润土、石灰石、钨、铁、煤、重晶石、大理石、铀、钒金等，其中锰矿储量 1.49 亿吨，占全国四分之一强；膨润土 7 亿多吨，居世界第一。丰富的自然资源优势，为南宁战略性新兴产业规模化生产提供了物质保障。

10.2.1.3 不断增强的工业发展优势

随着“工业强市”战略的逐步深入推进，南宁市工业投资力度持续加大，工业经济快速发展，总量效益同步增长。2015 年南宁市工业总产值达 3323.82 亿元，比 2005 年的 489.71 亿元增长了 5.8 倍，特别是在“十二五”期间全球金融危机余波尚未完全化解以及国内产业结构调整的大背景下，南宁市工业总产值仍比 2010 年的 1501.18 亿元增长了 121.4%，快于广西 100.3% 和全国 42.4% 的同期增幅，工业经济总量仅次于柳州市位居广西第二（如图 10.1 所示）；规模以上工业增加值 1000.37 亿元，比 2005 年的 165.18 亿元增长了近 5.1 倍，比 2010 年的 483.78 亿元增长了 1 倍有余。初步形成铝加工、机械与装备制造、电子信息、生物工程与制药等新兴产业和农产品加工、化工能源、建材、造纸等传统产业并存，轻重比例协调的现代工业体系。深入实施建设工业百家亿元企业工程，2015 年工业总产值超亿元的企业有 635 家，个数居全区第一，占广西工业总产值亿元以上企业总数的 16.7%。开发区领跑全市工业增长，2015 年南宁高新技术产业开发区、南宁经济技术开发区、广西—东盟经济技术开发区共完成规模以上工业总产值 1848.08 亿元，占全市工业总值的 57%，三大园区平均增速达 22%，[①] 高于

① 南宁今年将推动三个国家级开发区平均增速达 20% 以上 [N]. 南宁日报，2016-01-22。

全市工业增速12.48个百分点，南宁高新区成为首个千亿级园区。不断增强的工业发展基础，为南宁市战略性新兴产业发展积累了物质基础、技术沉淀和发展经验，同时也提出了巨大的工业需求。

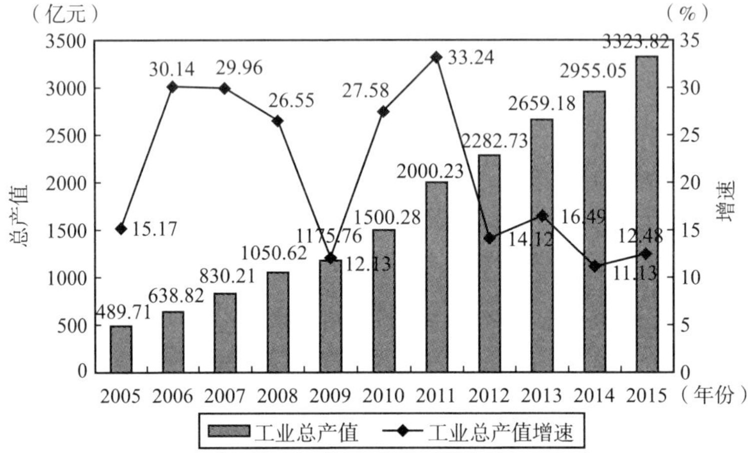

图10.1　2005～2015年南宁市工业总产值及增速

资料来源：南宁市统计局．南宁统计年鉴（2016）［M］．北京：中国统计出版社，2017。

10.2.1.4　显著的科教文化优势

南宁市是广西的科教和文化中心，拥有较为雄厚的教育科研实力。2015年，全市拥有广西大学、广西医科大学、广西中医药大学、广西民族大学、广西师范大学、广西财经学院、广西艺术学院7所研究生培养单位，占广西研究生培养单位总数的53.85%；普通高等院校32所，占全广西高校总数的42.67%；高校专任教师共18411人，占全广西高校专任教师总数的47.67%。同时，全市共有各类科研机构567家，占全广西67.34%；目前建成国家认可实验室10家、国家重点实验室1家、自治区级企业技术中心80家、市级企业技术中心83家，自治区级及市级企业技术中心数量居全区各地市第一。[①]“十二五”以来，南宁市专利申请量、专利授权量及有效发明专利拥有

① 韦静．高技术产业方兴未艾　孕育转型升级新动能［N］．南宁日报，2016-12-13。

量等多项指标均居全区第一；[①] 每万人口发明专利拥有量由2011年的0.91件上升到2015年的4.71件，增长了4.18倍，已达到全国中等水平；[②] 同时，部分领域科研成效得到国家技术认可，获得国家科学技术进步二等奖两项，分别是广西田园生化股份有限公司参与研究的“防治农作物病毒病及媒介昆虫新农药研制与应用”项目获“2014年度国家科技进步二等奖”，以及广西大学王双飞教授兼广西博世科环保科技股份有限公司董事长主持的“造纸与发酵典型废水资源化和超低排放关键技术及应用”项目获“2016年度国家科技进步二等奖”，产生了广泛的社会影响力和经济效益。特别是南宁高新技术开发区在南宁市产业创新驱动发展上起到引领作用，至“十二五”末，园区专利申请量达1.2954万件，占全市的40.25%；专利授权4848件，其中，发明专利1751件，较“十一五”的177件增长近10倍，[③] 2015年南宁市科技进步对全市经济增长的贡献率达55%。[④] 2016年，南宁市专利创造保持快速增长趋势，专利申请量达到1.83万件，同比增长55.27%，其中，发明专利申请量1.32件，同比增长11.86%；专利授权量4127件，同比增长55.62%，发明专利授权量1711件，同比大幅增长126.92%；有效发明专利拥有量达4645件，同比增长43.94%。[⑤] 上述科教资源为南宁市战略性新兴产业发展提供了一定的技术和人才保障，南宁市为此先后获得“全国科技进步先进市”“国家创新型试点城市”“国家知识产权试点城市”等荣誉。

10.2.1.5 多重叠加的政策优势

南宁市作为广西首府，享有民族区域自治、西部大开发、沿海沿边沿江开放、珠江—西江经济带、革命老区振兴、广西北部湾经济区、北部湾城市群以及“一带一路”建设、打造中国—东盟自贸区“升级版”等多重政策优

---

① 南宁市科技局 南宁市知识产权局．南宁市提前超额完成“十二五”每万人口发明专利拥有量任务，多项专利指标均居全区首位［EB/OL］. http：//www.nnst.gov.cn/kjgl/kjdt/nnkj/201502/t20150203_330245.html。

② 李新雄，刘万娴．南宁专利申请量突破万亿大关．［N］. 广西日报，2016-03-15。

③ 李新雄，石清革．南宁高新区发明专利5年增10倍［N］. 南宁日报，2016-04-08。

④ 南宁市科技成果转化有成效［EB/OL］. http：//www.gx.xinhuanet.com。

⑤ 广西壮族自治区知识产权局．2016年1～12月南宁市专利申请授权情况表［EB/OL］. http：//www.nnst.gov.cn/kjgl/kjtj/tjsj/201702/t20170204_712917.html。

势，由此产生的政策叠加效应，给南宁市战略性新兴产业发展注入了动能和活力。

一是综合配套改革政策优势。南宁市作为国家首个国际区域经济合作区——广西北部湾经济区龙头城市，在行政治理体制、土地制度、市场体系等综合配套改革领域享有国家《广西北部湾经济区发展规划》赋予的先行先试政策优势。

二是重大项目布局政策优势。除《广西北部湾经济区发展规划》之外，国务院 2014 年 7 月还批复了《西江—珠江经济带发展规划》，2017 年 2 月又批复了《北部湾城市群发展规划》，南宁作为上述规划的重要节点城市，在国家鼓励东部地区带动和参与广西北部湾经济区发展上，将得到重大项目布局的优先考虑。

三是保税物流体系建设政策优势。2009 年 2 月 11 日，海关总署、财政部、国家税务总局和国家外汇管理局联合批准设立南宁保税物流中心，并已于 2010 年 6 月正式封关运作，成为西南地区最大“无水港”，增强了进入南宁投资的跨国公司国际化运作的承载能力，也为广西区内乃至我国中南、西南地区的企业参与国际市场建立一条便捷通道，成为中国—东盟深化合作的重要平台，对提升南宁市作为区域性国际城市的投资环境起到至关重要的作用。① 在此基础上，2012 年南宁市政府又批准实施了《南宁综合保税区总体规划》和《南宁综合保税区控制性详细规划》，拟在南宁保税物流中心增加保税加工功能，促进南宁保税物流中心向南宁综合保税区转型升级。

四是金融改革政策优势。跨境金融领域，经中国银监会批准，广西北部湾银行 2008 年 10 月于南宁揭牌成立，是广西首家以服务中国—东盟自贸区为宗旨的区域性、国际化、股份制优质特色银行，目前已在钦州、北海、防城港、崇左、贵港、玉林、凭祥、东兴等区内城市设立了分支机构，截至 2016 年一季度末已与 29 个国家和地区的 194 家银行建立了代理行关系，面向东盟的国际业务涵盖跨境人民币结算、边贸结算、境外投资、外商直接投资、外债、海外代付等领域；2013 年 12 月，中国人民银行联合多部委印发了《云南省、广西壮族自治区建设沿边金融综合改革试验区总体方案》，这

① 南宁保税物流中心：西南地区最大“无水港”［EB/OL］. http：//news. enorth. com. cn/system/2013/10/23。

是继上海自由贸易试验区之后中国政府批复的第二个区域性综合改革试验区方案，该试验区在广西涉及南宁、钦州、北海、防城港、百色、崇左六市，而南宁市凭借首府政策优势及多年承办中国—东盟博览会的资源积累，在建设面向东盟开放合作的区域性国际金融中心上取得了实质性突破，跨境人民币结算境外地域已覆盖德国、新加坡、英国、美国、韩国、法国、日本、东南亚等国家和地区，全市多家银行的分支行均可办理跨境人民币结算业务。投资领域，2016 年 9 月广西北部湾产业投资基金正式更名为珠江西江产业基金，该基金是由广西壮族自治区人民政府主导、国家发改委于 2014 年 1 月 28 日（发改财金〔2014〕190 号）批准设立的国家级大型产业投资基金，这是国家发改委批准设立的第 22 只国家级大型产业投资基金，也是广西壮族自治区内首支产业基金，基金总规模 200 亿元，委托珠江西江产业投资基金管理有限公司进行管理，立足西江经济带、面向全国、辐射东盟及海外市场，以响应国家“一带一路”及广西“双核驱动”战略，助力珠江—西江经济带打造成为我国西南中南地区开放发展新的增长极为使命，对西江经济带及北部湾经济区优势产业、广西及国内新兴产业进行战略投资及并购重组，促进产业资本和金融资本的融合，重点投向沿江物流项目、养生养老健康项目、能源及生物资源类重大项目，挖掘新能源、节能环保、生物医药、生物农业、现代服务业等产业投资机会，① 促进企业快速成长与壮大，加快实现资源优势转化为经济优势，南宁市战略性新兴产业无疑受益其中；2017 年，广西壮族自治区人民政府对 2015 年印发的《关于设立广西政府投资引导基金的意见》《广西政府投资引导基金子基金操作指引》进行了修订，新颁布了《设立意见（修订）》和《子基金操作指引（修订）》以及《广西政府投资引导基金直接股权投资管理暂行办法》，② 重点投资战略性新兴产业、高新技术产业、先进制造业、生态环保产业、现代服务业等广西重点产业发展和港口、园区等交通、工业基础设施建设以及“一带一路”等国家区域发展战略，使得广西设立政府投资引导基金的指导性文件体系得以完善，有助于南宁市探索设立适合自身的政府战略性新兴产业投资引导基金。

---

① 珠江西江产业投资基金管理有限公司 . 基金概况 [EB/OL]. http：//www. bbwfund. cn/。

② 广西壮族自治区财政厅 . 自治区修订投资引导基金相关政策 [EB/OL]. http：//www. gxcz. gov. cn/gxzzzzqczt/gzdt/jgdt/201704/t20170424_64152. html。

10.2.2 发展劣势

10.2.2.1 战略性新兴产业在南宁市工业经济中的地位仍不突出

2015年，南宁市工业总产值达到3323.82亿元，其中，全年规模以上工业产值超百亿的10个行业，即农副食品加工业，计算机、通信和其他电子设备制造业，化学原料和化学制品制造业，非金属矿物制品业，电气机械和器材制造业，木材加工和木、竹、藤、棕、草制品业，橡胶和塑料制品业，电力、热力生产和供应业，酒、饮料和精制茶制造业，医药制造业，专用设备制造业，金属制品业，烟草制品业，造纸和纸制品业，共完成工业产值2752.54亿元，占全市规模以上工业总产值的83.09%，成为拉动全市工业增长的主动力（见表10.2）。但上述产业中，真正涉及严格意义上我国“十三五”战略性新兴产业范畴的主要只有计算机、通信和其他电子设备制造业，化学原料和化学制品制造业，电气机械和器材制造业，医药制造业及专用设备制造业，合计仅占全市工业总值的33.82%，而以高性能铝合金为代表的有色金属冶炼和压延加工业以及作为高端装备制造的铁路、船舶、航空航天和其他运输设备制造业产值分别只有40.06亿元和10.44亿元，这说明南宁市战略性新兴产业仍存在发展滞后、体量较小的问题。

表10.2 2015年南宁市重点工业布局（按行业分类）

序号	主要产业	工业产值（亿元）	占地区工业生产总值比重（%）
1	农副食品加工业	459.66	13.83
2	计算机、通信和其他电子设备制造业	409.96	12.33
3	化学原料和化学制品制造业	253.10	7.61
4	非金属矿物制品业	252.47	7.60
5	电气机械和器材制造业	214.73	6.46
6	木材加工和木、竹、藤、棕、草制品业	168.89	5.26
7	橡胶和塑料制品业	146.33	4.52

续表

序号	主要产业	工业产值（亿元）	占地区工业生产总值比重（%）
8	电力、热力生产和供应业	135.43	4.07
9	酒、饮料和精制茶制造业	124.72	3.75
10	医药制造业	124.43	3.74
11	专用设备制造业	122.06	3.67
12	金属制品业	120.76	3.63
13	烟草制品业	118.02	3.55
14	造纸和纸制品业	101.98	3.07
合计		2752.54	83.09

资料来源：南宁市统计局. 南宁统计年鉴（2016）[M]. 北京：中国统计出版社，2017。

10.2.2.2 产业结构和产品结构不合理

南宁市战略性新兴产业中，各产业间的规模相差较大，机械装备制造、电子信息、生物医药等产业已具备一定的规模，而新能源、新材料、节能环保等产业规模过小甚至尚未形成规模，新兴产业结构不合理。同时，各战略性新兴产业内部也存在产业发展不平衡的情况。如新能源产业中，沼气利用开发成熟度较高，生物质能产业发展有一定起色但尚不能充分满足市场需求，而太阳能、地热、风能开发仍有待提速。此外，南宁市许多从事战略性新兴产业的企业都以加工、组装等业务为主，并未体现战略性新兴产业高附加值、高效益的特点，在高新技术产品中拥有自主知识产权的高附加值产品的比例过小。例如，目前南宁市 LED 企业主要位于投资小、技术含量低的产业链的中、下游，以各种 LED 封装和照明应用为主，LED 衬底、外延环节薄弱，特别是 LED 芯片完全依赖进口，产品附加值较低；电子信息产业同样以中低端电子元器件制造和组装为主，在人工智能、互联网新兴信息服务、大型电子商务平台、高端软件等新一代信息技术领域的本地企业十分欠缺。

10.2.2.3 企业规模较小，产业集聚度较低

截至 2016 年，南宁市国家级高新技术企业共 306 家，总量居广西第一，

高技术产业完成产值662.04亿元，同比增长14.48%，平均每家企业的工业产值约为2.16亿元；[①] 而同期邻省广东高新技术企业数量达到19857家，总量居全国第一，高新技术产品产值超过5.3万亿元，高新技术企业平均实现产品产值2.67亿元。[②] 由此可见，南宁市高新技术企业数量、平均规模远低于东部发达地区，许多高新技术企业在技术和管理等方面离国际化、高效率经营的要求相距甚远。企业规模较小和素质不高制约了南宁市战略性新兴产业集中度的提高和产业集群的形成。通过计算作为产业集群识别定量工具的区位商指标可知（见表10.3），与全国同行业平均水平相比，2015年南宁市战略性新兴各相关产业中有一半产业的区位商指标明显偏低，特别是通用设备制造业，铁路、船舶、航空航天和其他运输设备制造业，有色金属冶炼和压延加工业的区位商仅为0.2出头，即便与广西相比这三个产业的区位商也分别只有0.6、0.44和0.24，表明南宁市这些产业的专业化水平和集中度在全国及广西都处于较低的水平，导致企业生产成本增加、竞争加剧、经济效益下降，持续经营面临严峻考验。

表10.3　2015年南宁战略性新兴相关产业专业化水平与比较优势分析

行业	区位商（按主营业务收入）	
	与广西相比	与全国相比
通用设备制造业	0.60	0.21
专用设备制造业	1.59	1.15
铁路、船舶、航空航天和其他运输设备制造业	0.44	0.21
电气机械及器材制造业	1.64	1.07
仪器仪表制造业	2.73	0.75
有色金属冶炼和压延加工业	0.24	0.24
医药制造业	2.14	1.60
计算机、通信和其他电子设备制造业	2.04	1.53

资料来源：根据《南宁统计年鉴（2016）》《广西统计年鉴（2016）》《中国统计年鉴（2016）》的相关数据计算而得。

① 周红波．2017年南宁市政府工作报告［EB/OL］．http：//www.nanning.gov.cn。

② 广东推进创新驱动发展　高新技术产品产值超5.3万亿元［EB/OL］．http：//news.163.com/17/0417/11。

10.2.2.4 核心技术匮乏，企业自主创新能力不强

尽管近两年南宁市发明专利申请量和授权量提速明显，但从存量及质量的角度看，企业研发能力整体不高特别是关键技术自给率低是南宁市战略性新兴产业发展的技术障碍，多数企业缺乏独立承担科研项目的实力以及从事科技创新的动力和能力，很多高新技术产品以模仿为主，拥有自主知识产权的先进技术相对较少，实现商品化并形成知名品牌的更少。2016 年，南宁市发明专利受理量 13217 件，获得发明专利 1711 件，占授权专利总数的 41.46%，高于全国 24.2% 和广西 34.7% 的比重；每万人口发明专利拥有量 6.72 件，低于全国 8 件的平均水平（见表 10.4）。

表 10.4　　2016 年南宁市发明专利有关情况及比较

项目	南宁	广西	全国
发明专利受理量（万件）	1.32	4.31	133.9
发明专利受理量同比增长（%）	58.90	39.83	21.5
发明专利授权量（万件）	0.17	0.52	40.4
发明专利授权量同比增长（%）	27.88	28.37	14.5
发明专利占授权专利比例（%）	41.46	34.73	23.3
有效发明专利（万件）	0.46	1.42	177.2
有效发明专利同比增长（%）	43.94	51.07	20.4
每万人口发明专利拥有量（件）	6.72	3.00	8.0

资料来源：广西壮族自治区知识产权局，中华人民共和国国家知识产权局。

科技成果是 R&D 活动的产出，2015 年南宁市研发经费投入总量为 32.17 亿元，同比增长 24.59%①，高于全国 8.9%②的增幅；R&D 经费投入强度仅

① 研发经费投入总量较快增长，投入强度持续提升［EB/OL］. http://tj.nanning.gov.cn/tjxx/201612。

② 2015 年全国科技经费投入统计公报［EB/OL］. http://www.stats.gov.cn/tjsj/zxfb/201611/t20161111_1427139.html。

为0.94%①，高于广西0.63%的平均水平，但与全国2.07%②的平均水平相比落差巨大，更远低于研发强市北京5.94%、西安5.24%、深圳4.1%、上海3.80%、厦门3.11%、武汉3.10%、合肥3.09%的水平③。根据熊彼特的创新理论，企业家是创造性的毁灭者[154]，企业在国家和区域创新体系中扮演着举足轻重的角色，2016年南宁市规模以上工业企业研发经费为20.06亿元，占全社会研发经费的比重为44.54%，与政府办科研院所、高等学校相比居主体之首，但占全市GDP的比重只有0.54%，而全国规上企业内部R&D活动经费支出占GDP的比重在2.0%左右，与南宁市同属西部省会城市的昆明市、贵阳市也都超过1.2%④。目前南宁市战略性新兴产业中，少数具有一定自主创新能力的高新技术企业R&D强度达到5%~6%，多数企业维持在2%~3%左右，也有部分企业甚至不足1%，远低于全球主要大型科技型公司10%~20%的平均水平，也低于国内公认科技型巨头如百度15.3%、阿里巴巴13.6%、中兴通讯12.2%、腾讯8.8%的水平⑤。

从企业创新活动的实效看，根据南宁市统计局对2016年全市规模以上企业（除房地产行业外）的调研结果，⑥在被调查的2392家企业中，开展创新活动的企业有837家，占调查企业总数34.99%；成功实现创新的企业有781家，占32.65%；有开展创新活动但未能实现创新的企业有56家；同时实现四种创新（即产品创新、工艺创新、组织管理创新、营销创新）的企业仅有114家，占4.76%，说明实际开展创新活动的企业数量偏少。同时，产品创新和工艺创新是衡量企业创新的关键指标，2016年南宁市开展产品创新和工艺创新活动的企业有486家，占被调查企业数20.32%；同时开展产品创新

① 研发经费投入总量较快增长，投入强度持续提升［EB/OL］. http：//tj. nanning. gov. cn/tjxx/201612。

② 2015年全国科技经费投入统计公报［EB/OL］. http：//www. stats. gov. cn/tjsj/zxfb/201611/t20161111_1427139. html。

③ 2017年中国城市研发投入强度榜：京沪深比肩发达经济体［N］. 21世纪经济报道，2017－09－08。

④ 我市规上企业创新活动的喜与忧——2016年我市规上企业创新活动调研报告［EB/OL］. http：//tj. nanning. gov. cn/tjfx/201709/t20170901_771463. html。

⑤ 中国企业研发投入增速全球第一，华为竟没上榜？［EB/OL］. http：//www. cena. com. cn/2016－11/05/content_344362. htm。

⑥ 我市规上企业创新活动的喜与忧——2016年我市规上企业创新活动调研报告［EB/OL］. http：//tj. nanning. gov. cn/tjfx/201709/t20170901_771463. html。

和工艺创新的企业有 117 家，占被调查企业数 4.89%；仅开展产品创新的企业 86 个，占 3.59%；仅开展工艺创新的企业有 134 家，占 5.6%。特别是南宁市当前正处于工业化中期，工业企业创新活动本应最具活力，但在被调查的 907 家工业企业中，2016 年开展产品创新或工艺创新活动的企业有 288 家，占被调查的工业企业数 31.75%；同时开展产品创新和工艺创新活动的工业企业有 111 家，占 12.34%；仅有产品创新活动的工业企业为 56 家，占 6.17%；仅有工艺创新活动的有 59 家，占 6.5%。由此可知，企业群体尤其是工业企业自主创新能动性和能力薄弱，是南宁市多年以来力争建设工业强市而未果的关键原因。2015 年，南宁市规模以上工业总产值在全国 27 个省会城市中仅居第 18 位，而且在西部省会中落后于成都、西安和昆明；2016 年，南宁市高技术产业完成产值 662.88 亿元，占规模以上工业总产值的比重为 18.74%，虽高于全国 13.73% 的平均值，但与北京、上海、深圳、天津、苏州、广州、杭州、武汉、厦门、西安等综合创新型生态城市全国排名前十位[180]相比差距甚远。

10.3 南宁市战略性新兴产业发展的机遇和挑战

10.3.1 发展机遇

10.3.1.1 国际金融危机引发新产业革命

2008 年国际金融危机催生了以低碳经济为代表的新技术革命，主要发达国家如美国、英国、德国、日本等近几年共同选择了节能环保、新能源、新材料、生物、新兴信息产业等作为优先发展的战略性新兴产业[181]。从国内情况看，在国家将节能环保、新一代信息技术、生物、高端装备制造、新能源、新材料、新能源汽车七大产业列为重点扶持对象的战略部署下，各省市高度重视战略性新兴产业发展，相继出台了促进新兴产业爆发式增长的政策规划和工作意见。在此背景下，南宁市应深刻领会和牢牢把握国家“十三五”战略性新兴产业政策导向，抓住世界第三次工业革命[182]正如火如荼展开以及2017年以来全球经济呈现复苏迹象的机遇，在巩固传统产业优势的同时，通过大项目立项的方式积极引进、消化、吸收国际先进技术，加快其在本地的产业化、商业化进程，与加强自主创新力度并举，促进战略性新兴产业尽快形成重点明晰、多点开花的新局面，成为南宁市未来新的经济增长点和科技发展的制高点。

10.3.1.2 战略性新兴产业发展的技术条件日趋成熟

此番全球新兴产业的兴起，是基于新兴领域若干重大技术的更迭演进和产业化进程而发展起来的。人工智能、大规模集成电路和存储器芯片、大数据、物联网、云计算等新兴信息领域已成为全球信息产业新的竞争焦点。生物技术在功能基因组、蛋白质组、干细胞、生物芯片、转基因生物育种、动植物生物反应器等医药、农业和新能源领域已取得重大突破，进入大规模产业化阶段。风能、太阳能、核能、生物质能源、地热能等新能源在一次性能源消费结构中的占比稳步攀升。纯电动、混合动力、氢动力等新能源汽车产业化进程伴随着全球各主要国家需求爆点日益临近而加快推进。世界新材料产业呈现出专业化、复合化、精细化发展趋势，如稀土材料的应用领域已渗透到新能源、新能源汽车、节能环保、国防军工等方方面面，品种和规格已逾万种[183]，高性能铝合金、高品质特殊钢等高端金属结构材料需求坚挺，石墨烯前沿材料产业化获得突破性进展，新能源材料、新型建筑材料、生物质材料等其他新型材料层出不穷。从技术基础看，南宁市在新能源、新材料、生物医药、电子信息、节能环保、高端装备制造、新能源汽车等战略性新兴产业的部分细分领域上技术较为先进或成熟，并正加速进入规模化生产阶段；即使一些领域的技术水平相对落后，也可引进国内外先进技术、设备和资金，发挥“学习效应”和技术性、制度性后发优势，实现跨越发展。

10.3.1.3 全球能源危机催生战略性新兴产业巨大潜在市场

在世界各国出台应对国际金融危机、振兴经济的计划措施中，发达国家、新兴工业国家和发展中大国都将新能源和低碳经济作为新一轮工业革命的引擎。原因在于，新能源产业的崛起将引起电力、IT、建筑、汽车、新材料、通信、信息技术及服务等多个产业的重大变革和深度裂变，并催生一系列新兴产业市场。新能源产业对其他产业发展的直接拉动作用表现为多个方面：一是拉动新能源及新能源汽车上游产业如风电制造、光伏组件、多晶硅深加工、锂钴等一系列设备制造业和资源采掘、加工业的发展；二是促进智能电网、各类新能源汽车及相关配套等一系列输送与用能产业链的开发与发展；三是推动低碳节能建筑和分布式光伏发电建筑的发展。鉴于以新能源为核心的众多新兴产业领域存在的潜在巨大市场空间，南宁市应充分发挥自身固有的可再生能源资源优势，尽快形成规模化、产业化发展格局，并通过政府产业政策合理引导社会投资和消费导向，为战略性新兴产业链的延伸和产业集聚创造市场需求条件。

10.3.1.4 国家重大战略部署有利于战略性新兴产业培育壮大

"十二五"以来，南宁市战略性新兴产业发展面临较好的宏观政策条件。首先，2010 年 10 月国务院通过《加快培育和发展战略性新兴产业的决定》(国发〔2010〕32 号)，2016 年 11 月又发布了《"十三五"国家战略性新兴产业发展规划》(国发〔2016〕67 号)，提出要进一步发展壮大新一代信息技术、高端装备、新材料、生物、新能源汽车、新能源、节能环保、数字创意等战略性新兴产业，到 2020 年战略性新兴产业增加值将占国内生产总值比重达到 15%，形成新一代信息技术、高端制造、生物、绿色低碳、数字创意等 5 个产值规模 10 万亿元级的新支柱，到 2030 年战略性新兴产业发展成为推动我国经济持续健康发展的主导力量；[①] 在此基础上，广西发展和改革委员会于 2016 年 9 月出台了《广西战略性新兴产业发展"十三五"规划(2016～2020)》[②]，明确了相关产业的区内发展规划细则，这为南宁市确定战略性新兴产业的战略定位、战略目标、战略重点、战略路径指明了方向；南宁市人民政府 2013 年 8 月也颁布了《南宁市战略性新兴产业发展规划（2013～2020 年)》，将生物、新一代信息技术、新能源、新材料、节能环保、先进装

---

① 国务院关于印发"十三五"国家战略性新兴产业发展规划的通知［EB/OL］. http：//www.gov.cn/。

② 广西发展和改革委员会. 广西战略性新兴产业发展"十三五"规划（2016－2020）［EB/OL］. http：//www.gxdrc.gov.cn/zwgk/zcjd/201609/t20160929_697175.html。

备制造产业列为重点发展方向。其次，2008 年 1 月国务院批准实施《广西北部湾经济区发展规划》进一步突显了北部湾区位优势和发展潜力，2009 年 12 月又发布了《进一步促进广西经济社会发展的若干意见》支持广西建设一批重大产业、交通、能源、水利、生态环保和社会事业等项目，再加上 2014 年 7 月批复的《珠江—西江经济带发展规划》以及 2017 年 2 月批复的《北部湾城市群发展规划》，南宁市作为广西首府和北部湾区域中心城市，将是上述政策叠加效应的最大直接受益者，若能充分利用好这些国策所带来的重大历史发展机遇，战略性新兴产业未来前景可期。三是 2010 年中国—东盟自由贸易区正式建成、中国—东盟博览会永久落户南宁以及“一带一路”和 CAFTA 升级版建设，使南宁市成为中国与东盟双向交流的重要枢纽城市和前沿对接城市，这利于战略性新兴产业聚集融汇多元化的人流、物流、资金流、信息流，也是国内外新兴产业技术交流和产品展示的重要平台。四是国家启动新一轮西部大开发，在战略性新兴产业的布局发展上也会向西部后发地区作适当倾斜，南宁市凭借突出的区位优势、快速跃升的综合经济实力和城市知名度，将成为西部地区战略性新兴产业以点带面发展的战略新高地。

10.3.2 面临挑战

10.3.2.1 国内某些战略性新兴产业领域存在产能过剩倾向

从发达国家的发展经验来看，新兴产业的重要来源是在原有高新技术上的技术深化和产业化的深化。然而，国内情况却大相径庭。在国务院确定战略性新兴产业重点领域之后，全国各地立即掀起了一轮新兴产业发展大潮，呈现出一哄而上、产业雷同的趋势，其结果必然是造成新的产能过剩和资源浪费。近些年我国光伏企业经营陷入困境和大量破产就是此中典型，2001 年无锡尚德太阳能电力有限公司成立开启了我国光伏产业作为新能源产业的商业化进程，但在短暂辉煌之后，由于各地竞相上马新项目，很快招致产能过剩，再加上发达经济体增长迟滞抑制市场需求、欧美“双反调查”以及多晶硅长单高价导致的后遗症，无锡尚德作为行业标杆于 2013 年宣告破产重整，海润、中电、东营等上市企业濒临破产退市，英利、汉能等企业大幅亏损，整个产业短期内很难走出困境。因此，南宁市若不根据自身经济和科技基础、资源禀赋、市场需求等因素，作出恰当的战略性新兴产业重点发展领域选择，而是盲目投资、贪大求全，不仅无法在未来激烈的国内市场竞争中立足，也会因资源错配而使原有的工业优势丧失殆尽。

10.3.2.2 高层次科技人才和创新团队稀缺

目前，南宁市高层次科技人才和创新团队的缺乏，对战略性新兴产业的发展形成了较大制约。具体表现在以下几个方面：

（1）科技人才队伍总量不足，竞争能力不强。据统计，2015 年南宁市规模以上工业企业研发人员数为 4382 人，占工业全部从业人员数的 1.83%，居广西之首，但远低于全国 2.73% 的平均水平，难以形成有持续力且高效的本地企业内部高层次创新团队；有研发活动的规模以上企业占比为 14.49%，有科技机构的企业占比为 9.69%，也都显著低于全国 19.2% 和 16.43% 的平均水平；R&D 支出占主营业务收入的比重只有 0.59%，而全国的平均水平为 0.9%，差距十分明显（见表 10.5）。

表 10.5　2015 年南宁市规模以上工业企业 R&D 机构、人员状况及比较

地区	有 R&D 活动企业占比（%）	科技机构（个）	有科技机构企业占比（%）	研究人员（万人）	研究人员占全部从业人员比重（%）	R&D 支出（亿元）	R&D 支出占主营业务收入比重（%）
南宁	14.49	89	9.69	0.44	1.83	13.02	0.59
广西	14.61	234	4.24	1.19	0.71	76.92	0.38
全国	19.20	62954	16.43	266.8	2.73	10013.90	0.90

资料来源：根据《南宁统计年鉴（2016）》《广西统计年鉴（2016）》《中国统计年鉴（2016）》的相关数据计算而得。

（2）人才分布结构失衡。诚然，近年来南宁市科研人才数量增长较快，2015 年全市科学研究和技术服务业有从业人员为 36941 人，占本市全部从业人员的 3.85%，高于全国 2.27% 的平均水平；其中专属从事研发的为 7052 人，占本产业从业人员的 19.09%，也高于全国 10.62% 的比例。但应看到，南宁市现有 20.37 万专业技术人员中，81.87% 集中在教育、卫生、文化等社会公共服务领域，工业企业专业技术人员尤其是高层次科技人才所占比例很低，对一线创新团队构建及关键技术、新产品开发极为不利。高校方面，2015 年南宁市高等教育从业人员为 19686 人，占全市教育从业人员总数的 18.15%，高于全国 15.27% 的占比，这得益于南宁市作为首府的地缘优势集中了广西大部分高等院校；但从人才质量上看，迄今为止尚未培养出一名本地院士，广西大学作为南宁市也是广西唯一一所“211 工程”高校，现有的 1 名全职院士和 5 名双聘院士实际均为外请，难以满足南宁市战略性新兴产业重大科技攻关项目对大量高层次科研人才及创新团队的需求。

（3）人才使用制度不尽合理。“学而优则仕”现象比较普遍，“官本位”观念严重影响了科技人才在学术领域的发展和第一线专业技术骨干队伍的稳定，创新队伍断层问题较为突出。

（4）人才吸引和承载能力亟待提高。当前南宁市战略性新兴产业规模仍较小、层次不高，且南宁市又位于西部后发地区，经济基础薄弱，人均收入水平在全国省会城市里偏低，对高层次创新人才缺乏吸引力。2015 年，南宁市地区生产总值为 3410.07 亿元，在全国 27 个省会城市中位居第 18 位，而且整个“十二五”期间这一位次无任何变动；人均生产总值为 49066 元，“十二五”期间位列各省会城市排名之末；城镇居民人均可支配收入为 29106 元，位列各省会城市第 17 位。由于南宁市经济、产业条件不佳，导致近年来“引智入邕”政策效果并不明显，同时本地高层次人才流失问题也一直存在，战略性新兴产业未呈现规模化的人才聚集效应，成为产业未来向纵深化、高精尖方向发展的重大桎梏。

10.3.2.3 多元化的投融资机制尚未形成

尽管近几年南宁市对战略性新兴产业的科技投入有了很大水平的提高，但仍存在总量不足、结构不合理的问题。

（1）企业对战略性新兴产业项目的投资意愿不强。由于战略性新兴产业项目需要大量的资金投入，投资风险较大，南宁市大多企业受制于自身规模和资金实力，不愿涉险投入。例如，生物医药产业是南宁高新区的主导产业，其中不乏一些优质企业，有的曾经或正在进行如胃癌、艾滋病等生物疫苗的研制工作，但疫苗的研制及其三期临床中试是一个长期且充满不确定性的过程，所需资金量无异于巨大“黑洞”，单凭企业自身资金能力难以为继，从而延缓了研制进程，有的项目甚至因无法得到继续融资而不得不半途而废。

（2）企业 IPO 融资难。截至 2017 年底，南宁市有境内上市公司 13 家，包括阳光股份、南宁糖业、南宁百货、桂冠电力、*ST 南化、五洲交通、皇氏集团、八菱科技、百洋股份、博世科、广西广电、绿城水务、丰林集团，仅占全国上市企业总量的 0.36%，上市企业通过资本市场累计股权融资 365.63 亿元；新三板挂牌企业 24 家，占全国新三板挂牌企业总数的 0.21%，累计股权融资 4.92 亿元。[①] 尽管近几年南宁市各级政府对首次公开募股（initial public offerings，IPO）支持实体经济发展的问题有所重视，目前全市上市后备企业共 141 家（包括在自治区备案、新三板拟挂牌企业），但与发达省会及多数中西部省会相比，目前在 IPO 上市企业数量、股权融资金额及市值上的差距巨大。根据 Wind 数据，截至 2016 年底，A 股 3000 多家上市公司中，以北京、上海、深圳、杭州、广州等为首的中国最具实力 20 大城市汇聚了 1600 家上市公司，超过 A 股总数的一半，战略性新兴产业领域的 A 股绝大多数上市公司也分布于这些城市（见表 10.6）。而南宁市目前真正意义上隶属于战略性新兴产业的上市公司只有博世科一家企业，九成上市公司均出自于传统产业，严重制约了本地高新技术企业对科研投入的大量资金需求、新技术和新产品的自主研发创新能力以及对国内外高端人才的吸引力，对战略性新兴产业成长产生明显的抑制作用。

表 10.6　　2016 年中国最具实力的 20 大城市 A 股上市公司概况

城市	上市公司数量	总市值（亿元）
北京	282	153571
上海	236	56247
深圳	232	48694
杭州	93	15129
广州	78	13764

① 南宁已有 15 家上市企业　今后将推动企业上市挂牌 [EB/OL]. http://gx.sina.com.cn/news/nn/2017-10-14。

续表

城市	上市公司数量	总市值（亿元）
成都	64	7392
南京	60	10750
苏州	54	5166
武汉	52	6373
宁波	48	5855
天津	45	5572
长沙	45	5356
重庆	43	6870
厦门	37	3102
合肥	34	4059
西安	33	5658
乌鲁木齐	31	4751
福州	31	6949
绍兴	31	3916
汕头	27	2584

资料来源：Wind 资讯，最具实力的中国 20 大城市：聚集 A 股超一半上市公司［EB/OL］. http：//news. hexun. com/2017 -01 -13/187727246. html。

（3）风险资本严重缺乏。由于政府的资金投入有限，金融体系欠发达，而民间资本相对不够活跃，再加上具有广阔“蓝海”市场前景的新兴技术和产品本身较为稀缺，难以吸引国内外大型创投基金的目光，从而导致南宁市战略性新兴产业风险资金的来源渠道与北京、上海、深圳、广州、杭州等创新型城市相比相当狭窄，创业资本缺口很大。

（4）产学研合作经费投入不足。战略性新兴产业的产学研合作经费主要来自于政府和企业两个方面，目前南宁市无论是政府投入还是企业投入都明显不足。虽然南宁市人民政府早在 2009 年就已出台了《南宁市政产学研合作机制的意见》，明确加大政府专项资金引导力度，设立科技专项资金用于推动政产学研合作；[①] 2012 年 11 月又出台了《南宁市战略性新兴产业发展专项资金管理暂行办法》，提出采取财政补助、贷款贴息、以奖代补、阶段参股等专项资金方式，用于支持本市重点发展的生物、新一代信息技术、新能源、新材料、节能环保、先进装备制造业等战略性新兴产业。[②] 但从实际运作层面上看，南宁市针对战略性新兴产业的产学研合作引导基金、中试风险补偿基金和产学研合作奖励机制并未系统和充分，导致战略性新兴产业的产学研长效合作机制无法形成。而企业因自身现金流不充裕又无法保证得到持续外部融资和政府奖励，在产学研合作方面的积极性及投入显然也不足。

（5）产权市场交易体量偏小。南宁市产权交易市场主要是广西北部湾股权交易所和南宁股权交易中心。截至 2017 年 12 月末，广西北部湾股权交易所挂牌及托管企业 1271 家，累计融资 4.68 亿元；[③] 南宁股权交易中心挂牌及托管企业 1387 家，累计融资 4.35 亿元。[④] 从上述数据看，南宁市产权交易市场的挂牌及托管企业数量、股权融资金额与发达省会城市如广州、杭州、石家庄等相比差距悬殊。例如，广州股权交易中心现累计挂牌、展示企业共 7930 家，是南宁股权交易中心的 5.72 倍；实现融资和流转交易总额 1828.659 亿元，[⑤] 是南宁股权交易中心的 420.38 倍。无可否认，“十二五”以来南宁市区域性股权交易市场功能较“十一五”有明显增强，但同时仍存在战略性新兴产业领域上市和挂牌企业数量少、整体质量不高、融资金额有限、增长后劲不足等问题。

10.3.2.4 产业政策不健全，相关制度有待完善

在促进战略性新兴产业发展方面，南宁市尚未形成政策引导的合力，创新创业环境还很不完善。

---

① 南宁市人民政府．南宁市人民政府关于建立南宁市政产学研合作机制的意见［EB/OL］. http：//www.nanning.gov.cn/Government/jcxxgk/zcwj/bjwj/whfl/zxwj/200903/t20090311_67028.html。

② 南宁市人民政府．南宁市人民政府关于南宁市战略性新兴产业发展专项资金管理暂行办法的通知［EB/OL］. http：//www.nanning.gov.cn/government/jcxxgk/zcwj/nnzb/nnzb2012。

③ 广西北部湾产权交易所［EB/OL］. http：//www.bbwotc.com/。

④ 南宁股权交易中心［EB/OL］. http：//www.nnotc.cn/。

⑤ 广州股权交易中心［EB/OL］. http：//www.china-gee.com/frontpage/index.jsp。

（1）缺乏对创业风险投资的政策支持环境。由于战略性新兴产业的萌芽与形成往往是以新技术、新产品的形式以点展开，这也是新兴企业或项目经历种子期→初创期→扩张期→成熟期→重建期的过程，各阶段都充满了不确定性，为广泛吸引社会创业风险投资进入，政府出台风险投资相关政策和建立政府风险投资配套资金尤为必要。为此，参照美国等发达国家经验，我国财政部和科技部于2007年7月联合出台了《科技型中小企业创业投资引导基金管理暂行办法》（以下简称《暂行办法》），由国家设立科技型中小企业创业投资引导基金，专项用于引导创业投资机构向初创期科技型中小企业投资，由此吸引了大量的社会资本投向科技型中小企业扶植其发展壮大。截至2015年底，全国创业风险投资机构累计投资项目数达到17376项，其中投资高新技术企业项目数8047项，占比46.3%；累计投资金额为3361.2亿元，其中投资高新技术企业金额1493.1亿元，占比44.4%。[①] 与此同时，该国家层面的《暂行办法》还起到示范作用，加速推动了各地政策性创业风险投资的设立和风险投资市场的活跃。例如，重庆市2008年出台了《重庆市人民政府关于鼓励股权投资类企业发展的意见》，长沙市政府2011年出台了《关于鼓励股权投资类企业发展暂行办法》，湖北省政府2011年出台了《关于促进股权投资类企业发展的若干意见》，厦门市2014年出台了《厦门市人民政府关于促进股权投资类企业发展的若干规定》，等等。而南宁市政府迄今为止仍未出台任何一部有关促进创业风险投资事业发展的专门政策性文件和法规，使得创业风险投资及管理无具体的地方性政策支持和配合，甚至在涉及具体企业运作时发生扯皮现象。例如，风险投资机构对某些企业新兴产业项目有投资意向，但涉及具体出资时，因种子期、初创期项目风险巨大，风险投资机构往往会以政府的相关配套资金先到位为出资的风向标和先决条件，但当企业向政府申请相应配套资金时，相关部门却以风险投资不到位为由，拒绝先行拨付配套资金，而政府不拨款则风险投资机构也就望而却步，这非常不利于国内外风险投资资本深度助力南宁市战略性新兴产业发展。

---

① 中国创业风险投资统计分析［EB/OL］. http：//www. stdaily. com/kjzc/jiedu/2017－09/07/content_575273. shtml。

（2）股权交易制度不完善。据了解，由于国内 IPO 门槛较高，南宁市中小高新技术企业获取融资的主要来源是企业自筹和国内创业风险投资机构，资本退出方式比较集中地表现为股份转让。但如前所述，作为区域小额资本市场的南宁股权交易中心和广西北部湾股权交易所由于产权交易功能定位不清晰、各地产权市场行政分割、交易品种创新匮乏等原因，导致其运行机制效率较低、交投不活跃，尤其是交割标的绝大部分集中于房地产业、批发和零售业、租赁和商业服务业、住宿和餐饮业、交通运输和仓储业、居民服务和修理业、水利环境和公共设施业管理业等传统产业领域，真正交割的战略性新兴产业标的凤毛麟角。因此，南宁市在短期内未达到 IPO、新三板登陆条件的高新技术企业想要获得创业风险投资，而股权退出机制又不顺畅，将大大降低对风险资本的吸引力。

（3）对促进战略性新兴产业发展的财税扶持力度较弱。在市场不完全性下，战略性新兴产业的发展不能完全依靠市场的自发行为，需要政府的科学引导和组织，但南宁市在这方面缺乏财政、税收优惠等方面的政策倾斜，对企业和社会资本加大对战略性新兴产业的科技投入无法起到有效的示范和导向作用。反观世界发达的创新型国家，美国对企业当年发生的研发费用超过基准值的部分，实行 20% 的应纳税额直接抵免；日本规定企业研发费用超过 1966 年以来的研发费用支出最多的一年的部分，其 15% 可直接抵免税额，但抵免额最多不超过应纳税额的 12% 或 14%；英国对大企业的研发投入实行 125% 的税前抵扣，对年营业额少于 2500 万英镑但每年研发费用超过 5 万英镑的中小企业实行 150% 的税前抵扣，而尚未盈利的中小企业的研发投入可预先申报税收减免并获得相当于研发费用 24% 的资金返还。在这方面，虽然我国国家税务总局于 2008 年出台了《企业研究开发费用税前扣除管理办法》，财政部联合国家税务总局 2013 年出台了《关于研究开发费用税前加计扣除有关政策问题的通知》，2015 年财政部、国家税务总局、科技部又联合出台了《关于完善研究开发费用税前加计扣除政策的通知》、国家税务总局出台了《关于企业研究开发费用税前加计扣除政策有关问题的公告》，2017 年国家税务总局再次出台了《关于研发费用税前加计扣除归集范围有关问题的公告》，但在实际执行中，南宁市高新技术企业可得到税收减免的比例仍然较低。同时，在对战略性新兴产业的直接财政科技投入方面，南宁市力度也明显偏弱。2016 年，我国财政科技支出达 7760.7 亿元，科技拨款占财政拨款比重为 4.13%；① 而南宁市财政安排科学技术研究与开发经费用于支持产业技术进步和转型升级仅为 1.88 亿元，只占本级财政支出 587.07 亿元的 0.32%，大大落后于全国平均水平，对引导和扶持战略性新兴产业发展十分不利。

10.4 南宁市新兴产业发展的战略选择及实施对策

10.4.1 发展战略选择

SWOT 分析（SWOT analysis）是企业战略制定、竞争对手分析常用的一种重要研究方法，最早由美国旧金山大学的管理学教授韦里克（H. Weihrich）[184] 于 20 世纪 80 年代初提出。用 SWOT 模型进行选择分析，即将与研究对象密切相关的各种主要内部优势因素（strengths）、弱点因素（weaknesses）、机会因素（opportunities）和威胁因素（threats），通过调查罗列出来，并依照一定的次序按矩阵形式排列起来，然后运用系统分析的思想，把各种因素相互匹配起来加以分析，从中得出一系列相应的战略选择结论或对策。本研究通过对南宁市战略性新兴产业进行 SWOT 分析，依据其存在的关键优势、劣势以及面临的主要机会和挑战，得出相应的发展战略，包括 SO 战略（最大与最大战略）、ST 战略（最大与最小战略）、WO 战略（最小与最大战略）及 WT（最小与最小战略）（如图 10.2 所示）。

① 陆娅楠．我国研发投入再创新高［N］．人民日报，2017-12-11。

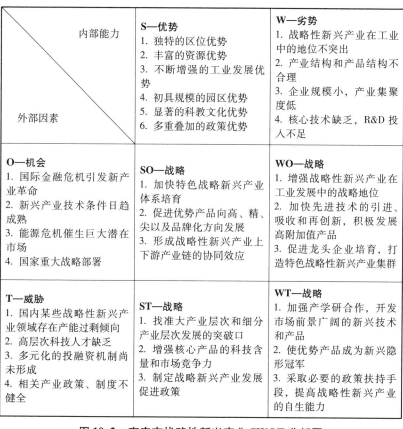

内部能力 / 外部因素	**S—优势** 1. 独特的区位优势 2. 丰富的资源优势 3. 不断增强的工业发展优势 4. 初具规模的园区优势 5. 显著的科教文化优势 6. 多重叠加的政策优势	**W—劣势** 1. 战略性新兴产业在工业中的地位不突出 2. 产业结构和产品结构不合理 3. 企业规模小，产业集聚度低 4. 核心技术缺乏，R&D 投入不足
O—机会 1. 国际金融危机引发新产业革命 2. 新兴产业技术条件日趋成熟 3. 能源危机催生巨大潜在市场 4. 国家重大战略部署	**SO—战略** 1. 加快特色战略新兴产业体系培育 2. 促进优势产品向高、精、尖以及品牌化方向发展 3. 形成战略性新兴产业上下游产业链的协同效应	**WO—战略** 1. 增强战略性新兴产业在工业发展中的战略地位 2. 加快先进技术的引进、吸收和再创新，积极发展高附加值产品 3. 促进龙头企业培育，打造特色战略性新兴产业集群
T—威胁 1. 国内某些战略性新兴产业领域存在产能过剩倾向 2. 高层次科技人才缺乏 3. 多元化的投融资机制尚未形成 4. 相关产业政策、制度不健全	**ST—战略** 1. 找准大产业层次和细分产业层次发展的突破口 2. 增强核心产品的科技含量和市场竞争力 3. 制定战略新兴产业发展促进政策	**WT—战略** 1. 加强产学研合作，开发市场前景广阔的新兴技术和产品 2. 使优势产品成为新兴隐形冠军 3. 采取必要的政策扶持手段，提高战略性新兴产业的自生能力

图 10.2 南宁市战略性新兴产业 SWOT 分析图

10.4.1.1 SO 战略（最大与最大战略）

（1）充分发挥南宁既有的区位优势、资源优势、工业基础优势、园区优势、科教文化优势和政策优势，加快特色战略性新兴产业体系培育。南宁市地处西部后发区域，地区综合经济实力不强，产业基础尤其是工业基础较薄弱，资金、技术、人力资本储备有限，这些客观条件决定了南宁市发展战略性新兴产业必须坚持“有所为、有所不为”，充分利用现有的各种资源、产业优势做到扬长避短、因地制宜地构建有利于促进本地未来经济新周期形成的特色战略性新兴产业体系。与《“十三五”国家战略性新兴产业发展规划》和《广西战略性新兴产业发展“十三五”规划》相衔接，以《广西战略性新兴产业发展“十三五”规划》中提出的“规划建设南宁新兴产业核心增长极”为核心，重点发展“新一代信息技术、智能装备制造、大健康、新材料、新能源汽车”产业[①]。具体而言，新一代信息技术产业应在以商用高端芯片为代表的新型电子元器件、大数据、云计算、物联网、跨境电子商务、5G、人工智能等领域加紧布局；智能装备制造产业主攻发展工业机器人、数控高端装备、轨道交通装备、信息化基础制造装备及集成制造系统；大健康产业重在开发特色中药和功能保健品、特效化学药、重大疾病疫苗、基因诊断和治疗等生物制品和制剂、移动医疗器械等；新材料产业专攻高性能、多用途铝合金型材，布局锂离子电池和高能储氢材料，加快石墨烯制品产业化，加强研制和积极推广新型绿色低碳建材技术和产品；新能源汽车产业继续在铝制新能源客车（包括 LNG、混动、纯电动和氢能源电池）、纯电动功能型专用车（包括物流车、环卫车、巡逻车、特种车等）等领域加速推进，伺机向纯电动卡车（槽罐车、挂车）延伸，加紧与国内外强势车企合作开发新能源轿乘产品。

（2）促进优势产品向高、精、尖以及品牌化方向发展，积极开拓国内外市场。正如前述，南宁市战略性新兴产业中正在形成一些代表性“拳头”产品，如南南铝的高性能铝合金板带型材、源正新能源客车、南南铝与中国中车合作的先进轨道交通装备、博世科的环保设备及技术服务等，这些产品有的已进入跨国公司全球供应体系或正在形成国际竞争力，如南南铝高端铝型材已供货波音、空客、苹果、三星、特斯拉、宝马等国际知名巨头，南宁市这类企业未来应以全球下游或终端市场需求为导向进行关键模块或集成产品的开发，在国际市场竞争中逐渐形成异质性竞争优势，锻造国际品牌，并在国内市场占据相当份额和攫取定价权。南宁市战略性新兴产业目前面临的最大问题是类似于南南铝、博世科这样的优质企业太少，今后应以上述优质企业为标杆，紧沿全球新兴产业技术创新路径，在各战略性新兴产业布局上切实避免低端产业链环节的重复建设，集中核心资源促进相对优势企业向高、精、尖方向迈进，实现以点突破带动整体产业提档升级。

（3）利用产业之间的市场关联和技术关联，形成战略性新兴产业链上下

---

① 广西发展和改革委员会．广西战略性新兴产业发展“十三五”规划（2016－2020）［EB/OL］．http：//www．gxdrc．gov．cn/zwgk/zcjd/201609/t20160929_697175．html。

游间或不同产业链间的协同效应。众所周知，当今美国集聚了世界上最优秀的高科技企业，分布于互联网及信息、智能高端装备、生命科学及医疗、新材料等新兴产业领域，每个产业内部都有若干核心大企业及其供应商，这些大企业与供应商之间存在着双向选择的关系，大企业之间、供应商之间也是既竞争又合作。例如，苹果、微软、谷歌、IBM、亚马逊等巨头在终端电子产品、互联网应用、大数据、云计算、人工智能等领域就是合作竞争关系，通过基础、应用研发博弈以及各种公开协议或默契协作，共同增进美国在新一代互联网时代的全球霸主地位。同时，美国在同一高科技产业链的上下游之间也以协同发展态势强有力地维护本国在该产业上的技术领先地位。例如，苹果通过采取自行研发芯片或转换芯片供应商的策略，不断与其芯片供应商高通、英特尔进行技术、价格斡旋，共同强化美国在移动智能终端电子产品处理器芯片上的绝对技术优势；波音与其国内飞机发动机供应商通用电气也保持了数十年的协作关系，彼此促进，其目前最新型号的梦幻客机采用了通用电气的 GEnx 和英国罗尔斯·罗伊斯的 Trent1000 型发动机，两个厂商的 787 发动机与飞机主体有着相同的标准接口，方便客户进行发动机互换。由此可知，产业链不同节点间或不同产业链间形成协同效应对于一个国家或地区高科技产业持续创新发展意义重大。目前南宁市战略性新兴产业中也产生了一定的协同效应，如南南铝与广西源正、南宁富士康、南宁中车之间已通过市场和技术关联形成强强协作关系，当下应将这种不同产业链间以及同一产业链内不同节点间的成功协作经验在更多战略性新兴产业中进行复制推广，坚持市场导向和技术关联原则，以现有企业自行切入或招商引资方式拉长新兴产业合作链，不断构筑南宁市战略性新兴产业的整体创新持续力和竞争优势。

10.4.1.2 ST 战略（最大与最小战略）

（1）根据产业基础条件，找准战略性新兴产业发展的大产业层次和细分产业层次的突破口。根据南宁市人民政府 2013 年 8 月发布的《南宁市战略性新兴产业发展规划（2013～2020 年）》[①] 和 2016 年 12 月发布的《南宁市工

① 南宁市人民政府办公厅关于印发南宁市战略性新兴产业发展规划的通知（南府办〔2013〕116 号）[EB/OL]. http://www.nanning.gov.cn/。

业和信息化发展“十三五”规划》[①]，对战略性新兴产业发展的大产业层次已有所部署，与国家、广西“十三五”战略性新兴产业产业发展领域大体一致。但正如前所言，南宁市发展战略性新兴产业的关键资源总体上看相对发达地区而言较为稀缺，不足以支撑“大而全，小而全”的发展模式，必须分阶段、分步骤突出产业发展重点，集中优势资源率先崛起，而后利用不断积累的人、财、物等核心资源以及工业、经济、社会基础条件，循序渐进地拓展新兴产业的发展领域和层次，逐渐形成与国家乃至世界接轨的战略性新兴产业体系。综合考虑当前南宁市高新技术产业发展基础以及全球新兴产业市场需求趋势，近阶段南宁市最有可能取得突破性规模发展的战略性新兴产业是新材料、先进装备制造、新能源汽车和环保产业。

新材料产业重中之重是以南南铝为核心，扩大高性能铝合金对接航空、新能源汽车、高端电子产品等下游新兴领域的产业应用规模。同时，石墨烯作为目前已知最薄、强度最大、导电导热性能最强的一种新型纳米材料，在航天军工、超级计算机、柔性显示屏、互联网、半导体器件、太阳能电池、新能源汽车、塑料等众多领域未来的应用空间十分巨大，我国已将石墨烯列为重要战略前沿材料，而广西大学可再生能源材料协同创新中心已研制成功了目前世界上唯一大批量生产粉体石墨烯的方法——中心三维石墨烯专利技术，2016 年 12 月 7 日由该中心起草的《石墨烯三维构造粉体材料的检测与表征方法》《石墨烯三维构造粉体材料名词术语和定义》《石墨烯三维构造粉体材料生产用聚合物》《石墨烯三维构造粉体材料生产技术》《石墨烯三维构造粉体材料生产用高温反应炉的设计规范》成为广西石墨烯系列地方标准，[②]这也是全国首个石墨烯地方标准，当前南宁市应积极支持广西大学可再生能源材料协同创新中心促进石墨烯国家标准正式形成，在石墨烯产业化爆发的临界点先拔头筹。

先进装备制造业要进一步发挥南宁中车轨道交通装备有限公司、南宁中车铝材精密加工有限公司与南南铝三家公司的强强联合优势，重点发展地铁、

① 南宁市人民政府办公厅关于印发南宁市工业和信息化发展“十三五”规划的通知（南府办〔2016〕84 号）［EB/OL］. http：//www. nanning. gov. cn。

② 广西率先发布石墨烯系列地方标准　规范产业发展［EB/OL］. http：//news. gxnews. com. cn/staticpages/20161207/newgx58480e37 －15762331. shtml。

高铁及关键零部件和材料，并向城轨、物流车、全铝合金客车和新能源汽车车身等领域全面布局，在继续优化本地闭环产业链的同时，利用南宁中车作为西南地区首家具备轨道交通装备整车制造资质的独特地位，打造出“南宁轨道交通制造”名片，积极开拓国内市场，拓展东盟等海外市场，力争使南宁市成为西南地区国际化轨道交通装备重要制造基地。

南宁新能源汽车的发展之路可称之为拔地而起，自 2014 年底广西源正新能源汽车有限公司落户南宁、2015 年南宁源正全铝车身新能源汽车生产基地建成投产后，其生产的新能源客车及纯电动功能型专用汽车凭借出色的外观和质量，迅速获得了来自全国各地的大量订单，业务还延伸至中国香港地区、东盟和欧洲等境外市场。根据最新动态，2017 年 6 月广西源正已被上海申龙客车有限公司全资收购，虽然表面上看这一消息对南宁市不算利好，从实质而言却是有所裨益的，因为广西源正本就是外地公司即深圳市源政投资发展有限公司和珠海广通集团旗下珠海九龙鹏宇汽车有限公司在南宁市合资注册的企业，此番被上海申龙并购只是更换了大股东，整个公司经营仍然以南宁市为基地，而且上海申龙作为我国客车销量排名第九位以及新能源客车销量排名第七位的老牌厂商，其在大型客车、公交车上的技术积累深厚，在新能源客车上也较早布局，此番并购广西源正旨在新能源客车端继续发力，计划短期内投放 30 多款新能源车型。截至 2017 年 8 月，广西源正已获得新能源公交车订单 786 辆，总价值达 7.86 亿元，同比分别增长 260% 和 266%，其中全国最大的外资巴士企业白马集团旗下公交企业的订单占全部订单数的七成以上，包括白马集团广州公交车订单 440 辆，乌鲁木齐公交车订单 120 辆。[①] 由此可知，广西源正新能源客车在国内市场上已获得大客户认可。鉴于全球范围新能源汽车发展势不可当，以荷兰、挪威、德国、法国、英国为代表的欧洲多国已先后列出了禁售汽油、柴油内燃机车的时间表，最早 2025 年、最迟 2040 年，而传统客车因排碳量大而被新能源客车取代的实际市场步伐比轿车、乘用车更快、更明显。因此，南宁市新能源汽车产业应立足于新能源客车，大力引入更多国内外新能源汽车强势企业和核心零部件模块供应商进驻南宁市设厂或深度参与新能源汽车产业链合作，尽快形成新能源客车

---

① 韦静．广西源正拿下 786 辆新能源公交车新订单　让“南宁造公交”走向全国［N］．南宁日报，2017－08－28。

产业集群，在将南宁新能源客车品牌做精、做深、做优、做强的基础上，再根据市场情况考虑向新能源轿乘领域发力，填补南宁市轿车产业发展的空白。

环保产业上南宁市目前可以说奠定了较好的发展基础，博世科自2015年2月登陆A股创业板后成长迅猛，在水、土壤、固体废弃物、生态修复等领域已成为区域性综合环境治理服务龙头企业，其业务覆盖环评、检测、咨询设计、研究开发、设备制造、工程建设、设施运营、投融资一体化等环保全产业链服务体系，订单数额从最初的几千万元、上亿元到现今的近百亿元，而且来自政府的PPP订单充裕，使其业绩增长趋势明显。根据东方财富网博世科发布的2017年3季报显示，1～9月该公司已中标或已签订的合同额累计达到51.40亿元，是2016年营业收入的6.2倍；实现营业收入9.22亿元，同比增长61.6%；实现归属上市公司股东净利润8274万元，同比增长108.5%，在环保工程行业上市的44家公司中排名第26位，特别是净利润增长率远高于营业收入增长率且较2016年同比翻番，表明该公司服务质量得到客户认可，定价权提升；净资产收益率（ROE）为7.96%，行业排名第16位。习近平总书记指出“绿水青山就是金山银山”，《“十三五”国家战略性新兴产业发展规划》提出“到2020年我国先进环保产业产值规模力争超过2万亿元”，加之自2018年1月1日起我国正式开征环保税，这些都昭示着环保产业有着非常广阔的发展前景。在此历史机遇下，南宁市应进一步加大对博世科的政府扶持力度，通过政府PPP订单和促进环保需求方与博世科之间的顺利对接以及依靠博世科自身的内生性发展，使博世科业务量持续保持高速增长，力争从区域性环保龙头上升为国家级环保龙头，再发挥龙头企业在知识、技术和项目管理经验上的扩散效应，带动一批相关企业的成长，使先进环保产业成为未来南宁市战略性新兴产业中的主导产业。

（2）增强核心产品的科技含量和市场竞争力，打造多元化的销售渠道。如前所述，南宁市R&D支出占全市GDP的比重只有0.94%，大大低于全国平均水平，而且规模以上企业中开展创新活动的占比只有三成，从事产品创新和工艺创新的仅为两成，而战略性新兴产业形成与发展的根本动力本质上来源于创新驱动，由此不难解释南宁市战略性新兴产业迄今为止真正的本地核心企业和核心产品匮乏的背后逻辑。以电子信息产业为例，该产业是南宁市多年来寄望也致力于发展的高新技术产业，也取得了一定的发展成就，

2015 年实现产值 409.96 亿元，较 2010 年的 43.06 亿元有近 10 倍增长，但南宁富士康一家企业就贡献了 282 亿元的工业产值，占全市行业产值的 68.8%，出口额 26.6 亿美元，[①] 占全市进出口总额的近 50%，产品主要是机顶盒、路由器、平板电脑、交换机、服务器等网络通信电子产品，而这些产品基本都处于技术成熟期且以 OEM 加工为主，从中获得的产业价值增值并不高。因此，南宁市要真正体现电子信息产业的“新兴”属性，必须有效引导企业结合新一代信息技术发展趋势，将发展重心立足于自主研发创新，不能急功近利和随波逐流，要有长期坐“冷板凳”和“十年磨一剑”的战略定力，开发设计出行业关键、急需的核心技术和新产品。另一方面，面对激烈的市场竞争，“好酒也怕巷子深”，对于南宁市战略性新兴产业已经出现的一些高质量“拳头”产品，应鼓励企业利用大数据、电子商务和区外、海外设立分支销售渠道等多元方式，增强产品的定制化和适销性，体现战略性新兴产业高成长、高盈利的特征。

（3）加大对促进战略性新兴产业发展的政府直接资金支持力度，引导国内外关键技术、资金、人才、项目的加快集聚。战略性新兴产业属于技术、人才、资金密集型产业，要想取得实质性的发展成效，必须在关键资源的获取上舍得大量投入，否则政策愿景再好最终也只是事倍功半甚至难起微澜，原因在于战略性新兴产业的高技术变化往往是突变性的，发展契机稍纵即逝。因此，南宁市要想在较短时期内促进战略性新兴产业“从无到小”或“由小及大”的跨越发展，必须用好政府这只“看得见的手”，高投入方得高产出。

对此，国家在战略性新兴产业一些重大攸关领域的投资引导上已经作出相应表率。例如，针对我国芯片及集成电路短板，2014 年 9 月由中央财政、国开金融、中国烟草、亦庄国投、中国移动、上海国盛、中国电子、中国电科、紫光通信、华芯投资等共同发起成立了“国家集成电路产业投资基金”（以下简称“大基金”），这是为了有效贯彻实施 2014 年《国家集成电路产业发展推进纲要》而采取的重大举措，也是遵循新兴产业发展规律的结果。一般而言，一个行业的产业投资额应当是研发投入的 10 倍以上，如三星电子 2016 年对芯片业务的投资规模达到 260 亿美元，已经高于英特尔、台积电的

① 冯梓剑．2015 年富士康南宁科技园产值达 282 亿元［N］．南宁日报，2016－03－03。

投资总和，这使得三星2017年前三季度运营利润创历史纪录，达到百倍数以上的同比增长，首次超过苹果成为全球最能赚钱的公司，其中来自内存、闪存业务因大幅涨价而直接贡献的利润占比达到56.7%，早已将2016年因Note 7召回承受了数十亿美元损失的阴霾一扫而空。从三星案例可知，我国“大基金”的设立就是体现芯片发展作为中国国家产业重大战略而从国家层面得到的直接资金扶持。截至2017年9月20日，“大基金”累计决策投资55个项目，涉及40家集成电路企业，实际出资653亿元，达到首期计划募集资金1200亿元的将近一半，投资重点是芯片制造业，兼顾设计、封装、装备、材料，致力于完善我国集成电路产业链，由此撬动了我国集成电路产业前所未有的一轮发展热潮，并取得了初步的产业发展成效。根据中国半导体行业协会发布的报告，2016年中国集成电路产业实现销售额4335.5亿元，产业增速达到20.1%，大大高于2016年全球1.1%的增长率；尤其是晶圆制造业成为三业中增长速度最快的细分领域，达到25.1%，产业规模增至1126.9亿元，技术水平持续提升。[①] 在国家大基金的示范带动下，上海集成电路产业基金、福建省安芯产业投资基金和电子信息产业基金相继设立，在促进我国芯片和集成电路发展上逐渐形成国家与地方的合力。

现阶段南宁市与全国一样，也到了“以调结构促发展”的关键时期，战略性新兴产业能否顺利取代传统产业成为经济增长的“火车头”，须紧跟国家在战略性新兴产业上的投资引导思路，在未来具有巨大“蓝海”前景、自身又有一定资源优势和发展基础的细分产业领域，如前述的集成电路等重要电子元器件、以高性能铝合金和石墨烯为代表的新材料、节能环保、先进装备制造等产业，政府要有发展的战略雄心和定力，应效仿国家建立“大基金”的做法，在现阶段亟须突破的薄弱领域或产业“短板”，如生产线、关键设备、材料等，尽快由市政府牵头组建亿级产业直接投资基金以及采取政府专项资金直接补助关键企业或重大项目的方式，解决新兴成长产业发展中的攸关问题，并借此撬动起各类社会资本对南宁市战略性新兴成长产业链“短板”的投资热情。这里须强调的是，与其他社会基金投资不同，对战略性新兴成长产业的政府投资基金应采取市场化运作的决策机制，股东大会为

① 丁文武详解大基金［N］. 中国电子报，2017-10-23。

最高权力机构，高管和员工采取社会化聘用方式，原因在于新兴成长领域的市场机会或赶超契机稍纵即逝，如若沿用政府项目“申报 - 审批”的一般整套流程，无疑会贻误契机；另外，政府投资基金同样要以盈利为基准，但对于一些风险较高、资本回收期长、短期盈利不明朗甚至亏损的关键技术、工艺和项目，只要对南宁市战略性新兴产业发展具有战略价值，政府投资基金也应果断投资。

10.4.1.3 WO 战略（最小与最大战略）

（1）增强新兴产业在工业发展中的战略地位，提出具体的发展目标、发展方向和主要任务。尽管近些年南宁市工业发展有所提速，但从 2016 年南宁市三次产业结构来看，三次产业的比重为 10.82∶38.54∶50.64，第二产业的占比仍远低于第三产业，这尽管在一定程度上可以用南宁市作为首府且濒临东盟、我国港澳台地区，又是中国—东盟博览会的永久举办地，旅游、餐饮、住宿、商贸、金融、会展、物流等第三产业相对较为发达，但从反面来看也是第二产业发展不充分特别是工业不发达的结果；而且，按照世界工业化演变规律，并参考由中国社会科学院工业经济研究所发布的《2017 工业化蓝皮书》[185]中所显示的工业化综合指数①，广西由 2010 年的工业化中期前半阶段转入 2015 年的工业化中期后半阶段，南宁市三次产业结构演进表面上具有后工业化的特征，但并未经过工业化充分发展的阶段，实际上存在着一定的产业结构形态虚高现象。因此，南宁市“十三五”继续加快工业发展势在必行，但须注意几点：一是在具体产业发展导向上，要突出“高技术、高引领”的原则，切忌在全国产能已严重过剩且污染严重的化学、建材、造纸等传统工业上铺新摊子，而是要通过科学合理地实施供给侧结构性改革，将有限的资源汇聚到战略性新兴产业的发展刀刃上，促进其产业体量有效扩大而向新兴主导产业转化，切实提升战略性新兴产业在全市地区生产总值中所占的比重，并通过供给、需求、技术和创新关联，充分发挥对地区其他产业和

---

① 工业化水平综合指数主要通过选择人均 GDP，第一、第二、第三产业产值比，制造业产值占总商品比重，人口城市化率，第一、第二、第三产业就业比等五个指标来衡量地区工业化进程，并将整个工业化进程划分为前工业化、工业化初期、工业化中期、工业化后期和后工业化五个阶段，每一个阶段又分为前半阶段和后半阶段。

经济社会发展的扩散效应；二是战略性新兴产业发展的关键指标要有所提高，与《“十三五”国家战略性新兴产业发展规划》和《广西战略性新兴产业发展“十三五”规划（2016～2020）》一样，在《南宁市战略性新兴产业发展规划（2013～2020年）》中，也提出“到2020年战略性新兴产业增加值约占全市生产总值的9%”①，这一指标与全国、广西规划所定15%的发展目标显然偏低，故南宁市“十三五”应不遗余力地采取各项积极措施促进战略性新兴产业的加速发展，尽一切最大可能提高其在GDP中的占比，否则到“十三五”末工业发展水平相较全国而言差距可能更大；三是目前南宁市战略性新兴产业发展规划中提出的发展目标及时间、任务安排过于笼统，只提到期末目标和每一产业发展方向，在实践上不利于对标执行，为此，南宁市应在“十三五”及今后时期，将战略性新兴产业的发展方向和主要任务时间表细化到以年为计，在每一年对产业发展的重点领域、重大关键项目以及亟须突破的产业链瓶颈等任务安排落到实处完成，这样到期末战略性新兴产业总体发展目标的实现方才可能水到渠成。

（2）加快对国内外先进技术的引进、消化、吸收和再创新，发挥技术上的后发优势，积极发展高附加值产品，向产业价值链的高端环节迈进。当前，南宁市正面临产业结构转型升级的关键时期，创新驱动发展是其中的核心动力所在。但作为西部后发城市，战略性新兴产业的关键技术获取纯粹依靠自主原发创新并不现实，对国内外某些领域已经率先研发应用的先进技术进行引进、消化、吸收再到本地适宜的应用创新，不失为一条更为经济也更有利于在较短时期内获得产业发展成效的捷径。在这点上，我国高速铁路发展历程无疑是最合适的诠释。我国高速铁路从无到有、达到国际先进水平再到超越建立“中国高铁”世界品牌，经历了不过短短十年历程，虽然早在中国之前日本新干线（shinkansen of Japan）、法国TGV高铁、德国ICE高铁已称霸全球多年，但并不能阻挡中国高铁作为后起之秀通过“干中学”和学习效应的发挥形成后发创新优势而领跑世界。从国际视野看，自2008年全球金融危机催生新兴产业发展至今已经十年，在新一代信息技术、先进和智能装备制造、新材料、生物技术、节能环保、新能源、新能源汽车这些领域某些关键

① 南宁市人民政府办公厅关于印发南宁市战略性新兴产业发展规划的通知（南府办〔2013〕116号）［EB/OL］. http：//www. nanning. gov. cn/。

技术的产业应用已在全球形成扩散效应。南宁市现阶段在前面提到的近期可能实现突破性发展的有色金属和石墨烯新材料、先进装备制造、先进环保和新能源汽车产业，可利用自身已掌握的一定自主关键技术加强与世界级巨头或国内优秀领军企业的技术合作，以更好地掌握吸收最新前沿技术，再聚合技术积累开展自主设计、自主研发、自主创新，力求满足下游市场的个性化需求，创造更高的经济社会效益。同时不可否认，南宁市既往在新兴产业中规模最大的新一代信息技术、智能装备产业发展上较为薄弱，本地核心企业很少，真正拥有自主知识产权的技术和产品不多，大数据、云计算、物联网的应用主要集中于政务、安防等社会管理，在电子商务、金融、物流等商业领域的应用非常不足，人工智能尚未开始布局，另外在数控机床、高端工业机器人、集成电路设备、新能源汽车电机等这些亟须发展的智能装备或先进专用设备制造上的系统知识、技术和产品几乎空白，而南宁市“十三五”在这些领域如果再不抓紧时机加以布局发展，在高端制造业国内外竞争日趋激烈的现实背景下，工业强大将无从谈起。因此，南宁市当下从政府战略的高度必须要有像我国自主发展高速铁路的决心和勇气，在这些薄弱或几近空白但又必须突破发展的新兴产业领域，通过制定积极的产业发展政策，找准技术路线，大力引进国内外先进技术、人才，促进这些空白但又关键的战略性新兴产业尽快形成与成长。

（3）培育一批研发能力强、具有国内外市场竞争力的龙头企业，引进一批集聚效益高、带动力强的大型项目，立足现有园区打造特色战略性新兴产业集群。南宁市“十二五”期间工业发展较之以往明显提速，大企业带动是其中的最大推手，如富士康带动电子信息、南南铝带动有色金属新材料、博世科带动先进环保、南宁中车带动轨道交通装备、广西源正带动新能源汽车，正是这些大企业在不同战略性新兴产业中通过上下游配套需求和知识溢出效应带动相关企业发展，使南宁市实现了上述工业的提档升级，并产生了一定的新兴产业集聚效应。目前全市已初具雏形的战略性新兴产业集聚区主要有：南宁高新区的电子信息、先进机械装备制造、生物医药和节能环保产业集聚区，江南工业园区的电子信息和铝精深加工产业集聚区，南宁经济技术开发区的生物医药和现代服务业集聚区，邕宁新兴产业园区的高端装备制造、新能源汽车、铝业加工产业集聚区。但是，在看到这些可喜一面的同时，也应清楚地认识到，与东部地区以及部分西部地区相比，南宁市战略性新兴产业的大企业数量仍然非常不足，特别是真正掌握核心技术且市场需求巨大的大企业只有少数几家，世界500强制造企业入邕直接投资设厂也很少，这是制约南宁市战略性新兴产业进一步向规模化、高质量发展的重要瓶颈。因此，南宁市一方面应采取与国内水平平行的、具有有效激励力的产业倾斜扶持政策，如研发创新支持、人才引进支持、产业配套支持、销售收入补助、货运补贴等，鼓励现有龙头企业继续做强、做优、做大；另一方面，政府应抓住新一轮西部大开发、广西北部湾经济区、“一带一路”、CAFTA升级版、珠江—西江经济带、北部湾城市群建设的重大历史机遇，充分用好国家、广西战略性新兴产业的相关规划及产业发展政策，对有利于带动本市缺位但又极为重要的战略性新兴产业领域，认真研究、参考和借鉴国内其他城市引进战略性新兴产业关键大项目的经验和做法，积极采取重大优惠措施对世界500强工业企业进行大力引资。在这方面，西部省会城市有一些值得借鉴的成功案例。2012年，三星电子的闪存芯片（NAND flash memory）项目在中国投资建厂得到了韩国政府的审批后，国内大量一线城市加入了争夺此项目的行列，西安市为促成该项目落户本市，在税收减免、土地征用、交通基础设施建设等方面给予了极其优惠的条件，最终使该项目成功落地西安高新区。据悉，三星电子存储芯片项目是三星海外投资历史上投资规模最大的项目，也是改革开放以来我国电子信息行业最大的外商投资项目以及陕西乃至西部地区引进的最大外商投资高新技术项目，一期项目总投资达100亿美元，已于2014年5月竣工投产，月产12万片、年产值200多亿元，并由此带动了100多家配套企业落户西安高新区，吸纳了2800名高端人才，使西安市形成了较为完整的半导体产业链并一跃成为国内与长三角、珠三角影响力相当的半导体发展重地；不仅如此，该项目的投资扩散效应还延伸至其他产业，三星集团在陕已设立了6家公司，业务拓展到金融、贸易、动力电池、建筑工程等多个领域，西安市与韩国在电子信息、新能源、金融、环保等领域的新一轮合作也在不断展开，如韩亚银行和韩国先进的环保处理技术公司德山公司也相继落户西安，形成了由不同产业价值链核心业务模块强强联合而成的新兴产业价值网；2017年8月30日，陕西省政府再次与韩国三星电子签署合作协议，宣布三星电子将在西安高新区建设三星电子存储芯片二期项目，已确定的首次投资为 70 亿美元（约合 463 亿元人民币），将极大地促进西安高新区千亿级半导体产业集群形成，进一步巩固西安作为全球半导体产业重要基地的地位。① 上述案例对南宁市吸引世界 500 强企业入邕投资战略性新兴产业提供了重要启示，在对高科技跨国公司全球化资源配置地争夺异常激烈的当下，身处西部地区的南宁市尽管从经济、产业、人才等方面看确实存在着一些固有弱势，但凭借优越的区位优势和国家相关政策扶持并非机会全无，关键是政府在战略性新兴产业发展上必须要有引进世界 500 强高科技企业入邕投资的果决、勇气和毅力，并尽可能争取到国家和广西政府层面的支持，最重要的是需针对跨国公司海外投资地选择的严苛条件从各方面进行定制化的政策和硬件基础设计，通过实现新兴产业重大外资项目落地运作，带动南宁市相应新兴产业链的形成和完善，并以此为基点促进越来越多的全球新兴产业核心、高端创新资源向此集聚，从而推动战略性新兴产业价值网形成发展。

10. 4. 1. 4 WT 战略（最小与最小战略）

（1）加强产学研合作，开发市场前景广阔的新技术、新产品，促进科研成果产业化、商业化。南宁市科技资源优势在广西最为突出，2015 年高校数量、高校专任教师数量和各类科研机构分别占全区总量的 42. 67%、47. 67% 和 67. 34%，专利授权量和有效发明专利拥有量居广西全区首位，发明专利占授权专利总数的比重高于全国和广西的平均水平。但令人费解的是，拥有如此相对充裕科技资源的南宁市多年来高端制造业裹足不前的状况并未得到根本改观，虽然近几年在电子信息、装备制造、生物医药、新材料、节能环保、新能源汽车等战略性新兴产业发展上取得了一定成效，但相较同属于西部省会城市的西安、成都而言，发展差距悬殊，更不用提与北京、深圳、上海、广州等发达城市存在的巨大落差。

造成上述状况的一个重要原因，是南宁市科技成果转化率（the rate of technology transfer）低下。尽管目前针对科技成果转化率目前国内尚无统一的计算口径，但用以下数据大致可以判断："十二五"期间南宁市共登记技术合同 1481 件，占专利授权量的 12. 88%；获得广西科技成果登记有 549 件，

① 三星存储器项目落户西安的五大意义 [EB/OL]. http://www.eepw.com.cn/article/201708/363764.htm。

是“十一五”的7.8倍,① 但也只占发明专利授权量的17.31%。由于中国的科研主要依靠国拨经费，南宁市也同样如此，科技成果转化率低意味着绝大多数科研项目的立项（基础研究除外）没有考虑商业化前景，或者是立项时有商业前景但当研究成果取得并获得国家认可时却已时过境迁，再则就是高校、科研院所缺乏好的激励机制对具有良好商业化前景的科研项目开展研究。“十二五”以来，南宁市R&D经费投入及占GDP的比重虽逐年攀升，但由于科技成果转化率低，意味着大量的科研成果被束之高阁，造成了巨大的科技资源浪费，对本地产业、经济和社会的高质量发展极为不利。

因此，“十三五”及未来时期，南宁市要加快战略性新兴产业的发展，必须扭转科技成果转化率低的局面，不能唯专利数量论研发成效，而应以强化市场约束为导向，使科研立项直接面向市场实行无缝衔接，改革对高校、科研院所的激励机制，让真正有能力开发“蓝海”商用前景广阔的新兴技术和产品的科研团队获得优先资助，保障其具有持续、充足的动力推行先进研发。当下，广西大学王双飞教授团队开发的造纸与发酵典型废水资源化和超低排放关键技术已在全国得到广泛商业化应用，沈培康教授团队利用自主攻克的世界上唯一大批量生产粉体石墨烯方法中试生产出的三维构造粉体石墨烯材料性能优异成为全国首个石墨烯地方标准，这些都是通过产学研有效结合实现战略性新兴技术产业化的最佳范例。南宁市应加大对本地高校、科研院所的科研资助力度，并尽快制定颁布国家《成果转化法》的地方贯彻落实细则，改革事业单位科技成果使用处置和收益管理制度，让更多像王双飞、沈培康教授团队这样的新兴技术产学研一体化科研团队脱颖而出，成为本市战略性新兴产业创新发展的中坚力量；同时，要利用大数据完善国家科技成果转化服务（南宁）示范基地线上、线下服务功能，大力引进科技服务中介机构入邕设立分支机构，推动全球新兴技术专利资源与本地企业需求之间的顺利对接并取得商业化成效，以此促进南宁市战略性新兴产业细分领域不断形成与高质量成长。

（2）对于具有一定技术优势、品牌效应的产品或关键模块部件，大力提高其国内外市场份额，力争成为新兴细分行业的“隐形冠军”。正如青木昌

① 南宁市科技成果转化有成效［N］. 南宁日报，2016-08-30。

彦和安藤晴彦（2003）[16]所言，当今世界产业已经进入模块化大发展时代，产业“淘汰赛”加剧也更为残酷，当然掌握或达到行业先进技术标准的企业，无论是产品集成商还是关键模块供应商，将凭借先发创新优势在一个较长时期内实现“赢者通吃”，在全球产业链和产业价值网中享有绝对的主导权和定价权。

从模块化的视角出发，南宁市目前真正能够开发产品系统模块化设计规则的大企业很少，即便是富士康这样的电子信息龙头主要从事的也是代工组装业务而非模块化系统设计师，广西源正在新能源客车市场上的竞争力也不是来自于客车整车设计而是采用全铝制车身型材技术得以减轻车身重量，达到节能效果。因此，短期内南宁市要想在战略性新兴产业中培育本地能够充当行业系统规则设计师的制造型大企业具有较大难度，引进集成企业项目并带动配套模块产业链补齐是一种更为现实的选择，但这也意味着新兴产业系统规则和核心价值链将受制于人，只能从长计议加以培育。

尽管如此，南宁市在战略性新兴产业的一些细分领域关键模块上，具有成为国内甚至全球少数“隐形冠军”的潜质。“隐形冠军”（hidden champion）理论[186]是由德国著名管理学家兼世界最负盛名的管理大师之一的赫尔曼·西蒙（Hermann Simon）于 20 世纪 90 年代所提出，他因此被誉为“隐形冠军”之父。究其理论的出发点，来自于一个非常有意思但又值得深思的问题，即“为什么联邦德国的经济总量不过美国的 1/4，但是其出口额却雄踞世界第一？哪些企业对此所作的贡献最大?”认真对这一问题进行思索后，西蒙首先排除了像西门子、戴姆勒 - 奔驰之类的巨头，因为它们和它们的国际级竞争对手相比并没有什么特别的优势，那么答案在哪里呢？显然只能从德国中小企业当中去寻找。为此，从 1986 年起西蒙开始对德国 400 多家卓越中小企业开展了多年研究，得到的大量数据和事实证明：德国经济和国际贸易的真正基石并非那些声名显赫的大企业，而是那些在各自所在的细分市场默默耕耘并且成为全球行业领袖的中小企业，它们在利基市场（niche）中的地位无可撼动，有的甚至占据了全球 95% 的市场份额，其技术创新遥遥领先于同行，人均拥有专利数甚至远远超过西门子这样的世界 500 强公司，但是因为所从事的行业相对生僻、加上专注的战略和低调的风格，因而又都隐身于大众的视野之外，故被西蒙称为“隐形冠军”。“隐形冠军”通常具有如下特质：一是战略偏执和雄心，即对自身定位的狭窄市场做到长期专注，绝不随波逐流搞非相关多元化，而是沿着既定产品路线开发相关新品和服务，坚决在小市场做“凤冠”而不在大市场做“凤尾”；二是牢牢锁定卓越客户，即通过自建子公司拓展全球营销和服务，不采用也不信任经销商，并且牢牢锁定全球最大的顶级客户群体，通过强强联合实现提质创新，否则你的客户是只需要低质廉价产品的企业，那注定你自己也只能是碌碌无为之辈；三是创新永远在路上，这种创新既包括技术创新，也包括流程创新和服务创新，顶级的“隐形冠军”公司每百位员工拥有大概30～35项专利，是大公司创新水平的3～5倍，而西门子作为全球所有大公司中人均拥有专利数最高的公司，其每百位员工也只大约拥有10项专利；四是毗邻最强者，即“隐形冠军”公司通常出现在同城世界级竞争最激烈的同一个地区甚至同一个城市，通过最强的质量和服务竞争不断创造自己的战略和竞争优势；五是企业流程事必躬亲，即不崇尚“归核化”理论，而是认为卓越的品质要求在产品加工制造方面有特殊的造诣、特殊的深度，这唯有自身才能做到，很多处于终端消费产品的隐形冠军制造商，其核心生产设备绝大部分来自于自产，信奉所有独创性的东西都必须依靠自己内部的力量来完成，只有这样才能为自己带来别人模仿不了也不具备的独一无二的价值。西蒙最初的研究结论认为，“隐形冠军”企业只存在于德国，但随后的扩展性研究发现，“隐形冠军”企业在美国、新西兰、南非、亚洲等全球各地都普遍存在，它们的成功法则与德国的“隐形冠军”企业惊人相似，且都在本经济体中扮演着非常重要的角色。

西蒙的“隐形冠军”理论对南宁市发展战略性新兴产业具有极其重要的启示。正如本书前述的种种原因，南宁市战略性新兴产业的规模和技术层次要想在短至中期内比肩于发达创新型城市缺乏现实性，同时战略性新兴产业发展必须由创新作为内在驱动力，这与以往靠投资推动发展起来的房地产、钢铁、水泥、建材等传统产业的发展路径是完全不同的，而创新驱动的来源在于本地各类创新主体持续、长期的创新努力和成果，需要时间的沉淀、积累而绝非一蹴而就。在这种情况下，南宁市应立足于将本地战略性新兴产业现有的少数核心企业及产品亮点打造成为全国再到全球的行业“隐形冠军”，当这种“隐形冠军”的发展思维、战略和规则自觉在企业中潜行、传播、扩散而成为行业普遍默认的发展路径并被越来越多地付诸实践，“隐形冠军”企业便会随之逐渐增加，战略性新兴产业自然而然也会形成内生性的发展动力，实现不断的高质量增长。比如，广西南南铝加工有限公司利用自主研发的“高强高韧耐蚀航空铝合金大规格中厚板制备技术”生产的高端铝合金已应用于航空航天、船舶、轨道交通等先进装备制造领域，与航空应用单位合作运用成功研发的“大推力火箭用超大规格铝合金锻坯技术”在世界范围内首次实现直径 $\phi \geqslant 8500$mm 铝合金整体环的制造，填补了国内空白，可满足我国“十三五”重点发展的重型火箭国家重大工程项目所需的关键材料——大规格铝合金整体环的需求，这些事实说明南南铝的高端铝合金精深加工水平已达到国内顶尖水平和国际先进水平，再加上在汽车、消费电子、新型建材等方面高端铝材的不断创新和突破，使南南铝在 2012～2016 年实现了产值由 18 亿元到 60 亿元的倍量级增长，年均增速达到 27%，大大高于南宁市规模以上工业总产值平均增速，作为广西唯一一家企业入选国家工业和信息化部、财政部联合公布的 2017 年度“国家技术创新示范企业”榜单。以此为基础，“十三五”南南铝应向世界级高端铝材“隐形冠军”迈进，但要做好以下几点：一是要有战略定力和眼光，埋头专做高端铝合金一类产品，专注于高性能铝合金基础和应用领域重大技术的原发创新，不断增补技术空白，力争成为国内乃至全球行业技术的引领者和标杆；二是在欧美、亚洲、非洲等全球主要市场及国内各省自建子公司拓展营销，促进销售规模继续几何级增长，迅速提高国内外市场份额，力争向高端铝材严格寡头型企业升级；三是对标航空航天、轨道交通、智能装备、汽车（含新能源汽车）、IT、消费电子终端等需求旺盛的下游领域，不断定制化开发各类新材料精深加工产品，与波音、空客、苹果、三星、特斯拉、宝马、中国中车、小米等相关下游巨头达成长期战略合作关系，用下游严苛的技术标准倒逼自身持续开展尖端技术创新，实质性地提高在这些下游巨头全球供应链体系中的供应比例，力争成为全球模块化产业价值网中不可或缺的关键价值模块提供者。

除南南铝之外，南宁市战略性新兴产业中还有其他少数几个具有“隐形冠军”潜质的企业，如广西博世科环保科技股份有限公司和南宁八菱科技股份有限公司等。广西博世科的“造纸与发酵典型废水资源化和超低排放关键技术及应用”获 2016 年度国家科学技术进步二等奖，是多年来广西作为第一完成单位（广西大学作为第一完成单位、王双飞教授作为第一完成人）首次荣获国家科技大奖，“轻工过程高浓度有机废水处理关键设备及工程化技术集成创新”唯一荣获2016年度南宁市科学技术重大贡献奖，工业废水处理技术的先进性和应用的成熟度得到国内业界一致认可；2017年3月，博世科完成对加拿大瑞美达克（RX）土壤修复服务公司100%股权收购[①]，并获得了RX公司自主研发的油田污泥治理的先进技术和实施经验，在地下水及土壤修复、油田污泥治理方面的能力得到全面提升，也实现公司在水、土壤、固体废弃物、生态修复等全方位、多领域的综合环境治理业务布局；目前博世科已经具备800多个内容指标的检测能力，在全国环评业务资质排名中进入前五名，自有核心技术已居全国领先，并开始面向全球进行业务布局，截至2017年底已在东南亚、白俄罗斯、加拿大等地区开展了相关业务。南宁八菱科技成立于2001年7月，是一家专业研发、生产、销售管带式铜质或铝质热交换器产品的自治区级高新技术企业，其生产的高频冷却管、散热带、散热器、中冷器、暖风机、冷却模块等热交换器产品涉及500多个品种，主要应用于汽车、工程机械、国防装备、计算机等市场领域，凭借先进的技术和过硬的品质，产品年销量超过180万台，客户主要分布于中国、美国、澳大利亚等全球市场，主要配套企业包括一汽解放、一汽柳特、东风柳汽、上汽通用五菱、重庆长安、奇瑞、柳工、玉柴机器等；根据中国内燃机工业协会的行业证明资料，公司是继美国UAR和Radac、俄罗斯Shaaz、法国Berry、日本Najico公司之后，国际上第六家、国内唯一一家在中国内燃机协会换热器分会会员单位中掌握了铜质硬钎焊工艺技术并应用于批量生产散热器产品的企业，公司将铜质硬钎焊工艺技术结合双波浪带结构散热器技术生产的散热器产品，具有高强度、耐高温、耐腐蚀、无铅污染的优点，已经成功配装于重型载货车和新能源客车，2008年八菱科技凭此获得中国内燃机工业协会颁发的“中国内燃机工业诞辰一百周年成就奖”，2010年荣获“中国内燃机零部件行业排头兵企业”荣誉称号；近几年公司逐渐将研发的重心转向新能源汽车领域，燃气汽车、燃料电池车、混动及纯电动汽车的相关产品目前都在

---

① 区域环保龙头博世科，订单充裕助力持续增长［EB/OL］. http：//www. sohu. com/a/210852307_100023965。

开发和供货。[①]

由此可见，南宁市战略性新兴产业虽然总体上看仍处于幼小期，但其中还是有一些值得瞩目的产业亮点，当前应当紧盯全球新兴产业技术发展前沿并结合国家战略性新兴产业发展导向，加大对这些具有成为全球相关细分市场“隐形冠军”潜质的企业加大产业政策的扶持力度，激励其专注于自身所擅长的领域，通过对世界级先进技术的引进、吸收、消化和再创新并向自主创新为主转化，在低调中逐渐向国际利基市场的主导者完成华丽转身；同时星星之火可以燎原，将这种“隐形冠军”效应向其他企业进行示范和扩散，迅速扩展南宁市战略性新兴产业的成长空间。

（3）采取必要的政策扶持手段，如财政补贴、政府采购等措施，有效提升战略性新兴产业的自生能力。南宁市战略性新兴产业中很多细分领域尚处于培育期，企业规模小、竞争力不强，在没有得到银行融资、资本市场直接融资、创业风险投资等多层次资本市场更多有力支持的情况下，对于一些真正有技术但短期内无法快速变现的企业，单凭其自身力量很难从幼小期顺利过渡到快速成长期，发展很可能戛然而止，要么掌握的核心新技术或整个企业被收购，要么无力经营而被大企业碾压出局。这种困境不仅存在于南宁市，在全国战略性新兴产业初创企业中都普遍存在类似的问题，原因在于新兴产业中的许多细分领域具有明显的“轻资产”特征。例如，软件和信息服务业中的大多数企业在初创期都没有厂房、高价值设备作为抵质押物，无法从银行获得大规模信贷投放；创新型医药企业同样融资困难重重，原创药研发具有高投入、周期长、高风险等特征，特别是处于临床试验阶段的生物医药企业需要大量研发资金，而有大型银行总行医药行业信贷政策规定“项目产品须是已进入产业化生产阶段的现有产品”，[②] 从而使得大量创新型药企无法从银行获得信贷支持而被迫中断研制；即便是一些具有“重资产”特征的新兴产业，企业在技术研发、高端人才招募以及新产品的量产、市场投放和推广、渠道建设、营销服务等方面都需要持续的资金投入，当自身现金流不稳定又无法及时得到外部各类融资保障时，经营就会立即陷入困境。

---

① 南宁八菱科技股份有限公司官网［EB/OL］. http：//www. baling. com. cn/about/show/1。

② 袁杰．扶持战略性新兴产业，银行业有哪些顾虑，又有何对策？［EB/OL］. http：//www. thepaper. cn。

为解决南宁市战略性新兴产业初创期的融资瓶颈，只从资本市场、银行体系寻找解决途径并不完全科学。因为，新兴初创企业要想在新三板、主板上进行 IPO 直接融资，除要求持续经营期足够长之外，还需要在财务指标上达到相应条件。拿上市条件相对主板较低的新三板来说，按照我国 2017 年的基础层板块上市规定，企业需存续满两年以上，且最近两个完整会计年度的营业收入累计不低于 1000 万元（因研发周期较长导致营业收入少于 1000 万元，但最近一期末净资产不少于 3000 万元的除外），[①] 而企业要进入创新层板块的条件则更高，对于后发地区的很多初创型企业来说并不具备这些核心财务条件。再从银行端看，尽管近几年从中国银监会到地方层面也在支持战略性新兴产业发展上达成共识，企业以“虚资产”如专利权、软件著作权等质押方式获得贷款也在一些发达地区银行进行尝试开展，但要大规模运作则存在难点，即银行和新兴初创型企业之间由于信息不对称，银行对企业“虚资产”的真实价值需要进行事前科学评估，但现时市场上缺乏资信高、专业性强的评估公司和专业人才，同时银行本身作为企业也有盈利约束，最终对很多非常有潜力和前景的企业及项目还是只能望而却步。

综合上述现实，为帮助新兴初创型企业顺利渡过成长难关，南宁市从政府层面采取一定的扶持措施是必要的。一方面，对于战略性新兴制造业，如先进装备制造、生物医药、节能环保、新能源汽车等产业，企业如果引进建设新生产线或升级改造现有生产线并作大量设备投资的，以及对企业销售收入增长达到一定规模和国内市场份额升至一定比率的，政府应加大财政补贴力度，激励企业继续深挖改造，切实增强市场竞争力。另一方面，对于当前成长瓶颈较为突出的战略性新兴产业领域，如云计算、物联网、大数据、人工智能、5G、下一代信息网络以及新能源汽车充电桩等，政府应加大在电子政务、智能交通管理、区域性国际高速通信网、新一代城市网络建设、公共充电桩密度等方面的政府需求和采购力度，通过开展政府与社会资本合作（public-private partnership，PPP）、建设—经营—转让（build-operate-transfer，BOT）等模式，带动更多的国内外相关顶尖企业融入进来建立和完善相应新兴产业链。

---

① IPO 与新三板上市基本条件［EB/OL］. http：//www. sohu. com/a/209310798_466889。

10.4.2 战略实施对策

10.4.2.1 加强对战略性新兴产业发展的前瞻性布局和统筹协调

南宁市政府应根据国家和广西“十三五”战略性新兴产业发展的相关规划以及全球新兴产业发展趋势，对本市 2013 年出台的《南宁市战略性新兴产业发展规划（2013～2020 年）》进行修订，并对“十三五”重点突破发展但尚未出台发展规划的细分产业，加快制定具体的发展规划，包括新能源汽车产业发展规划、新材料产业发展规划、新一代信息技术产业发展规划等，明确规定发展的任务目标、细分步骤、重点项目安排和实施实策。建立全市各政务部门、市县（区）针对战略性新兴产业发展的合作推进机制，完善横向、上下互动的信息交流与工作体系，明确各县（区）重点产业园区战略性新兴产业布局的主导方向、项目筹划和龙头企业选择，在细分产业领域实行错位发展，切忌盲目在同一产业上跟风重复布局、争上项目、疯抢资源，防止发生本地低质产能过剩、恶性竞争和资源错配的现象。对于已经进入市场推广期的本市战略性新兴产业产品和服务，全市行政机关、事业单位及公共服务部门应优先采购和使用，形成示范应用效应，迅速提高市场渗透率，加快优质品牌培育。尽快建立与完善战略性新兴产业的统计口径和监测跟踪体系，通过研发强度、专利授权、新产品开发、主营业务收入、净利润、净利率、定价权等关键指标对每一细分产业及核心企业的创新能力和创新效率进行科学评价，及时发现问题和制定解决对策，确保战略性新兴产业持续、高效、高质发展。

10.4.2.2 促进信息化与工业化的深度融合发展

自进入互联网时代后，信息化与工业化的融合之路在我国已提倡并践行多年，并取得了日益丰硕的发展成效。随着掌上互联网时代的来临，德国政府提出了高科技战略计划——“工业 4.0”战略，并于 2013 年 4 月的汉诺威工业博览会上正式推出，旨在通过先进的物理信息系统，连接通虚拟和现实世界，从而进一步提升整个制造过程的运营效率，帮助企业获得快速应对市场变化的能力。德国“工业 4.0”战略在全球范围内掀起了巨大反响，随后美国推出了“工业互联网”，中国也于 2015 年提出了“互联网 +”、《中国制造 2025》与德国“工业 4.0”相呼应，2016 年工业和信息化部又编制了《信息化和工业化融合发展规划（2016 ~ 2020）》。这些重要国家级工业化和信息化新融合发展规划，旨在充分发挥新一代信息通信技术聚集、整合、优化要素资源的优势，应用互联网创新理念、创新要素和创新体系，带动制造业技术、产品、模式、机制创新，提高供给质量和效率，激发制造业发展新动能。[①] 在国家两化融合指导思想以及全社会信息化进程不断提速和工业持续技术进步的推动下，南宁市“十二五”以来信息化和工业化的融合程度有所加深，信息化对工业化的促进作用在制造领域日益显现。但与发达地区相比，南宁市在两化融合方面的差距仍很大，这既是不利的一面，但同时也是一种契机，即南宁市由于过去工业体系不完善、规模体量较小、欠发达，因而“旧常态”下的传统落后产能也较少，为适应经济“新常态”而对工业结构大动干戈、推倒从来的压力较一些传统工业发达城市要弱得多。当前，南宁市发展战略性新兴产业须按照国家两化融合的战略部署，高起点、高质量布局：一是充分运用全球最新互联网、智能化技术，包括数控机器人、大数据、物联网、云计算、增强现实、3D 打印、知识系统、人工智能、网络安全等多项技术，大力推动智能制造业体系构建和智能工厂发展，在战略性新兴产业体系中广泛推行模块化设计、个性化定制和服务型制造，实现更多高价值的商业模式；二是以南宁 · 中关村双创示范基地为核心众创平台，在智能汽车、智能消费电子、智慧医疗、智慧交通、智能建材家居等新型智能产品领域，定位于新技术、新产品、新项目，集结全球顶尖智慧和创新资源，加速相关智能产业成形，开辟两化融合创新驱动发展的区域新模式；三是加快培育现代信息服务业，充分运用物联网标识解析、工业云服务、工业大数据分析等新技术，对电子信息、高端装备、生物医药、节能环保、新材料、新能源、新能源汽车等行业进行基于全产品生命周期的追溯监管和质量控制，由此孕育工业互联网新服务模式和相关产业；四是积极推动工业电子商务发展，在战略性新兴制造行业大力构建第三方工业电子商务平台，开展网上交易、加

① 工业和信息化部关于印发信息化和工业化融合发展规划（2016 - 2020 年）的通知［EB/OL］. http：//www.miit.gov.cn/n1146295/n1652858/n1652930/n3757016/c5338237/content.html。

工配送、技术服务、支付结算、供应链金融、大数据分析的全方位、一体化综合服务，优化全球供应链管理，提高本地企业产业链协作水平。

10.4.2.3 针对关键价值模块完善自主创新机制

近年来，随着我国经济转型不断向纵深化推进，创新驱动发展开始迈向加速阶段，科技发展也正在由量的增长转向质的提高，产业自主创新能力不断增强。但不可否认，我国在精密制造、高端装备、新材料、互联网、人工智能、生命科学等许多产业领域仍处于全球价值链的中低端，一些关键核心技术受制于人，一旦发达国家实行技术封锁或漫天要价，后果可想而知。例如，在素有“工业粮食”之称的芯片研发制造世界舞台，作为全球第二大经济体的我国长期以来几无存在感，由于芯片在计算机、高端装备、手机、汽车、家电、LED、通信、人工智能等众多产业是极为重要的必需品，我国每年需要花费 2000 多亿美元从国外进口，是第一大进口商品，甚至超过了石油的进口额，而且连芯片制造设备和相关材料也由发达国家所垄断，再加上摩尔定律的作用，再不通过自主创新迎头追赶，芯片的“中国造”将无从谈起，这也是我国下决心投入巨资成立“国家集成电路产业投资基金”，对半导体设备、材料、芯片设计、封装和检测的全产业链进行全面布局，意图实现进口替代的根本原因。对南宁市而言，因长期科技基础薄弱、高层次人才短缺、科研投入不足，自主创新能力在全国居于下游位置，因此在高新技术产业创新路径上，一般情况下的首选之策是引进、吸收、消化到再创新，这种策略虽然在一定程度上加快了产业创新进程，但同时也意味着不可能做产业标准的制定者，不能享受创新带来的市场溢价。因此，新时代需要新战略，唯有坚定不移地走自主创新之路，才是战略性新兴产业实现长期技术进步和高质量发展的立足之本。当然，强调自主创新并不等同于现阶段在南宁市战略性新兴产业的各细分领域都要同步全面开展重大原发创新，这既不科学也不现实，而应在当下最有可能率先凭借自身技术优势融入全球模块化产业价值网获取高溢价的关键价值模块中，激励企业在现有技术积累基础上面向全球产业技术前沿加大原发自主创新力度，力争形成异质性的技术优势，在全球相关产业关键价值模块竞争中脱颖而出，成为世界级供应商。根据中共中央和国务院颁布的《国家创新驱动发展战略纲要》（2016）、国务院颁布的

《“十三五”国家科技创新规划》（2016）以及广西壮族自治区人民政府通过的《南宁自治区级自主创新示范区建设总体方案》（2017），南宁市应坚持“自主创新、重点跨越、支撑发展、引领未来”的工作方针，落实自主创新战略，大力增加各类科研支出和研发投入，将全市 R&D 强度提高到 2% 以上与全国同步，努力提高科技进步对经济增长贡献率，体现南宁市作为广西首个国家创新型试点城市的带头作用，将南宁国家高新技术产业开发区加紧建设成为自治区级自主创新示范区，继续加大南宁·中关村双创示范基地龙头领军企业的引进力度，充分发挥其自主创新示范效应、辐射效应和创新溢出效应，力争建成东南亚乃至国际一流的、具有全球产业影响力的自主创新示范区；大力支持本市战略性新兴产业龙头企业建设国家级或自治区级技术中心、工程技术研究中心、工程实验室，实现产业核心技术和关键技术的重点突破，鼓励中小企业积极融入大企业创新链从事协同创新和科技成果转化；促进科技与经济的紧密结合，对接市场需要，整合现有高校、研究院和骨干企业的研发资源，搭建行业研发中心、专业检测机构、标准化信息系统等区域性公共创新平台，进一步增加科技企业孵化器、创客空间等社会化众创平台数量，形成产业创新合力；强化企业与国内外著名高校、研究机构及大型企业的技术交流及合作，跟踪其在研项目，特别要尽可能吸引世界 500 强企业来本市建立研发中心或分支机构，并创造条件支持其成果在本地进行产业化。

10.4.2.4 完善多元化的战略性新兴产业投融资体系

身处西部后发地区，南宁市战略性新兴产业大发展的最重要前提是必须有持续充足的资金支持，否则巧妇难为无米之炊，新兴企业培育、关键技术研发、新产品开发、创意实现等都不可能真正付诸实践或收到理想成效。为此，南宁市当前要加快完善以财政投入为引导、企业投入为主体、社会投入为补充的多元化、多渠道、高效率的战略性新兴产业投融资体系。一是加大政府对战略性新兴产业的直接财政科技经费投入力度，大幅提高科技拨款占财政拨款的比重，特别是各级财政安排科学技术研究与开发经费支持占本级财政支出的比重，用于支持新兴重点产品、核心技术的自主研究开发和产业化以及对国外先进技术的引进、消化、吸收与再创新等，优先支持产学研相结合、“蓝海”特征突出的技术创新项目，推动战略性新兴产业技术进步和创新升级。二是借鉴世界发达创新型国家的成功经验，参照《财政部、国家税务总局、科技部关于完善研究开发费用税前加计扣除政策的通知》，在国家允许的法定权限范围内对高新技术研发加紧制定出台本市税收优惠倾斜政策，对企业研发费用超出基准值的部分予以一定比例的应纳税额直接抵免，只要达到规定的研发费用支出要求，战略性新兴企业均可享受此项税收倾斜政策，形成普惠制，最大限度地激发企业内在创新动力和潜能。三是认真研究和效仿国家建立“国家集成电路产业投资大基金”的做法，对当前战略性新兴产业必须突破的关键瓶颈和“短板”，由政府安排一定量的专项资金，牵头组建由各方力量参与的市级产业直接投资基金和创业投资引导基金，对战略性新兴产业链中的龙头领军企业或大项目以及早中期科技型企业进行直接股权投资和市场化运作，以实现进口替代为目标对关键战略性新兴产业链进行拾遗补阙。四是引导各类商业金融机构积极开发适应战略性新兴产业“虚资产”的抵、质押产品，允许以专利权质押、著作权质押、版权质押等方式获得金融机构贷款授信；由政府成立规模化的战略性新兴产业“信用担保基金”，通过风险共担方式，解决金融机构大规模信贷投放的后顾之忧，持续加大金融机构对战略性新兴产业发展的支持力度；鼓励资信度高、专业性强的国内外大型社会化评估机构入邕成立分支机构，对高新技术领域各类无形资产的市场公允价值开展科学、严谨的评估认证业务，为金融机构授信和政府担保提供合理依据。五是加大战略性新兴产业在资本市场的直接融资力度，对照我国证券市场主板、中小板、创业板、新三板（包括基础层和创新层）的 IPO 条件，对战略性新兴产业相关企业进行潜在上市条件分层，从政府层面制定企业上市规划，对近期可能达到条件的企业进行重点上市辅导、培训和监督，争取培育一家、上市一家；同时积极推动战略性新兴企业对国内外优势企业通过并购重组实现资源配置优化，提升战略性新兴产业在资本市场上的总体地位和影响力。按照国家发改委 2015 年出台的《战略性新兴产业专项债券发行指引》，在本市“十三五”重点发展的电子信息、高端装备、新材料、节能环保、新能源汽车等战略性新兴产业领域，选择若干家投资回报率高的重大工程项目发行企业债券，根据项目资金回流的具体情况科学设计债券发行方案，支持合理灵活设置债券期限、选择权及还本付息方式，在偿债保障措施较为完善的情况下允许企业使用不超过50%的募集资金用于偿还银行贷款和补充营运资金。[①] 参考广东、江苏、上海、深圳等发达省市为改善创业环境、促进风险投资的政策文件，考虑出台《南宁市天使投资风险补偿管理暂行办法》，由市级财政统筹安排、纳入南宁市科技局部门预算，在经广西发改委备案和实行全程严格追溯管理的前提下，对风险投资公司投资于经综合评估合格的种子期、初创期科技型单户企业，最终回收的转让收入与退出前累计投入该企业投资额之间的差额部分，[②] 给予一定比例的政府财务补偿，健全风险投资形成、运作和退出机制。

10.4.2.5 大力培养和引进各类高端人才

以建设好作为广西唯一一个国家创新型试点城市为目标，深入实施“人才强市”战略，对高素质人才积极“引智入邕”和加大自主培养力度，为战略性新兴产业发展提供源源不断的智力支持。一是利用构筑重点科技园区引才平台、人才小高地引才平台、创新型企事业单位引才平台、留学生创业园引才平台等方式，面向海内外拓宽引才渠道，有计划、有步骤地引进、培养和造就一批高素质人才，打造适应战略性新兴产业未来发展需要的高层次创新创业人才集聚高地。二是设立战略性新兴产业科研专项资金和科研成果转化引导基金，支持技术研发领军人物、懂技术会管理的复合型人才、高水平研发团队开展各类创新活动，对成功实现科研成果转化的企业、科研机构、高等院校和科技中介服务机构研发团队及科研人员给予重奖和允许参与技术入股。三是针对战略性新兴产业重大、关键技术和产品开发，推动有条件的龙头领军企业到美国、德国、日本、以色列等创新强国设立研发分支机构，以及创造条件与世界500强中的科技巨头结成技术创新战略联盟，让全球顶尖智能资源为我所用。四是以建设“一流大学”“一流学科”为目标，大力提升广西大学、广西医科大学、广西中医学院、广西民族大学、广西师范大学等高等院校的办学质量和科研水平，面向战略性新兴产业实行高层次人才

---

① 战略性新兴产业专项债券发行指引发布［EB/OL］. http://kuaixun.stcn.com/2015/0409/12158822.shtml。

② 关于印发《上海市天使投资风险补偿管理暂行办法》的通知（沪科合〔2015〕27号）［EB/OL］. http://www.stcsm.gov.cn/gk/zcfg/gfxwz/fkwwj/343485.htm。

“订单式培养”模式，积极培养相适应的科研人才、工程技术人才和经营管理人才。五是高度重视重点职业院校教育，依托大型骨干企业和培训机构建设一批示范性高技能人才培训基地和公共实训基地，采取工学结合、产教融合、名师带徒等培养模式，造就一批工匠级高级技工队伍，成为战略性新兴企业一线现场高效作业和全面质量管理的基石。

第11章

产业价值网的产业实证研究三：边境后发区域跨境物流产业发展战略

物流是现代产业体系和企业价值链不可或缺的一环。被誉为“现代管理学之父”的美国著名管理学大师彼得·德鲁克（Peter F. Drucker，1962）在《财富》杂志上发表了《经济的黑色大陆》一文，提出了“黑大陆”理论，认为“流通是经济领域里的黑暗大陆，而企业在流通领域中的物流活动的模糊性尤为突出，物流活动中包括物流成本等在内的未知事物还很多”[187]，该理论潜在揭示了物流作为当时企业尚未广泛而深入认识的“黑箱”，在实践中应给予充分重视。之后，日本早稻田大学教授、权威物流成本研究学者西泽修于1970年在其出版的著作《物流——降低成本的关键》一书中提出了“物流冰山”说暨“第三利润源泉”说，认为“现行的财务会计制度和会计核算方法都不可能掌握物流费用的实际情况，提起物流费用大家只看到露出海水上面的冰山的一角，而潜藏在海水里的整个冰山却看不见，海水中的冰山才是物流费用的主体部分”[188]，他将这种情况称之为“物流冰山”，其思想与彼得·德鲁克有异曲同工之处，即提醒企业须关注企业内部的物流成本，若能够采取一定措施使之降低，物流即有可能成为取代基于扩大生产规模获得的“第一利润源泉”和基于提高劳动生产率获得的“第二利润源泉”，而成为企业新的“第三利润源泉”。

基于前文研究，产业价值网作为围绕某一主体产品生产和服务的各产业价值链中关键价值环节共同构筑的关键价值区域，来自于不同产业价值链内部以及产业价值链之间的各种垂直维度、水平维度和对角维度的资源穿透、分担和共享是产业价值网有效运作的必要条件。其中，物流作为一种关键性相关服务产业价值链，是整个产业价值网内部各种有形资源流动的动脉和枢纽，决定着整个产业价值网的客户化响应速度、运营效率以及产业价值网内部各关键价值环节参与者的共同利益所得。为此，本章将研究视角定位于全球化、区域经济一体化条件下的产业价值网跨境物流研究，并以处于中国—东盟边境合作前沿、CAFTA 升级版建设核心区域，同时又属于边境后发区域的广西北部湾经济区跨境物流产业展开实例研究，重点从经济制度环境、参与方行为偏好、技术管理方式、交易成本四个方面研究影响跨境物流模式选择的约束条件并构建最优跨境物流策略的理论模型，分析北部湾经济区跨境物流发展态势与困境，探讨与全球化、区域经济一体化跨境产业贸易相适应的跨境物流体系构建与产业发展对策。以期能够给予科学规划与政策指引的参考、借鉴，对于广西北部湾经济区面向全球及东盟产业价值网推动跨境物流活动便利化、低成本和高质化，促进边境后发区域物流产业不断发展壮大和提质增效具有重要启示。

11.1 跨境物流的基本理论

11.1.1 跨境物流的含义

跨境物流（cross border logistics）通俗而言即国际物流，是指以海关关境两侧为端点的实物和信息有效流动和存储的计划、实施和控制管理过程，其目的是通过海运、空运、陆运等方式的单独或配合使用，实现货物从一个国家到另外一个国家或地区的地理位移。

自 20 世纪 80 年代中期以后特别是 90 年代开始，经济全球化（economic globalization）已成为世界经济的一种重要特征和发展趋势。国际货币基金组织（IMF）认为："经济全球化是指跨国商品与服务贸易及资本流动规模和形式的增加，以及技术的广泛迅速传播使世界各国经济的相互依赖性增强"。而 1991 年由法国、德国、意大利、荷兰、比利时和卢森堡六国发起成立的欧洲联盟（European Union，EU），1992 年 8 月 12 日由美国、加拿大和墨西哥三国成立的北美自由贸易区（North American Free Trade Area，NAFTA），以及 2010 年 1 月 1 日正式全面启动的中国—东盟自由贸易区（China-ASEAN Free Trade Area，CAFTA），这三大区域经济集团化组织正是经济全球化快速发展的重要体现，同时这三大区域之间以及加入世界贸易组织（World Trade Organization，WTO）的发达国家、新兴工业国家、发展中国家之间的贸易往来也达到了前所未来的高度，由此大大推动了全球商品、信息和服务的加速流通，为以国际货代为核心的跨境物流产业的发展创造了极为广阔的市场空间。

改革开放 40 年来，中国经济飞速发展受到世界瞩目。尤其是 2001 年 11 月 10 日正式加入 WTO 以来，中国经济取得了巨大成就：自 2010 年起国内生产总值（GDP）超越日本仅次于美国居全球第二位，2016 年 GDP 为 74.36 万亿元，是 2001 年 11.09 万亿元的 6.71 倍，2017 年首破 80 万亿元大关；外贸进出口总额增长突飞猛进，2016 年达到 3.685 万亿美元，相较 2001 年的 0.51 万亿美元实现了 7.2 倍的跃增，2013～2015 年超越美国成为世界第一货物贸易大国，成为全球 120 多个国家和地区间的最大贸易伙伴；此外，中国还是世界第一大吸引外资国和世界第二大对外投资国。根据物流定律，一个国家或地区经济发达程度与其物流产业发展存在着正相关性，中国深入参与经济全球化的进程使得跨境物流市场规模也随之不断扩大。尽管近几年由于全球贸易额萎缩和人口红利减弱，中国货物贸易增长有所放缓，但仍保持着巨大的外贸进出口体量，而且国内的巨大市场以及特有的比较成本优势决定了中国作为“世界工厂”和“全球物流集散中心”的地位仍将维持，这也意味着中国跨境物流市场潜力巨大。而在“21 世纪海上丝绸之路”和 CAFTA 升级版建设战略下，广西北部湾经济区作为中国—东盟产业及贸易对接合作的边境前沿区域，随着区域经济发展提速和产业结构升级，对内对外的产业价值网分工协作以及物资流通衔接的功能都将愈益加强，跨境物流产业发展大有可为。

11.1.2 跨境物流的特征

跨境物流涵盖国内和国际两端的系统物流活动，呈现如下特征：

（1）物流市场具有“蓝海”属性。截至 2015 年，全世界有 224 个国家和地区、人口 73.55 亿人，随着各经济体之间各类产业合作和互联互通性的不断增强，所形成的这样一个范围如此广阔、人口如此众多的国际市场，是任何一个国家和地区的国内市场所无法比拟的。跨境物流作为实现各经济体之间各类物质跨国位移的载体和桥梁，显然市场空间不受“天花板”所限。

（2）物流活动具有跨国界性。跨境物流的服务对象需要在不同国家或地区之间实现位移，跨越海洋和大陆，运输距离长，运输方式多样，这就需要跨境物流企业具有强大的物流管理能力，包括合理选择运输路线和运输方式，尽量缩短运输距离，减少货物在途时间，加速货物的周转并降低物流总成本。

（3）物流组织更具复杂性。一是各国自然环境、社会制度、风俗人文环境、产业运作模式、企业经营管理方法有所不同，在国家间开展跨境物流活动需要对服务对象国的上述情况作全盘深入了解，这是一件非常复杂的工作。二是不同国家的海关、商检、保税仓储等物流相关法律法规有所差异，如若物流服务提供方未能完全对照实施，极有可能造成货物不能顺利通关而阻断跨境物流活动完成。三是不同国家的经济、科技发展水平不同，使得物流标准和物流活动的实施条件存在着较大的差异性，特别是在一些落后国家和地区无法应用现代物流技术，从而迫使跨境物流系统的总体服务水平下降和物流成本增加。

（4）物流过程具有高风险性。物流活动本身就是由若干功能要素和子系统组成的复杂系统，而跨境物流又在这一复杂系统上增加了出入境、检验检疫、国际多式联运、分级仓储、门到门运输等跨越不同国家的作业因素。服务涉及地域广阔、时间周期长，其中任何一个环节出现疏漏或者不可抗力事件，都有可能导致整个物流过程失效甚至货物毁损，这就决定了跨境物流的高风险、高难度和复杂性。

（5）物流运输采取多式联运方式。大批量货物以远洋运输为主，包括“海—铁—海”“海—铁—铁”“海—铁—公”等多种运输方式组合，急件、贵重件也会采用航空运输与其他运输方式相结合，这就要求跨境物流企业能够灵活选择、组合多种运输方式，并保证各种运输方式之间以及运输与其他物流活动之间的无缝对接，以实现总物流时间最短、总物流成本最低和总物流服务水平最高。

11.1.3 跨境物流的发展趋势

由于现代物流业作为生产性服务业和生活性服务业对于一个国家或地区经济发展、产业竞争实力增强和国民生活水平提高有着极其重要的影响，再加上新一代互联网、高速通信网络、大数据、云计算、智能机器等先进技术的应用以及经济全球化、区域经济一体化的纵深化发展，从而使得跨境物流呈现出如下新的发展趋势：

（1）物流系统更加集成化。一方面是物流活动的高度集成化。从纵向产业链来看包含了从货物采购、包装、运输、装卸、仓储到加工配送以及回收物流的产品由“生”入“死”的全过程；从横向来看则将社会物流和企业物流、国际物流和国内物流等各种物流系统，通过利益共享、股权互持等方式加以有机组织，以掌控整个商品的跨境流动过程，使之高效、通畅、可控，实现经济全球化背景下“物流无国界”的发展目标。另一方面，物流企业间的合作竞争态势更加明显。为了实现跨境物流系统客户化、总物流成本最低，跨境物流产业的竞争已由单个企业之间的竞争演变成一群物流企业与另一群物流企业之间的竞争、一个供应链与另一个供应链之间的竞争、一个物流系统与另一个物流系统之间的竞争。一国物流企业要达到跨境物流服务水平的最优化并适应高强度的国际竞争，更加倾向于通过兼并、联合、重组以及战略联盟等方式，开展跨部门、跨行业、跨区域、跨国界的物流资源优化整合，致力于形成物流“新木桶”效应以实现共赢。

（2）跨境物流市场更加寡头化。由于跨境物流活动具有跨国界性、复杂性、高风险性以及运输周期长且采取多式联运的特征，需要物流服务方不仅能提供报关、订舱等传统服务，更重要的是必须具备跨境物流总体方案设计、多种运输方案优化选择和综合物流服务方面的强大组织和管控能力，同时还要在物流服务总成本上兼容客户承受能力和自身盈利保障。这唯有在长期残酷市场竞争中经过优胜劣汰存续下来的、具有显著服务异质性的专业大物流企业方能胜任，这也使得全球第三方跨境物流市场具有潜力大、渐进性和高增长率的特征。

（3）物流活动更加标准化、信息化和全球化。首先，跨境物流要将不同国家间的物流活动有效衔接使之畅通，其首要前提是必须要有统一的物流标准。目前美国、欧洲基本实现了物流工具、设施的统一标准，如托盘采用 1000 毫米 ×1200 毫米，集装箱的几种统一规格及无线射频识别技术（radio frequency identification，RFID）等，从而大大降低了物流成本和转运的难度，而不向这一标准靠拢的国家不得不在转运、换车底等许多方面多耗费时间和费用，从而降低了国际竞争能力和物流效率、效益。随着跨国公司的全球化运营，目前一些发达国家物流行业协会，如美国物流管理协会（Council of Logistics Management，CLM）和欧盟物流协会（European Logistics Association，ELA），在国际集装箱和电子数据交换（Electronic Data Interchange，EDI）技术发展的基础上，开始进一步对物流的交易条件、技术装备规格，特别是单证格式、法律条件、管理手段等方面推行统一的国际标准，这将有利于推动更多国家国内物流标准的完善并向国际标准看齐，从而加速跨境物流发展。其次，跨境物流活动的高效管理必须要有国际化信息系统的支持。如欧盟 1987 年制定的用于行政、商业和运输的 EDI 标准（EDIFACT）有力地推动了欧洲各国企业内部、企业之间及欧洲统一市场的标准化，这就使得欧洲各国之间的跨境物流系统比其与亚洲、非洲等国家间的交流更简单、更便利、更有效。当然，国际信息系统建立还存在一些客观瓶颈，包括涉及国家间信息安全的管理困难、投资巨大以及各国间信息化水平不均衡等，但随着跨境贸易规模日益可观和先进信息技术的飞速发展和不断渗透，这些问题在发展中将逐步得到解决，当前国际物流信息系统建设的重心体现在主要贸易国海关之间的公共信息系统联机，以及时掌握有关各个港口、机场和联运线路、站场的实际状况，为跨境供应或销售物流决策提供信息支持。再则，物流标准化和信息化促使物流服务更趋全球化，跨国公司可以利用功能强大的计算机体系、卫星定位系统以及大数据、云计算、人工智能等最新技术，将全球供应链上的所有物流服务商统一起来加以控制，建立以合同导向的个性化、规范化跨境物流服务体系。

（4）物流服务更加精细化和优质化。当下跨境物流服务主要涉及商家对商家（business to business，B2B）、商家对个人（business to consumer，B2C）、个人对个人（consumer to consumer，C2C）三个领域，除了针对消费终端的 B2C、C2C 跨境物流服务更加透明化、便利化和一贯性以外，随着在全球众多重要产业中模块化生产网络的发展，国际间的产业加工贸易分工更加深化，为了适应各制造厂商大规模定制所需要的 JIT 采购、JIT 制造、JIT 分拨和 JIT 配送，跨境物流的高频度、小批量作业应运而生。从发达国家开始到新兴工业化国家再到发展中大国，针对各种产业需求的大型专业化物流服务企业大量涌现并呈现强者恒强态势，促使物流服务功能更加全面而强大、物流服务质量更加精细和优质，如何围绕机场、港口建立保税区、保税仓库，在检疫、安全性、通关检查和其他办证方面简化行政手续，提供“点到点”“一站式”“全天候”的便利化服务，成为各国跨境物流中心规划的焦点。

（5）绿色物流更加得到重视。物流在大力促进经济资源流通的同时，也给社会环境带来了一些负外部性影响，如运输工具的噪声、碳排放和交通阻塞等。而跨境物流涉及全球绝大多数国家和地区，由于发达国家环境保护的高标准以及发展中国家环境保护意识和认知度的提高，在跨境物流体系设计中采取绿色运输、绿色包装、绿色流通加工等全绿色化物流作业环节以及实行包括正向物流、逆向物流在内的全绿色化物流管理，逐渐成为各国、各地区的共识。

11.2　北部湾经济区跨境物流发展概况

11.2.1　北部湾经济区跨境物流发展现状

1. 物流产业发展概况

广西北部湾经济区主要包括南宁市、北海市、钦州市、防城港市所辖区域范围，同时包括玉林市、崇左市的交通和物流。2008 年 1 月，国家批准实施《广西北部湾经济区发展规划》，广西北部湾经济区开放开发正式上升为国家战略，将建设成为我国西部大开发和面向东盟开放合作的重点区域，北部湾经济区物流业获得迅速发展。目前，已基本形成了以南宁市作为物流中心和交通枢纽，以防城港、钦州港、北海港、东兴、凭祥等城市为核心的广西北部湾经济区物流产业总体布局。

随着广西北部湾经济区招商引资工作力度的加大，钦州保税港区、南宁保税物流中心的投入运行以及“以港兴区”战略的推进，物流产业规模呈现逐年扩大趋势。2015 年，广西北部湾经济区（南宁、北海、钦州、防城港四市）实现物流产业（交通运输、仓储及邮政业）增加值 383. 7 亿元，[①] 占北部湾经济区地区生产总值（GDP）和第三产业产值的比重分别达到 6. 5% 和 15. 2%。2008 ~2015 年，北部湾经济区货运总量增长较快，年均增速达到 20. 1%，水路、公路、铁路、航空货运量分别年均增长 52. 3%、25. 8%、5% 和 8. 8%；2015 年北部湾经济区货运总量达到 66106 万吨，约是 2008 年货运总量的 3 倍，其中公路、水路、铁路货运量分别为 55840 万吨、7237. 8 万吨和 3623. 2 万吨，分别各占北部湾经济区货运总量的 84. 5%、10. 9% 和 5. 5%（见表 11. 1）。同时，广西北部湾经济区物流企业数量不断增加，服务功能逐步增强，目前拥有一定规模的现代物流企业 150 多家，主要提供运输、仓储、流通加工、配送等多种服务；并崛起了一批初具规模、服务水平相对较高的本土第三方物流企业，如广西中外运、广西物资集团、广西超大、广西运德、玉柴物流、防城港高速集装箱运输有限公司、北海驷通物流有限公司等。但总体上看，广西北部湾经济区物流产业仍处于由传统物流向现代物流转型的初级阶段，规模较小，市场化、专业化、协作化程度较低，技术装备不够先进，发展水平和质量不高，与国际发达物流业水平及对接 CAFTA 的跨境物流发展需求相比还存在着较大差距。

表 11. 1　2008 ~2010 年北部湾经济区（四市）物流产业发展情况

年份	货运总量		水路货运		公路货运		铁路货运		航空货运		物流增加值（亿元）
	数量（万吨）	增幅（%）	数量（万吨）	增幅（%）	数量（万吨）	增幅（%）	数量（万吨）	增幅（%）	数量（万吨）	增幅（%）	
2008	21874. 1	18. 7	3154. 8	31. 3	15981. 1	19. 1	2735. 1	4. 7	3. 1	14. 8	172. 5
2009	38800. 0	77. 4	3546. 2	12. 4	31826. 4	99. 2	3423. 6	25. 2	3. 8	22. 6	208. 2

① 广西北部湾经济区四市中，南宁、钦州、防城港三市的交通运输、仓储及邮政业增加值根据各市国民经济和社会发展统计公报而得；北海市因没有相关统计数据，本研究以该市 2010 年交通运输、仓储及邮政业增加值为基期数据，根据该市货运总量的年增速大致递推其 2011 ~2015 年交通运输、仓储及邮政业增加值。

续表

年份	货运总量		水路货运		公路货运		铁路货运		航空货运		物流增加值（亿元）
	数量（万吨）	增幅（%）	数量（万吨）	增幅（%）	数量（万吨）	增幅（%）	数量（万吨）	增幅（%）	数量（万吨）	增幅（%）	
2010	49238.6	26.9	4572.5	28.9	41144.9	29.3	3518.6	0.03	3.1	-18.4	211.6
2011	60500.9	22.9	22378.4	389.4	34225.1	-16.8	3893.7	10.7	3.7	19.4	247.9
2012	71906.3	18.9	6933.1	-69.0	61185.8	78.8	3783.2	2.8	4.2	13.5	263.6
2013	80379.7	11.8	4397.2	-36.6	69049.6	12.9	3721.6	-1.6	4.9	16.7	325.3
2014	61556.0	-23.4	6863.2	56.1	50732.0	-26.5	3955.8	6.3	5.0	2.0	371.6
2015	66106.0	7.4	7237.8	5.5	55840.0	10.1	3623.2	-8.4	5.0	0.0	383.7

资料来源：根据2008~2016年广西北部湾经济区国民经济和社会发展统计公报整理而得。

2. 跨境物流发展概况

2010年中国—东盟自由贸易区正式建成，使中国与东盟各国90%以上的产品在区内达到零关税，推动了中国与东盟之间进出口和边境贸易的繁荣。2015年中国与东盟贸易额为4721.6亿美元，占中国全部对外贸易额的11.9%，仅次于中国对欧盟14.3%及对美国14.1%的占比（如图11.1所示），且较2014年占比提升了0.74个百分点；从增速上看，在经过2014~2016年低迷期后，“一带一路”和CAFTA升级版建设效应有所显现，2017年中国与东盟贸易额达到创纪录的5148亿美元且首次突破5000亿美元，同比增长13.8%。

广西作为“一带一路”倡议有机衔接的重要门户以及作为中国—东盟自贸区升级版合作“桥头堡”，2016年对东盟国家进出口1835.4亿元，增长1.6%，占广西外贸总值的57.9%，而同期我国对外贸易总额则下降了0.9%。根据广西商务厅和南宁海关的数据统计，2017年广西外贸复苏态势明显，全年外贸进出口达3866.3亿元人民币，增长22.6%（如图11.2所示），再创历史新高，增幅较全国14.2%的水平高8.4个百分点；并且广西外贸市场布局更加多元化，对东盟进出口1893.9亿元，增长3.7%，占同期广西外贸总值的49%，其中对越南进出口1626.3亿元，增长2.1%；对美国、中国香港、巴西和欧盟分别进出口285.9亿元、261.3亿元、200.3亿元

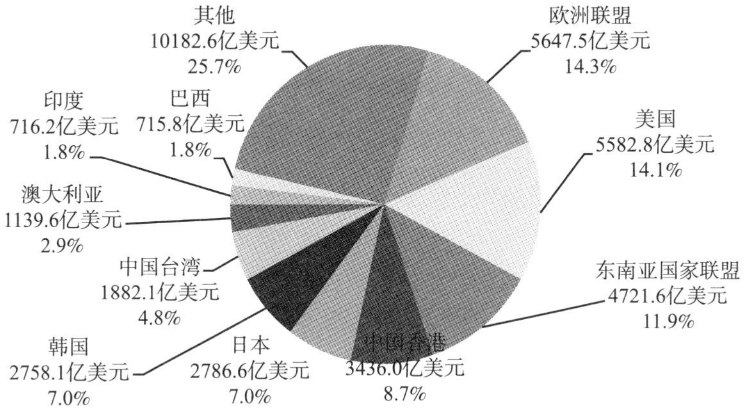

图 11.1 2015 年中国与全球主要贸易伙伴贸易额分布

资料来源：2015 年中国对外贸易发展情况分析［EB/OL］. http：//www. askci. com/news/finance/20160520/1124423547. shtml。

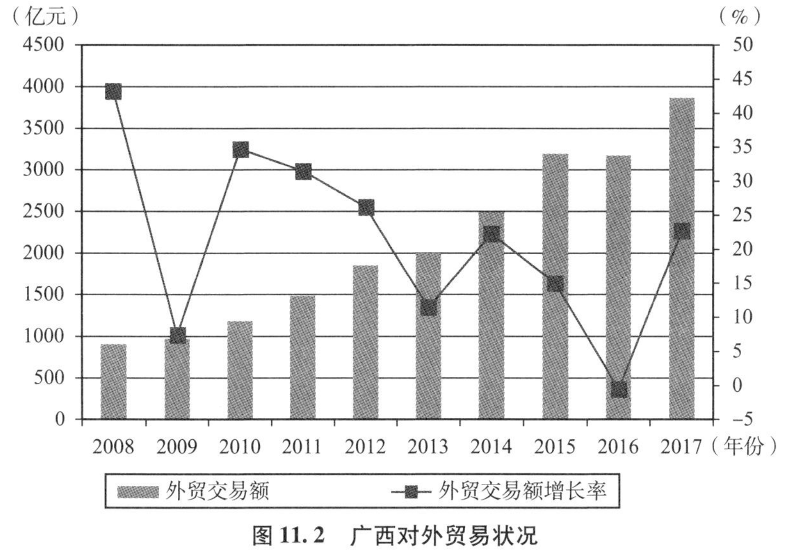

图 11.2 广西对外贸易状况

资料来源：广西统计年鉴（2017）。

和 143.6 亿元，分别增长 54.5%、43.1%、70.7% 和 49%；此外，对“一带一路”沿线国家进出口 2100.2 亿元，增长 5.2%，占同期广西外贸总值的 54.3%。[①] 从

① 2017 年广西外贸进出口情况新闻发布会［EB/OL］. http：//www. customs. gov. cn/。

边境贸易来看，来自越南工贸部的数据显示，2015 年越南边贸总额为 275.6 亿美元，其中，中越边贸额占比 85%，达到 234.3 亿美元，位居第一；而目前广西在中越边境地区已拥有东兴、凭祥、友谊关、水口、龙邦、平孟、爱店、峒中 8 个国家一类口岸，2015 年广西对越南边境小额贸易额就以 170 亿美元占到中越边贸额的 72.6%。广西北部湾经济区作为中国对接东盟的主要边境前沿门户和“21 世纪海上丝绸之路”的重要节点，自 2008 年上升为国家战略以来外贸发展硕果累累，进出口实现了 3.4 倍的增长，年均增速达到 23.1%（如图 11.3 所示），快于广西 21.2% 和全国 7.7% 的同期平均增速；2016 年外贸进出口 1491.99 亿元，占广西对外贸易总额的 47.1%。

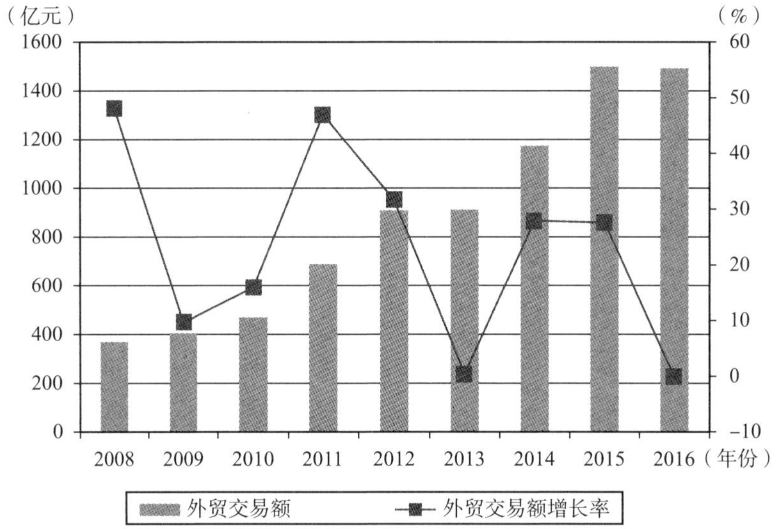

图 11.3　北部湾经济区（四市）对外贸易状况

资料来源：广西统计年鉴（2017）。

此外，近年来我国跨境电子商务发展迅猛，已成为外贸发展的新增长点，根据商务部、海关总署等部门以及艾瑞咨询统计，2016 年我国跨境电商交易规模达 6.7 万亿元，近五年复合年均增长率（compound annual growth rate，CAGR）达 33.6%，其中出口跨境电商占跨境电商整体交易额的 82.1%。[①] 在

① 跨境电商增长迅猛　中国模式角逐新一代贸易规则 [N]. 第一财经日报（上海），2017－10－12。

此大环境下，广西在构建“网上丝绸之路”进一步拓展海外市场，发展面向东盟等主要贸易伙伴的跨境电子商务上也风生水起。2014 年 8 月，南宁市被国家海关总署批准成为全国第 17 个国家跨境贸易电子商务服务试点城市，获准开展跨境贸易电子商务零售出口业务，拟采用“线上平台 + 线下园区”“清单核放，汇总申报”的模式，通过各联检部门执法联运的全程信息化管理和线下集中监管，以信息化、电子化手段降低企业通关成本，提高通关时效，使跨境电子商务的外贸流通更便利、更顺畅。为加快推进跨境贸易电子商务服务试点工作，南宁市将此纳入中国—东盟信息港建设的重要内容，以南宁保税物流中心为监管园区，以广西电子口岸为基础，在跨境电子商务服务体系建设运作上取得了以下突破性进展：2015 年 5 月，南宁跨境贸易电子商务综合服务平台基本建成并实现上线试运行，主要包括跨境贸易电子商务通关服务平台、跨境贸易电子商务政府公共服务平台、跨境贸易电子商务企业服务平台三大平台，其核心是利用信息化手段实现跨境贸易电子商务出口的便捷通关，为跨境电商企业报关报检提供一站式服务；同年 6 月，中国—东盟（南宁）跨境电子商务产业园成立，新建了跨境电子商务监管仓，对优化跨境电商服务链、数据链和监管链发挥重要作用，已吸引了广西区邮政公司、广西大白鲨网络科技有限公司、南宁市新达士电子有限公司等电商、物流、金融企业参与运作，将打造成为广西电子商务产业集聚区；此外，南宁市正在积极争取跨境贸易电子商务进口试点业务。广西层面也出台了相关政策措施促进“电商广西、电商东盟”发展：2015 年 7 月出台了《广西壮族自治区人民政府关于加快电子商务发展的若干意见》，明确要大力发展面向东盟的跨境电子商务，加快中国—东盟跨境电子商务公共服务平台建设，吸引国内外跨境电商企业落户广西设立面向东盟的电子商务总部，支持本地电子商务企业“走出去”建立境外营销渠道和完善仓储物流；2015 年 12 月又出台了《广西壮族自治区人民政府办公厅关于促进全区跨境电子商务健康快速发展的实施意见》，在通关便利、数据共享、商品质量保障、出口退税等方面提出 17 条促进全区跨境电商发展的政策措施，旨在实现跨境电子商务“快通关、快报检、快汇兑、快退税”的全流程业务，为广西跨境电子商务发展保驾护航。在上述政策、行业利好的综合刺激下，广西电子商务增长态势优于全国平均水平。根据东博会秘书处数据，广西电子商务交易额由 2013 年的

1266亿元增长到2016年的6180亿元，年均增长率达70%；特别是面向东盟的跨境电子商务，连续三年实现稳步增长，2016年跨境电子商务交易额达330亿元。[①] 由此吸引了阿里巴巴、京东、跨境通、新华大宗、苏宁云商、顺丰优选等一批知名龙头电商企业相继落户广西，并涌现出南博网、东盟采购网、美丽湾网上商城、华南城“东盟购”等一批面向东盟跨境贸易的跨境电商企业。其中，东盟采购网是目前全球第一家专业针对东盟市场的一条龙服务线上外贸平台，同时也是东盟成员国官方指定的唯一B2B采购电子商务网站；广西美丽湾电商平台已与越南、马来西亚、泰国等7个东盟国家建立合作关系，形成网上销售东盟产品的主渠道。自2015年6月25日南宁跨境贸易电子商务综合服务平台正式启动以来，目前已实现对西班牙、俄罗斯、美国、加拿大等34个国家出口业务1000多单。2016年1月30日，南宁跨境商品直购体验中心落地运行，属于海关特殊监管区域，经营面积超8000平方米，是目前广西最大型的集合多商户、“线上购买平台+线下展示交易中心”同步运营（online to offline，O2O）的跨境商品直购平台，经营轻奢品、母婴用品、美妆、食品、保健品等上万种涵盖1000多个品牌、40多个国家的原装进口完税商品和保税商品，所有商品均为原产国直供，享受关税减免，真正实现直购的价格、质量优势，2016年实现销售额1.1亿元。在2016年中国—东盟电子商务峰会上，阿里巴巴“一达通”、Google AdWord广西体验中心、广西云图全球供应链交易平台签约落户，目前阿里巴巴“一达通”已经为中小企业开展跨境电商提供综合平台服务，2017年1~8月通过广西一达通外贸综合服务平台出口的企业共计352家，累计出口订单1360笔，出口总金额2497.14万美元；广西云图全球供应链平台于2017年1月启动，目前已服务全区企业超过1000家；Google AdWord广西体验中心现已帮助10余家广西企业完成跨境电商转型并正式开展企业品牌的国际推广，产品涵盖广西特有的茶族皇后金花茶、广西荔浦产衣架等。[②] 广西传统农副产品、海产品等名优产品也通过京东（中国特产·广西馆）、1号店、淘宝网、苏宁云商、顺丰优选等“入网”涉足跨境电商开拓东南亚市场。根据《广西壮族自治区人民政府关于加快电子商务发展的若干意见》，到2020年，实现全区电子商务

①② 东博会秘书处.2016年广西跨境电子商务交易额达330亿元，2017年一批跨境电子商务重大项目将落地广西［EB/OL］. http：//www. caexpo. org/。

交易额超 1 万亿元，其中网络零售额超过 1400 亿元且占社会消费品零售总额 15% 以上，培育 3 家年交易额超 1000 亿元电商平台、20 家年交易额超 100 亿元电商企业，跨境电子商务作为增长速度最快、面向东盟市场潜力最大的电商业务，其发展无疑将迎来爆发期。

在我国，广西外贸复苏前景显现、与东盟贸易额突破历史新高、边境贸易继续强势以及跨境电商发展迅猛的总体态势下，广西北部湾经济区作为中国与东盟接壤的主要区域，跨境物流作为实现双边贸易货物地理位移的重要途径也得到了相应的快速发展，并吸引了来自华东、华南等东部沿海省份的知名物流企业如顺丰、德邦、圆通、韵达、京东物流等纷纷看好东南亚跨境物流线路加以布局，主要建设重点集中于航空运力扩充、海运运力优化、联运方式设计、海外仓及中枢转运点布局、O2O 运营、冷链物流保障、全程综合性信息服务及管理等，使北部湾经济区物流产业再添新军。

11. 2. 2　北部湾经济区跨境物流产业发展优势

11. 2. 2. 1　具有得天独厚的区位优势

广西北部湾经济区处于中国—东盟自由贸易区、泛北部湾经济合作区、大湄公河次区域、中越“两廊一圈”经济区、泛珠三角经济区、西南六省协作区等多个区域合作交汇点，是西南地区最便捷的出海大通道和中国通向东盟的陆路、水路要道，又是促进中国—东盟全面合作的重要门户、前沿和枢纽。优越的地理位置和区位优势，为国内外人才、技术、资金等经济要素的流入创造了良好的环境，也是北部湾经济区有效贯通中国—东盟各类物品的实体流动、成为 CAFTA 国际物流基地的先决条件。

11. 2. 2. 2　开展跨境物流的基础条件已初步具备

从运输来看，广西北部湾经济区现已形成较发达的连接中国—东盟的公路、铁路、航空、水运相互衔接配套的国际大通道交通体系。陆路方面，北部湾经济区高速铁路网、高速公路网已连通全国，南宁的铁路、公路直通越南河内；凭祥—越南是广西通往东盟唯一的铁路通道，凭祥—苏州—满洲里—欧洲、凭祥—郑州—新疆霍尔果斯—欧洲、凭祥—重庆（成都）—新疆阿拉山口—欧洲 3 条国际物流线路①以及青岛—凭祥—越南、广州—河内、仁川—胶州—凭祥、中国—东盟铁路冷链、东盟水果冷藏集装箱、中越跨境集装箱等国际货物班列专线的新开通、重庆—凭祥—越南物流线路的开辟，形成了“陆—铁—空”多式联运格局，成为富士康、微软、三星、耐克等跨国企业所选择的重要跨境贸易物流通道，凭祥综合保税区建设也取得重要进展；由钦州港火车东站前往波兰马拉舍维奇的中欧集装箱班列暨广西首趟始发至欧洲的中欧班列也于 2018 年 1 月 17 日首发。航空方面，南宁吴圩国际机场现拥有 120 多条国内航线以及 22 条直飞我国港、澳、台地区和东南亚各国的地区和国际航线，并与北海、玉林、海口、湛江、儋州等机场协同配合，实现与东盟国家主要城市航线全覆盖。航运及港口方面，随着防城港、北海、钦州三港整合为广西北部湾港，正式跨入中国亿吨级大港行列，现拥有生产性泊位 256 个，其中万吨级以上泊位 65 个，最大靠泊能力为 20 万吨，总吞吐能力达约 2.4 亿吨；至今已与 100 多个国家和地区的 200 多个港口通航，与东盟 7 个国家、47 个港口建立了密切的运输往来，定期集装箱班轮 44 条，其中外贸航线 29 条；2017 年 11 月，由阿联酋航运运营的“北部湾港—印度/中东”远洋航线首航暨“北部湾港—新加坡”天天班公共航线于在钦州港正式开通，该直航远洋航线分为“阿巴斯—杰贝阿里—哈兹拉—科钦—巴生—新加坡—钦州—香港—光阳”的东部航线和“光阳—釜山—上海—宁波—蛇口—钦州—新加坡—巴生—科钦—那瓦西瓦—蒙德拉—杰贝阿里—阿巴斯”的西部航线，经初步测算，相比过去的中转模式可减少物流成本约 500 美元/标箱，物流时间减少 7 ~ 12 天，将为西部地区产业发展提供跨境物流支撑；② 2017 年北部湾港完成货物吞吐量 2.19 亿吨、集装箱吞吐量 227.87 万标箱，同比分别增长 7.2% 和 26.69%，集装箱吞吐量增速快于全国平均增幅，2017 年 1 ~ 11 月货物吞吐量在全国 19 个沿海港口中排名第 15 位，其中外贸货物吞吐量居第 10 位，“1 + 1 + 1 > 3”的跨境港口物流协同效应正在显现，形成国际集装箱、煤炭、化工、粮油、汽车、港口综合等物流体系。物

① 争当排头兵　引领快步跑——北部湾经济区 2017 年开放发展速写［EB/OL］. http：//www.gzb.cas.cn/dfyw2017/201712/t20171229_4924451.html。

② 零的突破！北部湾港开通两条集装箱远洋航线［EB/OL］. http：//www.sasac.gov.cn/。

流配套设施方面，钦州保税港区、南宁保税物流中心、凭祥综合保税区和北海出口加工区拓展的保税物流功能一起，构建起了较为完善的北部湾保税物流体系；中国—东盟国际物流基地、南宁空港物流产业园、新加坡（广西南宁）综合物流产业园等各物流园区的相继启动建设将为北部湾经济区各类物流资源集聚提供广阔的平台，促进跨境物流、信息流和资金流的顺畅；作为“互联网 + 跨境物流”的体现，北部湾物流 APP 于 2015 年上线，专注于为货运人提供包括车源、货源、仓库以及服务和招聘等综合物流服务，帮助物流企业、制造商、中间商、船运公司、船代公司以及铁路部门加快货源流动速度，降低仓储成本和返空率，节约物流成本。

11.2.2.3 经济持续快速增长提供了良好的产业发展基础

实践表明，一个国家或地区的物流产业规模与其经济发展水平密切相关，如美国、欧洲、日本的物流产业规模已超过高技术产业，占到其国内生产总值的 10% 以上。广西北部湾经济区作为国家新的重点发展区域，近几年经济发展势头迅猛。2008 ~ 2016 年间，北部湾经济区（四市）生产总值从 2008 年的 2156.01 亿元增加到 2016 年的 6488.07 亿元，年均增长 12.6%，高于广西 11% 和全国 8.4% 的平均增速（如图 11.4 所示），占广西地区生产总值的比重由 2008 年的 30.7% 提高到 2010 年的 35.4%。而且，北部湾经济区工业发展明显加快，2016 年工业占 GDP 的比重达到 34.4%，较 2008 年 31.5% 的占比提升了 2.9 个百分点，形成了以电子、医药、石化、冶金、造纸、能源、轻工食品为主的产业布局，各产业与国内外产业价值链的分工合作也在逐渐深入，为北部湾经济区物流产业发展提供了产、供、销等方面的市场需求条件，有利于形成临港工业与跨境物流产业协同发展的格局。

11.2.2.4 重点物流园区建设初具规模

自 2008 年以来，广西北部湾经济区规划建设的大型物流项目超过 40 个，占广西大型物流项目总数的六成，已初步形式“前港后场”的新物流格局。规模较大的物流园区包括：南宁国际综合物流园、南宁空港物流产业园、中国—东盟（北海）商贸物流中心、防城港港口物流园区、防城港企沙物流中心、防城港东兴口岸物流园区、防城港东湾物流加工园区、钦州港综合物流

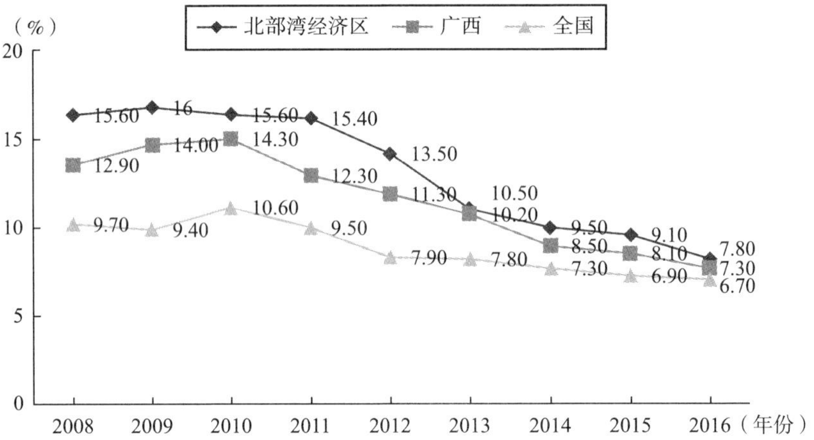

图 11.4　北部湾经济区（四市）GDP 增速及比较

资料来源：广西统计年鉴（2017），中国统计年鉴（2017）。

园区、崇左（东盟）国际物流园、中国—东盟自由贸易区凭祥物流园、广西海吉星农产品国际物流园等。特别是 2017 年 9 月在南宁综合保税区新近启动建设的新加坡（广西南宁）综合物流产业园对于北部湾经济区跨境物流发展具有一定的标志性意义，该物流园区投资规模约 100 亿元，将建成集信息交易、集中仓储、配送加工、多式联运、辅助服务和产品批发交易中心、物流金融中心等于一体的现代物流多功能园区，服务辐射广西毗邻省份、西部地区、新加坡等东盟国家和世界各地进出口商家，有利于实现陆海空多式联运，打通“南向通道”交通运输的瓶颈，有力地推动区域贸易便利化，为中国—东盟自贸区商贸物流注入新的活力。① 物流园区加快规划建设的循环累积效应将有利于促进广西北部湾经济区跨境物流资源的集聚和区域性国际物流产业集群的形成。

11.2.2.5　享有多重叠加的政策优势

广西北部湾经济区既享有民族区域自治政策，又享有沿海省区的开放政策，还可享受国家落实《国务院关于进一步推进西部大开发的若干意见》《中共中央、国务院关于深入实施西部大开发战略的若干意见》《西部大开发

① 新加坡（广西南宁）综合物流产业园项目启动［EB/OL］. http：//www. nanning. gov. cn/。

“十三五”规划》《广西北部湾经济区发展规划》《国务院关于进一步促进广西经济社会发展的若干意见》《北部湾城市群发展规划》而给予的一系列优惠政策。2016 年 8 月《国务院关于同意设立广西凭祥重点开发开放试验区的批复》同意设立广西凭祥重点开发开放试验区，拟建设成为中越全面战略合作的重要平台、中国—东盟自贸区升级版的先行区、西南沿边经济发展的增长极、桂西南新的区域经济中心、睦邻安邻富邻的示范区和沿边开发开放的排头兵。① 2017 年 11 月 12 日《中国商务部与越南工贸部关于加快推进中越跨境经济合作区建设框架协议谈判进程的谅解备忘录》（以下简称《备忘录》）正式签署，对于与越南有着长达 1020 公里陆地边境线的广西而言无疑是重大利好。根据由商务部国际贸易经济合作研究院编制的《中国凭祥—越南同登跨境经济合作区可行性研究》报告，所谓跨境经济合作区即是在两国相邻的边境地区划定一个特殊区域，赋予该区域在财政、税收、投资、贸易以及其他配套的产业方面的特殊优惠政策，进行海关特殊监管，吸引境内人流、物流、资金流、技术流在这一区域内聚集和互动，充分利用两种资源两种市场，实现该区域的发展和繁荣，进而通过产业辐射效应带动周边地区经济发展。② 在正推动建设的东兴—芒街、凭祥—同登、河口—老街、龙邦—茶岭 4 个跨境经济合作区中，东兴、凭祥和龙邦都隶属于广西，而且东兴和凭祥也是北部湾经济区重要对越边境城市暨国家一类口岸。根据《备忘录》的规划，东兴—芒街跨境经济合作区拟在中越界河北仑河两岸规划建设双边核心区，总规划面积 23.4 平方公里，其中，中方园区规划面积 9.9 平方公里，越方园区规划面积 13.5 平方公里，这一合作区致力打造成中国—东盟自贸区升级版示范园区、中越经贸合作的旗舰，目前中越北仑河二桥已建成，中越北仑河二桥口岸开放获得批复，在 2017 年 9 月举行的第 14 届中国—东盟博览会上，总投资额 90 亿元人民币的一批项目签约落户合作区，涉及新能源汽车、旅游文化、金融商贸、现代物流等领域；与越南一省三县接壤的凭祥市是中越边境最大的口岸城市，凭祥—同登跨境经济合作区中方区域规划建设面积 10.2 平方公里，主要功能包括口岸作业区、国际物流区、保税加工

---

① 国务院关于同意设立广西凭祥重点开发开放试验区的批复［EB/OL］. http：//www. gov. cn/。

② 周红梅，等. 中国凭祥—越南同登跨境经济合作区初露“芳容”［N］. 广西新闻网 - 广西日报，2009 - 07 - 20。

区、商贸旅游区、金融商务区，实行“一线放开、二线管住、境内关外、分线管理”的监管模式，试行管理体制机制改革与创新，重点发展跨境商贸、加工制造、跨境旅游、国际金融、现代物流等产业。①

同时，广西为促进地区经济跨越式发展也制定了一系列更加优惠的地区政策，包括《广西北部湾经济区发展规划（2014 年修订）》《中共广西壮族自治区委员会、广西壮族自治区人民政府关于实施开放带动战略全面提升开放发展水平的决定》《西部大开发“十三五”规划广西实施方案》《广西壮族自治区人民政府关于扩大对外开放积极利用外资的实施意见》，并相继出台了《广西物流业调整和振兴规划》《广西壮族自治区人民政府关于建设“无水港”加快发展保税物流体系的意见》《广西壮族自治区人民政府关于加快广西物流业发展的实施意见》《广西壮族自治区人民政府办公厅关于印发建设“无水港”加快发展保税物流体系工作方案》《广西促进现代物流业跨越式发展的三年行动计划（2015 ~ 2017 年）》《广西物流业发展“十三五”规划》《广西壮族自治区人民政府关于促进广西快递业发展的实施意见》《广西壮族自治区人民政府办公厅关于推动物流业降本增效促进我区物流业健康发展若干政策的意见》《广西加快推进中新互联互通南向通道建设工作方案（2018 ~ 2020 年）》等支持物流业发展的文件。来自国家、自治区、各市的政策合力为北部湾经济区跨境物流产业发展提供了诸如税收、用地、信贷、投资等多方面的保障。

11.2.3 北部湾经济区跨境物流产业发展面临的困境

众所周知，跨境货物贸易、跨境电商以及产业参与全球供应链规模的持续放量和良性发展需要信息流、资金流和物流“三流合一”的支持。其中，信息流和资金流可以在虚拟环境下通过互联网实现，唯有物流不能完全通过网络实现。对于跨境物流而言，跨境商品的运输受到各国物理距离、通关条件、海外仓节点等的制约，使得较长的等待时间、烦琐的退换货流程极大地阻碍了跨境商品的销售。因此，如何在这些限制条件下优化现有的物流模式，

① 中越加快推进跨境经济合作区建设促互利共赢［EB/OL］. http：//www. chinanews. com/cj/2017/11 -14/。

使跨境物流系统、跨境物流网络、跨境物流服务、跨境物流技术、跨境物流基础设施最大程度上适应跨境贸易的要求，成为亟待解决的问题。而广西北部湾经济区作为西部后发区域，尽管近年来物流产业在各方合力支持下得到了较快发展，但在跨境物流运作上，仍存在物流基础设施偏薄弱、信息化程度较低、综合管理水平不足、跨境物流通道建设滞后等弊端，无法支撑真正低成本、高效率、便利化的货物进出口、跨境电商和全球供应链管理，若不妥善加快解决，物流将成为制约广西北部湾经济区吸引全球优质产业资本布局和跨境贸易放量增长的“痛点”。

11.2.3.1 物流成本居高不下

物流成本一般为总成本的 30% ~40%，而因跨境物流的产业链和环节更长，包括国内物流、国内海关、国际运输、国外海关、国外物流等多个环节，尤其是海关和商检，操作难度和风险更大，使跨境物流成本则更高，平均 1 千克包裹需要 100 元左右的运费甚至更高。以跨境电商为例，国际普邮包裹、航空挂号包裹线路是其重要的跨境物流通道，虽然目前广西已开通南宁至越南的陆运直邮邮路，但通往其他东盟国家的直达陆运、航空物流渠道尚未完全打通，广西发往国外的邮政小包基本都需要先到梧州，再绕道广东进行中转后才能出境，跨境电商物流成本偏高，如货物发往越南、泰国、新加坡三国的物流成本，广西较广东约高出 15% ~30% 以上，折算为每单物流成本增加 36 元/单。[①] 由于跨境电商顾客群在商品等质情况下对交易价格一般极为敏感，这将直接导致广西跨境电商交易商品丧失价格优势和市场竞争力，特别是北部湾经济区很多跨境电商中小企业体量小，产品的利润空间还不足以支付物流成本，生存岌岌可危，更谈不上扩张规模和提高服务品质。

11.2.3.2 物流周期长且不稳定

跨境物流周期包括货物在途联运、中转、短存的实际物流时间，再加上报关和商检的时间，导致跨境物流周期要远远长于国内电商物流。根据外贸

---

① 广西跨境电商掘金还须跨过几道坎［N］. 广西新闻网 - 广西日报，2016 - 09 - 22。

B2C 平台 Focalprice 的客户满意度调查,[①] 客户对外贸、跨境电商最大的抱怨仍集中在物流方面，而配送时间长和时效不稳定又是客户抱怨的重点。目前，北部湾经济区跨境物流因现行通关模式涉及海关、检验检疫、边检、海事等多个监管部门，环节较多，流程复杂，致使跨境交易过程涉及的运输与配送时间较长，有的跨境电商平台订货周期需要 1 ~2 个月时间，最快的也要 1 ~2 周，如遇到购物旺季，如圣诞节、春节、“双十一”等，物流时间会更长。此外，由于目前南宁市只获准开展跨境贸易电子商务零售出口业务，跨境电商企业针对跨境电商进口需求只能按一般商品贸易流程走，通关速度慢、周期长、成本高，用户体验度差、时间不确定性强、跨境物流服务的一贯性差，成为制约北部湾经济区开展跨境电商进口业务的死穴，并影响广西与东盟互惠互利双边贸易的发展。

11.2.3.3 退换货逆向跨境物流无法开展

跨境交易物流环节多、周期长、涉及面广，很容易因货品质量问题、货品的错发和丢失、海关和商检的风险、配送地址的错误以及顾客滥用退换货政策等因素，使得整条跨境物流链的各节点都有可能会产生退换货物流。由于退换货物流属于逆向物流，具有分散性、缓慢性、混杂性及多变性的特征，跨境贸易企业很难控制退换货的回收时间、空间，并存在整合运输和仓储的问题，导致逆向物流的平均成本远高于正向物流。正因如此，退换货也是困扰跨境贸易、跨境电商的一大难题。尤其在欧美发达国家，当地“无理由退货”的消费习惯和文化，使得中国跨境电商的退换货率呈现持续增长趋势。由于涉及跨境通关和物流，退换货很难有一个顺畅的通道返回国内，各种相关成本高昂，甚至出现由退换货导致的跨境物流费用严重超出货品本身的价值，这是北部湾经济区跨境电商企业无法有效开展退换货的根本原因，但同时也必然会降低客户服务水平，弱化顾客对跨境电商平台的黏性和忠诚度。

11.2.3.4 面临政治、政策、文化风险

跨境物流需异境完成，无法回避当地的政治、知识产权、习俗文化、政

---

① Focalprice 李培亮：物流仍是跨境电商死穴［EB/OL］. http：//www.ebrun.com/20140403/95561.shtml。

策变化等因素。当前，我国“一带一路”倡议正在有序推进，但一些不利障碍也须警惕。第一，美国对中国的“一带一路”倡议持明确的反对和抵制态度（刘崇献，2016）[189]，实行政治上诋毁、不参与中国牵头组建的亚洲基础设施投资银行（Asian Infrastructure Investment Bank，简称亚投行，AIIB）、军事上加强包围圈的做法。第二，奥巴马当政期间，2015 年 10 月 5 日包括美国、日本、澳大利亚、文莱、加拿大、智利、马来西亚、墨西哥、新西兰、秘鲁、新加坡、越南 12 国达成跨太平洋战略经济伙伴关系协定（Trans - Pacific Partnership Agreement，TPP），由于成员国合计占全球经济的比重达到 40%，而且在国际贸易、知识产权、投资、劳工、环境、国有企业等广泛领域作了统一规范，协议质量较高，因此也被称为“21 世纪的贸易协定”，明显有孤立中国之意，试图挑战 CAFTA 升级版在亚太地区的话语权；虽然特朗普上台后基于美国优先的战略考量而声称“美国将退出 TPP”，并于 2017 年 1 月 23 日签署行政命令正式宣布退出，但以日本为首的其他国家仍在加紧落实，2017 年 11 月 11 日日本和越南共同宣布除美国外的 11 国就继续推进 TPP 正式达成一致，11 国将签署新的自由贸易协定“全面且先进的 TPP”（Comprehensive Progressive Trans-Pacific Partnership，CPTPP）；① 而且 2018 年 1 月据美国财经媒体 CNBC 报道，美国总统特朗普又表示“如果美国能达成‘更好的’协议，他将重新考虑跨太平洋伙伴关系协定（TPP）”②。第三，与中国有领土争端的日本、越南、菲律宾、印度等国对中国倡导的“一带一路”倡议存强烈戒心，或明或暗地限制中国参与该国范围内重要的物流通道和物流设施的开发建设，如日本多次搅局中国在泰国和印度尼西亚的高铁投标项目，2016 年 8 月日本新干线已夺得曼谷至清迈高速铁路项目，③ 2017 年 11 月又拿下印度首条高速铁路孟买至艾哈迈达巴德项目，④ 与中国高铁在国际市场上全面展开竞争。第四，还面临越南、泰国政局动荡，东南亚固有排外政策和

---

① 美国宣布退出 TPP 多边贸易合作面临新格局［N］. 金融时报 - 中国金融新闻，2017 - 12 - 27。

② 陆依斐．“退群”后又考虑重返 TPP，特朗普受了什么“刺激”［N］. 解放日报，2018 - 01 - 29。

③ 日本拿下泰国高铁，中日“高铁之战”，中国会赢吗［EB/OL］. http：//www. sohu. com/a/121836194_532179。

④ 日本击败中国拿下印度高铁后遇挫　报价为中企 3 倍［EB/OL］. http：//money. 163. com/17/1106/07/。

地方保护主义，以及伊斯兰国家宗教极端主义等诸多负面因素。上述政治、政策、文化方面的不确定性和风险，将对广西北部湾经济区构建“一带一路”及 CAFTA 升级版下的跨境物流体系形成重大挑战。

11.2.3.5 管理协调困难

管理和协调障碍表现为跨国物流的一体化管理和政策法规协调问题（刘崇献，2016）[189]，如果不能妥善加以解决，广西北部湾经济区与“一带一路”范围内相关国家的跨境物流效率将会大打折扣，物流总成本也将居高不下。现今这方面的疑虑主要体现在：各跨境交易对象国都是利益主体，每个国家都会在本国主权范围内对过往的物流活动实施管理和影响，难免会造成关卡众多、多重收费、寻租腐败盛行等弊端，进而阻碍货物跨境交易，降低商品流通效率。即使每个国家都依法管理过往物流活动，也会因为各国政策法规不一致，各种设施设备和作业标准不统一而增加物流时间和成本。例如，在泛亚铁路网实际操作中，东南亚国家绝大多数使用轨距为 1000 毫米的窄轨；中国、伊朗、土耳其的铁路是轨距 1435 毫米的标准轨；印度、巴基斯坦的铁路和孟加拉国的部分铁路，轨距为 1676 毫米，属于宽轨；俄罗斯和中亚的那些独联体国家，铁路也是宽轨，轨距是 1520 毫米。① 要将这 4 种不同技术标准的轨道连接起来，技术难点、政治阻力和资金来源等方面的困难都很大，导致货运列车在互相交接的边境站必须实行换装或换轨，大大增加了跨境物流作业的难度、时间和成本。广西北部湾经济区与东盟之间的跨境物流同样也面临着类似问题，因中国与东盟国家物流基础设施建设对接不上，运输、仓储、装卸搬运、包装、流通加工、配送、冷链、报检、通关等物流标准不一，浪费了大量物流资源，导致物流成本激增。以广西与东盟的水果跨境电商为例，由于双方对水果包装和集装单元缺乏统一标准，进出口水果很多都要在凭祥、东兴、水口、龙邦、平孟等边境口岸进行分拣、包装或换装，增加了不必要的重复劳动和相关物流成本，并降低了跨境物流速度。

---

① 泛亚铁路一旦修好，会带来哪些影响？［EB/OL］. http：//mini. eastday. com/a/160726190601520. html。

11.2.3.6 汇率风险大

货物进出口、跨境电商等跨境交易会涉及汇率兑换的敏感问题，如果物流周期过长且无法有效控制，一旦期间汇率出现波动导致货值改变，相关税率也会随之发生变化，这又将间接导致外贸企业、跨境电商企业利润的缩减。近年来，部分东盟国家货币竞相持续贬值，以应对经济增还放缓。例如，2013 年年中以来，印尼盾兑美元贬值近 40%；2014 ~ 2015 年，马来西亚令吉兑美元汇率则下跌了 28%，新元和泰铢兑美元的跌幅也分别下跌了 12% 和 10%；在 2011 年以来持续贬值的基础上，2015 年越南央行又主动实行了三次货币贬值。上述作为广西北部湾经济区在东盟主要贸易伙伴以及“海上丝绸之路”沿线重要国家，其货币大幅贬值已给北部湾经济区外贸出口造成了较大冲击。以印度尼西亚为例，印尼盾一直以来都是盯住美元，目前汇率风险主要来自于人民币—美元—印尼盾三者之间的兑换风险以及该国主动实行宽松货币政策带来的货币贬值风险。北部湾经济区跨境贸易商在网上交易时用印尼盾结算，回款却是人民币，因为印尼盾的持续贬值以及 2017 年以来人民币对美元持续升值，导致从事对印度尼西亚出口业务的北部湾经济区跨境贸易企业利润下滑，而这又会对跨境物流价格和需求产生反压，显然不利于跨境物流企业改进物流质量和扩张规模。

11.2.3.7 需求存在不确定性

根据物流发展历史经验，一国物流业发达程度与其经济发展水平成正相关性。当前，广西北部湾经济区跨境物流的需求障碍主要表现为“一带一路”范围内主要是东盟 10 国的物流发展水平不一，分为高、中、低三个层次。其中，人均 GDP 超过 1 万美元的新加坡、文莱、马来西亚，其物流业发展水平较高；人均 GDP 不足 1 万美元的泰国、印度尼西亚、菲律宾、越南，其物流业发展与北部湾经济区处于同一层次；而人均 GDP 少于 2000 美元的老挝、缅甸、柬埔寨，其物流业发展最为落后。为契合推进“一带一路”倡议和 CAFTA 升级版进程，广西作为两者的战略高地发展跨境物流，势必在物流沿线进行相应的交通、仓储等基础设施投资，而如果部分欠发达国家没有充裕的货源，将造成物流设施闲置和浪费，建设成本回收也遥遥无期。此外，广西北部湾经济区跨境物流需求短期内还面临着国内一些政策因素的影响：2016 年北部湾经济区未能如预期列入全国第三批自贸试验区名单，不利于吸引国内外强势制造企业、大型跨境电商平台、跨国物流企业企业入驻；财政部、海关总署、国家税务总局联合发布《关于跨境电子商务零售进口税收政策的通知》，宣布自 2016 年 4 月 8 日起，中国将实施跨境电子商务零售（企业对消费者，即 B2C）进口税收政策，并同步调整行邮税政策，跨境电商零售进口商品将不再按邮递物品征收行邮税，而是按货物征收关税和进口环节的增值税、消费税，跨境电商交易频率高的日用快消品，如母婴用品、食品、保健品等品类税负有所增加，特别是行邮税低于 50 元的食品、保健品、奶粉、纸尿裤以及化妆品等，取消了 50 元的免税限制，税收增长幅度介于 20% ~30%，而对于衣服、自行车、摄像机等商品的行邮税高达 30%，税收新政将在一定程度上抑制跨境 B2C 进口，是否会引起国内跨境电商出口对象国相关税率政策的调整尚待观察。不论如何，上述因素将会影响广西北部湾经济区跨境货物交易量的增长，而跨境物流体系的建设和完善也可能会因此有所延缓。

11. 2. 3. 8　综合化现代物流网络尚未形成

经过多年建设，广西北部湾经济区铁路、港口、机场和公路等各种运输方式运作日益成熟，但彼此之间有效的衔接配合仍处于磨合期，火车站、机场与周边高速公路、城市道路、轨道交通等尚未实现无缝衔接，难以有效发挥中转、多式联运等跨境物流综合运输功能。同时，物流基础设施的建设跟不上跨境物流对接的需要，北部湾三港的进出港铁路规模小，港口与东盟各港口之间的直接通航还较少，航空货运增长缓慢，由此造成公路运输极为紧张，而报关、报验、货代等物流配套服务水平又较低，导致货物通关缓慢，影响了物流速度的提高。而且，北部湾经济区仓储设施普遍不足、设备落后，大部分只能进行如分拣、再包装、贴标签等一些简单操作，流通加工和配送功能欠缺，多数仓库租用率不足一半，自动化立体仓库缺乏，难以提供智能化、自动化的现代仓储服务。物流园区整体发展水平较低，2015 年广西认定了首批 10 家示范物流园区，包括广西钦州保税港区、广西凭祥综合保税区 2 家口岸服务型园区、广西海吉星农产品国际物流园、南宁国际综合物流园、广西物资集团桂林储运总公司物流园 3 家商贸服务型园区、防城港市东湾物流加工园区、梧州港港口物流中心 2 家综合服务型园区，红卫生产资料物流园区、柳州市鹧鸪江钢铁深加工及物流产业园、百煤物流园区 3 家生产服务型园，[①] 其中半数园区分布于北部湾经济区，但这些园区模式还主要停留在传统物流阶段，仍普遍存在水、电、路、网络、通信等基础设施不完善，集疏运通道不畅，路网配套能力较差等问题，无法承担有效衔接公路、铁路、水运、航空等多式联运设施网络中的物流节点功能。这些都严重制约了广西北部湾经济区作为带动支撑西部大开发的战略高地、西南中南地区开放发展新的战略支点、"21 世纪海上丝绸之路"和"丝绸之路经济带"有机衔接的重要国际区域经济合作区的战略定位下国际物流通道功能的发挥。

11.2.3.9 现代物流信息化程度低

与东部沿海发达经济区相比，广西北部湾经济区经济仍欠发达，物流产业起步较晚、规模相对较小，现代物流信息系统因缺乏经济社会条件支持而建设滞后，是阻碍北部湾经济区跨境物流发展的关键因素。由于跨境商品的运输至少需要两家快递企业共同承担，运输时间长，且如采用海外仓、保税仓模式还需途经异境仓储中转，运输过程中若没有及时、准确的物流信息流进行有效追踪，包裹丢失、损毁就会成为常态，使跨境贸易企业在提升用户体验方面遇到很大困难，跨境电子商务的便利性、快捷性和低成本也沦为空谈。从微观层面来看，广西北部湾经济区现只有少数大中型物流企业建立了信息管理系统和企业网站，大多数中小物流企业的技术装备和管理手段仍比较落后，服务网络和信息系统不健全，信息化管理和数据处理水平落后，信息处理不规范，人工重复操作和资源浪费现象严重；运用现代物流信息技术，如射频识别（RFID）、电子数据交换（EDI）、电子自动订货系统（electronic ordering system，EOS）、基于销售时点系统（point of sale，POS）的供应商管理库存（vendor managed inventory，VMI）、企业资源计划（enterprise resource planning，ERP）、地理信息系统（geographic information system 或 geo-information system，GIS）、全球定位系统（global positioning system，GPS）和北斗导

---

① 广西认定首批 10 家示范物流园区［EB/OL］. http：//www. xinhuanet. com/。

航系统等，对各类物流活动信息进行采集、分类、传递、汇总、识别、跟踪、查询等综合跨境物流一体化运作还十分欠缺，从而无法实现对跨境货物流动过程的系统有效管理。从宏观层面来看，大多数东盟国家经济仍相对落后，物流信息化水平低，跨部门、跨行业的信息资源整合还未实现，加之各国物流统一用语、作业、数据传输等物流服务标准参差不齐，势必影响广西北部湾经济区跨境物流的高效开展。

11.2.3.10 大型第三方跨境物流企业数量少、功能弱

广西北部湾经济区跨境物流产业能否在“一带一路”倡议下和 CAFTA“钻石十年”合作中获得高额产业价值网分工价值，关键在于物流系统的功能整合和物流规模经济效益的发挥。同时，跨境物流本身投资大、信息化、自动化、网络化、标准化的特点决定了唯有资金实力雄厚、技术先进、运作能力强、管理经验成熟、行业资源丰富的大物流企业方可承担，这也正是美国邮政服务公司（USPS）、敦豪（DHL）、联合包裹（UPS）、马士基（Maersk）、联邦快递（FedEx）、荷兰天地（TNT）等国际物流巨头长期“强者恒强”的根本原因。而目前北部湾经济区物流企业良莠不齐，特别是大型第三方物流企业占物流企业总量的比重不到10%，服务于中国—东盟边境贸易市场的大都是小、乱、散的物流企业，很少有物流企业能提供综合性的物流服务，自然无法通过物流系统的科学、合理规划，降低跨境物流总成本，实现物流效益和竞争力的提升，相反只能通过以隐性降低服务品质为代价的“价格战”来争取货源，导致整个行业的无序竞争。还需强调的是，目前广西北部湾经济区开展跨境物流的超大型第三方物流企业无一属于本地物流企业，在跨境运输、仓储、本地化配送的规模和效率上受制于人，特别是在顾客需求频次较高的商品如高品质鲜活易腐品、服装及日用快消品上，无力因地制宜地根据客户需求对跨境物流系统进行定制化设计和系列物流功能的优化整合控制，与发达地区相比跨境物流可达性仍较弱。

11.2.3.11 高端物流专业人才缺乏

跨境物流需要大量高级专业人才，然而广西物流高等教育和职业教育尚未跟上。据了解，广西 16 所高校中只有 1 所开设有物流管理专业，使得北部

湾经济区既懂得 FOB（free on board，即“船上交货价”）、CFR（cost and freight，即“成本加运费”）、CIF（cost insurance and freight，即“成本加保险费加运费”）、DAF（delivered at frontier，即“边境交货”）、FCA（free carrier，即“货交承运人”）、CIP（carriage and insurance paid to，即“运费、保险费付至”）等国际商贸深层次物流运作，又深谙东盟各国政治、经济、资源、人口、文化、风俗习惯、消费水平和信仰以及港口、铁路、公路、航空等物流设施情况，而且能掌握大数据、云计算、物联网、电子商务、商务谈判、经济法律和其他商贸物流等实用技能的全面应用型专业物流高层次人才少之又少。大部分物流从业人员仅有高中文化，基本上中层以上的物流管理人才都是在就业后“干中学”产生，从而无法满足跨境物流产业快速发展对高端人力资本的迫切需求，导致广西北部湾经济区跨境物流的整体服务水平和管理能力较低，绝大多数物流企业只能从事简单的运输配送、装卸搬运、仓储、包装等服务，而流通加工、物流信息服务、库存管理、成本控制等方面的物流增值服务还未全面展开。

11.3 跨境物流模式选择研究
——以跨境电子商务为例

11.3.1 跨境物流的主要模式

11.3.1.1 邮政小包

邮政小包是通过各国邮政系统将货物打包寄送到国外购买者手中的物流模式，也是现阶段最为普及的跨境电商配送方式。据不完全统计，中国跨境电商出口业务 70% 的包裹都通过邮政系统投递，其中，中国邮政占据 50% 左右的份额，中国香港邮政、新加坡邮政等也是中国跨境电商卖家常用的物流方式。其优势是：邮政网络基本覆盖全球，比其他任何物流渠道都要广，万国邮政联盟（Universal Postal Union，UPU）和卡哈拉邮政组织（Kahala Post

Group，KPG）在其中起到关键作用；而且由于邮政一般为国营，有国家税收补贴，价格相当低廉。但其缺点也较为突出，主要表现为：一般以私人包裹方式出境，不便于海关统计，也无法享受正常的出口退税；投递时间较长，一般在 16 ~35 天左右；再则，物流过程中极易发生漏记掉件的情况，面临退换货的情况时手续复杂，流程烦琐，耗时较长，存在报关方面的困难等；此外，快递包裹易受货物重量、体积的限制。

11.3.1.2 国际快递

国际快递是邮政小包的衍生物流模式，但服务提供方主要是 UPS、FedEx、DHL、TNT 四大第三方国际物流巨头，对信息的提供、收集与管理有很高的要求，以全球自建网络以及国际化信息系统为支撑。其优势是：速度快、服务好、丢包率低，尤其是发往欧美发达国家非常方便。比如，使用 UPS 从中国寄包裹送到美国，最快可在 48 小时内到达，TNT 发送欧洲一般 3 个工作日可到达。但国际快递也有其劣势，主要是价格昂贵，且价格资费变化较大，因此采用率并不高，一般跨境电商卖家只有在客户强烈要求时效性的情况下才会使用，且会向客户收取运费。

近年来，随着跨境电子商务的引爆，国内快递巨头 EMS、顺丰和“四通一达”也纷纷试水跨境物流业务。其中，EMS 的国际服务网络最为完善的，依托邮政渠道可直达全球 60 多个国家和地区，费用相对四大国际快递巨头要低，而且 EMS 在中国境内的出关能力很强，到达亚洲国家是 2 ~3 天，到欧美则要 5 ~7 天左右；顺丰较早涉足跨境物流，也是国内最先拥有自身货运机群的民营物流巨头，目前已经开通到美国、澳大利亚、韩国、日本、新加坡、马来西亚、泰国、越南等国家的快递服务，发往亚洲国家的快件一般 2 ~3 天可以送达，且可完成服装、电子、汽车配件、医药和生鲜的仓储、运输及配送；“四通一达”中，申通和圆通也在发力国际快递，如美国申通于 2014 年 3 月上线，圆通 2014 年 4 月则与 CJ 大韩通运合作，而中通、汇通、韵达的跨境物流业务才刚刚开始启动。

11.3.1.3 海外仓

海外仓模式即电商企业提前将货物报关，统一将货物发至他国境内的仓库，当该国消费者需要购买该商品时，再进行货物仓储、分拣、包装和派送的一站式控制与管理服务，主要适合库存周转快的热销单品。海外仓模式使得跨境物流转换为国内快递，用时较短，货物快速安全到达的概率大幅提升，节省了顾客购买的时间成本，重复购买率增加。另一方面，海外仓的适用范围极广，不受货物体积、重量的限制。当遇到退换货情况时，顾客只需将货物退回至海外仓即可，省却了报关缴税的麻烦。此外，海外仓的大量使用可摊薄企业的物流成本。虽然海外仓模式拥有小包快递所不能比拟的优点，但也存在着使用上的限制，主要是租用或自建海外仓的成本较高，如果没有稳定的购买需求，容易形成货品积压的风险，这对跨境贸易企业的货品需求预测提出了更高的要求。因此，跨境贸易企业在考虑海外仓业务时，必须对现阶段和未来自身的经营状况、业务布局和市场规模有非常清晰的认识。目前，海外仓已成为跨境电商企业拓展海外业务的新趋向，如义乌小商品城将设立海外仓作为破困之路，电商企业在美国、英国、澳大利亚等当地市场自建或租用仓库，通过整合需求进行采购、备货、货柜运输、再到海外仓进行储备、完成分销，单件物流成本降低了数倍，同时大大缩短了买家购物的时间。

从物流流程上看，海外仓储包括头程运输、仓储管理和本地配送三个部分：第一步，头程运输，即中国商家通过海运、空运、陆运或者联运将商品运送至海外仓库；第二步，仓储管理：中国商家通过物流信息系统，远程操作海外仓储货物，实时管理库存；第三步，本地配送：海外仓储中心根据订单信息，通过当地邮政或快递将商品配送给客户。

11.3.1.4 专线物流

跨境专线物流一般是通过航空包舱方式运输到国外，再通过合作公司进行目的国的派送。其优势在于：能够集中大批量到某一特定国家或地区的货物，通过规模效应降低成本，因而价格一般比商业快递低。在时效上，专线物流稍慢于商业快递，但比邮政包裹快很多。目前市面上最普遍的专线物流产品是美国专线、欧美专线、澳洲专线、俄罗斯专线等，也有不少物流公司推出了中东专线、南美专线、南非专线等。① 在跨境交易中，专线物流的使

---

① 中国大物流网．盘点：2016 跨境电商国际物流五大模式［EB/OL］. http：//www. ebrun. com/。

用频率不及前面三者高，一般适用于需求时间间隔或数量较为规律的业务。详见表 11. 2。

表 11. 2　　跨境电商物流模式的比较

类别	投递时间	投递效率	物流成本	初期投入	风险	货物限制
邮政小包	慢	低	低	无	无	重量、体积
国际快递	快	高	高	无	无	重量、体积
海外仓	快	高	根据货物周转率	一定投入	有	无
专线物流	较快	较高	中	无	一定	重量、体积

11. 3. 2　影响跨境电商物流模式选择的约束条件分析

跨境电子商务亟须适当的物流模式相配合，否则将因过高的物流成本而丧失价格优势。为此，本研究参考陆芝青和王方华（2004）[190]的研究方法，将影响跨境电商物流模式选择的约束条件可分为经济和制度环境、顾客行为偏好、技术进步和交易成本四个方面，并将前三者视为外部制约因素，将交易成本的改变视为内部制约因素。其作用机理表现为：一定的经济、制度状况是制约跨境电商物流模式形成的基础，顾客需求行为模式的变化是跨境物流模式定制化升级的直接诱因，技术进步推动跨境物流模式管理效率提升和总成本降低，而交易成本被看作是对跨境物流模式变革的经济描述。经济和制度状况、顾客需求模式、技术进步这三者通过影响企业的交易成本来影响跨境物流模式的选择，同时三者之间也存在着相互影响。而跨境电商企业作为主动的市场参与者，通过调整自己的市场行为以降低相应的交易成本，达到效益最大化（如图 11. 5 所示）。

11. 3. 2. 1　各国经济、制度环境的变化

一定的经济基础是开展跨境电子商务的条件。只有在目标市场互联网普及，并且通信基础设施、电子网络设备以及一系列物流供应链配套完善的情况下，针对该市场的跨境电子商务才有机会发展起来。另外，由于近几年全球经济发展放缓，消费需求有所下降，迫使国内企业努力寻求传统外贸模式

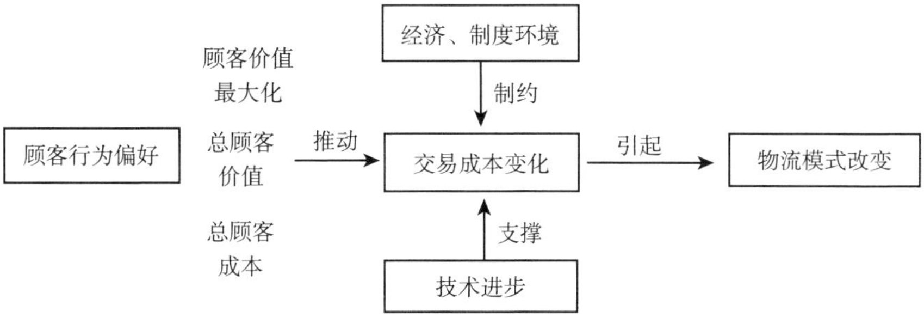

图 11.5 物流模式选择的约束条件

之外的新出路，而跨境电子商务平台的出现使得企业直接面对消费者，省却中间环节的流通成本，降低了企业的贸易成本，在销售同一种商品上拥有更多的价格优势。上述因素成为跨境电子商务迅速发展的必要基础。

由于跨境电子商务属于国际贸易的一部分，这就使得跨境商品的交易不可避免要涉及通关手续和税收政策，而各国、各地区的通关流程，时间和税率都不一致，这就增加了跨境物流的成本和时间。例如，目前按货物种类填写通关单证的通关模式严重影响企业的通关效率；邮件包裹不得按照进境邮递物品办理清关手续，意味着这类包裹必须按照货物通关；我国大多数小企业没有进出口经营权，跨境网络零售又没有报关单，结汇、退税等流程难以操作；此外，跨境电商企业遇到返修、退回商品的情况时，需缴纳进口关税。从以上情况可知，由于法律法规上的限制，现有贸易通关方式加大了跨境电商企业对跨境物流控制的难度。我国政府也在积极寻求解决办法，如设立相关法令法规、改变监管模式、扩大跨境电子商务试验区的范围等（来有为和王开前，2014）[191]。但从具体的实施结果来看，还存在着许多亟待改进的地方，跨境贸易并非单方国家所能独立控制，需要双方甚至多方国家的协同参与，这就增加了解决问题的难度和时间。

11.3.2.2 顾客行为偏好的改变

顾客需求行为的目标是自身价值的最大化，即总顾客价值与总顾客成本之间差额的最大化：

$$净顾客价值 = 总顾客价值 - 总顾客成本$$

总顾客价值是顾客从某一产品或服务中获得利益的总和；总顾客成本是

在评估、获得和使用该产品或服务时顾客的预计成本，这其中除了商品或服务本身的价格是直接成本以外，其他成本可看做交易成本。随着互联网在各国的普及和应用，将商品放在网上平台为顾客提供了新的购买渠道，扩大了顾客价值选择范围；而信息成本的不断降低使得越来越多的顾客选择跨境电商，以在全球范围内搜寻性价比更高的产品，确保自身的净收益最大。在上述顾客需求行为变化的推动下，跨境电商得以快速增长。

对于同一种商品，顾客选择的主要原则是交易成本最小。物流作为跨境电商交易过程的重要一环，其重要性体现在对交易成本的节省，进而提升净顾客价值。总体而言，电子商务降低了客户的搜寻成本，但同时增加了检验商品和时间价值的成本，有效的物流配送模式可以降低单笔交易的物流成本。

顾客对交易成本的敏感性主要取决于商品本身的属性和顾客类型。对于贵重、体积庞大的商品，比较适合海外仓模式，顾客偏好于较短的投递时间和较方便的退换货手续；对于一些价值较低的商品，顾客宁愿忍受更长时间的投递成本和更烦琐的退换货流程。而对于同一种商品，不同收入、时间成本的顾客对交易成本的偏好也不相同，表现出各异的消费特征，进而影响着他们对跨境物流方式的选择，例如拥有较高收入水平和时间敏感性的消费者，更倾向于选择配送时间较短的物流方案，对物流的价格较不敏感。

11.3.2.3 新技术、新管理方式的引进

物流是跨境电子商务整个交易的最后实现过程，而技术和管理是决定跨境物流供应链能否与跨境电商顺畅对接的难点所在。由于我国跨境物流市场尚处于粗放时代，缺乏将货物跟踪、库存管理，乃至运输方式的整合、签单、数据交换、融资、数据库都融入其中的跨境物流技术和业务平台，存在着价格贵、速度慢、后期追踪难、便利性差等难题，[①] 关税高、清关难等政策性问题也是跨境电商物流自身无法解决的瓶颈。同时，出于对商业机密的考虑，以及使用 RFID、EDI 等先进技术手段在跨境物流供应链各参与方之间成本分担的利益之争，导致跨境电商企业与跨境物流企业之间的信息衔接不畅，严重影响用户对商品的体验。另外，如何解决全球化仓储的管理问题，建立相

① 分析：跨境电商面临最大难题仍是物流［EB/OL］. http：//www.100ec.cn。

应的运输配送及供应链管理方式，成为跨境电商企业亟待解决的问题（孟玲和张宝明，2014）[192]。由此看出，跨境电子商务面临的外部环境较复杂，如何从技术和供应链管理层面因地制宜地构建更加多元化的物流解决方案，将成为未来跨境电商物流管理的重点。

11.3.2.4 交易成本的大小

从交易成本的角度看，跨境物流模式的选择取决于跨境电商交易成本节省的空间大小。基于上述对顾客价值的讨论，可知影响顾客选择商品的重要因素是交易成本的变化。电子商务的优点在于降低了客户和搜寻成本，同时增加了信任和信息的成本（李维安等，2007）[193]。参照国外学者们的分析框架（Chiru & Mahajan，2006[194]；Mentzer et al，2004[195]；Liang & Huang，1998[196]），将影响顾客交易成本的因素分为商品属性、不确定性和交易频率，跨境电商企业应综合这三个维度对跨境电商涉及的交易成本进行权衡，进而选择合理可行的跨境物流模式。

商品属性包括商品的价格、质量、包装等特点。例如，顾客更偏向于在线下购买家具，这样能更直观地感知商品的属性；而类似书籍等商品则更适合网上购买，因为在网上感知书籍的属性并不那么困难。为了减少对像家具这种不易感知商品的担忧，选择海外仓这种物流模式是比较好的方法；而相对地，书籍可以选择小包快递的方式。

跨境电商交易中的不确定性主要来自由于顾客对商品属性了解不充分产生的认知偏差，在产品寄送过程中产生的时间和信息成本，以及收到货品不满意后对退换产生的担忧。由于跨境电商一般采取订单即付的支付模式，顾客在付款时对商品的实际价值并不完全清楚，这就使得顾客对商品价值的判断出现偏差。而且，跨境电子商务的支付与交货时间相隔更长，一般间隔一个星期到一个月之久，有的甚至还需几个月，在这种情况下，跨境交易货物是否能够完整送达、要多长时间才能送达的不确定性大大增加。再者，由于目前跨境电商平台的售后服务体系很不完善，即使像亚马逊、天猫 COSTCO 等采取直邮模式的领导型跨境电商，其逆向物流也一直被诟病。而大多数跨境电商使用的海淘代购转运模式在国外转运公司发货以后基本无退货可能，因为转运公司一般无回程通路、国际运费居高不下、商品名义收货人其实是转运公司地址，如果退货仍然需要转运公司配合退货，时间与金钱成本非常高昂。由于上述原因，顾客在跨境电商交易中面临着很高的不确定性，往往倾向于购买非耐用性或者低价产品，例如衣服、化妆品、小型电器等。

在其他条件不变的情况下，随着顾客交易频率的增加，通过学习效应，消费者对商品属性越加了解，能够有效降低商品属性和不确定性对交易成本的影响；反之，交易频率越低，则交易成本越高。这对于同种商品而言，顾客开始更倾向于使用迅速快捷、退换货有保证的海外仓模式，而后也可接受小包快递服务。因而，跨境电商企业可以随着销售量以及与不同客户之间交易频率的增加，将物流模式从海外仓向小包快递与海外仓并举的方向发展，从而为顾客提供更多的跨境物流模式选择。

11.3.3 跨境电商最优物流策略的理论模型构建

综合考虑内外部约束条件对跨境电商物流模式选择的限制，这里重点以B2C为例，试通过建立理论模型说明跨境电商企业最优物流策略。根据前述分析，本研究将物流模式分为小包快递和海外仓两类，同时海外仓又可以细分出自营与外包两种模式。①

11.3.3.1 海外仓与小包快递

对跨境电商企业来说，物流模式选择的原则是物流总成本最小化，并根据不同商品的属性减少那些消费者最关注的交易成本（Chiru & Mahajan, 2006）[194]。与快递包裹相比，跨境电商采取海外仓的物流模式固然可以有效降低买家的交易成本，换来交易量的增加，但建设或租用海外仓也需要大量投入，所以盲目利用海外仓并不一定能够带来企业利润的增加。对此，参考谭芳芳和金晓青（2006）[197]的方法，本研究试构建一个企业利润函数解释跨境电商企业的最优策略[198]。为便于分析，提出以下假设。

假设一：假设商品均可通过海外仓或者小包快递进行投递。

假设二：所有消费者对商品偏好相同，只出售一种商品，对交易成本的

① 这里默认小包快递只有外包这种模式。

偏好相同。相比于小包快递，海外仓对商品销售起到促进作用。随着市场环境的不断好转，企业会在某一时刻选择开始使用海外仓模式。

假设三：消费者对跨境电商的需求随时间 t 稳定增加。

假设四：只配送一种商品；相比小包快递，使用海外仓会带来运营成本的增加。

根据假设二和假设三，当只提供跨境小包服务时，消费者需求函数为 $f(t)=kt$，当卖家选择在 t_1 时刻进入海外仓市场时，消费者需求的变化率为 $Q_1(t)$，其中 $f_1(t)=k_1t$，且 $k_1>k$。

根据假设四，使用小包快递时每件商品的利润为 p，使用海外仓带来的初始投资成本为 c_F。运营海外仓过程中的分摊到每件商品中的流动成本为 c_f。e^{-rt}表示货币单位的贴现率。根据一般动态均衡模型，得到企业的长期利润最大函数的贴现值：

$$\max_T E_0 = \int_0^T e^{-rt}[p\times f(t)]dt - c_F e^{-rT} + \int_T^{+\infty} e^{-rt}[(p-c_f)\times f_1(t)]dt \tag{11-1}$$

由该式知，企业的物流选择策略有三种：第一，一直选择小包快递模式；第二，直接选择海外仓的配送模式；第三，到达 t 时间点后从小包快递转为海外仓模式。

这里讨论到达 t 时间点后由小包快递转为海外仓模式的情况①。

对（11-1）式求导化简得该式成立的一阶条件为：

$$rc_F+[pk-k_1(p-c_f)]T=0 \tag{11-2}$$

由（11-2）式可知，当 $pk-k_1(p-c_f)\geqslant 0$ 时，（11-1）式的最大值只能取 $T=+\infty$，企业的最优选择是一直使用小包快递模式。

当 $pk-k_1(p-c_f)<0$ 时②，由（11-2）式整理得：

$$T=rc_F/k_1(p-c_f)-pk \tag{11-3}$$

由（11-3）式可以得出以下结论：

（1）p 越高，说明利润率越高的高价值商品使用海外仓越容易产生最大

① 由（11-1）式知企业第一种、第二种物流策略是第三种物流策略的特殊情况，即 $T=0$ 或 $T=+\infty$ 时的情况，这三者受到的影响因素是相同的，为避免重复讨论，只讨论第三种情况。

② 此时（11-1）式的二阶导数小于 0，故（11-1）式有极大值，证明略。

利润。而消费者对交易成本 c_f 越敏感，使用海外仓越容易获得最大利润。

（2）k_1 越高，越倾向使用海外仓。这说明一个地区对跨境商品的需求量越大，企业会选择越早在该地区开展海外仓业务。

（3）c_F、c_f 越高，企业选择越推迟使用海外仓。

由上述结论可知，对于货价越高、对物流成本承担能力越强且市场销量越大的商品，使用海外仓越能够增加利润。与该假设一致的是，根据现阶段我国跨境电商企业的建仓策略来看，发往欧美发达国家的海外仓模式基本成型。这一方面是由于这些地区对跨境电商的需求旺盛，存货周转率的提高摊薄了每件商品的物流成本；另一方面，这些地区的海外仓市场已经有了一定程度的发展，各方面配套设施较为成熟，使得这些地区的海外仓运营成本较低。而对于巴西、俄罗斯等新兴市场来说①，由于相关法律保护不健全，政策不透明，使得电商企业对投资海外仓产生较大疑虑，也就是预期在这些国家 c_F 和 c_f 会偏高，投资不易收回。从这里可以看出，政策门槛是物流模式选择的重要影响因素。

11.3.3.2 海外仓下的外包策略

基于交易成本理论的观点，跨境电商企业的海外仓决策无非是自建或外包（make or buy）。由于自建物流要求充足的资金和一定的销售规模，对中小型电商企业来说的要求过高，故使用第三方物流公司提供的“海外仓”业务既可使用海外仓，又不必承担全部的物流运营成本，是一种两全其美的选择。以下阐述跨境电商企业外包“海外仓”业务的影响因素及条件。

相对式（11-1）的模型，使用外包业务不需要太高的初始固定投入，所以假设初始投资成本为零，此时企业的策略是比较两种模式的当期利润，选择利润较高的物流模式。基于此，构建以下模型。

假设五：只讨论出售一种商品的情况，该电子商务企业具有一定垄断势力，则顾客对商品的需求函数为 $D = a - bp$，其中 p 为商品价格，b 为价格弹性系数，$\bar{p}$ 为供求均衡时商品的单位利润。

假设六：当企业选择海外仓业务时，顾客需求会增大至 $D_1 = a - bp +$

① 具体而言，在俄罗斯和巴西经营海外仓的困难在于高额赋税和当地物流的滞后。

dc_{f_1}。基中，d 表示顾客对节省的交易成本弹性系数；c_{f_1}对消费者而言是减少的交易成本，对企业而言是使用海外仓带来的成本增量。

由此得出企业利润最大化的条件为：

$$E_1 = \max\{(a - bp)\bar{p},\ (a - bp + dc_{f_1})(\bar{p} - c_{f_1})\} \quad (11-4)$$

由（11－4）的企业使用海外仓外包策略的条件为：

$$(d\bar{p} - a + bp - dc_{f_1}) \geqslant 0 \quad (11-5)$$

由式（11－5）可知：

（1）p、$\bar{p}$ 增大时，企业选择使用第三方海外仓业务。

（2）c_{f_1}减小时，企业会选择第三方海外仓业务。

由上可知，海外仓外包策略实施的成功与否在于对第三方物流公司运营成本（c_{f_1}）的控制能力。这其中的运营成本包括第三方海外仓的使用成本和可能遇到的委托—代理问题（principal-agent problem）。由于租用海外仓多采用按时间出租的模式，可知控制运营成本高低关键在于跨境电商企业对存货周转率的把握。另一方面，现阶段第三方海外仓市场还属于蓬勃发展初期，行业秩序比较复杂，丢包、信息反馈不及时、配送一贯性差导致客户投诉时有发生，成为跨境电商企业使用海外仓业务的疑虑。未来随着第三方海外仓市场逐渐有序，跨境电商企业的委托—代理成本逐渐降低，第三方海外仓模式的应用将会更加广泛。

11.3.3.3 跨境电商物流模式的选择框架

基于上述对小包快递与海外仓自建、外包两种模式的讨论及其跨境物流策略的分析，归纳出跨境电商物流模式选择的理论框架（如图 11.6 所示）。根据该框架，从跨境电商企业的角度看，其跨境物流模式的选择主要受存货周转率的影响，存货周转率越高，越倾向于使用海外仓；制度环境改善表示该国家或地区海外仓市场的成熟程度、对跨境物流业的政策法规等，这些条件对海外仓模式的运用起到推动作用；同理，跨境需求的增加也是选择海外仓的重要诱因。此外，海外仓的物流运营具有规模经济效应，对业务量大的大型跨境电商企业而言，由于其海外仓空间利用率持续较高，配合自身全球重点区域布局战略进行海外仓精准选址，采取自营方式将是其明智选择，这样可以更加灵活地引入当今最先进的仓储设施和技术，如立体货架、旋转叉车、巷道式堆垛机、搬运机器人、高速分拣机、大数据采集终端、RFID、ERP 管理等，最大限度地提高海外仓的物流效率和生产力，并为顾客带来最佳的物流服务体验。

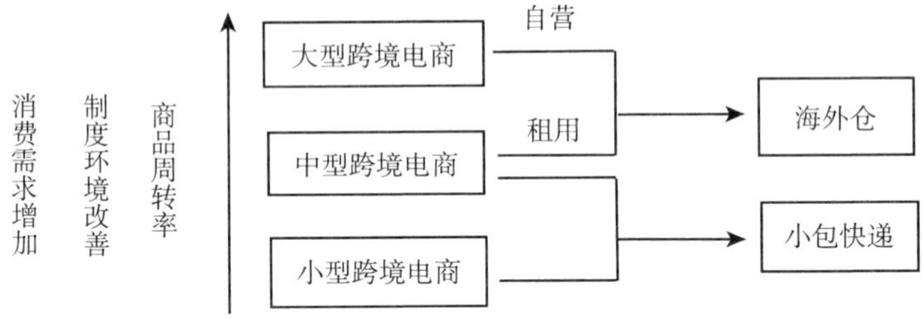

图 11.6　跨境电商物流模式的选择框架

11.4　北部湾经济区跨境物流体系构建

“一带一路”是中国打造全方位对外开放新格局的蓝图，2015 年已正式全面开局建设，将建立当今世界覆盖面最广、受益面最大的区域合作机制。广西北部湾经济区处在“一带一路”最便利对接的交汇点和关键区域上，是中国唯一与东盟陆海相连的区域，处在西南经济圈、华南经济圈和东盟经济圈的结合部，连接着中国与东盟两个广阔市场，既是中国西南地区最便捷的出海大通道，也是东盟国家进入中国市场的重要海陆通道，拥有钦州保税港区、凭祥综合保税区、南宁保税物流中心、北海出口加工区等开放合作平台；南宁自 2004 年以来已连续成功举办了 14 届中国—东盟博览会，成为中国与东南亚国家经济合作与交流的重要而独特的渠道，见证中国—东盟合作从“黄金十年”正迈向“钻石十年”。综上，广西北部湾经济区凭借日益凸显的区位结合点优势、基础设施互联互通优势、中国—东盟博览会平台优势以及人文相通优势，具有为西南、中南地区乃至中亚各国开拓东盟市场，以及为东盟国家进军中国乃至中亚市场提供服务的良好条件，围绕产业、产品特点大力发展面向东盟及其他国家和地区的跨境电子商务、边境贸易等新兴外贸模式具有十分可观的潜在市场空间，而构建与之相适宜的、高效率的跨境物流体系，无疑将成为广西北部湾经济区作为“一带一路”重要有机衔接门户促进沿线国家商贸繁荣往来的必要支撑。

11.4.1 北部湾经济区跨境物流体系的基本支撑构件

11.4.1.1 互联互通跨境物流干线基础设施建设是基石

受到经济发展水平所限，广西北部湾经济区面向东盟的跨境物流设施建设仍较为滞后、通达性差，在全国路网交通中仍偏处于“神经末梢”的位置，无力充分承担“一带一路”沿线和 CAFTA 范围内跨境贸易所涉及的大量商品的中转、集散功能，无法将区位优势迅速转化为物流产业发展动能，以面向东盟大力发展跨境物流为核心，加强与东盟国家之间的国际高速公路、国际高铁、国际航空、国际直航集装箱航线拓展以及各种运输方式的联运、高效衔接和国际物流网络节点规划建设是占优策略。

1. 国际高速公路方面

广西北部湾经济区毗邻越南的主要边境城市均已开通高速公路，但经越南通往东盟国家的 12 个国际公路通道接点中只建成 2 个高速公路接点，当下应重点争取将对东盟高速公路建设纳入“一带一路”交通基础设施建设规划，以南崇经济带为依托，加快实现南宁—越南—老挝（或柬埔寨）—泰国—马来西亚—新加坡经济走廊高速公路全线贯通，推动凭祥—谅山—北江—河内、东兴—芒街—下龙—河内等高速公路开工建设，做好“南宁—友谊关”高速公路与 2020 年越南将贯穿的“谅山—河内—胡志明市—木排”南北高速公路之间的对接准备，建成“21 世纪海上丝绸之路”陆路货运大动脉。

2. 国际高铁方面

2009 年 1 月 1 日，南宁—河内国际列车正式开通，但由于凭祥至河内铁路为窄轨，速度较慢，影响了广西与越南间的铁路运能。南宁—凭祥高速铁路项目建设已获得国家发改委批复并将开工建设，优先实施南宁至崇左段，广西北部湾经济区应以此为开端全力推动南宁—凭祥—谅山—河内铁路扩能改造，争取建成南宁—河内全线高速铁路，与南广高铁一道构成一条连接越南红河三角洲和中国珠江三角洲的经济大动脉，形成以南宁为中心，连接西南、中南、粤港澳、北部湾沿海和东盟的高速铁路网络[①]。加紧推进作为中国唯一与东盟海陆河相连的门户城市——防城港至东兴快速铁路建设，未来与越南规划铁路“芒街—下龙”相连，使之成为继“靖西—龙邦”“南宁—凭祥”之后的第三条中越铁路通道，增加广西沿海铁路与东盟直通直交的功能。根据国家重新调整的泛亚铁路规划，泛亚铁路由西线、中线、东线三部分组成：一是东线方案，由新加坡经吉隆坡、曼谷、金边、胡志明市、河内到昆明；二是中线方案，由新加坡经吉隆坡、曼谷、万象、尚勇、临沧、祥云（大理）到昆明；三是西线方案，由新加坡经吉隆坡、曼谷、仰光、瑞丽到昆明。[②] 南宁正好处于东线方案即河内、万象、曼谷的中轴线上，且南宁是北京和中原地区通往东盟国家最近便的咽喉要地和陆路通道，作为连接东盟国家首都的主干铁路曼谷—万象—河内—南宁—北京高铁有望成行，广西应加大对泛亚铁路的参与建设力度；另外，中国已与泰国达成中泰铁路项目协议，计划将中国云南昆明至老挝万象的高速铁路延伸至泰国曼谷和马达普，而南宁至昆明高铁也已于2016年底全线通车，广西未来应充分考虑这两条高铁衔接的可行性，增加北部湾经济区在泛亚铁路网络中的分量。

3. 国际航空方面

截至2017年7月，广西已开通对东盟国际航线28条，实现了对所有东盟国家的直航，但发展力度仍低于公路、铁路、水运等其他运输方式，特别是国际航空货运吞吐量不足，航空仓位利用率偏低。2015年2月，广西北部湾航空公司成立，未来要加快扩展空客A320等中大机群规模，以越南和柬埔寨作为东盟国际航线开发整体突破口，优先开发南宁至越南、柬埔寨、泰国等重点城市、新兴旅游城市航线，形成南宁连接越南和柬埔寨中转品牌后逐步向东盟其他国家进行延伸。以南宁、桂林机场为载体，加密东盟航线航班，争取中国西南、中南重要城市起飞的飞机，经停南宁、桂林机场，中转东盟国家，构建便捷顺畅的中国—东盟空中走廊。[③] 吸引中国国航、南方航

① 孟娟娟．今年将建南宁至凭祥高铁 崇左河池有望纳入高铁圈［N］南宁晚报，2017-01-10。

② 泛亚铁路一旦修好，会带来哪些影响？［EB/OL］. http：//mini. eastday. com/a/160726190601520. html。

③ 北部湾航空助广西构建中国—东盟空中走廊［EB/OL］. http：//news. hexun. com/2016-03-16/。

空等国内龙头航空公司开通广西直航欧美、日本、澳洲等发达国家线路，大幅降低广西跨境快递包裹运往上述国家的物流成本。

4. 国际集装箱航线方面

目前北部湾港已与全球 80 多个国家和地区的 221 个港口实现了通航，拥有定期集装箱班轮航线达 35 条，与东盟地区的文莱、印度尼西亚、马来西亚、新加坡等 7 个国家建立了海上运输往来。其中，钦州港核心地位提升，已开通直航东盟的“中国钦州港—韩国—印度尼西亚—泰国—越南”外贸集装箱定期班轮航线，2015 年 9 月 22 日由国际航运巨头马士基旗下的穆勒亚洲航运有限公司（MCC）运营的钦州港—丹戎帕拉帕斯港—新加坡集装箱班轮直航航线实现首航①，由阿联酋航运运营的“北部湾港—印度/中东”远洋航线首航暨“北部湾港—新加坡”天天班公共航线也于 2017 年 11 月正式开通。当前要继续加快推进中国—东盟港口城市合作网络基地建设，借力“一带一路”倡议积极参与东盟沿线港口建设，以新加坡港为模板全面实施港口信息化工程，将北部湾三港建设成为面向东盟开放合作的区域性国际航运物流枢纽，吸引全球航运巨头入驻开通更多的国际集装箱直航线路，促进中国与东南亚、北美、南美、欧洲、非洲、中东之间电器、食品、服装、大宗原料等跨境电商商品进入北部湾港交割、集运或中转，实现以广西北部湾经济区为支点面向全球的海上互联互通。

11.4.1.2 大幅扩充跨境物流能力是核心

1. 针对跨境交易产品进行物流系统的定制化设计

跨境物流能力是为顺畅实现跨境贸易，物流系统从接受客户需求、处理订单、分拣货物、运输到交付给客户的全过程中，在响应速度、物流成本、订单完成准时性和订单交付可靠性等方面的综合反映。为加大广西北部湾经济区跨境物流系统的承载能力，针对所涉交易对象商品的不同类别进行专业化、标准化的物流系统设计是关键。对于广西与东盟之间大量的互为比较优势的农产品、水果、矿产品、橡胶等大宗原料，物流系统强调低成本、高效、快捷；中亚、西亚、北非地区的资源类、能源类产品，最应关注国际联运过

① 穆勒亚洲航运有限公司开辟“钦州—丹戎帕拉帕斯—新加坡”集装箱班轮直航航线［EB/OL］. http：//www. bbg-psa. com/menu2/ShowArticle. asp？ArticleID =71。

程的成本控制；对于欧洲、澳洲等地输入的优质牛奶、食品、农产品、畜产品，不管是采取集装箱远洋运输的冷冻品还是国际航空运输的冷藏品，物流系统的首要任务是确保产品品质；对于海产品从北部湾的输出以及从欧美、东南亚等地的输入，须实行冷链物流系统的标准化作业，要确保相关规格产品符合 ISO 系列认证要求，进行冷链仓库的合理布局，制定快捷、直达的冷链物流方案。

2. 围绕优势产业畅通跨境物流产业链

"一带一路"经济区各国以及广西与东盟之间虽然经济发展水平不同、经济条件各异，但都存在各自的比较优势产业，不同国家和地区之间通过高效的跨境物流系统推动彼此优势产业的紧密合作，产生巨大的相互需求，才能为跨境贸易的持续繁荣创造成长空间。对广西北部湾经济区而言，既有将机电产品、汽车及零部件、医疗器械、有色金属、食糖、松香、茧丝绸、红木家具、农产品、林产品等优势产业产品借船出海，利用 B2B、B2C 跨境电子商务平台，使企业能够直接面对海外用户的需求；又有受产业梯度转移规律的影响，承接东部地区、发达国家产业链部分区段落户，因大量、频繁地资源输入和产品输出而产生的跨地区、跨境贸易需求；还有利用东盟国家原材料进行来料加工直接对接东盟国家消费者，以及利用本土原材料直接对接东盟国家工厂加工制成品再返销国内消费市场或开拓其他海外市场的跨境贸易需求。要满足上述因广西北部湾经济区参与跨境产业链多重分工而对跨境贸易特别是 B2B、B2C 跨境电商所产生的不同需求，必须优化跨境物流系统的软硬件条件，对采购、生产、市场营销进行物流供应链流程的整体系统优化设计，使其具有包容性、专业化、高效率、低成本、高效益，以适应不同产业、产品跨境贸易类型对跨境物流能力的需求。

11.4.1.3 提高跨境物流服务质量是根本

1. 增强跨境物流企业服务意识

物流服务对顾客满意度构成重要影响，当一位顾客感到不满意时，企业就有可能丧失潜在的数十位客户。而跨境贸易因运输距离长，运输时间的准时性难以保证，物流服务的一贯性、稳定性较境内贸易低，货物的丢失、破损、错发也更容易发生，因而对物流企业的服务品质要求更高。目前，由于广西北部湾经济区第三方物流企业大都规模弱小、实力欠缺，只能以竞相压价的方式争夺货源获取微利，没有把提高物流服务品质上升到企业发展战略的高度，顾客满意度总体偏低。因此，要打造广西北部湾经济区跨境物流产业的长期竞争力，当务之急是促使物流企业尽快转变服务意识，以顾客满意为第一要务，对客户不同品类的跨境交易商品科学地选择适合其特征的物流方案，对同类产品的多区域跨境运输要结合各区域的物流设施实现不同运输工具的高效衔接，对不同类型的跨境贸易客户按照一定原则进行 ABC 分类管理并确保各等级物流服务的一贯性，积极运用现代物流信息技术实现全程的可视化管理。

2. 推行跨境物流服务的高标准化

“一带一路”经济区现已覆盖 60 多个国家和地区，未来范围还有可能随着动态开放进程而不断扩大，因此广西北部湾经济区对接“21 世纪海上丝绸之路”和 CAFTA 升级版战略发展跨境物流，必须参照国际通行标准制定企业物流服务标准。当前重点包括：统一物流托盘标准，促进集装、堆放、搬运和运输货物的装置标准化，实行托盘循环共用，提高物流效率，节约物流成本；将 ERP、DRP（distribution resource planning，即分销资源计划）等先进科学的管理方法和标准化手段导入运输、仓储、配送等物流供应链主体环节，实现物流管理标准化；推进物流设施装备技术标准化改造和智能化升级，将配套周转设备、配套搬运设备、配套仓储设备、配套运输设备和管理信息系统等纳入标准体系，促进上下游设备高效衔接，积极应用立体仓库、物流机器人、智能高速分拣机等先进设施提高物流作业效率；加大信息标准化力度，运用计算机网络、信息分类编码、RFID、EDI、GPS、GIS、WMS（warehouse management system，即仓库管理系统）等现代先进物流管理软件及技术应用，对跨境物流全流程实施有效管理，大幅优化运输在途跟踪、验货、收货、仓储上架、配送分拣、关务通关查验等运作。

11.4.2 北部湾经济区跨境物流体系的辅助支撑构件

11.4.2.1 推进贸易畅通建设

贸易畅通是“一带一路”和 CAFTA 升级版战略的重要内容，其实质是提高“一带一路”沿线国家间和中国与东盟各国间投资贸易的便利程度，消除投资与贸易壁垒，构建沿线国家间自由轻松的贸易环境，使各参与国都可以基于自身的比较优势产业链从贸易互通中获益。与此同时，国家间的贸易互通有利于拓宽贸易领域，优化贸易结构，挖掘贸易新增长点，促进贸易平衡；还可创新贸易方式，发展跨境电子商务等新的商业业态。

中国和东盟贸易互通是广西北部湾经济区跨境贸易繁荣的重要保证，广西与东盟之间的双边货物贸易往来也势必进一步加深，为北部湾经济区跨境物流产业发展创造持续需求动力，对于物流企业不断改善跨境物流服务和锻造核心竞争力也构成一种内在压力。

相关研究表明，贸易畅通程度可通过关税水平、非关税贸易壁垒、贸易条件指数和双边贸易额 4 个指标来衡量，目前中国与东盟各国的贸易畅通水平较高，但贸易便利化水平普遍不足，而从长远看贸易畅通须以贸易便利化为基础才能进一步降低贸易成本[199]。衡量贸易便利化的指标有：口岸与物流效率、海关与边境管理、规制环境、金融与电子商务，具体体现为清关程序的效率、进出口时间、进出口手续、政府管制的负担、金融服务的便利程度等细分指标。由此可知，中国与东盟国家在各项与贸易畅通有关的制度设计和合作上还有很大的发展空间，广西北部湾经济区应在影响与东盟之间贸易畅通和贸易便利化的关键方面未雨绸缪进行先行的制度设计，以迎接跨境电商等跨境贸易业务的爆发式增长。

11.4.2.2　加快跨境物流信息网络建设

伴随着跨境贸易的产生，物流实践趋向于物流活动范围的扩大化和物流环节的复杂化，物流信息也表现出分布碎片化、信息量的巨大化、时效短暂、动态变化性强、信息价值衰减速度快等特征，对物流企业实时处理这些规模庞大、种类繁杂且时效要求极高的物流信息提出了更高的要求，也使得以提高物流信息处理效率、降低物流信息处理成本为着力点的新互联网技术成为未来跨境物流高效发展所倚仗的重点方向。当下，“互联网 + 物流”正在从技术、装备、运作模式等诸多方面改变着跨境物流的运作方式和效率水平。

新互联网技术主要涉及移动互联网、物联网、大数据和云计算等领域。移动互联网主要用于移动监控环节，物流企业通过移动网络对车辆、货物以及人员进行实时定位和监控，并通过路线导航、路线优化、无线通信等方式合理分配运输资源，提升对突发情况的处理能力，使得物流效率全面提高。物联网在信息传递、控制反馈和智能处理等方面的优势很好地匹配了跨境物流的作业特点，其技术应用主要集中于整个物流环节的可视化管理、全程监控和物流信息追溯，以及仓储、分拣环节的自动化作业等方面。大数据的应用为整个跨境物流产业链汇集了大量不同种类的信息，主要服务于物流决策、物流客户管理以及物流职能预警三方面。云计算的应用为处理电商物流产生的大规模、异质性的网络数据提供了极佳的计算方式。综上，以云计算为基础的开放式物流信息系统汇集了来自移动互联网、物联网以及其他领域的各类数据信息，实现了不同层次、功能之间物流信息的实现共享，并反作用于物流运行的控制和调配，形成物流信息系统的中枢神经；通过“云平台”服务，物流企业实现了对物流信息的智能管理以及物流资源的动态组合、智能分配、资源抽象和按需付费。

目前，广西北部湾经济区在建设面向“21 世纪海上丝绸之路”和 CAFTA 升级版战略的现代跨境物流信息网络上存在着内、外两方面困难。从外部因素来看，考虑到东盟及“一带一路”沿线各国的物流信息化标准各不相同，在物流服务标准、物流用语、作业和数据传输等方面短期内无法实现统一，使得不同国家间的物流信息无法进行及时、有效的交换和处理，导致跨境物流网络系统效率的大大降低。就内部因素而言，由于北部湾经济区属于经济后发区域，物流产业规模较小，各类企业对物流信息系统的研发和建设尚处于初级阶段；而且广西跨境贸易企业绝大多数属于中小企业，本身并无跨境物流的综合运营能力，只能将该职能外包给第三方物流企业，但北部湾经济区几无能熟练承担跨境物流服务全流程、大批量作业的本地跨境物流企业，只有顺丰、京东等少数几家外来大型物流企业具有相对完善的跨境物流管理能力；另外，缺乏具备物流、供应链管理、外语、经济等综合性知识的高端人才，也是困扰北部湾经济区跨境物流信息网络建设的制约因素。当下，广西北部湾经济区应针对跨境贸易和跨境产业链合作，以中国—东盟信息港、中国—东盟（南宁）跨境电子商务产业园、新加坡（广西南宁）综合物流产业园等重大项目建设为契机，围绕物流信息基础建设、技术合作、经贸服务、信息共享、人才交流五大领域，大力加强对接东盟和“21 世纪海上丝绸之路”沿线国家的跨境物流信息网络建设，完善广西电子口岸以数据交换、关键信息共享、物流协同、物流商务服务、宏观决策支持为核心的综合性海运物流大通关系统功能，以迅捷、完备、精准的信息流有效带动跨境物流的顺行通畅。

11.4.3 北部湾经济区跨境物流体系模型

在“一带一路”倡议、中国—东盟合作“钻石十年”的战略背景下，基于上述对广西北部湾经济区跨境物流体系的基本支撑构件三要素——互联互通跨境物流干线基础设施、跨境物流能力和跨境物流服务质量，以及辅助支撑构件二要素——贸易畅通和跨境物流信息网络的分析，针对北部湾经济区在实现跨境物流体系的基本支撑构件和辅助支撑构件的相互关联性、存在的难点以及未来发展方向和重点，归纳出“一带一路”和 CAFTA 升级版战略下契合广西北部湾经济区跨境贸易发展的跨境物流体系模型（如图 11.7 所示）。

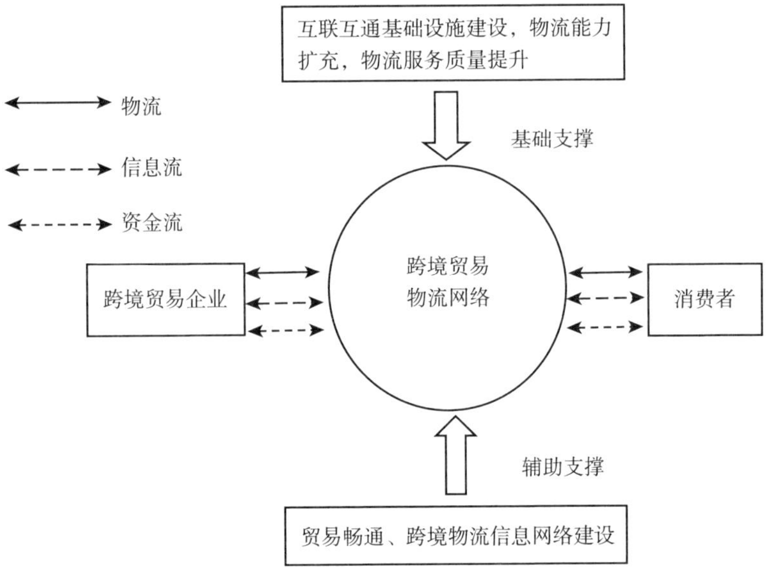

图 11.7 北部湾经济区跨境物流体系模型

根据该模型，完善与东盟各国及“21 世纪海上丝绸之路”沿线国家之间互联互通跨境物流干线基础设施建设是广西北部湾经济区跨境物流体系构建的基石，将为广西北部湾经济区与东盟及“21 世纪海上丝绸之路”沿线国家之间跨境贸易频繁往来提供低成本、更便捷的直通通道；大幅扩充跨境物流能力是广西北部湾经济区跨境物流体系建设的核心要务，重点在于针对跨境交易商品进行跨境物流系统的定制化设计，以及围绕优势产业畅通跨境物流供应链；提高跨境物流服务质量是广西北部湾经济区跨境物流体系构筑长期核心竞争力的根本，须增强跨境物流企业服务意识，并推行跨境物流服务的高标准化。贸易畅通和跨境物流信息网络建设是广西北部湾经济区跨境物流体系的辅助支撑构件，前者通过改善政治环境、政策条件和通关条件促进贸易便利化等方法降低北部湾经济区跨境物流运作中的制度成本（交易成本），后者通过移动互联网、大数据、云计算、物联网等新兴信息技术手段促使北部湾经济区跨境物流企业能够在保证高水准顾客服务的同时降低物流总成本、优化供应链库存以及提高海外仓、保税仓等关键跨境物流设施的使用效率。

11.5 北部湾经济区跨境物流发展对策

11.5.1 加快拓展与东盟及“21 世纪海上丝绸之路”沿线国家的直邮通道

直邮通道是跨境电商等小额跨境贸易使用频率最高的跨境物流渠道，广西北部湾经济区在已开通南宁至越南的陆运直邮邮路的基础上，应进一步拓展跨境贸易渠道线路，尽快打通通往其他东盟国家的陆运、航空直邮邮路，并逐步优化到欧美、日韩及其他地区。目前，中国邮政广西分公司已积极向中国邮政集团总部争取，并计划依托恢复启用凭祥国际邮件互换局，或新建面向东盟的南宁大型邮件交换中心。为此，广西应从自治区政府层面加强与中国邮政集团的沟通协调，尽快促使上述计划加紧落实，以扭转作为跨境电商物流主渠道的邮政小包需绕道广东进行中转再出境的尴尬局面，至少可以降低二成以上的跨境物流费用。

11.5.2 鼓励有条件的大型跨境物流企业向“海外仓”模式转变

在全球经济复苏前景尚未完全明朗致使传统贸易增长有限的态势下，跨境电子商务无疑已成为我国及广西北部湾经济区新的对外贸易增长点。基于前述跨境电商物流模式选择的理论框架，从跨境电商企业的角度看，其物流模式的选择主要受到存货周转率的影响，即存货周转率越高，越倾向于使用海外仓。由于海外仓在投递时间、投递效率、运输成本、货物安全、清关便利性、本地化营销上完胜小包快递，且不受货物体积、重量的限制，当发生退换货时只需将货物退回至海外仓而无须报关缴税，省却了跨境电商企业大量交易成本，有利于吸引顾客重复购买，已成为未来跨境电商规模化发展的理想物流模式趋向。当前，广西北部湾经济区跨境电子商务发展虽然尚处于起步阶段，但应秉持前瞻性视野，针对海外仓建设成本高、市场风险较大的一些不利因素，由政府会同电商、物流企业采取有效措施力促跨境电商“海外仓”建设，在与本区域跨境电商及外贸往来较为密切的东盟、欧美、日韩、我国港澳台等国家和地区，开展“广西北部湾经济区跨境电商公共海外仓建设试点”工作，为跨境电商中小企业提供订单接入和覆盖头程运输、出口报关、结汇退税、境外仓储管理、尾程配送、售后服务等方面的仓配一体化解决方案和系统服务；同时，支持北部湾经济区龙头跨境物流企业根据自身海外市场定位和业务拓展计划，联合海外市场业务量较大且稳定的跨境电商企业抑或参与全球产业价值链分工较为深入的制造业企业，围绕本区域优势出口产品建立海外仓，逐步形成遍布全球重点区域的“跨境电商采购 + 海外展示交易 + 集散分拨配送 + 售后服务保障 + 当地市场拓展”的海外仓模式。

11.5.3 为顾客提供定制化跨境物流服务，提高核心竞争力

不同消费特征的顾客对跨境物流服务的偏好各异，例如价格敏感型顾客对物流时间没有急迫的需求，跨境物流企业可重点为其提供小包快递业务；

而价值敏感型顾客则更青睐于当地化的产品体验和物流即时性，企业应更多为其提供海外仓物流服务，并适当进行加价销售以增加利润。无论是小包投递还是海外仓模式，广西北部湾经济区跨境物流企业除了考虑交易成本的高低，关键还应充分利用云计算信息平台及时洞悉顾客对交易成本节省的偏好，将这两者有机结合起来，以达到企业长期利益最大化和顾客服务价值最大化。同时，针对不同类型跨境贸易物流需求，北部湾经济区跨境物流企业要完善功能和延伸服务，创新个性化服务模式，提高物流加工、物流信息服务、库存管理、物流成本控制、物流方案设计等增值服务水平，以此增强顾客对本地跨境物流品牌的忠诚度和消费黏性。

11.5.4 优化物流产业组织，使大型第三方物流企业成为市场主体

以广西北部湾经济区作为“21 世纪海上丝绸之路”和中国—东盟合作“钻石十年”最便利对接的交汇点和关键区域的独特区位优势，以南宁市成为中国国家级跨境电子商务试点城市①并已获准开展跨境贸易电子商务零售出口业务、南宁跨境贸易电子商务综合服务平台启动暨中国—东盟（南宁）跨境电子商务产业园成立②以及广西已申报设立中国—东盟跨境电子商务综合实验区、加快建设中国—东盟跨境电子商务集聚区③为契机，以未来广西北部湾经济区与东盟及“21 世纪海上丝绸之路”沿线国家跨境贸易电商业务量可望爆发增长的良好预期，吸引 DHL、FedEx、UPS 和 TNT 四大国际快递巨头以及顺丰、圆通、申能、中通、韵达、京东等国内一线速运企业落户开展跨境电商专线物流服务，作为标杆短期内迅速带动北部湾经济区跨境物流整体服务质量、服务标准、服务等级的提升。以市场主导、政府引导双管齐下，通过改组联合、收购兼并、股份制合作等多种方式，对现有从事运输、仓储、货代、联运、快递行业的各类中小物流企业进行资产重组，吸引外资

---

① 南宁成为国家级跨境贸易电商试点城市［EB/OL］. http：//www. nnnews. net/politics/201509/。

② 中国—东盟南宁跨境电子商务产业园成立［N］. 广西日报，2015 - 06 - 26。

③ 广西加快建设中国—东盟跨境电子商务集聚区［EB/OL］. http：//gx. people. com. cn/n/2015/0908/。

参与本区域内物流资源的有效整合，培育少数几家第三方跨国物流寡头，提高规模化、集约化运营能力，更好开展国际物流业务，改善物流产业组织绩效。在医药、汽车、机械、电子信息等优势制造业，加紧实施 JIT、ERP 供应链流程再造并与以下游多级仓储、流通企业 DRP 作为拉动，提高供应链信息化水平，加快培育一批本地大型制造业企业自建物流品牌，并承担社会化跨境物流服务。在农产品、海产品等领域，重点培育一批发展潜力大、经营效益好、辐射带动能力和竞争力强的大型跨境冷链物流骨干企业，承担北部湾经济区与东盟、欧美、澳洲等国家之间日益扩大的水果、海鲜、牛肉、牛奶等产品的跨境贸易业务。

11.5.5 完善跨境物流基础设施，发挥多式联运功能

基础设施的“互联互通”是“一带一路”和 CAFTA 升级版战略的优先发展领域，其关键是贯通缺失路段、畅通道路瓶颈、关键节点和重点工程，建立统一协调的物流运输机制，促进各国在通关、换装、多式联运方面的有机衔接，逐步形成兼容规范的运输规则，实现国际运输便利化。当前广西应以网络化布局、智能化管理、一体化服务、绿色化发展为目标，加快建设沿海、沿江、沿边、沿线为支撑的现代物流网络体系，进一步完善本区域通往东盟的便捷立体交通网。重点在于加紧规划和推进在“一带一路”建设中与东盟在交通基础设施对接上的具体项目：推进服务于多式联运的跨境港铁、港空物流工程，加快沿海和西江港口的设施建设，新建、改扩建南宁—防城港等铁路，加快形成沿海区域环形铁路网和新的铁路通道，大力发展与广西北部湾港、西江黄金水道主要港口直接接驳的联程铁路班列、公路班车，建设田阳、南丹、玉林三个支线机场，打通“海—铁”“公—铁”“空—铁”等连接枢纽的“最后一公里”；推进现代物流集聚区工程，在重要的物流节点城市合理布局现代物流集聚区、“无水港”及大型自动化立体仓库，发展货运枢纽型、商贸服务型、生产服务型、口岸服务型、综合服务型物流集聚区，充分发挥在多式联运设施网络中的物流节点功能；推行区域通关协作和国际标准集装箱多式联运工程，促进粤桂黔滇通关一体化即实行“一次申报、一

次查验、一次放行”的通关模式，[①] 推动经济区内物流网络体系与三大欧亚大陆桥的有效衔接，大力发展“公—铁—空”“公—铁—海”“公—铁—铁”等多式联运方式，使跨境贸易商品能够以更快的运输速度、更短的运输距离、更低的运输成本运往欧美、日韩、东盟、中亚、西亚、南亚、俄罗斯等地。

11.5.6 充分利用现有组织安排加强政府协调

以每年在南宁市举办的中国—东盟博览会及中国—东盟商务与投资峰会为主制度安排，加深双边、多边政治对话增强互信，促进彼此通力合作，探索和构建符合国际通行规则、确保各方利益共赢的基础设施建设和运营的规则或协调机制，推动广西与东盟各国在基础设施规划建设中对南新经济走廊的铁路、公路、机场、口岸、港口码头、海外仓、信息化等方面建设给予优先考虑，为广西北部湾经济区全方位打造跨境物流通道扫除政治障碍。同时，在互联互通基础设施建设的融资方面，在亚洲基础设施投资银行正式投入运营后应尽力争取更多资金支持，并积极探索符合国际市场规则的投资运营模式，引入民间资本投入广西北部湾经济区跨境物流通道和基础设施建设，可以采取诸如国际 BOT、PPP 等各种灵活的融资经营方式，积极组建跨国银团、跨国竞标施工联合体、跨国混合所有制企业等（刘崇献，2016）[189]，加快形成政府、投资主体、运营企业等各方利益共享、风险共担的新格局。

11.5.7 提高跨境物流的标准化、信息化水平

有关数据显示，物流标准化对于提高物流速度和效率至关重要，可使装卸货效率提升 3 倍以上、货损率降低 20% ~70% 、综合物流成本平均降低10% 。[②] 2016 年 10 月，我国商务部最新发布了《托盘共用系统运营管理规范》等 7 项物流领域行业标准，进一步完善了商贸物流标准，广西北部湾经

---

① 广西施策“革新”物流业 规划物流发展空间布局［N］. 广西新闻网 - 广西日报，2016 - 09 - 23。

② 商务部推进商贸物流标准化，重点企业物流成本降低 10% ［EB/OL］. http：//finance. china. com. cn/news/20161009/3930684. shtml。

济区应据此大力开展跨境物流标准化专项行动，促使跨境物流企业做好物流服务标准化和规范化的工作，在运输工具、包装、装卸搬运、仓储、信息等方面要采用统一的标准制度，以达到物流效率最大化，提高物流设施的可流通性和资源配置效率。同时，物流标准化效用的极大发挥还有赖于物流信息化，广西北部湾经济区要加快推进跨境物流公共信息平台建设，引入“互联网 + 运营优化”“互联网 + 运输协同”“互联网 + 仓储交易”“互联网 + 物流企业联盟”“互联网 + 供应链管理”等新模式，开发或引入推广使用实用性、可操作性强的跨境物流 APP，实现供需双方数据共享，减少物流市场不对称性，大幅降低空车、空驶概率。

11.5.8　促进跨境电子商务与跨境物流的融合发展

跨境电子商务与跨境物流有日益跨界融合之势，即电商搞物流，物流搞电商，前者如亚马逊、京东、阿里巴巴、苏宁云商，后者如顺丰、邮政、宅急送，从市场实践来看均产生了较好的协同效应。为此，一方面，广西北部湾经济区龙头跨境电商企业应积极关注运输、仓储、配套设施、专用设备等方面的自建物流建设，根据重点市场布局循序渐进并有针对性地进行战略部署和相关资源投入，保证订货周期的稳定性和配送效率，使电商企业所承诺的“半日达”“小时达”“限时达”等服务能够真正落地。而另一方面，大型跨境物流企业也应结合自身的基础设施、物流能力、物流服务等方面的优势，对原有进出口物流业务进行相关业务延伸，找准跨境贸易缝隙市场，建立电子商务销售平台实行错位发展，促进跨境电商与进出口贸易、综合物流服务以及供应链管理的有机结合，使物流设施能够最大化地物以致用，进一步提升物流效率，实现更佳效益。

11.5.9　积极构建第四方物流（4PL）联盟

第四方物流（fourth party logistics，4PL）是 1998 年由美国埃森哲咨询公司（Accenture）率先提出的，实质上是超越第三方物流（third-part logistics，3PL）发展起来的跨行业、跨区域的联盟型或合作式的供应链新体系，其成员不仅包括专事跨境物流 3PL，更有一些知识技术密集型的中介服务商如法律、仲裁、保险、金融、财税、报关、咨询、货代及信息技术服务商等，有助于营造良好的跨境电商物流生态组织环境，为客户提供一体化的完善服务。4PL 的物流优势在于其掌握着上下流物流链的信息，充当中小制造、贸易企业与第三方物流企业建立联系的桥梁，利用行业信息优势将中小制造、贸易企业的物流需求进行有效整合，根据当前的物流状况为其配置最有效的跨境物流方案，通过“化零为整”最大限度地降低小包快递的物流成本。另外，4PL 也可以帮助本区域中小制造、贸易企业聚合形成一定的买方市场势力，在与强势国际物流商谈判时拥有更多的运费议价能力，最大限度地降低广西北部湾经济区跨境交易物流成本。

11.5.10 做好高层次物流专业人才储备

充分利用南宁市高校教育资源云集的优势，在研究生、本科以及高职高专等各层次设置物流专业，着力在物流管理、物流工程、边境贸易、东盟小语种等急需领域培养各类专业人才，形成广西北部湾经济区地方物流办学特色。建立校企合作人才培养培训机制，有计划地对在职人员进行各类技术培训，提高物流从业人员的专业化水平。研究制订人才柔性流动政策，采取切实可行的激励机制，积极引进国内外高端和复合型现代物流人才，提升北部湾经济区物流业的整体技术和管理水平。改变传统物流“点对点”的工作环境，通过资源整合完善物流供应链，提高相关待遇，以行业发展留人，避免物流人才流失。

参考文献

[1] Simon, H. A. The Architecture of Complexity [J]. Proceedings of American Philosophical Society, 1962, 106 (6): 467 - 482.

[2] Ulrich, K. T. The Role of Product Architecture in the Manufacturing Firm [J]. Research Policy, 1995, 24 (3): 419 - 440.

[3] Baldwin, C. Y., Clark K. B. Managing in the Age of Modularity [J]. Harvard Business Review, 1997, 75 (5): 84 - 93.

[4] Starr, M. K. Modular Production: A New Concept [J]. Harvard Business Review, 1965, 43 (6): 131 - 142.

[5] Wilhelm, B. Platform and Modular Concepts at Volkswagen: Their effects on the Assembly Process [J]. Transforming Automobile Assembly, Springer, Berlin 1997, 20: 94 - 108.

[6] Kinutani, H. Modular Assembly in Mixed - Model Production at Maxda [J]. In: Shimokawa K., Jürgens U., Fujimoto T. (eds) Transforming Automobile Assembly. Springer, Berlin, Heidelberg, 1997: 94 - 108.

[7] Sako, M., Warburton, M. Modularization and Outsourcing Project: Preliminary Report of The European Research Team. Paper Prepared for the IMVP Annual Forum. MIT, Boston, 1999.

[8] Fujimoto, T., and Takeishi, A. Modularization in the Auto Industry: Interlinked Multiplehierarchies of Product, Production and Suppliers Systems [J]. Discussion Paper, 2001 (3).

[9] Schilling, M. A. Towards a General Modular System Theory and Its Application to Inter – Firm Product Modularity [J]. Academy of Management Review, 2000, 25 (2): 312 –334.

[10] Sanchez, R., Mahoney, J. T. Modularity, Flexibility and Knowledge Management in Product and Organization Design [J]. Strategic Management Journal, 1996, 17 (1): 63 –76.

[11] Ulrich, K. T., Tung, K. Fundamentals of product modularity [C]. In: Proceedings of the 1991 ASME Winter Annual Meeting Symposium, 1991: 1 –14.

[12] Langlois, R. N. Modularity in Technology and Organization [J]. Economic Behavior & Organization, 2000, 49 (1): 19 –37.

[13] Baldwin, C. Y., Clark, K. B. Design Rules, Volume 1, The Power of Modularity [M]. Cambridge, MA: MIT Press, 2000.

[14] Sturgeon, T. J. Modular Production Networks: A New American Model of Industrial Organization [J]. Industrial and Corporate Change, 2002, 11 (3): 451 –496.

[15] Sturgeon, T. J., Lester, R. K. The New Global Supply-base: New Challenges for Local Suppliers in East Asia [R]. Paper Prepared for the World Bank's Project on East Asia's Economic Future, February, 2003.

[16] [日] 青木昌彦，安藤晴彦．模块时代：新产业结构的本质 [M]. 上海：上海远东出版社，2003.

[17] 周鹏．DIY：企业组织分析的另一个视角 [J]. 中国工业经济，2004 (2): 87 –93.

[18] 李海舰，聂辉华．论企业与市场的相互融合 [J]. 中国工业经济，2004 (8): 26 –35.

[19] 朱瑞博．价值模块的虚拟再整合：以 IC 产业为例 [J]. 中国工业经济，2004 (1): 28 –35.

[20] 刘东．企业边界的多种变化及其原因 [J]. 中国工业经济，2005 (3): 92 –99.

[21] 孙晓峰．模块化技术与模块化生产方式：以计算机产业为例 [J].

中国工业经济，2005（6）：60 –66.

［22］Chesbrough，H. W. Open Innovation：The New Imperative for Creating and Profiting from Technology［M］. Boston，MA：Harvard Business School Press，2003.

［23］胡晓鹏. 从分工到模块化：经济系统演进的思考［J］. 中国工业经济，2004（9）：5 –11.

［24］［澳］杨小凯，黄有光. 专业化与经济组织——一种新兴古典微观经济学框架［M］. 北京：经济科学出版社，1999.

［25］胡晓鹏. 产品模块化：动因、机理与系统创新［J］. 中国工业经济，2007（12）：94 –101.

［26］黄泰岩，李鹏飞. 模块化生产网络对产业组织理论的影响［J］. 经济理论与经济管理，2008（3）：36 –42.

［27］赫斌，吴金南，刘石兰. 模块化组织治理问题研究［J］. 外国经济与管理，2010（5）：7 –24.

［28］曹虹剑. 网络经济时代模块化组织治理机制研究［M］. 北京：经济科学出版社，2010.

［29］Somaya，D.，Teece，D. J. Combining Inventions in Multi – Invention Contexts：Organizational Choices，Intellectual Property Rights，and Public Policy［J］. Haas School of Business Working Paper，2000.

［30］雷如桥，陈继祥，刘芹. 基于模块化的组织模式及其效率比较研究［J］. 中国工业经济，2004（10）：83 –90.

［31］Porter，M. E. Competitive Advantage［M］. New York：Free Press，1985.

［32］Kogut，B. Designing Global Strategies：Comparative and. Competitive Value – Added Chains［J］. Sloan Management Review，1985，26（4）：15 –28.

［33］Dewatripont，M.，Maskin，E. Credit and Efficiency in Centralized and Decentralized Economies［J］. Review of Economic Studies，1995，62（4）：541 –55.

［34］Gereffi，G.，Korzeniewicz，M. Commodity Chains and Global Capitalism［M］. Westport：Praeger，1994.

［35］ Krugman，P. Growing World Trade：Causes and Consequences ［J］. Brookings Papers on Economic Activity，1995，25（1）：327－377.

［36］ Gereffi，G. Shifting Governance Structures in Global Commodity Chains，With Special Reference to the Internet ［J］. American Behavioural Scientist，2001，44（10）：1616－1637.

［37］ Slywotzky，A. J. Value Migration：How to Think Several Moves Ahead of the Competition ［M］. New York：Harvard Business School Press，1996.

［38］ Brandenburger，A.，Nalebuff，B. Co－Opetition ［M］. New York：Doubleday Press，1996.

［39］ Callahan，C. V.，Pasternack，B. A. Corporate Strategy in the Digital Age ［J］. Strategy & Business，1999（15）：10－18.

［40］［美］大卫·波维特. 价值网［M］. 北京：人民邮电出版社，2000.

［41］［美］奥瑞克，等. 企业基因重组——释放公司价值［M］. 北京：电子工业出版社，2003.

［42］ Frits，K. P.，Matthias，H. Evolving From Value Chain to Value Grid ［J］. MIT Sloan Management Review，2006，47（4）：72－80.

［43］ 罗珉. 价值星系：理论解释与价值创造机制的构建［J］. 中国工业经济，2006（1）：80－89.

［44］ Kathandaraman，P.，Wilson，D. T. The Future of Competition：Value-creating Networks ［J］. Industrial Marketing Management，2001（30）：24－27.

［45］ 胡大立. 企业竞争力论［M］. 北京：经济管理出版社，2006.

［46］ 俞荣建，吕福新. 基于模块化与网络技术的价值网络——以"浙商"为例的组织超越发展的建构论观点［J］. 中国工业经济，2007（6）：121－128.

［47］ 俞荣建，吕福新. 由 GVC 到 GVG："浙商"企业全球价值体系的自主构建研究——价值权力争夺的视角［J］. 中国工业经济，2008（4）：128－136.

［48］ Kaplinsky，R. Globalisation and Unequalisation：What Can be Learned from a Value Chain Analysis? ［J］. Development Studies，2000，37（2）：117－146.

[49] 潘承云. 解读产业价值链——兼析我国新兴产业价值链的基本特征 [J]. 当代财经, 2001 (9): 7-15.

[50] Humphrey, J., Schmitz, H. How Does Insertion in Global Value Chains Affect Upgrading in Industrial Clusters [J]. Regional Studies, 2002, 36 (9): 1017-1027.

[51] 杜义飞, 李仕明. 产业价值链: 价值战略的创新形式 [J]. 科学学研究, 2004 (10): 552-556.

[52] 李平, 狄辉. 产业价值链模块化重构的价值决定研究 [J]. 中国工业经济, 2006 (9): 71-77.

[53] Dicken, P., Kelly, P., Olds K. Chains and Networks, Territories and Scales: Toward A Relational Framework for Analyzing The Global Economy [J]. Global Networks, 2001, 1 (2): 89-112.

[54] 吴华清, 刘志迎. 基于价值网理论的产业发展策略研究——以安徽汽车产业东接发展为例 [J]. 科技进步与决策, 2009 (8): 64-67.

[55] 苟昂, 廖飞. 基于组织模块化的价值网研究 [J]. 中国工业经济, 2005 (2): 66-72.

[56] 徐红玲, 李双海. 价值链形态演变与模块化组织协调 [J]. 中国工业经济, 2005 (11): 81-88.

[57] 余东华, 芮明杰. 模块化、企业价值网络与企业边界变动 [J]. 中国工业经济, 2005 (10): 88-95.

[58] 余东华, 芮明杰. 基于模块化组织的组织创新与流动 [J]. 中国工业经济, 2008 (12): 48-59.

[59] 芮明杰, 刘明宇. 网络状产业链的知识整合研究 [J]. 中国工业经济, 2006 (1): 49-55.

[60] 盛革. 基于模块化的价值网系统构造及运作模式研究 [J]. 工业技术经济, 2009 (5): 83-87.

[61] 江积海, 龙勇. 基于模块化和动态能力的价值网结网机理研究 [J]. 科技管理研究, 2009 (1): 135-138.

[62] 朱有为, 张向阳. 价值链模块化、国际分工与制造业升级 [J]. 国际贸易问题, 2005 (9): 98-103.

［63］张其仔．模块化、产业内分工与经济增长方式转变［M］．北京：社会科学文献出版社，2008.

［64］毛蕴诗，王华．基于行业边界模糊的价值网分析模式——与价值链模式的比较［J］．中山大学学报（社会科学版），2008（1）：156－161.

［65］尹建华．嵌入全球价值链的模块化制造网络研究［M］．北京：中国经济出版社，2010.

［66］韩晶．基于模块化的企业集群创新战略研究［M］．北京：北京师范大学出版社，2011.

［67］Rogers，G. G.，Bottaci，L. Modular Production System：A New Manufacturing Paradigm［J］. Intelligent Manufacturing，1997，8（2）：147－156.

［68］Davis，S. Future Perfect［M］. Addison Wesley，1st edition，1987.

［69］Pine，B. Mass Customization，the New Frontier in Business Competition［M］. Boston：Harvard Business School Press，1993.

［70］［美］大卫·M. 安德森，B. 约瑟夫·派恩．21世纪企业竞争前沿：大规模定制模式下的敏捷产品开发［M］．北京：机械工业出版社，1999.

［71］［日］藤本隆宏．能力构筑竞争［M］．北京：中信出版社，2007.

［72］Daft，R. L.，Lewin，A. Y. Where are the Theories of the "New" Organizational Forms? An Editorial Essay［J］. Organization Science，1993，4（4）：i－iv.

［73］Schilling，M. A.，Steensma，H. K. The Use of Modular Organizational Forms：An Industry Level Analysis［J］. Academy of Management Journal，2001，44（6）：1149－1168.

［74］Langlois，R N. The Vanishing Hand：The Changing Dynamics of Industrial Capitalism［J］. Industrial and Coporation Change，2003，12（2）：351－385.

［75］［日］青木昌彦．模块化的中国意义［J］．财经，2006（8）.

［76］朱瑞博．价值模块整合与产业融合［J］．中国工业经济，2003（8）：24－31.

［77］罗岷．大型企业的模块化：内容、意义与方法［J］．中国工业经济，2005（3）：68－75.

[78] Henderson, R. M., Clark, K. B. Architectural Innovation: The Reconfiguration of Existing Product Technologies and the Failure of Established firms [J]. Administrative Science Quarterly, 1990, 35 (1): 9-30.

[79] 童时中．模块化的概念与定义 [J]．电子标准化与计量，1995 (4): 22-25.

[80] Karim, S. Modularity in Organizational Structure: The Reconfiguration of Internally Developed and Acquired Business Units [J]. Strategic Management, 2006, 27 (9): 799-823.

[81] 张治栋，韩康．模块化：系统结构与竞争优势 [J]．中国工业经济，2006 (3): 92-99.

[82] 陈向东．模块化在制造企业知识管理战略设计中的应用——我国航空企业国际转包生产的模块化战略分析 [J]．中国工业经济，2004 (1): 36-42.

[83] 童时中．论狭义模块化与广义模块化 [J]．电子标准化与质量，1998 (6): 21-23.

[84] Alexander, C. Notes on the Synthesis of Form [M]. Cambridge MA: Harvard University Press, 1964.

[85] Langlois, R. N. Modularity in Technology and Organization [J]. Economic Behavior & Organization, 2002, 49 (1): 19-37.

[86] Gershenson, J. K., Prasad, G. J., & Zhang, Y. Product Modularity: Definitions and Benefits [J]. Engineering Design, 2003, 14 (3): 295-313.

[87] Sosale S., Hashemian M, Gu P. Product Modularization for Reuse and Recycling [J]. American Society of Mechanical Engineers, Design Engineering Division, 1997, 94: 195-206.

[88] Garud, R., Kumaraswamya, A. Technological and Organizational Designs for Realizing Economies of Substitution [J]. Strategic Management, 1995 (16): 93-106.

[89] 陈向东，严宏，刘莹．集成创新与模块化创新——创新活动的战略性互补 [J]．中国软科学，2002 (12): 52-56.

[90] 昝廷全．系统经济：新经济的本质——兼论模块化理论 [J]．中国

工业经济，2003（9）：23－29.

［91］钱平凡，黄川川．模块化：解决复杂系统问题的有效方法［J］．中国工业经济，2003（11）：85－90.

［92］顾良丰，许庆瑞．产品模块化与企业技术及其创新的战略管理［J］．研究与发展管理，2006（2）：7－14.

［93］许正刚．产品模块化的优点和方法［EB/OL］．http：//www. idnovo. com. cn，2005－13－03.

［94］阴向阳．基于模块化产品架构有效管理 BOM 数据［EB/OL］．http：//articles. e-works. net. cn，2010－10－13.

［95］Leonard－Barton，D. Core Capabilities and Core Rigidities：A Paradox in Managing New Product Development［J］. Strategic Management Journal，1992，13（S1）：111－125.

［96］Barney，J B. Firm Resource and Sustained Competitive Advantage［J］. Management，1991，17（1）：99－120.

［97］［苏格兰］亚当·斯密．国富论［M］．南京：译林出版社，2014.

［98］Young，A. Increasing Returns and Economic progress［A］. Roger S，Money and growth：Selected papers of Allyn Abbott Young［C］. London：Routledge，1999.

［99］Brusoni，S.，Prencipe，A. Unpacking the Black Box of Modularity：Technologies，Products and Organizations［J］. Industrial and Corporate Change，2001，10（1）：179－205.

［100］罗珉，冯俭．组织新论：网络经济条件下的组织管理新范式［M］．成都：西南财经大学出版社，2005.

［101］Leibenstein，H. X-inefficiency Exists：A Reply to an Exorcist［J］. The American Economic Review，1978，68（1）：203－211.

［102］Sanchez，R. Modular Architectures in the Marketing Process［J］. Marketing，1999，63（4）：92－111.

［103］Ernst，D. Limits to Modularity：Reflection on Recent Developments in Chip Design［J］. Industry and Innovation，2005（9）：303－335.

［104］Chesbrough，H W. Towards A Dynamics of Modularity：A Cyclical

Model of Technical Advance [A]. In A Prencipe, et al (Eds.). The business of systems integration [C]. Oxford: Oxford University Press, 2003.

[105] Kamien, M. I., Schwartz, N. L. Dynamic Optimization [M]. New York: Dover Publications, 2nd Edition, 2012.

[106] Henderson, R., Cockburn, I. Measuring Competence? Exploring Firm Effects in Pharmaceutical Research [J]. Strategic Management Journal, 1994, 15 (Winter): 63-84.

[107] 江小涓，等. 全球化中的科技资源重组与中国产业技术竞争力提升 [M]. 北京：中国社会科学出版社，2004.

[108] Sturgeon, T. J. How Do We Define Value Chains and Production Network [J]. IDS Bulletin, 2001, 32 (3): 9-18.

[109] 施振荣，林文玲. 再造宏基：开创、成长与挑战 [M]. 北京：中信出版社，2005.

[110] 利丰研究中心. 供应链管理：香港利丰集团的实践（第2版）[M]. 北京：中国人民大学出版社，2009.

[111] Achrol, R., Kotler, P. Marketing in the Network Economy [J]. Marketing, 1999, 63 (4): 146-163.

[112] Sun, B., Xie, J., Cao, H. H. Product Strategy for Innovators in Markets with Network Effects [J]. Marketing Science, 2004, 23 (2): 243-254.

[113] Chen, Y., Xie, J. Crossmarket Network Effect with Asymmetric Customer Loyalty: Implications for Competitive Advantage [J]. Marketing Science, 2007, 26 (1): 52-66.

[114] Barnes, S. J. The Mobile Commerce Value Chain: Analysis and Future Developments [J]. International Journal of Information Management, 2002, 22 (2): 91-108.

[115] Kahkanen, A-K., Virolainen, V. M. Sources of Structural Power in the Context of Value Nets [J]. Purchasing and Supply Management, 2011, 17 (2): 109-120.

[116] Slywotzky, A, et al. Profit Zone: How Strategic Business Design Will

Lead You to Tomorrow's Profits [M]. New York: Time Books, 1998.

[117] 卢泰宏，周懿瑾，何云．价值网研究渊源与聚变效应探析 [J]. 外国经济与管理，2012 (1): 65 -73.

[118] Normann, R., Ramirez, R. Designing Interactive Strategy: From Value Chain to Value Constellation [M]. New York: Wiley, Chichester, 1994.

[119] Parolini, C. The Value Net: A Tool for Competitive Strategy [M]. New York: Wiley, Chichester, 1999.

[120] Sherer, S. A. From Supply - Chain Management to Value Network Advocacy: Implications for E - Supply Chains. Supply Chain Management, 2005, 10 (2): 77 -83.

[121] Weiner, M., Nohria, N. Amanda Hichman, Huard Smith. Value Net works - The Future of the U. S. Electric Industry [J]. Sloan Management Review, 1997, 38 (4): 21 -34.

[122] Allee, V. Reconfiguring the Value Network [J]. The Journal of Business Strategy, 2000, 21 (4): 36 -39.

[123] Vargo, S., Lusch, R. Evolving to A New Dominant Logic for Marketing [J]. Marketing, 2004 (68): 1 -17.

[124] 池仁勇，邵小芬，吴宝．全球价值链治理、驱动力与创新理论探析 [J]. 外国经济与管理，2006 (3): 24 -30.

[125] Gereffi, G., Humphrey, J., Sturgeon, T. The Governance of Global Value Chains [J]. Forthcoming in Review of International Political Economy, 2003, 11 (4): 5 -11.

[126] 柯颖．基于模块化的产业价值网治理与价值创新 [J]. 软科学，2013 (12): 76 -79.

[127] 刘志彪，张杰．全球代工体系下发展中国家俘获型网络的形成、突破与对策——基于 GVC 与 NVC 的比较视角 [J]. 中国工业经济，2007 (5): 39 -47.

[128] 柯颖．模块化三维框架：经济全球化背景下产业价值网形成与发展的战略选择 [J]. 中国科技论坛，2014 (2): 27 -32.

[129] 柯颖，邬丽萍．模块化条件下的 CAFTA 价值网结网机理及其价值

创造研究 [J]. 亚太经济, 2010 (6): 52 -56.

[130] 柯颖. 模块化生产网络: 一种新产业组织形态研究 [M]. 北京: 经济科学出版社, 2009.

[131] [美] 丹尼斯·卡尔顿, 杰弗里·佩罗夫. 现代产业组织 [M]. 上海: 上海三联书店, 上海人民出版社, 1998.

[132] Verdoon, P. J. The Intra - Block Trade of Benelux [G]. in E. A. G Robinson (Ed), Economic Consequences of the Size of Nations, London, 1960: 291 -321.

[133] Balassa, B. Tariff Reductions and Trade in Manufactures among the Industrial Countries [J]. American Economic Review, 1966, 56 (3): 466 - 473.

[134] Grubel, H. G. , Lloyd, P. J. Intra-industry Trade: The Theory and Measurement of International Trade in Differentiated Products, New York: Wiley, 1975.

[135] Dixit, A. K. , Stiglitz J. E. Monopolistic Competition and Optimum Product Diversity [J]. American Economic Review, 1977, 67 (3): 297 -308.

[136] Krugman, P. Increasing Returns, Monopolistic Competition, and International Trade [J]. International Economics, 1979, 9 (4): 469 -479.

[137] Lancaster, K. Intra - Industry Trade under Perfect Monopolistic Competition [J]. International Economics, 1980, 10 (2): 151 -175.

[138] Brander, J. A. , Krugman, P. A. Reciprocal Dumping' Model of International Trade [J]. International Economics, 1983 (15): 313 -321.

[139] Shaked, A. , Sutton, J. Monopolistic Competition and International Trade [M]. Oxford: Oxford University Press, 1984.

[140] 李彦勇, 李继. 中国与马来西亚产业内贸易现状研究 [J]. 云南财贸大学学报 (社会科学版), 2006 (4): 23 -25.

[141] 林梅, 闫森. 中国与马来西亚的经贸关系: 竞争性与互补性分析 [J]. 南洋问题研究, 2011 (1): 25 -35.

[142] 周亚红. 中国与马来西亚产业内贸易研究 [D]. 长沙: 湖南大学, 2012.

［143］ Grubel, Herbert G., Peter J. Lloyd. The Empirical Measurement of Intra – Industry Trade［J］. Economic Record, 1971, 47 (4): 494 – 517.

［144］ Brulhart, M. Marginal Intra – Industry Trade: Measurement and Relevance for the Pattern of Industrial Adjustment［J］. Weltwirts Chaftliches Archiv, 1994, 130 (3): 600 – 613.

［145］ 王晶. 我国农产品产业内贸易研究［M］. 北京：中国农业出版社，2010.

［146］ 于津平. 中国与东亚主要国家和地区间的比较优势与贸易互补性［J］. 世界经济，2003 (5): 33 – 40.

［147］ 蒋冬梅. 中日韩机电产品贸易的竞争性与互补性研究［D］. 广州：广东外语外贸大学，2009.

［148］ 王云飞. 我国与主要贸易伙伴产业内贸易的相关性分析［J］. 世界经济研究，2005 (10): 47 – 54.

［149］ 柯颖，赵文玲. CAFTA 升级版下中国与马来西亚产业内贸易研究［J］. 学术探索，2017 (2): 50 – 57.

［150］ 柯颖，黄思源. CAFTA 价值网下北部湾经济区产业升级研究［J］. 经济问题探索，2013 (8): 85 – 90.

［151］ 朱卫平，陈林. 产业升级的内涵与模式研究——以广东产业升级为例［J］. 经济学家，2011 (2): 60 – 66.

［152］ 吴解生. 论中国企业的全球价值链“低环嵌入”与“链节提升”［J］. 国际贸易问题，2007 (5): 108 – 112.

［153］ 柯颖，史进. 基于模块化三维框架的产业价值网形成与发展战略——以广西北部湾产业群为例［J］. 科技进步与对策，2015 (7): 64 – 68.

［154］［美］约瑟夫·阿洛伊斯·熊彼特. 经济发展理论［M］. 北京：中国社会科学出版社，2009.

［155］ Jones, C. Intermediate Goods and Weak Links in the Theory of Economic Development［J］. American Economic Journal, 2011, 4 (3): 1 – 28.

［156］［美］菲利普·科特勒. 营销管理［M］（第 14 版）. 北京：中国人民大学出版社，2012.

［157］ 梁军. 全球价值链框架下发展中国家产业升级研究［J］. 天津社

会科学，2007（4）：86－92.

［158］侯仕军．论模块化全球生产网络中中国制造企业产业链地位的提升［J］．华东师范大学学报（哲学社会科学版），2010（6）：85－91.

［159］广西北部湾经济区规划建设管理委员会，等．广西北部湾经济区开放开发报告（2011）［M］．北京：社会科学文献出版社，2011.

［160］宫江洪．系统化、模块化对汽车零部件工业影响的探讨［J］．武汉理工大学学报（信息与管理工程版），2002（5）：86－89.

［161］陈涛，李文彬．模块化技术在国外汽车工业中的应用［J］．汽车工业研究，2003（11）：39－47.

［162］刘华，吴珩晓，张亚萍，李碧钰．浅析汽车平台演进与模块化战略［J］．上海汽车，2014（12）：31－35.

［163］马宁，王润良．汽车制造业的模块化外包与供应商结构研究［J］．中国机械工程，2005（7）：608－611.

［164］白雪洁．日本产业组织研究［M］．天津：天津人民出版社，2001.

［165］［日］港彻雄．两次世界大战期间日本型承包生产系列的编成过程［C］．东京：青山国际政经论集，1987.

［166］［日］桥本寿郎．日本企业系列的战后史［M］．东京：东京大学出版会，1996.

［167］林季红．宏观商业环境与企业组织形式：丰田的例子［J］．世界经济，2002（1）：74－79.

［168］［日］植草益．日本的产业组织——理论与实证的前沿［M］．北京：经济管理出版社，2000.

［169］冼国明，等．企业制度与国际竞争力［M］．北京：经济科学出版社，2001.

［170］Taylor，C.，Wiggins，S. N. Competition or Compensation：Supplier Incentives under the American and Japanese Subcontracting Systems［J］. American Economic Review，1997，87（4）：598－618.

［171］［日］植田浩史．汽车产业的企业阶层构造——汽车厂商和一次厂商的结合关系［J］．季刊经济研究，1989－1991.

［172］［日］西口敏宏．战略性外包的演化——日本制造业的竞争优势

[M]. 上海：上海财经大学出版社，2007.

[173] 车维汉．日本企业间长期连续性交易的有效性分析——以汽车产业为例 [J]. 东北亚论坛，2003 (6)：28 –32.

[174] Asanuma，B. Manufacturer – Supplier Relationships in Japan and the Concept ofRelation – Specific Skill [J]. Journal of the Japanese and international economics，1989，3 (1)：1 –30.

[175] 申俊喜．日本企业下包制度的分析 [J]. 当代财经，2005 (10)：62 –66.

[176] [美] B. 约瑟夫·派恩．大规模定制：企业竞争的新前沿 [M]. 北京：中国人民大学出版社，2000.

[177] 何登峰．模块化生产是趋势，看未来汽车将如何制造？[N]. 北京青年报，2009 –10 –28.

[178] 悠莱．零部件领跑　电动车起飞，未来汽车产业市场“新”唱主角 [N]. 中国国门时报，2011 –04 –08.

[179] [美] 杰弗里·H. 戴尔．克莱斯勒公司是如何创造美国化的序列系统的 [M] //卡利斯·Y. 鲍德温，金·B. 克拉克．价值链管理．北京：中国人民大学出版社，2001.

[180] 中国社会科学院社会发展研究中心，甘肃省城市发展研究院，兰州城市学院，华东师范大学，上海大学．生态城市绿皮书：中国生态城市建设发展报告 (2017) [M]. 北京：社会科学文献出版社，2017.

[181] 黄海霞．全球战略性新兴产业攻略 [J]. 瞭望新闻周刊，2010 (4)：12 –14.

[182] [美] 杰里米·里夫金．第三次工业革命——新经济模式如何改变世界 [M]. 北京：中信出版社，2012.

[183] 姜江．世界战略性新兴产业发展的动态与趋势 [J]. 中国科技产业，2010 (7)：54 –59.

[184] Weihrich，H. Management [M]. New Delhi：Tata McGraw – Hill Publishing Company Ltd，2006.

[185] 黄群慧，李芳芳，等．中国工业化进程报告 (1995 –2015) [M]. 北京：社会科学文献出版社，2017.

[186] [德] 赫尔曼·西蒙. 隐形冠军: 全球最佳500名公司的成功之道 [M]. 北京: 经济日报出版社, 2005.

[187] Druker, P. F. The Economy's Dark Continent [J]. Fortune (April 1962), 103-104.

[188] [日] 西泽修. 物流——降低成本的关键 [M]. 东京: 白桃書房, 1970.

[189] 刘崇献. "一带一路" 物流建设障碍及其对策探讨 [J]. 现代经济探讨, 2016 (1): 84-87.

[190] 陆芝青, 王方华. 营销渠道变革的作用机理研究 [J]. 上海经济研究, 2004 (4): 67-73.

[191] 来有为, 王开前. 中国跨境电子商务发展形态、障碍性因素及其下一步 [J]. 改革, 2014 (5): 68-74.

[192] 孟玲, 张宝明. 跨境电子商务环境下物流业的发展 [J]. 物流工程与管理, 2014 (11): 110-113.

[193] 李维安, 吴德胜, 徐皓. 网上交易中的声誉机制——来自淘宝网的证据 [J]. 南开管理评论, 2007 (10): 36-47.

[194] Chiru, A. M., Mahajan, V. Managing Electronic Commerce Retail Transaction Costs for Customer Value [J]. Decision Support Systems, 2006 (42): 898-914.

[195] Mentzer, J. T., Myers, M. B., Cheung. Global Market Segmentation for Logistics Services [J]. Industrial Marking Management, 2004 (33): 5-20.

[196] Liang, T. P., Huang, J. S. An Empirical Study on Consumer Acceptance of Products in Electronic Markets: a Transaction Cost Model [J]. Decision Support Systems, 1998 (24): 29-43.

[197] 谭芳芳, 金晓青. 我国现阶段电子商务B2C类型物流配送模式的经济学分析: 以B2C网上书城为例 [J]. 南方经济, 2006 (1): 39-47.

[198] 柯颖. 我国B2C跨境电子商务物流模式选择 [J]. 中国流通经济, 2015 (8): 63-69.

[199] 王辉, 罗雨泽. 贸易畅通: 在互利共赢中共谋发展 [N]. 中国经济时报, 2016-07-13.

后　　记

本书是本人所主持的国家自然科学基金项目“模块化逆向外包网络空间演化与发展战略研究：产业创新生态视角”（项目批准号：71663007）、国家自然科学基金项目“基于模块化三维框架的产业价值网形成演化机理与发展战略研究——以北部湾产业群为例”（项目批准号：71063002）的研究成果，在此谨向国家自然科学基金委的大力资助表示非常衷心和诚挚的感谢！

在上述项目及本书的研究过程中，本人所指导的研究生于玲玲、黄思源、史进、李煜明、王威峰、赵文玲、邓超在文献查阅、数据资料收集以及阶段性研究内容撰写上承担了大量认真而细致的相关研究工作，付出了艰辛努力，同时也获得了显著的科研能力成长，在此表示真挚的谢意！

最后，对父母的栽培和呵护表示终生谢意！